卅立回眸

上海炎黄文化研究会三十年

上海炎黄文化研究会 主编

上海社会科学院出版社
SHANGHAI ACADEMY OF SOCIAL SCIENCES PRESS

第二卷
文论撷英

杨剑龙 刘平 / 编

编委会

顾问

周慕尧　杨益萍

委员（以姓氏笔画为序）

马　军　　王源康　　孔庆然　　朱丽霞
刘　平　　刘梁剑　　杨剑龙　　杨锡高
李志茗　　汪　澜　　陆　廷　　陈志强
陈忠伟　　金　波　　郑土有　　赵　宏
曹金荣　　巢卫群　　潘为民

序

上海炎黄文化研究会自1994年4月成立,迄今已走过三十年的历程。

三十年来,在上海市社联的指导下,在老会长陈沂、庄晓天、周慕尧、杨益萍等领衔的历届理事会的悉心耕耘下,研究会聚集起一大批沪上人文学科的专家学者及热心于中华优秀传统文化普及传播的各界精英。一代代"炎黄人"秉持"炎黄特色、时代特征、上海特点"的理念,不懈探索,勇于创新,勠力同心,无私奉献,开展了诸多具有鲜明时代特色和文化价值的研讨普及活动,研究会的凝聚力和社会影响力随之不断提升。自2005年以来,我会连续六次蝉联"上海市社会科学优秀学会"称号;2019年10月,经市社联推荐,我会被评为"全国社科联先进社会组织"。

人说"十年磨一剑",上海炎黄文化研究会的三十年,可谓磨了"三把剑"。

这第一把剑,是围绕中华传统文化和上海城市历史文脉展开学术研究,这是我们的立会之本。三十年来,我们围绕研究会的定位,坚持办好每年的"重头戏"学术年会;同时在市社联的倡导推动下,携手多个兄弟协会,于十年前创办了"多学科视野"研讨活动(迄今已举办了十届)。近年,我会与上海孔子文化节组委会合作,创办了辐射长三角地区的"儒商论坛"(迄今已成功举办四届)。这些研讨和论坛活动,紧扣当前社会和学术热点,深入探讨在特定历史条件下,中华优秀传统文化如何赓续传承、焕发生命活力,如何为新时代社会、经济、文化、生态文明建设提供智慧和滋养,进而为民族复兴大业赋能助力。与此同时,我会下属各个专业委员会也策划组织了不少小型多样的研讨活动,为会员发挥各自学术专长搭建了平台。

第二把剑,是优秀文化的传播普及活动。三十年来,本会及下属专业委员会开展了众多丰富多样、面向基层和社会公众的文化活动,其中不少活动已形成品牌效应。我会每年都有活动入选市社联的"科普周"项目,上海炎黄文化宣讲团、上海炎黄书画院和孔子文化专业委员会承办的"儒商论坛"还在市社联评优活动中先后获得"上海市社科特色活动奖"。我会青少年专委会参与的"恒源祥文学之星"中国中学生作文大赛已连续举办十九届,是中国目前最具影响力的作文大赛之一,每年全国参赛学生达2 000万名左右,大赛已载入上海大世界基尼斯"中国之最"纪录。炎黄文化宣讲团拥有"炎黄文化大讲堂"和"海浪花讲坛"两大演讲系列,前者对应传统文化主题,后者突出上海历史文化特色。宣讲团创办十多年来依托本会专家资源,先后推出"历史与当下:中国传统文化的智慧""炎黄论坛:追寻上海历史文脉""浦江红韵——中国共产党百年奋斗史""1925红色经典阅读沙龙""话说苏州河""海派文化的前世、今生与未来"等多个系列宣讲活动。炎黄书画院聚集了本市近百位知名书画家,仅2015年以来,就先后举办了包括八届"源于生活·五月画展"在内的二十个不同主题的艺术展览。近年来,书画院坚持"源于生活"的创作理念,先后以"绿色申城""灯塔""画说苏州河"为题,组织画家采风和创作,用画笔描绘新时代城市风貌和市民精神面貌的变化,传递中华文化的博大精深,相关主题展览产生了很好的社会反响。本会下属孔子文化专委会、庄子文化专委会、汉字书同专委会和炎黄诗社等也各展其长,陆续举办了众多面向社会、面向基层的有特色、有影响力的活动,在学术团体利用自身专业资源参与社会公共文化服务方面做出有益的尝试。本会会刊《炎黄子孙》和会报《海派文化》在挖掘传统文化瑰宝及上海城市记忆,做好炎黄文化研究普及成果的传播方面也做出突出贡献,成为中华优秀传统文化及上海文脉传承传播的特色载体。

  第三把剑,是上海炎黄文化研究会三十年形成的优良传统和精神品格。其核心是对中华优秀传统文化的挚爱,及对传承传播优秀文化的执着,是无私、忘我的志愿精神和奉献精神。加入研究会大家庭之后,我一直在思考一个问题,上海炎黄文化研究会是一个非营利的社会团体,参与研究会活动,无名无利,还要搭上许多时间和精力,可为什么大家始终热情不减,倾力投入,还乐此不疲?在老会长杨益萍此次撰写的纪念文章中,我找到了答案。他回忆当年接棒之时,前任会长、老领导周慕尧说:"祝贺新班子当选,祝贺什么呢?祝贺你们获得了为大家服务的机会,祝贺你们成为光荣的志愿者。"而他自己为研究会服务十余年,感触最深的也正是"源远流长的志愿精神、奉献精神"。这一精神"始自我们的先辈,始自研究会创始人,也体现在众多会员身上。它形成为一种传统,代代传承,不断发扬光大"。我想,研究会之所以历经三十年却生生不息,始终保持着创新意识和创造活力,队伍不断壮大,活动平台不断拓展,影响力不断提升,其精神密码,就是"挚爱、执着、志愿、奉献"这八个字所代表的传统和品格,正因为它已沉淀为上海炎黄会的基因,成为全体会员的共识和自觉,才使得研究会的事业得以薪火相传,弦歌不辍。

三十年,三把剑,是时代的馈赠,也是前辈和一代代炎黄人呕心沥血、接力锻造磨砺的结果。为了将这些宝贵的精神财富继承下来,传递下去,值上海炎黄文化研究会成立三十年之际,本届理事会授权秘书处编辑这本《而立回眸:上海炎黄文化研究会三十年》。

此书由五卷本构成。其中《如歌岁月》是一本有关研究会三十年历史的纪念文集。书中集纳了由《炎黄子孙》《海派文化》发起的"走过三十年"会庆征文的成果,三十多篇回忆文章,从各个角度记录了研究会及下属机构、专业委员会不寻常的成长历程;同时还整理收录了我会"历届理事会和领导班子名单""三十年大事记""《简报》总目录"及"历年所获荣誉"等内容,尝试对研究会历史做一全景回溯。

《文论撷英》是一本学术论文集,重点遴选了近十年本会学术年会,及携手沪上兄弟学会共同举办的"多学科视野"研讨活动的部分论文。论文集展现了本会专家学者的学术风采和研究实力,承载着上海炎黄文化研究会以学术立会,深入开展中华优秀传统文化研究的丰厚成果。

《报刊双馨》是本会《炎黄子孙》和《海派文化》的文章精选集。这一刊一报,一直被视为我会传扬炎黄精神、赓续上海文脉的窗口和名片,在办刊办报过程中,得到会内外众多名家名笔的支持和帮助。精选集凝聚着作者和编者的心血和付出,也是本会三十年足迹的见证。

《杏坛留声》是本会炎黄文化宣讲团的演讲集,编者从宣讲团创办十年来的数百场讲座中精挑细选,并适当向近年讲座倾斜,精选出三十篇有代表性、典型性的宣讲稿。每篇讲稿还特意标示出讲座的时间、地点,从中可以看出,炎黄文化宣讲团所秉承的走进基层民众开展普及教育、弘扬中华优秀传统文化、振奋民族精神的宗旨理念。

《墨彩华章》荟萃了本会炎黄书画院近十年的创作成果,每一个篇章都是艺术家们对生活的深情诠释,每一幅画作都承载着他们对生活的热爱和对真善美的追求。艺术家们用画笔讲述中国故事,传播中华文化,展现了新时代中国艺术家的担当与使命。本卷图文并茂,在编排上与其他几卷略有区别,为的是凸显书画院特有的艺术特色,让人赏心悦目。

　　本书不仅记录了时光的印痕,更记载了炎黄人奋进的脚步,它是上海炎黄文化研究会发展历程的缩影,是一份珍贵的历史见证。对于所有参与本书编撰工作的同仁而言,这项工作既是对炎黄会三十年走过的历程、三十年积累的文献资料和活动成果的挖掘和整理,也是对研究会优良传统和精神积淀的学习和重温,更是一次向所有参与研究会创办,及为研究会发展做出贡献的前辈和同仁的致敬!令人感动的是,在艰辛烦劳的编撰工作中,大家不辞辛苦,不计报酬,不计较个人得失,在有限的时间里投入了大量的时间和精力,在他们身上,我们看到了"挚爱、执着、志愿、奉献"所代表的研究会精神品格的延续,这恰恰是最令人欣慰的。在此,我谨代表本届理事会,对所有参与本书编撰工作的同仁表达由衷的感谢和真诚的敬意!

　　回首三十年前,上海炎黄文化研究会诞生在改革开放大潮涌动之时,一批德高望重的前辈学者和社会精英发起创办了研究会,他们的初心,是想借中华优秀传统文化的研究和传播,为民族复兴大业树德立魂,提供更多的精神滋养和智慧启迪。三十年后的今天,我们又一次站在历史关节点上,全面深化改革的大幕已经拉开,如何让中华优秀传统文化在"推进中国式现代化"的进程中发挥更大作用,成为摆在我们面前的新课题、新挑战。相信新一代炎黄人在学习继承前辈光荣传统的同时,将不辱使命,不断创新进取,推动上海炎黄文化研究会续写新的华章。

汪　澜
2024 年 12 月

目 录

序 ……………………………………………………… 汪　澜 001

重振礼仪之邦　巩固中华文明 ……………………… 姜义华 001
新文化运动反传统之辨析 …………………………… 陈卫平 004
《新青年》、新文化与民初上海文化生态 …………… 熊月之 013
墨家核心价值观纵横谈 ……………………………… 夏乃儒 028
社会主义核心价值观与中华优秀传统文化的再认识 … 崔宜明 034
"新民"与"庶民"
　　——新文化运动的"梁启超问题" ……………… 丁　耘 046
新文化运动与传统文化的关系 ……………………… 邵常岁 061
传统民俗与中华智慧 ………………………………… 陈勤建 072
孙中山的追求与当代理想信念 ……………………… 廖大伟 082
孙中山"至孔子而绝"的道德思想探析 …………… 蔡志栋 095
以"忠恕"之道行"平等"理想
　　——简论蔡元培先生的平等观念与实践 ……… 高瑞泉 107
开放、继承与创新：近代上海成为中国经济中心的启示 … 朱荫贵 121
蔡元培的哲学活动与上海 …………………………… 张腾宇 139
"新上海70年与文化建设"感言 …………………… 杨益萍 149
城市品格与城市伦理
　　——上海城市品格的伦理探讨 ………………… 陆晓禾 153
龚自珍与晚清江南儒学 ……………………………… 曾　亦 162
上海中共建党的红色历史空间 ……………………… 苏智良 176

上海出版业的红色基因与优良传统 ………………………… 朱少伟 188
纵观慈善文化的中断、复兴和发展 ………………………… 司徒伟智 196
法治思维下当代中国慈善组织的治理和监督机制 ………… 周中之 207
毛泽东、中共中央与上海统一战线
  ——聚焦1949年上海工商界 ………………………… 戴鞍钢 220
"敢为人先"与"事必极致"
  ——以新时期上海民间文艺创新性发展为例 ……… 郑土有 226
观"海"织天下 "祥"誉新时代
  ——上海城市文脉精神与恒源祥近百年创新发展 … 陈忠伟 234
中国共产党对上海城市主体性的重建 …………………… 吴新文 244
新时代海派文化传承创新与城市软实力提升 …………… 郑崇选 259
中国式现代化必须以中华优秀传统文化为根基
  ——学习习近平有关"第二个结合"论述心得 ……… 刘惠恕 267
"做中国伦理学"：一种可能方案 …………………………… 付长珍 274
作为一种新的文化生命体的中华民族现代文明：生成的视角 …… 刘梁剑 287
毛泽东与中国式现代化 ……………………………………… 邵 雍 300

本卷编后记 …………………………………………………… 308

重振礼仪之邦　巩固中华文明*

复旦大学历史学系　姜义华

寻求民族传统与精神的现代价值和意义是实现民族复兴的根本所在。近百年来，中华民族的复兴，正是借助这些根柢，并充分依靠形成这一根柢的核心价值，在完全改变了的现实环境中，积极吸收世界物质生产和精神生产的各种优秀成果，对自身进行有效的变革而一步步实现的。今天，重振中华礼仪之邦，建设具有鲜明现时代精神的礼、礼制、礼治，当是其中应有之义。

德治礼治法治一体是优秀传统

习近平总书记强调，培育和弘扬社会主义核心价值观必须立足中华优秀传统文化，中华传统美德是中华文化的精髓，蕴含着丰富的思想道德资源。

在考虑如何方能"切实把社会主义核心价值观贯穿于社会生活方方面面，把传统美德制度化"时，《礼记·曲礼》中所述的"道德仁义，非礼不成；教训正俗，非礼不备"，加强礼、礼制、礼治的建设，特别值得我们重视。

《论语·为政》中孔子一段话包含着极深的哲理："道之以政，齐之以刑，民免而无耻；道之以德，齐之以礼，有耻且格。"这里所说，其实是直接关系着将全体社会成员引向"免而无耻"还是"有耻且格"的发展方向截然不同的两条治国路径。中国素称礼仪之邦，占主流地位的是"道之以德，齐之以礼"的治国路径。礼、礼制、礼治在漫长岁月中有相当完备的发展，在实践过程中将其影响扩展到人们日常生活的方方面面，形成中华文明强大的软实力。

中华文明延续五千年，经久不衰。中国几千年大一统国家的国家治理最

---

* 该文选自《诸子百家与核心价值观——上海炎黄文化研究会2014年学术年会论文汇编》，原题为"重建'礼仪之邦'　巩固中华文明软实力"。

成功的经验是什么？我以为，就是德治、礼治、法治三者相辅相成，紧密结合。伏尔泰曾经说过，中华文明最大特点是将德治、礼治、法治紧密结合在一起，就是将道德、礼仪、法律结合在一起，因此，中国可以作为全球模范的国家之一。

可惜，晚清以来，在师法西方建立法治社会时，不少人将法治与德治、礼治完全对立起来。不了解中华文化的近代西方在讲法治时，其实是一直与普遍的基督教信仰和无所不在的基督教伦理紧密结合在一起的。于是，国人在反对所谓"旧道德"时，常常根本否定了德治；在反对"旧礼教"时，几乎无一例外地全盘否定了礼治的意义和功能。而脱离了德治与礼治的法治，其结果，就不可能不是孔子所说的"教之以政，齐之以刑，则民有遁心"。事实证明，舍弃了德治与礼治，背离了中国融德治、礼治、法治于一体的优秀传统，真正的法治也无从建立。

这些年来，仍然有不少人只热衷于大讲法治，而忽视德治，或者只空谈德治，而不知怎样将美德落实到每个社会成员。原因也在于抛弃了德治、礼治、法治三者相辅相成紧密结合的优良传统，漠视礼治的功能。其实，黑格尔在《法哲学原理》中谈到法治时，便一再强调，法解决的是生活秩序问题，道德解决的是心灵秩序问题，伦理解决的则是二者统一的问题，三者缺一不可。伦理实际上就是礼治。

"不知礼，无以立。"中国传统的"孝悌忠信、礼义廉耻、仁者爱人、与人为善、天人合一、道法自然、自强不息"等道德理念，之所以长时间深深影响着中国人的生活，一个极为重要的原因，就是它们通过礼、礼制、礼治的建设，早已实在化为人们普遍的生活习惯、日常的行为方式。《礼记·礼运》中指出，礼的功能就是"治人七情，修十义，讲信修睦，尚辞让，去争夺"。可以说，中华文明正因"礼"而形成了一种共同的民族意志，共同的民族精神，因"礼"而使道德理念具象化而使全民族紧紧凝聚在一起。

重视现代中国的礼、礼制、礼治建设

中国古代"吉礼、嘉礼、宾礼、军礼、凶礼"五礼体制相当繁复完备，其中相当多一部分仍存在于现今人们日常习俗中。今天，提出重视礼、礼制、礼治的建设，重振礼仪之邦，并不是回归汉、唐、宋、明乃至清代原有的礼仪。《论语·为政》记孔子说："殷因于夏礼，所损益可知也；周因于殷礼，所损益可知也；其或继周者,虽百世,可知也。"清楚说明了礼制继承与变革是如何相统一。《商君书·更法》述商鞅观点:"三代不同礼而王,五霸不同法而霸。故知者作法,而愚者制焉;贤者更礼,而不肖者拘焉。拘礼之人不足与言事,制法之人不足与论变。"从另一个角度说明了礼、礼制、礼治虽然必须随着时代的变化而变化,但礼、礼制、礼治本身在国家治理和人们自身的成长中的意义不可抹杀。

其一,要充分认识礼、礼制、礼治建设在中国特色社会主义现代化和中国特色社会主义建设中的重要意义。我国在以经济建设为中心的相当一段时间内,更多思考的是市场化、工业化、城市化、世界化等的正面意义,对它们一些负面的影响还没有来得及深入研究、审视和反思。面对与大发展相伴而来的社会大动荡、大重组及各种冲突集聚的严峻挑战,我们必须积极利用自己传统的优秀思想文化资源,并广泛吸取各种外来优秀思想文化资源,建立起一套能应对这样一个新的历史性挑战的价值系统、意识形态和普及于全体社会成员的行为方式。礼、礼制、礼治的重建与更新,礼治与德治、法治的整合及有机结合,因为礼自身最具草根性、实践性或可操作性,在应对这一新的历史性挑战中,自具有其特殊意义。以此,我们要理直气壮地举起重振中华礼仪之邦的旗帜,将它作为增强国家软实力、实现中华民族伟大复兴中国梦的一个重要组成部分。

其二,开拓需务本溯源,要对传统的礼、礼制、礼治做系统的研究与清理,取其精华,去其糟粕,同时,对现今在人们生活实际中各种礼仪进行广泛的调查与总结,建立一套既与历史相衔接,又与新时代的要求相结合且富于时代精神的新礼制。这项工作,要发动现有大学、中学、专门研究机构一道来做,而由国家文史研究馆、各地方文史研究馆或新设国家礼乐馆总其成。

其三,从国家到地方,从学校到社区,从团体到个人,要依靠各个层面共同提倡,共同实践,通过教育、示范及各种潜移默化的方法,把礼的规范转化成人的内在的自觉行为,将"礼治"落实到人们生活的方方面面。尤为重要的是,要充分发挥包括社区、村落、家庭、单位等在落实礼治中不可替代的作用。

新文化运动反传统之辨析*

华东师范大学哲学系　陈卫平

100年前发生的新文化运动,把中国近代以来的反孔批儒推向了高潮。这究竟是思想启蒙的光辉篇章,还是错乱妄为的历史灾难?近十多年来,对此颇有争议,而且似乎后者正逐渐成为舆论的主导。因此,有必要对新文化运动的反传统略做考察辨析。

一、全盘反传统还是"猛勇"反封建

贬黜新文化运动者,常常把"打倒孔家店"作为其全盘反传统的有力佐证。这是站不住的。孔门儒学不是传统文化的"全盘",因而新文化运动反孔批儒并非全盘反传统不言而喻。事实上,新文化运动对于儒学之外的诸子以及被目为异端的嵇康、李贽和民间神话、传说等多有借鉴、褒扬。

那么,新文化运动的反孔批儒是全盘"打倒"儒学吗?需要澄清的历史事实是,在能够查阅到的新文化运动文献中,没有出现过"打倒孔家店"的字样,只是胡适在肯定吴虞反孔批儒时,赞扬他为"只手打孔家店的老英雄",并把这比喻为清道夫扫除大街上的"孔渣孔滓"。①与渣滓相对的是精华。这意味着清扫"孔渣孔滓"是为了重新认识孔子及其儒学的精华。事实上,胡适出版于新文化运动高潮期间的《中国哲学史大纲》对孔子及其儒学的得失都有具体的分析,如指出"孔子论知识注重'一以贯之',注重推论,本来很好。只可惜他把'学'字看作读书的学问",因而造成某些"流弊"。②可见"打孔家店"并非全盘把

---

* 该文选自2015年《多学科视野:新文化运动与传统文化学术研讨会论文集》,原载《中国社会科学》2015年第11期。
① 胡适:《〈吴虞文录〉序》,载《胡适文存》第1集,黄山书社1996年版,第584、582页。
② 胡适:《中国哲学史大纲》,上海古籍出版社1997年版,第79页。

孔子及其儒学"打倒"在地。

当然,"打"字无论如何都显示了反孔批儒的猛烈、坚决的态势。因此,进一步需要分析的是:这样的猛烈、坚决有无历史正当性。胡适曾称吴虞和陈独秀"是近年来攻击孔教最有力的两位健将"①。显然,要"打"的孔家店,就是"孔教"。所谓孔教,在当时有确定所指。袁世凯和张勋的复辟帝制始终与尊孔相联系,在这中间喧嚣不已的是康有为、陈焕章的孔教会。孔教会强调"孔教",意在宪法中将儒学和孔子确立为国教和教主,为已被推翻的封建专制制度招魂。当时有报纸指出:"所以如此者。固孔子力倡尊王之说,欲利用之以恢复人民服从专制之心理。"②所以,攻击孔教的实质是猛烈、坚决地批判有着悠久传统的封建专制主义的思想文化。如陈独秀所说:对于与民主主义的"新社会新国家新信仰不可相容之孔教,不可不有彻底之觉悟,猛勇之决心",否则,"就是这块共和招牌也是挂不住的"。③

猛勇攻击孔教的矛头直指封建专制主义的三个方面:政治层面上,批判孔子为帝王专制的"护符";思想层面上,批判孔子为思想专制的权威;个人层面上,批判孔子之礼为伦理专制的先导。对上述三方面的批判,这里略举一二。新文化运动的思想家们指出,封建帝王利用孔子尊君思想为自身的专制辩护,"孔子为历代帝王专制之护符",因此"掊击孔子,非掊击孔子之本身",而是"掊击专制政治之灵魂";④他们还指出,独尊儒术、罢黜百家的思想专制,以孔子之是非为是非,"凡不同于我者,概目之为异端,不本于我者,概指之为邪说",由此造成了"儒教专制统一,中国学术扫地";⑤他们还批判"孔门伦理"的纲常名教是"牺牲被治者的个性以事治者"的伦理专制,⑥尽管三纲之说非孔子所创,但"儒教之精华曰礼",孔子之礼维护尊卑贵贱的等级,而"尊卑贵贱之所由分,即三纲之说所由起也",所以,"三纲说不徒非宋儒所伪造,且应为孔教之根本教义"。⑦鲁迅将礼教对个性的摧残,以文学的修饰称之为"吃人",由此"吃人的

---

① 胡适:《〈吴虞文录〉序》,载《胡适文存》第1集,第582页。
② 韩达编:《1911—1949评孔纪年》,山东教育出版社1985年版,第17页。
③ 陈独秀:《宪法与孔教》《旧思想与国体问题》,载《独秀文存》,安徽人民出版社1987年版,第79、104页。
④ 李大钊:《自然的伦理观与孔子》,载《李大钊选集》,人民出版社1978年版,第80页。
⑤ 吴虞:《明李卓吾别传》《儒家主张阶级制度之害》,载《吴虞集》,四川人民出版社1986年版,第85、98页。
⑥ 李大钊:《由经济上解释中国近代思想变动的原因》,载《李大钊选集》,第296页。
⑦ 陈独秀:《宪法与孔教》,载《独秀文存》,第76—77页。

礼教"成为批判孔教伦理专制的形象流行语。很清楚,上述三方面的"猛勇"反孔批儒具有历史正当性。因为这使得人们在辛亥革命失败后的迷茫中有了新认识:把中国社会推向前进,要有文化的觉醒和思想的启蒙,即陈独秀说的"吾人之最后觉悟"。即使是批评新文化运动反孔批儒的杜亚泉也认为尊孔复古是违逆历史潮流的,他指出:在当时如果"复兴旧制",则必"摧折新机",动摇国本;"设使今日之俄国,欲复彼得以前之旧法,今日之日本,欲行明治以前之藩制,则世皆知其不能,识其不可矣"①。让世人皆知其不能,识其不可,正是新文化运动"猛勇"攻击孔教的光辉所在。

王元化在 20 世纪 90 年代反思新文化运动激进主义时,认为梁启超在《欧游心影录》的《中国人之自觉》中提出的以下观点值得肯定,即对以往的思想要区分两个层面:超越时代的"思想的根本精神"和思想受派生其时代所支配的具体观念,应当学习前者体现的智慧,而后者往往随着时代变迁而过时。他指出新文化运动反孔批儒的失误或者说片面性,在于只抓住了后者而忽视了挖掘前者,因而只承认孔子儒学的历史价值而否认其现代价值。②新文化运动的思想家们对儒学的前一层面不能说丝毫没有认识,如陈独秀在批孔的同时指出:"温良恭俭让信义廉耻诸德,乃为世界实践道德家所同遵。"③但应当说王元化的观点是正确的。因为上述反孔批儒的三个方面作为新文化运动的主流,确是从后一层面展开的。不过,只有深入揭示后者,才能更清楚地认识前者。这在现代新儒学的开创者梁漱溟身上就有所体现。他这样评价陈独秀上述的"猛勇"攻击孔教的话:"陈君这段话也可以说是痛快之至,在当时只有他看得如此之清楚!"由此他也"清楚"地认识到:孔家礼法"数千年以来使吾人不能从种种在上的威权解放出来而得自由;个性不得伸展,社会性亦不得发达";"古代礼法,呆板教条以致偏欹一方,黑暗冤抑,苦痛不少"。④可见,正是新文化运动对于孔子儒学在后一层面的批判,使得梁漱溟认识到儒学的根本精神另有所在。所以,新文化运动的反孔批儒对于把握儒学的根本精神具有建设性意义。正如现代新儒家贺麟所说:"五四时代新文化运动,可以说是促进儒家思

---

① 杜亚泉:《接续主义》,载田建业等编《杜亚泉文选》,华东师范大学出版社 1993 年版,第 131—132 页。
② 参见王元化《〈杜亚泉文选〉序》,载田建业等编《杜亚泉文选》,第 18—19 页。
③ 陈独秀:《宪法与孔教》,载《独秀文存》,第 78 页。
④ 梁漱溟:《东西文化及其哲学》,载《梁漱溟全集》第 1 卷,山东人民出版社 1989 年版,第 339、479 页。

想新发展的一个大转机。""新文化运动的最大贡献在于破坏和扫除儒家的僵化部分的躯壳的形式末节,及束缚个性的传统腐化部分。它并没有打倒孔孟的真精神、真意思、真学术,反而因其洗刷扫除的工夫,使得孔孟程朱的真面目更是呈露出来。"①这意味着新文化运动反孔批儒,对于儒学的新发展也具有历史正当性。

"猛勇"往往与偏激相联系。新文化运动反孔批儒的偏激,一言以蔽之,就是主张矫枉必须过正:"夫矫枉必稍过正,而其结果仅乃得正。"②陈独秀、鲁迅、胡适都表达过同样的思想。这虽然无疑容易导致片面性,但也具有历史正当性。造成这样的偏激有着以下的原因:第一,由于中国近代以来改革屡屡受挫,很容易使人认为失败的原因在于不够彻底,从而普遍形成越彻底越好的急躁心理,陈独秀在《敬告青年》中的"利刃断铁、快刀理麻"就是这一心理的写照;第二,由于封建传统根深蒂固,不易撼动,需要使出加倍的力气与之搏斗,"吾恐吾国诸事既枉之程度已深且固,虽矫之甚过于正犹不能正之也";③第三,为了鼓励自己阵营的同志,坚持真理而不中途妥协,陈独秀致胡适信中说,以白话文取代文言文"不容他人之匡正",④表达的就是这样的精神;第四,为了回应反对者的谩骂而用了一些激烈语言,如以"选学妖孽,桐城谬种"回骂林纾的"人头畜鸣"之类。其实,新文化运动对于克服"偏激"有一定自觉意识。陈独秀被视作"偏激"的典型,然而正是他代表《新青年》批评钱玄同废除汉文之类的"激切的议论",指出"象钱先生这种'用石条压驼背'的医法,本志同人多半是不太赞成的"。⑤他在与反对新文化运动的守旧者激辩时,冷静地表示应当如蔡元培一样,尊重对方保持其学术见解的权利,"蔡先生对于新旧各派兼收并蓄,很有主义,很有分寸,是尊重讲学自由,是尊重新旧一切正当学术讨论的自由"。⑥既然有此自觉,仍有偏激之论,这就更表明了这偏激是出于特定的历史缘由。可以说,新文化运动的某些偏激言论,是"猛勇"反封建的思想启蒙的激流溅起的浪花。

指出新文化运动反孔批儒的片面性有其历史正当性,意在对它的反传统

---

① 贺麟:《儒家思想的新开展》,载《文化与人生》,上海人民出版社2011年版,第12页。
②③ 胡哲谋:《偏激与中庸》,《新青年》第3卷第3号,1917年5月1日。
④ 陈独秀:《再答胡适之》,载《独秀文存》,第689页。
⑤ 陈独秀:《〈新青年〉罪案之答辩书》,载《独秀文存》,第243页。
⑥ 周天度:《关于陈独秀的一封信》,《近代史研究》1986年第3期。

有同情的理解,而绝不是要无视这些片面性。只有将肯定其历史正当性和揭示其片面性结合起来,才能得出公允的评价。毛泽东在延安时期正是这样看待新文化运动。他指出:新文化运动反对封建主义"旧教条,提倡科学和民主,这些都是很对的",但是它有"形式主义看问题"的缺点,即坏的就是绝对的坏,好的就是绝对的好;①认为承继从孔夫子到孙中山的珍贵历史遗产,"对于指导当前的伟大的运动,是有重要的帮助的"。②这里表彰了新文化运动反封建的历史功绩,也指出了它好坏截然分明的偏激,肯定传统文化具有现代价值。

二、把传统文化"妖""鬼"化还是以科学精神"整理国故"

责难新文化运动者,常常摘录出胡适《整理国故与"打鬼"——给浩徐先生信》中的一些话,认为新文化运动的反传统导致其"整理国故"就是"捉妖""打鬼",把传统文化妖鬼化;而所谓"化黑暗为光明,化神奇为臭腐,化玄妙为平常,化神圣为凡庸",更是将光辉灿烂的传统文化糟蹋成漆黑一团。这样的谴责只是立足于字句的表面而望文生义。新文化运动整理国故确有反传统的指向,那就是以科学精神破除经学传统,而这恰恰开创了现代学术意义上的传统文化研究的崭新局面。

新文化运动的反传统作为思想启蒙,必须回答对待传统文化的总体原则是什么,而"整理国故"就是答案。1919年5月,新潮社的毛子水发表了《国故和科学的精神》,引发了关于整理国故的讨论。胡适赞同毛子水用"科学的精神"研究国故的意见,并指出要把清代汉学家"'不自觉的'(unconscious)科学方法"变为"自觉的科学方法",而"方法'不自觉',最容易有弊"。③胡适对清代汉学家的治学方法予以高度评价,这里以是否自觉来区分它和现代科学方法,意在点明以科学精神整理国故有别于包括汉学家在内的经学传统。这实际上表达了整理国故的总体原则是以科学精神打破传统经学,使得传统文化的研究具有现代的学术形态。对此,陈独秀是这样说的:"中国人向来不认识自然科学以外的学问,也有科学的威权","也要受科学的洗礼","向来不认识中国

---

① 毛泽东:《反对党八股》,载《毛泽东选集》第3卷,人民出版社1991年版,第832页。
② 毛泽东:《中国共产党在民族战争中的地位》,载《毛泽东选集》第2卷,人民出版社1991年版,第534页。
③ 胡适:《论国故学(答毛子水)》,载《胡适文存》第1集,第322页。

底学问有应受科学洗礼的必要","研究、说明一切学问(国故也包含在内),都应严守科学方法"。①显然,新文化运动整理国故,就是在用科学的"威权"来驱走经学这一"向来"的"威权",使得关于"中国底学问"的研究受到"科学的洗礼"。

经学本来是整个传统文化的基本价值之所在,具有至高无上的神圣地位:"经禀圣裁,垂型万世,删定之旨,如日中天,无所容其赞述。""盖经者非他,即天下之公理而已。"(《四库全书总目提要·经部总叙》)因而离经叛道被视为大逆不道。同时,在经学笼罩下,普遍形成了守成、迷信传统的思维方式,因为"凡学皆贵求新,唯经学必专守旧,世世递嬗,毋得改易"②。以科学精神取代经学传统来整理国故,就是要从经学垂型万世的权威主义价值观和必专守旧的思维方式中解放出来,重新认识和理解传统文化。

这就是胡适在《整理国故与"打鬼"——给浩徐先生信》中所说的"整理国故的目的与功用"的精神实质。"捉妖""打鬼"和"化黑暗为光明"无非是用形象化的语言来表达这样的目的与功用。"捉妖""打鬼"首先是就具体的禅学史研究而言的。胡适说,他在伦敦、巴黎花费16天工夫查阅敦煌"烂纸堆",是为了"捉妖""打鬼":"据款结案,即是'打鬼',打出原形,即是'捉妖'"。③可见,"打鬼"就是依据证据做出结论,"捉妖"就是搞清本来真相。这番"捉妖""打鬼"的结果是认识到:"被埋没了一千年之久"的神会和尚,"在中国佛教史上,没有第二人比得上他的功勋之大,影响之深";"我们得推翻道原契嵩等人妄造的禅宗伪史,而重新写定南宗初期的信史"。④这里根本不存在妖鬼化传统文化的问题。胡适要从这个案例中,说明整理国故必须用实事求是的科学精神破除笃信盲从典籍成说的经学思维方式。正是由这个个案说到普遍的整理国故,就有了"化黑暗为光明"这段话。对这段话胡适有十分清楚的解释,这就是"用精密的方法,考出古文化的真相,用明白晓畅的文字报告出来,叫有眼光的都可以看见,有脑筋的都可以明白",也就是他在《新思潮的意义》中所说的"重新估定一切价值",这样"整理国故,只是要人明白这些东西原来'也不过如此'!本

---

① 陈独秀:《新文化运动是什么?》,载任建树等编《陈独秀著作选》第2卷,上海人民出版社1993年版,第123—124页。
② 皮锡瑞:《经学历史》,中华书局1959年版,第139页。
③ 胡适:《整理国故与"打鬼"——给浩徐先生信》,载《胡适文存》第3集,黄山书社1996年版,第105页。
④ 胡适:《〈神会和尚遗集〉序》,载《胡适文存》第4集,黄山书社1996年版,第207页。

来'不过如此',我所以还他一个'不过如此'。这叫做'化黑暗为光明'"。①其基本意思是,用精密的科学方法否定崇拜权威、必专守旧的经学传统,是还原传统文化"不过如此"的真相的前提。可见,无论"捉妖""打鬼"还是"化黑暗为光明",都是要走出经学,开辟现代科学意义上的传统文化研究的道路,绝不是妖鬼化传统文化。

胡适整理国故的实绩证明了这一点。对他的禅学史研究,后人的评价是:"无论人们对于胡适的禅宗史研究有多少批评与非议,都要承认他在禅文献方面的廓清返本之功。"②对于他的中国古代哲学研究,冯友兰说:"在中国哲学史的近代化工作中,胡适创世之功,是不可埋没的。"③新文化运动以科学精神取代经学传统来整理国故,初步确立了传统文化研究的现代建构。其重要标志是清华国学研究院的建立。李济说:"国学研究院的基本观念,是想用现代的科学方法整理国故。"如同自然科学的学术研究得到蓬勃发展一样,"以科学方法整理国故为号召,也得到社会上热烈支持"。④

新文化运动打破经学传统,奠定了用科学精神整理国故的现代学术的基础,主要表现在以下三方面:

在学术观上,科学作为知识体系是按学科构建的。以此精神整理国故,改变了原先各种学科依附于经学的传统,按照现代学科分类来整理传统文化。胡适《中国哲学史大纲》开篇就先给出哲学的定义就表现了这一点。如陈独秀所说:"讲哲学可以取材于经书及诸子,讲文学可以取材于《诗经》以下古诗文,讲历史学及社会学,更是离不开古书底考证。"⑤这对构建研究传统文化的现代学科起到了奠基作用,不仅出现了像胡适《中国哲学史大纲》那样的学科开山之作,而且产生了一批学科的首创者和奠基者。新文化运动整理国故的重头戏是"古史辨",在参与其间的人员名单中,可以发现一长串这样的人物。按学科治学,似乎是"肢解"了传统文化,但其实是激活了传统文化在现代社会的学术生命。因为传统文化只有在现代学科体系内得到重新阐释,才能进入生活于现代社会的人们的经验世界,才能通过现代教育制度得到传授,才能成为人

---

① 胡适:《整理国故与"打鬼"——给浩徐先生信》,载《胡适文存》第3集,第105—106页。
② 葛兆光:《中国禅思想史——从6世纪到9世纪》,北京大学出版社1995年版,第3页。
③ 冯友兰:《三松堂自序》,载《三松堂全集》第1卷,河南人民出版社1985年版,第213页。
④ 转引自蒋天枢:《陈寅恪先生编年事略》,上海古籍出版社1997年版,第56页。
⑤ 陈独秀:《新教育是什么?》,载《独秀文存》,第377页。

类共享的普遍知识。梁启超在1920年就敏锐地认识到了这一点。他指出：今后"学者断不能如清儒之专研古典；而固有之遗产，又不能蔑弃，则将来必有一派学者焉，用最新的科学方法，将旧学分科整治，撷其粹，存其真，续清儒未竟之业，而益加以精严，使后之学者即节省精力，而亦不坠其先业，世界人之治'中华国学'者，亦得有籍焉"①。

在价值观上，科学以追求真理为目标。以此精神整理国故，推翻了视经学为最高权威的偶像崇拜，以辨伪求真为取向。这在胡适那里展现为两个方面：一是"一切学说理想，一切知识，只是待证的假设，并非天经地义"；②二是上述的依据证据做出结论的"据款结案"和搞清本来真相的"打还原形"。"古史辨"突出地体现了这两个方面。顾颉刚作为"古史辨"的中心人物，深受新文化运动以科学精神整理国故的影响。他说："以前我虽敢作批评，但不胜传统思想的压迫……到这时，大家提倡思想革新，我始有打破旧思想的明了的意识。""要不是遇见孟真和适之先生，不逢到《新青年》的思想革命的鼓吹，我的胸中积着的许多打破传统学说的见解也不敢大胆宣布。"③"古史辨"以疑古为旗帜，针对的是信古即"经学则是学术的偶像"。④顾颉刚推倒这一偶像，提出"层累地造成的中国古史"说，解构了传统的古史系统，引发了激烈、持久的讨论。尽管"古史辨"疑古的一些结论，现在看来未必正确，因而有了"走出疑古时代"主张，但它奠定古史研究的现代学术基础的历史功绩不容否定。正如首先提倡"走出疑古时代"的李学勤所说："古史辨派及其所代表的疑古思潮对传统的古史观进行了一次大扫荡，从而为建立新的古史观开辟了道路。"⑤

在方法论上，科学是通过逻辑推论而建立系统化理论。以此精神整理国故，摒弃了经学的注疏传统，注重逻辑方法和逻辑论证，赋予研究传统文化的理论成果以体系化的现代面目。在经学传统中，研究者的心得用注疏的形式来表达，其中虽然不乏有价值的见解，但往往多是感悟式的断语而甚少经逻辑分析而得出结论，往往多是片段式的阐述而甚少使之形成有逻辑关联的建构，也就是虽然有实质系统，但缺乏形式体系。新文化运动的整理国故彻底改变

---

① 梁启超：《清代学术概论》，载《梁启超论清学史二种》，复旦大学出版社1985年版，第87—88页。
② 胡适：《杜威先生与中国》，载《胡适文存》第1集，第278页。
③ 顾颉刚编著：《古史辨》一，上海古籍出版社1982年版，第35、80页。
④ 顾颉刚编著：《古史辨》四，上海古籍出版社1982年版，第9页。
⑤ 李学勤：《中国古代文明研究一百年》，载《中国古代文明十讲》，复旦大学出版社2003年版，第6页。

了这样的状况。胡适《中国哲学史大纲》与经学的注疏形式针锋相对,即把经典的原文作为正文改为以自己的话作为正文。这不仅体现了对经学的平视,更主要的是表明了研究方法的改变,即蔡元培所指出的"系统的研究";他认为这就克服了在"形式问题"上"中国古代学术从没有编成系统的记载"的缺点,而且认为"非研究过西洋哲学史的人,不能够成适当的形式"。①就是说,胡适研究中国古代哲学,采用了西方科学建构理论形式的逻辑分析和论证的方法,即主要是归纳法和演绎法,"科学方法不单是归纳法,是演绎和归纳相互为用的"。②这对于整理国故具有示范作用,正如熊十力所说:"在五四运动前后,适之先生提倡科学,此甚紧要。又陵先生虽首译名学,而真正文字未能普遍,适之锐意宣扬,而后青年皆知注重逻辑,视清末民初,文章之习显然大变。"③这也应当是熊十力自身的体会。如果不是用逻辑方法构成体系化的理论,包括他的"新唯识论"在内的现代新儒家的理论,也不可能站立于现代学术之列。

　　以上考察分析表明,新文化运动整理国故,以科学取代经学,打开了研究传统文化的现代新天地,而并非妖鬼化传统文化。当然,这样的整理国故也存在着某些"形式主义看问题"的流弊,因为辩证法当时还未被纳入科学方法的视野之中。当下常常看到把新文化运动的反传统作为现今弘扬优秀传统文化的对立面的说法,以上的简略考察辨析足以说明,这种说法是错误的。因为新文化运动的反传统,与开创研究传统文化的现代学术基础是互为一体的,即在解构的同时进行重构。

---

① 蔡元培:《〈中国哲学史大纲〉序》,载胡适《中国哲学史大纲》,上海古籍出版社1987年版,第1—2页。
② 胡适:《清代学者的治学方法》,载《胡适文存》第1集,第280页。
③ 熊十力:《纪念北京大学五十年并为林宰平祝嘏》,载《十力语要初续》,上海书店出版社2007年版,第21页。

《新青年》、新文化与民初上海文化生态*

上海社会科学院历史研究所　熊月之

《新青年》在近代史上所起的那么大的影响，是与《新青年》有关联的一系列事件有关，包括蔡元培在北大进行的改革、陈独秀到北大任教，包括白话文倡导在内的新文化运动的发生、五四运动发生、共产党成立，而这些事件的发生，每每与上海的城市环境、文化生态，京沪两地的文化差异和文化人的互动有密切关系。

一、《新青年》创办与上海出版市场

陈独秀当初创办《新青年》（初为《青年杂志》），是有着创办一大型出版公司、兼营杂志的一揽子规划的。他原先在日本帮章士钊编《甲寅》杂志，因妻子高君曼在上海生病住院，乃于1915年6月回到上海。回沪途中，他就酝酿了创业计划。他的理想愿景是：联合上海安徽籍的出版商汪孟邹（亚东图书馆老板）、汪叔潜（通俗图书馆老板），湖南籍的陈子佩、陈子寿兄弟（群益书社老板），成立一家大的书局，以出版《青年杂志》以为旗帜，再把安徽人胡适从美国请回来，负责编译工作。回沪第二天，他就陆续与一些同乡、好友进行商量。湖南人章士钊、安徽人柏文蔚和张己振等都曾参与讨论。经过一段时间的奔走，这一宏大计划虽然没有完全实现，但是，出版杂志作为计划的一部分得以先行了。也正是因为有了这个一揽子计划，群益书社才会在并无赚钱胜算的情况下，每月慨然投入编辑费和稿费二百元来出版《新青年》。[①]

---

* 选自2015年《多学科视野：新文化运动与传统文化学术研讨会论文集》，原载《广东社会科学》2015年第6期。
① 陈思和对此有具体论述，见陈思和《重读有关〈新青年〉阵营分化的信件（下）——〈新青年〉研究中的两个问题》，《上海文化》2015年第6期。

为了实施这一计划,陈独秀与汪孟邹在 1916 年 11 月专程到北京招股筹款,勾留月余,筹得十余万元。他认为,以筹得之款,加上亚东图书馆、群益书社的资产,总共三十余万元资本,可以先开办起来,再徐图发展。①就在他在京筹款之时,蔡元培找上门来,邀他到北大任职。诚如陈思和所说,如果不是横道插进蔡元培三顾茅庐把陈独秀请到北京大学当文科学长,这个计划没准就实现了。②1917 年,陈独秀出任北大文科学长之后,也还没有放弃这一宏大计划。他只答应蔡元培暂时承乏,做三个月,然后南返上海,继续努力出版事宜。③可见他那时念兹在兹的仍是办一大型出版公司。

　　陈独秀的这一计划,并不是不切实际的空想,而是有着很大的可行性的。清末民初的上海已是中国出版中心,全国出版业的 80% 以上集中在这里。这里已形成比较完善的出版市场,从著书、编书到印刷、发行,都相当齐备。这一时期,上海出版业发展飞快。以书局数量而言,辛亥年(1911)5 月前,上海有 116 家书店。1912 年新开业的就有中华书局、尚古山房、中华图书馆等 35 家。此后,亚东图书馆(1913)、中外舆地局(1913)、泰东图书局(1915)、广仓学会(1915)相继开设。以出版业产值而言,前清末年,每年四五百万元,到民国初年,翻了一倍,约一千万元,其中商务占十分之三四,中华占十分之一二。④外资的广学会、申昌书局等尚不在内。从前景看,时人普遍认为,中国出版业潜力巨大,前途广阔。⑤陈独秀谋求在出版行业进行发展,既与他此前从事过报纸、杂志的经历有关,更与他对上海乃至全国出版前景的乐观判断有关。中华书局就是一个现成的榜样,它自 1912 年正式开张,不到 5 年时间,便成为上海仅次于商务印书馆的大公司。

　　办出版社,以书籍、杂志并行,杂志为旗帜,书籍为后盾,这是当时上海大

---

① 陈独秀在 1917 年初致信胡适:"弟与孟邹兄为书局招股事,于去年十一月底来北京勾留月余,约可得十万余元,南方约可得数万余,有现金二十万元,合之亚东、群益旧有财约三十余万,亦可暂时勉强成立,大扩充尚须忍待二三年也。书局成立后,编译之事尚待足下为柱石,月费至少可有二百。"《致胡适信》,《陈独秀著作选》第一卷,上海人民出版社 1993 年版,第 259 页。
② 陈思和对此有具体论述,见陈思和《重读有关〈新青年〉阵营分化的信件(下)——〈新青年〉研究中的两个问题》,《上海文化》2015 年第 6 期。
③ 钱玄同 1917 年日记,1 月 6 日:"陈独秀已任文科学长,足庆得人,第陈君不久将往上海,专办《新青年》杂志,及经营群益书社事业,至多不过担任三月。颇闻陈君去后,蔡君将自兼文科学长,此亦可慰之事。"杨天石主编:《钱玄同日记》,北京大学出版社 2014 年版,第 298 页。
④ 陆费逵:《六十年来中国之出版业与印刷业》,《陆费逵文选》,中华书局 2011 年版,第 397 页。
⑤ 陆费逵:《六十年来中国之出版业与印刷业》,《陆费逵文选》,第 398 页。

型出版公司的通行做法,商务印书馆的《东方杂志》(1904)、《教育杂志》(1909),中华书局的《中华教育界》(1912)、《大中华》(1915)等,都相当成功。商务与中华,都有针对不同年龄段人群的杂志。商务有针对幼儿的《儿童教育画》(1908)、针对少年的《少年杂志》(1911)与针对青年的《学生杂志》(1914),中华则相应有《中华童子界》(1914)、《中华儿童画报》(1914)与《中华学生界》(1915)。这种经营模式对陈独秀自有影响。他的一揽子计划在某种程度上也可以说是商务、中华等成功模式的复制。有论者已经注意到陈独秀《青年杂志》与基督教青年会《青年》杂志的关系,其实,他的想法可能受商务、中华等出版社的影响更直接也更大。他想在上海出版行业进行竞争,大干一场。汪原放回忆录里引当事人的议论,可以折射出陈独秀等人的心态:

> 群益过去好,近来听说也不很好了。他们的《英汉辞典》、《英汉双解辞典》,不如以前了。从前,连商务印书馆也要向他们配不少《辞典》,据说月月结账,要用笆斗解不少洋钱给他们。后来商务出了《英华辞典》等等,价钱比群益便宜,内容也很好。群益也急哩。

> 中国图书公司都搞不过商务,群益怎么搞得过。而且,中华书局也在出《英汉小字典》等等了。群益实在很危险,搞不过资本大得多的商务、中华的。

> 恐怕子佩翁、子寿翁有眼光,和亚东一并,靠湖南、安徽的资本来大干,也来一个大公司,也说不定。①

从陈独秀经营《新青年》的实践也可以看出,作为全国出版中心的上海,对于陈独秀的事业也是有实际意义的。《新青年》创办以后,前两年在上海编辑、印刷、发行,自不用说。即使陈独秀到北大任职,《新青年》编辑部移京以后,其排字、印刷、发行地点仍是上海。

二、新文化人才与上海的渊源

清末民初的新文化人才,多与上海有所关联。新文化运动的领袖蔡元培、

---

① 汪原放:《回忆亚东图书馆》,学林出版社1983年版,第37页。

陈独秀、胡适等,在清末便是活跃在上海的新派人物。蔡元培自 1901 年以后至 1906 年 8 月,在上海南洋公学教书,是南洋公学学潮的主要支持者。他是新式团体中国教育会的会长、爱国学社创始人,也是反清团体光复会的会长,参与办报、张园演说、试制炸弹等诸多活动。上海是蔡元培从事反清革命活动的出发地,也是他结交新派人物的重要场所。陈独秀于 1903 年从安徽来到上海,参与《国民日日报》编辑工作。这份报纸是章士钊等人在《苏报》被封禁以后创办的刊物,以宣传自由民主、鼓吹反清革命为宗旨,号称"《苏报》第二"。陈独秀在这里结交了蔡元培、章士钊等人,参加过"军国民教育会暗杀团"。正是从上海,陈独秀踏上了政治活动的征程。1913 年,他在参加"二次革命"失败后,从安徽亡命至上海,穷困潦倒中,依靠替亚东图书馆编书济急。胡适自 1904 年从安徽到上海求学,在上海待了六年,先后在梅溪学堂、澄衷学堂、中国公学、中国新公学读书,"胡适"这个名字也是在上海改的。胡适自称,在上海的这六年,是他一生的第二段落。他在这里初步接触新学,接受了进化论,思想上起了激烈的变动,开始了白话文写作,由一个乡巴佬变成了新青年。没有上海这一段,胡适不可能出国留学,也不可能有日后那番举世瞩目的成就。

  北京大学文科教员中,相当一批人与上海有千丝万缕的关系。蔡元培出任北大校长,是新文化运动起步的契机,而蔡得以出长北大,正是沈步洲、马叙伦、范源濂、汤尔和与夏元瑮等人在北京策划的结果。①这些人,大多是蔡元培在上海时的学生、同志或朋友。其中,关键人物范源濂,时任北洋政府教育总长,他在十几年以前,与蔡元培同在上海从事爱国活动,共同参加拒俄运动。②沈步洲、马叙伦、汤尔和、夏元瑮都是蔡元培在上海南洋公学和中国教育会的同志。蔡元培到北京大学以后,他所罗致的人才,相当一批人在上海工作、生活过。比如,钱玄同与刘半农都是在上海接受了新思想,开始了白话文训练。钱玄同 1904 年在上海参与创办、编辑《湖州白话报》,1905 年在上海南洋中学学习。刘半农 1912 年到上海谋生,参与《中华新报》笔政,为中华书局编译员。他曾在剧团工作,认识了新剧家徐卓呆,开始通俗文学创作。日后,他与钱玄

---

① 关于蔡元培出长北大的经过,马叙伦、张星烺、沈尹默等人说法不同,但都提到一个人,即范源濂。范源濂当时是北洋政府的教育总长,他与蔡元培在 1903 年是从事拒俄运动的同事,民国初年蔡元培任教育总长时他是教育次长。参见陈万雄《五四新文化的源流》,(香港)三联书店 1992 年版,第 47 页。
② 陈万雄:《五四新文化的源流》,第 28—46 页。

同在《新青年》杂志上串演的双簧戏,所谓"王敬轩事件",典型的海派风格,便得力于他在上海剧团当过编剧演过戏的经历。黄晦闻,1902年到上海,参与编《政艺通报》,1907年在上海筹组国学保存会,办《国粹学报》,宣传革命,1917年后执教于北京大学。章士钊,1903自南京退学到上海,入爱国学社,后参与《苏报》《国民日日报》笔政,一度担任《苏报》主笔,为清末民初上海著名活动家。叶瀚,1894年以前便参加上海格致书院的课艺,1897年来上海办《蒙学报》,后参与中国教育会工作。锺观光,1902年以后在上海参加中国教育会、爱国女学工作。沈步洲,南洋公学学生,爱国学社成员,曾在张园演说。刘三,上海人,晚清因收葬革命烈士邹容尸骨而被称为义士,南社成员。朱家骅,湖州人,15岁(1908年)即到上海同济德文医学校(同济大学前身)读书,后参加反清起义,为敢死团成员,1914年以后留学德国,1917年执教北大。

这么一长串的名单,是蔡元培担任校长时北大文科的主要师资,他们身上都留有上海的印记。

清末民初,作为帝国京师,北京以守旧出名,上海是新兴城市,以开新著称,两地文化氛围很不一样。1916年以前,北京大学亦以保守、腐朽闻名,官场习气严重,乌烟瘴气。蔡元培担任校长以后,厉行改革,引进新人,革新课程,订立新的规章制度,整顿校风。蔡元培如此行事,固然与他曾留学德国,熟悉西方国家的教育情况有关,而他在上海从事新式教育工作以及推动军国民教育的经历,亦是不容忽视的因素。在某种意义上说,蔡元培在北大的改革,是将上海的新人物、新风气、新文化引进北京。发生在北大的冲突,其实是京沪两地文化冲突的体现。

三、新文化从上海发轫

新文化运动中对儒学礼教的批判,对妇女解放的倡导,对白话文的提倡,在清末上海都可以找到其起始点。

对于孔子与儒教的批判,在上海早已有之。1903年上海出版的《童子世界》便有一篇《法古》,批判矛头直指孔子。文中指出:

> 孔子在周朝时候虽是很好,但是在如今看起来,也是很坏。"至圣"两个字,不过是历代的独夫民贼加给他的徽号。那些民贼为什么这样尊敬

孔子呢？因为孔子专门叫人尊君服从，这些话都很有益于君的，所以那些独夫民贼喜欢他的了不得……若是因为他已经被独夫民贼称过"至圣"，我们必定要学他的言行，那种见识，我却不敢附和。如若有人说这样的话，我必定要杀他骂他，剥他的皮，吃他的肉。我但望吾童子不要被那种放屁的话惑住。①

此文对孔学批判之激烈，并不逊色于五四时期。

同年，章士钊等人在上海主办的《国民日日报》上，有《箴奴隶》《说君》《道统辨》等文，批评儒学不遗余力。《道统辨》指出：专制君主之御民，必托黜邪崇正之名，以束缚臣民思想，儒学的倡导，三纲定名分之说的确立，都是从有利于君主专制出发的。文章认为，道统之说，助长专制之焰，阻碍学术发展，阻碍思想自由之发展，"中国之君主，与教皇不同，其所以信道统之说者，名为信道，实则阻思想之自由耳，名为尊孔，实则借孔教为奥援耳"②。1904年，蔡元培等人所办的《警钟日报》上，有《论孔学不能无弊》《论孔学与政治无涉》等，批评孔学执己见而非异说，独尊儒学有碍学术自由。

此后，于右任等人主办的《民吁日报》《民立报》上，也都有指名批判孔子、儒学的文章。"这种反传统的文化革新的思想，讨论范围所及，由政治制度，到学术思想、社会伦理、风俗习惯，表现了相当彻底和全面的思想解放的要求，而态度也激烈。"③

清末对孔子的批评，对三纲五常的批判，并不限于上海一地，无政府主义者在东京、巴黎出版的杂志，也颇多这方面的内容，但就国内而言，则显以上海为最。

妇女解放是新文化运动中广泛讨论的议题，陈独秀、胡适、鲁迅、吴虞等人都有文章发表，涉及的问题有妇女贞操、男女社交、婚姻家庭、女子教育、女子经济独立与职业、废除娼妓等问题。这些问题，在晚清上海大多讨论过。从19世纪70年代起，上海的报刊对于妇女问题就比较关注。从19世纪70年代到90年代，《申报》发表过多篇文章，从阴阳调和、中外比较等角度，批判缠足陋

---

① 君衍：《法古》，《童子世界》第31期，转见张枏、王忍之编《辛亥革命前十年间时论选集》第一卷下册，生活·读书·新知三联书店1960年版，第532页。
② 《道统辨》，载罗家伦主编《国民日日报汇编》，光绪三十年（1904）版。
③ 陈万雄：《五四新文化的源流》，第120页。

习,批驳传统的男尊女卑观念,讨论女子教育。20世纪初年,上海出版的《女学报》《女子世界》等众多妇女报刊,以不同体裁(论说、诗歌、小说、剧本),宣传男女平等、批判男尊女卑。其中,最有系统性、最能代表那个时期思想水平的是金天翮所著的《女界钟》。此书系统论述女子的道德、品性、能力、教育方法、权利和婚姻进化论,从理论与实践层面讨论男女平等问题,论述男女不平等并不是人类开始就有的,而是在历史上逐步形成的,认为女子应当恢复入学、交友、营业、掌握财产、出入自由与婚姻自主之权利,倡导妇女教育,倡导女子参政,呼吁妇女起来自己解放自己。就理论上而言,在男女平等、婚姻、女子教育、男女社交等方面,五四时期并不比晚清提供更多的东西。两相比较,晚清谈论较多的缠足问题,在五四时期比较少谈了,而代之以贞操问题。这一消一长,正好反映女权主义实践与理论的演进轨迹。

  白话文的倡导是新文化运动的重要内容,这在晚清上海已有相当可观的表现。"白话文运动兴起与维新启蒙同步。在维新人士看来,中国之所以贫穷落后、挨欺被打,很重要一个原因,就是民众没有觉醒。要唤醒民众,就要讲民众能够听得懂的道理,写民众能够看得懂的文字。于是,文字改革、小说改良、诗歌改良、戏剧改良、画报、演说、白话文,都被赋予维新启蒙的意义,也随着启蒙运动的开展而追波逐浪。白话文运动兴起的另一个动力,是近代城市的发展和城市人口的增加。白话文报刊最大的读者群是城市居民。近代上海城市人口的增加,主要是从农村来的移民。这些人大概有一半人粗识文字。他们是城市居民的重要组成部分,也是各种运动争取的对象。白话文运动的兴起,在很大程度上是面向他们的。"①

  上海是晚清白话报的发祥地。晚清最早的白话报纸是1876年3月30日创刊的由申报馆出版的《民报》。此报每逢周二、四、六各发行一张,卖半个铜板一份,用白话写成,每一句末尾空一格,人名和地名的旁边,均以竖线号和点线号表明,为的"是使它可以达到《申报》所不能及于的阶级,譬如匠人、工人和很小的商店里的店员等"②。上海也是晚清白话报最为集中的地方。1911年以前,全国标名"白话""俗话"的报刊,连同那些无白话报之名而有白话报之实的报刊,共计140余份,其中至少27份在上海出版。有些从报名看本该设在

---

① 熊月之:《五四运动与上海》,《社会科学》1999年第5期。
② 《六十年前的白话报》,载《上海研究资料续集》,上海书店出版社1984年版,第321页。

外地的,如《宁波白话报》《湖州白话报》《安徽白话报》,也设在上海。

五四时期倡导白话文的健将,有些本来就是晚清办白话报、写白话文的活跃分子,如胡适等人所办的《竞业旬报》,历时3年,共出41期,是晚清上海历时较长的白话文刊物。胡适便是从这里开始了他从事白话文运动的生涯,他日后回忆说:"白话文从此成了我的一种工具,七八年之后,这件工具使我能够在中国文学革命的运动里做一个开路的工人。"①

陈独秀曾经论述白话文与上海的关系。他说:"常有人说,白话文的局面是胡适之、陈独秀一班人闹出来的。其实这是我们的不虞之誉。中国近来产业发达人口集中,白话文完全是应这个需要而发生而存在的。适之等若在三十年前提倡白话文,只需章行严一篇文章便驳得烟消灰灭,此时章行严的崇论宏议有谁肯听?"②

四、五四运动的上海因素

五四运动的发生,原因很多,与此前《新青年》的先锋宣传自有内在关系。③五四运动为民众运动的形式爆发在北京,其运动方式有一部分伏根在上海。集会演说、散发传单、通电抗议、罢课罢工、抵制洋货,这些抗议方式在清末民初上海已不止一次被运用。

由于上海租界的存在,清政府的统治权力在上海事实上行使得很不充分,不满意清朝统治的志士仁人便利于这一特点,在上海发起了许多针对清政府与外国侵略者的抗议活动。在1900年至1903年的拒俄运动中,上海绅商就多次在张园集会演说、散发传单、发表通电、募集捐款。在1905年抵制美货运动中,上海绅商除了运用集会演说、散发传单、发表通电等方式,还约定不当美国人的雇工,不卸载美船货物,实际上已是罢工行为。清心书院、中西书院的学生已有罢课举动。上海学生组织"中国童子抵制美约会",相约抵制美国进口的文具、衣物、食品、玩具,还每日调查美货牌号,登诸会内,供众知晓。吴趼人等人在上海演说之后,还游历杭州、宁波等地,计划联合各地拒约会,结成一

---

① 胡适:《四十自述》,上海书店出版社1987年影印本,第135页。
② 陈独秀:《答适之》(1923),载《陈独秀著作选》第二卷,上海人民出版社1993年版,第575页。
③ 陈思和:《重读有关〈新青年〉阵营分化的信件(上)——〈新青年〉研究中的两个问题》,《上海文化》2015年第2期。

个大团体。这种商学结合、学生由学校而社会的运动方式,为五四时期学生所继承。1915年3月因反对"二十一条",上海掀起抵制日货运动,到4月上旬,发展为罢工斗争,杨家渡、日清、三菱公司、浦东日商新老大阪公司、洋泾三井煤栈等码头工人都投入了这一斗争。

美国华子建(Jeffrey Wasserstrom)的研究表明,五四运动的许多抗议形式与此前上海社会有关,列队、奏乐、升旗、演讲、游行、呼口号、罢课、抵制外货,都与租界的庆典和体育活动有一定关系,与清末上海绅商和学生活动有一定关系:"当我们把五四运动看成是中国青年运动史上的一个伟大起点时,应该看到1919年的抗议者是在继承长期以来所形成的抗议传统。"①1919年的五四运动,实际是此前上海抗议运动的重演、放大和发展。

五四运动5月份在北京表现为学生运动,6月份在上海则表现为市民运动,工人、商人都被卷了进去。"三罢"之中,罢课影响固然不小,但罢工、罢市作用更大。之所以是在上海首先形成"三罢"局面,与上海的社会结构有密切关系。清末民初的上海,已是人口超过100万的中国最大城市,其中商业、工业人口占了很高的比例。自清末地方自治运动以后,上海绅商已在社会活动中占据领导地位。在经济中心、交通枢纽、信息中心、移民人口等因素的综合作用下,上海绅商在全国性爱国运动中起了关键作用。诚如民国初年人们所说,"上海与北京,一为社会中心点,一为政治中心点"②。北京工商业规模不大,难以掀起具有全局意义的罢工罢市运动。

五四运动取得胜利的重要标志是曹、陆、章三人被罢免。这是全国运动合力作用的结果,其中上海的作用至为关键。北京《晨报》披露三人被免职的经过:

> (曹、陆、章免职命令之发表)实分为三次,其第一次发表者为免曹令,盖日前已内定者也。乃该令发表之际,即得天津罢市之消息,同时上海各银行又电京行报告上海罢市绵延多日,形势日益重大,政府如不能尽本日将罢免曹、章之命令发表,则沪上金融无法维持,危险万状云云。京行得此电报,遂联合向政府声明,并请速定办法。政府无可如何,遂于昨(10日)午后将陆宗舆免职令发布,以为如此,似可餍足商学界之人心,而镇压

---

① [美]华子建:《正确的抗议策略是从哪里来的——上海学生运动传统之演变》,载上海市地方志办公室编《上海:通往世界之桥》(下),上海社会科学院出版社1989年版,第127页。
② 姚公鹤:《上海闲话》,上海古籍出版社1989年版,第50页。

眼前之危险。孰意下午复得上海中国各银行团体及商会,略称:政府如能将曹、陆、章三人同时罢免,则彼等可担任向商界竭力疏通,劝其于明日开市,如不能完全办到,则商民有所借口,前途将益纠纷,安危所系,只在一日,专候明示云云。……政府迫于无法,遂答应再将章宗祥免职令发表。①

北洋政府对曹、陆、章三人采取的是能保则保、不能保则一个一个抛出的办法,三个人分三次抛出,每抛一个,都与上海的动向有关。北洋政府之所以特别重视上海的动向,诚如时人所说,"上海为东南第一商埠,全国视线所及,内地商埠无不视上海为转移"②。

五、政治刊物与上海环境

《新青年》迁京以后,一度成为北大教授同仁刊物,由相关人员轮流编辑。1919年下半年,编辑部同仁在杂志编辑方针方面发生分歧。10月,陈独秀收回《新青年》主编权。1920年2月,陈回上海定居,《新青年》也随之被带到上海编辑。同年4月,陈独秀接受共产国际建议,秘密组建中国共产党。9月,《新青年》成为中共上海发起组的机关刊物。1921年中国共产党成立以后,《新青年》成为党的机关报。此后,《新青年》编辑部除了一段时间因陈独秀到广州工作而移到广州外,主要设在上海。这既与陈独秀工作地点有关,更与当时上海政治环境有关。

如果作为一份普通青年杂志或学术刊物,《新青年》无论办在上海、北京,均无关宏旨。但是,作为一份政治刊物,特别是作为中共党组织的机关报,《新青年》编辑部便以设在上海最为合适。这是因为,北洋政府在北京等地对出版物的控制比上海更为有效。

袁世凯担任大总统以后,鉴于晚清政府疏于对报刊的管理而影响政局的稳定,便尽力加强对报刊出版的管理。1914年,北京政府颁布《出版法》,对出版物做出八条限制,即"甲、淆乱政体者;乙、妨害治安者;丙、败坏风俗者;丁、煽动曲庇犯罪人,刑事被告人或陷害刑事被告人者;戊、轻罪重罪之预审案件,

---

① 《晨报》1919年6月11日,转引自《五四运动在上海史料选辑》,上海人民出版社1980年版,第420页。
② 《6月8日卢永祥等电北京政府请力顾大局、明令准将曹、章、陆免职》,《新闻报》1919年6月10日,转引自《五四运动在上海史料选辑》,第418页。

未经公判者;己、诉讼或会议事件之禁止旁听者;庚、揭载军事、外交及其他官署机密之文书图画者;辛、攻评他人阴私,损害其名誉者"。政府还规定办报需得警署许可才行。袁世凯死后,黎元洪政府于1916年9月由内务部警务司颁布《检阅报纸现行办法》,重新启动对于报纸的检查。1918年,北洋政府设立"新闻检查局",规定其可以对新闻报刊上刊载的新闻信息及其他内容进行检查,并有权力对不法出版予以处罚。1919年10月,内务部颁布《管理印刷业营业规则》,规定"凡印刷营业者,无论专业兼业,均应先行呈报,得该管警察官厅许可,给予执照后方可营业",警察官厅如认为有违反禁止出版之情况时,应禁止其印刷。这些法律条款与政府规定,大多用语笼统、抽象、含混,且缺少实施细则,弹性很大,为政府压制言论自由提供了方便。

在北洋政府高压下,民间出版、结社之类活动受到多方面限制。1919年6月11日,陈独秀在北京城南新世界游乐场散发《北京市民宣言》传单,遭警察厅逮捕,被关了3个多月。1920年2月初,陈独秀在武汉发表"社会改造的方法与信仰"的演讲,提出要改造社会就要打破不合理的阶级制度。北洋政府命令警察厅在陈独秀到达北京时加以逮捕。陈独秀闻讯,只好避地上海。

在上海,尽管租界有时也会根据北洋政府的要求,对民间出版进行限制、查封,但那主要是从妨碍社会治安角度进行管理,不是作为政治犯罪案件来对待,被处分之当事人不至于有生命危险。上海两租界对报刊的管理,采取的是西方国家通常实行的追惩制。在这种制度下,出版物可以自由出版,行政机关不审查原稿而审查出版物,如发现出版物有违法内容,通过法律途径制裁。在上海租界,报纸言论只有被证实有以下几种情况时,才会被追究或者惩罚:一是有关道德风化;二是造谣诽谤;三是煽动叛乱或鼓吹杀人。从下面三个案件中,可以看出上海租界是如何处理报刊方面诉讼的:

其一,戴季陶案。1912年5月20日,《民权报》发表短评《杀》,反对向四国银行团借债,宣称:"熊希龄卖国,杀!唐绍仪愚民,杀!袁世凯专横,杀!章炳麟阿权,杀!"公共租界以鼓吹杀人罪名将主笔戴季陶拘捕,判罚洋30元。①

其二,鼓吹暗杀案。1919年4月,公共租界总巡捕房向会审公廨控告《民

---

① 会审公廨的判词为:"共和国言论虽属自由,惟值此过渡时代,国基未固,建设方兴,尤贵保卫公安,维持大局。苟政府措置失当,亦宜善言规导,使之服从舆论。该报措词过激,捕房以鼓吹杀人具控到案,迭经讯明。应依照中华民国新刑律第二百十七条,妨害秩序罪减五等处断,罚洋三十元,此判。"《审讯民权报案详志》,《申报》1912年6月14日)

国日报》:"有鼓吹暗杀张敬尧等情",主笔叶楚伧被传讯,报纸被处罚停刊两天。

其三,侮辱总统案。1919年9月15日,《民国日报》刊登一篇《安福世系表之说明》的文章,仿家谱形式,列出当时亲近日本的段祺瑞政府,将段祺瑞排成日本人儿子,大总统徐世昌则是段祺瑞的私生子。公共租界会审公廨向《民国日报》总经理邵力子、总编辑叶楚伧发出传票。法庭上,叶楚伧说报纸文章"实系以游戏文字对于政策上之批评,并无侮辱之意义"。本报与作者是在希望中国有良好之政府,国民享和平自由幸福。法庭最后判决邵力子、叶楚伧各罚款100元大洋了事。

在法租界注册的《时事新报》转载过这篇文章,因此,北洋政府委托的律师穆安素又到法租界巡捕房控告,法租界方面派律师为《时事新报》辩护。《时事新报》经理张云雷是国会议员,法租界律师以国会议员受法律保护,"凡是国会议员,非通过国会,不得随意控告",将原告驳回。原告指控《时事新报》转载文章是"侮辱总统",被告律师表示总统是国会议员选举的,他怎么会"侮辱总统"? 非但如此,由于原告擅自起诉国会议员,被告律师还要求原告负担张云雷从北京到上海来应诉的路费。结果《时事新报》并未被惩罚,这场诉讼也就此结束。

在这三个案件中,戴季陶、邵力子、叶楚伧都没有生命之虞,也不像陈独秀那样被北洋政府处罚之重。

这方面,陈独秀自己在上海租界也受到过拘禁处罚。1921年10月4日,陈独秀在上海法租界被捕,罪名是宣传"仇父公妻"、"煽惑他人犯罪",危害社会。经审讯,被罚款100元大洋。1922年8月9日,陈独秀以参加共产党罪名,又被法租界逮捕,结果被判罚400元大洋了事。这两次,陈独秀被羁押时间都不长,处罚也不算很重。

所以,《新青年》办在上海,虽然也会遭到租界当局的压制,但总体上还是比较安全的。

六、陈独秀对上海城市的复杂心态

如前所述,陈独秀作为新文化运动的旗手,其事业起步在上海,基地在上海,上海这座城市对于他有着非同寻常的意义。但是,他对于上海这座城市的许多方面,又极不喜欢,甚至极为厌恶。就在《新青年》上,他连续发表专论上海社会的短文,包括《上海社会》《再论上海社会》《三论上海社会》与《四论上海社会》,几乎把一切能用的坏名词都送给了上海:

> 象上海这种龌龊社会,居然算是全中国舆论的中心,或者更有一班妄人说是文化底中心;上海社会若不用猛力来改造一下,当真拿他做舆论和文化底中心,那末,中国的舆论和文化可真糟透了;因为此时的上海社会,充满了无知识、利用奸诈欺骗的分子,无论什么好事,一到了上海,便有一班冒牌骗钱的东西,出来鬼混。①
>
> 上海骗钱的法子很多,拿这种法子来骗钱来糟蹋新文化,更加是黑心到了极点了。……所以什么觉悟,爱国,利群,共和,解放,强国,卫生,改造,自由,新思潮,新文化等一切新流行的名词,一到上海便仅仅做了香烟公司、药房、书贾、彩票行的利器。呜呼! 上海社会!②
>
> 上海社会除了龌龊分子以外,好的部分也充满了戴季陶先生所谓曼且斯特的臭味。偌大的上海竟然没有一个培养高等知识的学校,竟没有一个公立的图书馆,到处是算盘声,铜钱臭。③

陈独秀说出来的都是事实,但是,还有些事实他没有说出来。清末民初的上海,如同一个无所不有的大超市,城市的乡村的,西方的东方的,激进的保守的,高尚的卑鄙的,新的旧的,红的黑的,好的坏的……什么都有。像陈独秀这样的由传统读书人转变而成的知识分子,对于上海这样的城市的感觉也是五味杂陈。他要办出版公司,发展文化事业,离不开上海;他办《新青年》,要刊登商业广告,离不开上海;他要找一些志同道合的同仁,宣传马克思主义,离不开上海;他要创建共产党,要在工人集中的地方谋发展、搞活动,离不开上海;他要逃避当局的镇压与迫害,寻找相对安全的庇护所,还是离不开上海。他在安徽、北京、武汉遇到麻烦以后,都是以上海作为最后避难所的。但是,上海这座城市里的商业气、铜臭味,没有好的大学与公立图书馆,充满各种流氓、政客,又是那样地不合他的胃口。对于这里的社会风气,他不赞一词。

---

① 陈独秀:《上海社会》,载《独秀文存》,安徽人民出版社1987年版,第587页。
② 陈独秀:《再论上海社会》,载《独秀文存》,第589页。
③ 陈独秀:《三论上海社会》,载《独秀文存》,第595页。

陈独秀如此,鲁迅、茅盾等人何尝不是如此!上海对于他们,犹如臭豆腐,闻闻臭的,吃吃香的,心态比较复杂。美国学者白鲁恂认为,在民族主义背景下,近代上海人是"被污蔑的口岸华人",上海城市是被污名化的城市。尽管租界的统治者是外国人,但租界人口的绝大多数是华人,上海是中国人自己创造的城市。但是,在民族主义笼罩下,这些都被忽略或丑化了。①任何国家民族主义的兴起,都不是纯粹抽象的理论建设,都需要有一个对立面,才有实际意义,都需要有一种殖民主义、帝国主义的象征物。在印度,英国人是什么样子,印度人都很清楚,殖民主义是很具体的东西。在中国,正如白鲁恂所说,一般中国人与"帝国主义者"之间并没有什么直接的交往,对他们来说,所谓外国渗透的威胁和"不平等条约"的恶行,只是没有体验的抽象概念。当他们发展出民族意识的时候,上海租界便成了帝国主义势力在中国的主要象征物。②上海城市也就难免成为臭豆腐的尴尬形象了。

综上所述,陈独秀当初创办《新青年》,并无到北京发展的打算,而只是其出版事业中的一个方面。蔡元培在北大实行的改革,参与新文化运动的众多新派人才,新文化运动的批判孔学儒教、倡导白话文、倡导妇女解放,都与清末民初上海城市的清新文化、新派人才有密切关系。五四运动能够取得成功,与这一运动继承此前上海已有的民众抗议方式,与上海工商界深度介入有直接关系。所以,无论研究《新青年》、新文化运动、五四运动,还是研究共产党的创立,都需要考虑其时上海城市社会环境、文化生态的重要价值。

20世纪80年代,哈佛大学教授王德威曾提出"没有晚清,何来五四"的问题,引发文学史学界热烈的讨论。③王德威指出,在研究中国文学来龙去脉时,应重识晚清文学的重要性,及其先于甚或超过五四的开创性。以小说为代表的晚清文学,已预告了20世纪中国"正宗"现代文学的四个方向:对欲望、正义、价值、知识范畴的批判性思考,以及对如何叙述欲望、正义、价值、知识的形式性琢磨。他将晚清文学与五四文学作为一有内在联系的整体来看待,从而破除将五四作为突兀现象研究的传统框架,指出现代性的多样性与复杂性。

---

①② 白鲁恂:《中国民族主义与现代化》,(香港)《二十一世纪》1992年2月。
③ 问题由王德威提出,见王德威《被压抑的现代性:晚清小说新论》,宋伟杰译,北京大学出版社2005年版。对于文学史界讨论的情况,参见李杨《"没有晚清,何来五四"的两种读法》,《中国现代文学研究丛刊》2006年第1期;周丹:《评王德威"没有晚清,何来五四"之说》,《华中人文论丛》2014年第1期。

王德威之问很有启发性。这一发问移植到思想界,同样适用。2003年,美国加州大学普莱斯等学者,举办"五四范式之外:中国现代性研究"讨论会,便从经济活动(报刊业、书籍出版等)、社会组织(同乡会等)、思想观念(政治观念、女权主义)等多方面入手,探讨了晚清与五四的差异与联系问题,很有创获。① 不过,我以为,如果将王德威之问,加上地域因素,可能更为全面,也更有助于人们对晚清与五四问题的思考。因为,无论王德威还是后来加入此讨论的其他学者,所征引的晚清史料,包括《申报》的论说、《点石斋画报》《海上花列传》《游戏报》《新小说》与《绣像小说》,大多出自上海;所述及的晚清文人,无论韩邦庆、吴趼人,还是李伯元,也大多生活在上海。离开上海那么特别的环境,很多文化现象是难以想象的。

---

① *Beyond the May Fourth Paradigm:In Search of Chinese Modernity*, Edited by Kai-wing Chow, Tze-ki Hon, Hung-yok Ip, and Don Price, Lexington Books, 2008.

墨家核心价值观纵横谈*

上海师范大学法政学院　夏乃儒

一、"草根"阶层的价值观登现历史舞台

我国古代春秋战国时期,是一个社会急遽转型时期。社会各阶级、阶层地位大变动,矛盾大发展。各种政治主张被提了出来,各学派的价值观相互交锋。

墨家学派创始人墨子,生当在春秋末战国初期间。出身为手工匠,自称为"贱人"(《墨子·贵义篇》),过着"量腹而食,度身而衣"(《鲁问篇》)的俭朴生活。他的弟子也一样,穿"短褐之衣",食"藜藿之羹"。他们从"工肆之人"手工匠上升到"士"阶层,极想表达平民阶层的价值理念,伸张草根的正义。

据《淮南子》称:"墨子学儒者之业,受孔子之术,以为其礼烦扰而不悦,厚葬靡财而贫民",于是与儒家分手自行其道。墨子提出"兼爱""非攻""节用""节葬""非乐""非命"等与儒家相异的十项治国主张,其中包含许多墨家独特的价值观念,这在当时有振聋发聩、激浊扬清的意义。

譬如"非命"观念的提出。大家知道,在商、周二代千余年间,"天命论"占着绝对的统治地位。在"天命"的旗号下,奴隶主贵族的价值观,变成有"普世"意义。直至春秋晚期,"天命论"出现动摇。孔子已经很少讲天命,他强调人能弘道的作为。孔子虽然说君子要知命,他所说的"命"已和宗教"天命论"确认的至上神支配一切,有了很大的区别。在人类认识史上,孔子跨出这一小步,还是很不容易的。可是,墨子一登上历史舞台,就振臂一呼要"非命",提出有命论是"昔者暴王作之,穷人术(述)之"以欺骗百姓的工具。墨子认为,如果真如有命论者所言,"命富则富,命贫则贫,命众则众,命寡则寡,命治则治,命乱

---

* 选自《诸子百家与核心价值观——上海炎黄文化研究会2014年学术年会论文汇编》。

则乱,命寿则寿,命夭则夭,虽强劲何益哉?"此言何等简明痛快!

二、倡兼爱,求平等,树起我国古代一面正义大旗

兼爱,是墨家倡导的首要价值观。墨子认为:"凡天下祸篡怨恨,其所以起者,以其不相爱生也。"(《兼爱中》)由此,强之劫弱,众之暴寡,诈之谋愚,贵之傲贱,大国之攻小国,都会产生。但他不满儒家讲的仁爱是"亲亲有术,尊贤有等,言亲疏尊卑之异也"(《非儒下》)。墨子提出的"兼爱",是不分亲疏远近、尊卑上下的"爱无差等"。他认为这是实现天下和调,"万民衣食之所以足也"的根本原则。

墨子的"兼以易别"的"兼爱"原则,是人类社会最古老的平等观念之一。侯外庐先生早就指出过:墨子是在旧贵族制度束缚下,"敢于非'别'(反对旧阶级制度),这却是伟大的发现"(《中国思想通史》第一卷),墨子的平等观念已含有社会身份平等的思想。社会成员不论其现实身份属何等级,在相互交往时,都应"兼相爱,交相利""爱人若爱其身",何况"官无常贵,民无终贱",社会身份是会有变动的。与墨子同时代的孔孟却形成另一类的平等观念,即通过实施薄敛的富民政策、保障老幼鳏寡的措施、强化礼仪规范来推行经济平等,同时弘扬"人皆可为尧舜"的道德平等观念。

儒、墨这两类平等观念正是我国古代正义思想的两面大旗。这与现代西方思想界所普遍认同的正义思想两大原则相契合。伦理学家罗尔斯概括"正义即公平"的两个原则:一是自由平等原则,意谓人人都享有自由平等的权利;二是差别原则,意谓在分配上虽有不平等,但使最少得益的社会成员得到补偿,也是正义的。墨家的平等观念所表达的,正是正义的第一原则。在世界思想史上,墨家的平等观形成要比佛教的平等观要晚,但比17世纪英国哲学家洛克提出的"人生而平等"来说,要早约2000年。

三、尚节俭,重民利,弘扬勤政利民、艰苦奋斗的大禹精神

"节俭"也是墨家的核心价值观念。崇尚"节俭"恐怕是墨家在诸子百家中最具有特色的精神气质。这是由战国时期社会政治经济状况和墨家处于平民阶层的地位所决定的。墨子告诫其弟子说:"凡入国,必择务而从事焉","国家

贫,则语之节用、节葬;国家熹音湛湎,则语之非乐、非命"(《鲁问篇》)。可见这是墨子针对当时诸侯国贫穷,而统治者生活奢靡而提出的治国理念。这里仅引《非乐上》所说:"非以大钟、鸣鼓、琴瑟、竽笙之声,以为不乐也;非以刻镂华文章之色,以为不美也;非以刍豢煎炙之味,以为不甘也;非以高台厚榭邃野之居,以为不安也。"寥寥数语,已把当时贵族的奢侈生活刻画得淋漓尽致了。

对于墨家的"节俭"价值观念,历史上常有非议。影响最大的是荀子的批判:"墨子蔽于用而不知文","上功用大俭约而僈差等"(《荀子·非十二子》)。用现在的话语来说,批评墨子太功利短视而抹杀文化艺术的功用,太过分讲俭约而搞平均主义。荀子这一评论,是否恰如其分,入木三分,我认为还要把持两点:一是看当时的历史实际,二是看墨子节俭观念的主导面与非主导面。

墨子尚节俭和重民利,两者是密切相关的。梁启超早在1921年著《墨子学案》就重视这一点,并列举七例加以积极评价。这里仅举三例,略加说明。第一例,墨子讲消费:"凡足以奉给民用则止",保障百姓基本生活、生产的用品的消费,这对于当时"饥者不得食,寒者不得衣"社会状况,是一个切合实际的设想。第二例,讲生产:"诸加费不加于民利者勿为",禁止从事不利于百姓的生产(如滥造车器宫室)。第三例,讲分配:"有财者勉以分人",确实含有平均财富的思想。上述消费、生产、分配三个方面,墨子都以民利为思考的出发点。

为烘托"尚节俭"和"重民利"的价值观,墨家推崇大禹为其理想人格。舜时洪水为患,共工和鲧用修堤筑坝以邻为壑的办法都未成功。禹做全面规划,征服不合作的"三苗",并进行艰苦卓绝的疏导,终于征服洪水。舜去世后,禹继位,成为夏代的建立者。墨子对大禹在治水中所体现的勤政利民、艰苦的精神极为推崇。墨子说:昔者禹为治洪"亲自操橐耜而九杂天下之川,腓无胈,胫无毛,沐甚雨,栉疾风,置万国。禹大圣也,而形劳天下也如此"。他还说:后世之墨者如不能如此艰苦奋斗,"非禹之道也,不足谓墨"(《庄子·天下》)。大禹精神不只是对墨家学派成员,而且对其他学派乃至整个中华民族都起了激励作用。

四、"求大同":儒墨共同的梦

求大同,构筑大同的理想社会,是儒、墨两家共同的梦想。

儒家对大同理想社会的憧憬,集中体现在《礼记·礼运》篇里。该篇记述了孔子对他的弟子子游畅谈了"大同"时代的景象:"大道之行也,天下为公,选贤与能,讲信修睦。故人不独亲其亲,不独子其子。使老有所终,壮有所用,幼有所长。矜寡孤独废疾者,皆有所养。男有分,女有归。货,恶其弃于地也,不必藏于己;力,恶其不出于身也,不必为己。是故谋闭而不兴,盗窃乱贼而不作。故外户而不闭。是谓大同。"

对比上述文献和《墨子》可知:除"天下为公"和"尚同",两者之义相去甚远外(儒家强调执政公平,墨家着意下与上同),其他意义多合,文句也相近。如:"选贤与能"与"尚贤","讲信修睦"与"非攻","不独亲其亲"与"兼爱","货恶其弃于地"与"节用","货不必藏于己,力不必为己"与"余力相劳,余财相分"等。这引发了学术界关于究竟是原儒固有,还是援墨入儒,或是儒墨合流的争论。这里不做文句先后的考证。

不妨做这样解释:一是儒墨所处的社会地位相近,都处在社会的中下层,思考问题的出发点相似。儒家创始人及其弟子、再传弟子大多处于士的阶层。墨家成员大多是以手工工匠等平民上升到士阶层的。他们蒿目时艰,都以济世、救世为志,都以和谐公平的大同社会为理想,是不奇怪的。二是儒墨都为鲁人之学,他们有着共同的文化基础。他们都诵《诗》《书》,通六经,道仁义,不少价值观念有相融相通之处。譬如"天下为公"之"公"字,儒家意为天下执政公平。墨子少用"公"字,爱用"兼"字。实际上"兼"有普遍、广泛之意,与"公"之意相近。何况墨子也提倡"举公义,辟私怨"(《尚贤上》)。战国时期尸佼早已指出"墨子贵兼,孔子贵公",其实质都是"去私"(《尔雅·释诂》邢昺疏)。三是体现核心价值精神的理想人格,儒墨也是相通的。墨以大禹为理想人格。儒虽推崇尧、舜、周公,但也敬重大禹。孔子就说过:"禹,吾无间然矣。菲饮食而孝乎鬼神,恶衣服而致美乎黻冕,卑宫室而尽力乎沟洫。"(《论语·泰伯》)

鉴于上述,我认为儒墨共筑"大同"梦,是说得通的。

五、墨家学派由盛转衰,墨家精神影响深远

战国初期,墨子从儒家分离出来另立学派,到战国中后期,已迅速发展成与儒家相并立的"显学"。当时的影响,绝对是在道家之上。秦时,儒墨同遭劫难,分别被责为"以文乱法"和"以武犯禁"。到了汉代,儒家逐渐复兴,而墨家迅速衰落,后来墨学几乎成了绝学。这中间有许多值得探讨的问题。譬如:

问题之一：墨出于儒，形成于战国初，后迅速崛起并成为"显学"之一，其主要原因是什么？

儒墨之创始人"皆修先圣之术，通《六艺》之论"《淮南·主术》，对他们的追随者都具有思想上的魅力，这是毋庸置疑的。再加上他们都身体力行，注重实践，体现其济世、救世精神，都扩大了他们的社会影响力，所以有"孔席不暇暖，墨突不暇黔"的赞誉。唯一胜于儒家，也胜于其他学派的是：墨家建立了一个有严密纪律的准军事化的结社组织。组织内部设立"巨子"制度，所有成员都必须服从巨子的指挥。此外还有"谈辩""说书""从事"三种职能分工，即分别参与游说从政、传播墨学和制作兵器从事武事。这使墨家组织迅速膨胀起来，影响力也大为发展。譬如墨子到楚国去游说楚王停止攻宋，他的弟子三百人早已在宋守城了。后来墨家从宋国、齐国扩展到楚国、秦国，即史上所说的"东方之墨""南方之墨"和"秦之墨"。

问题之二：墨家发展甚速，衰之亦快，到秦汉已经衰微，其主要原因又是什么？

史学界有从外部原因分析之，墨家的社会角色，既是君主的监督人、权臣豪族的惩罚者，也是受压民众的保护者、救济者，这必然为当时君主专制主义者所忌，就"以武犯禁"为由加以禁止。可是我们也可追问：儒也曾在战国末期被责"以文乱法"，并处之以"焚书坑儒"，为什么儒家能灾后复苏，墨家却一蹶不振呢？近有人指出墨家衰微内部原因有三：墨家自身矛盾，理想之过高，组织之破坏（见方授楚《墨家源流》）。学说自身矛盾，别的学派也存在，理想之过高，先秦时人也说过，如《庄子·天下》说墨子"其道大觳""其行为难为也"，可能有一定道理，但也非墨家衰落的根本原因，只有最后一条"组织之破坏"，才是墨家生死存亡的根本问题。墨家结社靠巨子的权威和榜样作用、准宗教信仰与严格纪律来维系的。当墨子、孟胜等几代巨子死后，其后继者不能以身作则，众多成员也不再受"正义"理想的约束。不少成员沦入"为盗跖之居民间"（《史记·游侠列传》）。而各地各派墨者争为"真墨"，相互指谪为"别墨"，更显得分崩离析。

问题之三：既说墨家早在汉时已衰落，墨家已中绝，为什么又说墨家精神影响深远呢？

一个学派精神绝不只是因该学派组织的兴衰而决定其存亡。这里有个学术文化发展的血脉、人脉、文脉的复杂问题。何况像墨家那样一个在"九流十家"中的大家,更不能轻忽言之。关于墨家精神的历史影响,可以分三个层面来探讨:第一层面,墨家通过倡兼爱、求平等、尚节俭、重民利、求大同等核心价值,所表达的"摩顶放踵以利天下而为之"的舍己救世精神,已经融化为中华民族精神的组成部分。诸如"兼相爱,交相利""爱人如己""兴利除害""舍己为人""从俭求富""利民生财""言信行果""已诺必诚"等传世格言,早已深入人心。墨家精神必将随着中华民族伟大复兴而发扬光大。第二层面,墨家被称为"役夫之道"的草根阶层价值观,极易在民间流传并形成一种侠义精神,譬如不畏压、共患难、讲义气、重然诺等,其中不乏具有正能量的东西可以发掘。对于一些好偏狭极端的江湖义气,则需要疏导。第三层面,后期墨家中有一批被称为"墨辩"的学者,他们通过《墨经》著作体现出古代的科学精神,长时期未被重视,现在应该重现其光辉。像他们形成的墨辩逻辑学,是世界上三大逻辑系统之一,是墨家留给我们的宝贵文化遗产。只有统观墨家的舍己救世精神、侠义精神与古代的科学精神三个方面,才会对墨家精神历史影响有全面的认识。

墨家精神及其价值观的核心内容早已组成为"中华民族最基本的文化基因"。

社会主义核心价值观与中华优秀传统文化的再认识*

上海师范大学哲学学院　崔宜明

习近平同志提出了"培育和弘扬社会主义核心价值观必须立足中华优秀传统文化"这一重要论断，并且进一步指出，要继承和弘扬我国人民在长期实践中培育和形成的传统美德，坚持马克思主义道德观、坚持社会主义道德观，在去粗取精、去伪存真的基础上，坚持古为今用、推陈出新，努力实现中华传统美德的创造性转化、创新性发展。这就为伦理学研究者提出了一个时代性的任务：重新审视、认识和阐明中华优秀传统文化，尤其是中华传统美德。要说明这个时代性任务，当然首先要说明社会主义核心价值观所包含的三个理论突破。

一、社会主义核心价值观的三个理论突破

自党的十八大提出"社会主义核心价值观"以来，中共中央办公厅印发了《关于培育和践行社会主义核心价值观的意见》，习近平同志就培育和践行社会主义核心价值观做出了一系列的重要阐述，表达了对中华民族历史发展的深刻洞见，在理论上提出了一些突破性的理论创见。综合起来看，有三个重大的理论突破。

（一）在利益关系认识上的突破

《关于培育和践行社会主义核心价值观的意见》指出："富强、民主、文明、

---

*　选自 2014 年《多学科视野：中华文化传统与社会主义核心价值观学术研讨会论文集》，原载《道德与文明》2014 年第 5 期。

和谐是国家层面的价值目标,自由、平等、公正、法治是社会层面的价值取向,爱国、敬业、诚信、友善是公民个人层面的价值准则。"①

要理解以上"三个层次"划分的意义,需要在伦理学的意义上联系到我们长期信奉的集体主义道德原则。集体主义道德原则的一般表述是:集体利益高于个人利益,个人利益应当服从集体利益;当个人利益与集体利益发生冲突时,应当牺牲个人利益,服从集体利益。必须承认,集体主义道德原则自有其历史合理性和必然性,这一点笔者曾经做过较为深入的探讨②,但笔者也指出:"我们在当前遇到的问题是:我们是否要根据计划经济体制向市场经济体制的转型,相应地在所主张的道德原则上作出一定的变化?……我们又该如何适应新的经济体制要求、适应新的经济体制所带来的现实社会生活的巨大变化,对集体主义道德原则进行新的诠说?或者说,集体主义道德原则需要不需要新的发展?答案应当是,我们需要坚持集体主义道德原则,而集体主义道德原则需要新的发展。"③而社会主义核心价值观就是集体主义道德原则的当代发展。

首先,在"国家层面的价值目标""社会层面的价值取向""公民个人层面的价值准则"这一划分中,我们看到,原先的"集体"演变成了"国家"和"社会",原先的"个人"也演变成为"公民个人"。这一新的表述在概念上肯定了改革开放以来中国社会结构转型之现实:经过 30 多年的改革开放,中国社会的结构已经发生了根本性的转型,计划经济时代的"集体"也分化出"国家"与"社会"两种共同体形态,并且重合在一起,而其基础都是"公民个人"。

其次,与计划经济时代的集体主义道德原则不同,社会主义核心价值观所主张的价值原则不再仅仅聚焦、局限于利益关系,其三个层次分别讲的是中华民族作为一个国家共同体应当实现的奋斗目标、要组织一个良善的社会共同体必须遵循的价值取向和要成为一个好公民应当恪守的人生准则。

最后,与计划经济时代的集体主义道德原则从对立和对抗角度来理解和规范集体与个人的利益关系不同,社会主义核心价值观揭示出只能以国家共同体、社会共同体和公民个人三方利益共赢和共享的方式,才能实现整个中华

---

① 《中共中央办公厅印发〈关于培育和践行社会主义核心价值观的意见〉》,《人民日报》2013 年 12 月 24 日第 1 版。
② 参见崔宜明《道德哲学引论》之第三章第三节,上海人民出版社 2006 年版。
③ 崔宜明:《道德哲学引论》,第 121—122 页。

民族利益最大化这一历史真理。

（二）在借鉴世界文明优秀传统上的突破

党的十八大提出，"倡导自由、平等、公正、法治"，由此，"自由"被纳入中国特色社会主义理论之中，这是在借鉴世界文明优秀传统上的一大突破。

在"自由、平等、公正、法治"中，一般地说，"平等"是中国传统社会一直诉求的价值原则，如历代农民起义所高举的"均贫富，等贵贱"旗帜。进而，如果说"公正"也一直是中国人所诉求的价值原则，那么，与西方文明优秀传统相比，我们对"公正"的理解应该说还停留在日常经验水平上，远远没有达到理性的自觉，与《尼各马科伦理学》中对"公正"的论述所达到的水平相比，中国古代没有一个思想家就"公正"主题发表过系统的意见，甚至"公正"就没有成为过一个稳定的哲学概念。

接下来，"法治"即"依法治国"（rule of law）则是西方文明的优秀传统，在根本宗旨、目标、方法和手段上与韩非子主张的"法制"即"以法治国"（rule by law）有着本质的区别。

至于"自由"，更是在西方文明传统中生长出来的价值观念。它在近代传入中国，并且为一些思想家所推崇，如第一个把"自由"引入中国的思想家严复就高扬起了"自由"的旗帜，以为民族振兴之管钥："今日之治，莫贵乎崇尚自由。自由，则物各得其所自致，而天择之用存其最宜，太平之盛可不期而自至。"①但也正如严复所说："夫自由一言，真中国历古圣贤之所深畏，而从未尝立以为教者也。"②诚哉斯言！从延安时期的《反对自由主义》到改革开放前期的"资产阶级自由化"，"自由"在政治上长期被污名化。但是，"揆诸历史，'自由'在其作为观念和学说诞生时，是且仅仅是现实世界中强者的主张和要求，也是强者的自我认同；展望未来，一个强大的中国只能是因其个体的强大而强大，一个由自由的个人结合而成的中国才能是真正自由的中国"③。

于今，"自由"终于被纳入中国特色社会主义理论之中，它统领着"平等、公正、法治"，被理解为"社会层面的价值取向"，这实在是一件了不得的大事。

"自由"和"平等"是西方资产阶级革命高举的旗帜，在法国大革命时期深

---

① 《严复集》第四册，中华书局1986年版，第1082页。
② 《严复集》第一册，中华书局1986年版，第2—3页。
③ 崔宜明：《以"自由"为核心的普世价值观念与中国伦理学》，《道德与文明》2009年第3期。

入人心,可以说是西方优秀文化的精华,也是西方文明对人类文明的伟大贡献。至于"公正"(justice)和"法治"(rule of low),正如美国哲学家约翰·罗尔斯在其名著《正义论》开篇断言——"正义(justice)是社会制度的首要价值,正象真理是思想体系的首要价值"①——的那样,是西方传统优秀文化最为宝贵的政治遗产,也是西方现代社会追求长治久安的根本保障。这四个价值理念基本上囊括了西方文明几千年发展的历史成就,而如今为我所用,服务于中华民族的伟大复兴,这是何等气魄! 又是何等手笔! 这不由得让人想起深藏在民族记忆深处的"汉唐气象"! ——鲁迅说"汉唐虽然也有边患,但魄力究竟雄大,人民具有不至于为异族奴隶的自信心,或者竟毫未想到,凡取用外来事物的时候,就如将彼俘来一样,自由驱使,绝不介怀"②。

(三) 在历史观上的突破

习近平同志强调:"培育和弘扬社会主义核心价值观必须立足中华优秀传统文化。牢固的核心价值观,都有其固有的根本。抛弃传统、丢掉根本,就等于割断了自己的精神命脉。博大精深的中华优秀传统文化是我们在世界文化激荡中站稳脚跟的根基。中华文化源远流长,积淀着中华民族最深层的精神追求,代表着中华民族独特的精神标识,为中华民族生生不息、发展壮大提供了丰厚滋养。"③

社会主义核心价值观是中华民族伟大复兴的精神诉求,在当今经济全球化的背景中,这种精神诉求深刻地回应了"世界历史"的必然要求,从而具有鲜明的"现代性"和"世界性";同时,属于中国人的"现代性"和"世界性"的精神诉求只能牢牢扎根在中华优秀传统文化之中,并且作为中华优秀传统文化的现代发展仍然以"历史性"和"中国性"为自己的命脉。所以说,"培育和弘扬社会主义核心价值观必须立足中华优秀传统文化"这一重要论断表明了中国特色社会主义理论在历史观上的新突破。

"随着资本主义市场经济制度在西欧出现、成型和逐渐占据统治地位,开始了'世界历史'的进程,至今仍然远没有结束"。而"在资本主义市场经济制度出现以前,不存在'世界历史',人类世界的历史不过是各民族历史的简单相

---

① [美]罗尔斯:《正义论》,何怀宏等译,中国社会科学出版社1988年版,第1页。
② 《鲁迅全集》第一卷,人民文学出版社2005年版,第209页。
③ 习近平:《在中共中央政治局第十三次集体学习时的讲话》,《人民日报》2014年2月26日第1版。

加而已,也就是马克思说的:'世界史不是过去一直存在的,作为世界史的历史是结果。'"但是,"世界历史"自诞生以来就存在着一个深刻的历史悖论:"可以这样来正面表述这一世界历史的悖论:一方面,'世界历史'的出现使得世界各民族以同一种经济生产方式为基础,朝向同一个方向前进、并趋向于同一种生活方式,这就意味着属于人类普遍性的东西将逐渐取代各民族在自身历史中形成的特殊性的东西;但另一方面,'世界历史'的出现使得世界各民族越来越清楚地认识到自身历史传统的特殊性,并且越来越倾向于通过在自身历史中形成的特殊生活方式来认同'自我',而这意味着各民族在自身历史中形成的特殊性的东西将不会被那些属于人类普遍性的东西所取代。"①

马克思主义经典作家看到了"世界历史"的出现,"大工业创造了交通工具和现代的世界市场,控制了商业,把所有的资本都变为工业资本,从而使流通加速(货币制度得到发展)、资本集中。……它首次开创了世界历史,因为它使每个文明国家以及这些国家中的每一个人的需要的满足都依赖于整个世界,因为它消灭了各国以往自然形成的闭关自守的状态"②。但是马克思没有看到正在通过"世界历史"获得自身本质规定性的现代民族国家,没有看到"世界历史"与现代民族国家是相互依存的共生物,他认为,"一般来说,大工业到处造成了社会各阶级间相同的关系,从而消灭了各民族的特殊性"③,所以,国家不过是"虚幻的共同体"④。

与此相应,作为马克思主义中国化的当代成果,作为中国特色社会主义理论的最新发展,习近平同志对社会主义核心价值观的理论阐述突破了马克思历史观的局限,在深刻认识到"世界历史"与现代民族国家之间相互依存的共生关系基础上,把握了"现代性"和"历史性"、"世界性"和"中国性"之间的辩证关系,揭示了中华民族伟大复兴的精神命脉之所在。

二、从中国近代史的大背景中来理解三个理论突破

"富强、民主、文明、和谐是国家层面的价值目标",这是对近代以来中华民族求生存、求发展之心路历程最为集中的概括。

---

① 崔宜明:《个人自由与国家富强》,《上海师范大学学报(哲学社会科学版)》2011年第3期。
②③ 《马克思恩格斯选集》第一卷,人民出版社1995年版,第114页。
④ 《马克思恩格斯选集》第一卷,第84页。

"富强"是洋务运动所追求的目标,是中华民族在饱受西方列强侵凌、身处亡国灭种境地中的第一声呐喊,表达出中华民族近代历史发展的第一主题。"民主"与"科学"是五四运动高举的旗帜,表明中国人对"富强"这一主题认识的深化,这就是以"科学"为动力求物质生产力的解放——富,以"民主"为方向求民族共同体的解放——强。这也就揭示出中华民族近代历史发展的第二个主题:重新确立中国人的政治生活原则,改变中国人的政治生活方式。

"文明"与"和谐"是改革开放以来提出的价值目标,包含着对30余年经济高速发展、国力持续增强所带来负面效应的深刻反思。五四运动70年后,党的十一届三中全会召开,中国开始了改革开放,从此走上了求富强、求民主的快车道。改革开放给中国带来了翻天覆地的变化,同时也出现了很多新的问题,这些问题归结起来就是人与人、人与自然关系的持续恶化,以至于威胁到人的基本生存。于是,中华民族近代历史发展的第三个主题被揭示了出来,这就是人的生活方式应当有利于人自身的全面发展,应当促进人与人、人与自然关系的和谐,其主旨就是荀子说过的:"使欲必不穷于物,物必不屈于欲,两者相持而长。"(《荀子·礼论》)

"富强、民主、文明、和谐是国家层面的价值目标",这既是对近代中国的历史主题和全球化条件下中华民族的根本利益诉求的集中表达,也是中华民族伟大复兴在"世界历史"地位意义上的告白。

围绕着"富强"第一主题,"民主"是中国近代历史发展的第二主题,而"文明"与"和谐"是第三主题,这就清楚地表明了中华民族伟大复兴这件事情不仅属于中国,也属于"世界历史"。这不仅是因为作为一种政治生活原则和政治生活方式的"民主",尽管是西方历史文明的产物,但又是实现中华民族伟大复兴的必然要求,而且也因为"世界历史"在21世纪的发展需要从中国优秀文化传统中汲取营养——"文明"与"和谐"既是对"富强"和"民主"的补充,也是对"富强"和"民主"的制约。大概可以说,如果"世界历史"在21世纪还能够继续发展,那么,以"文明"与"和谐"来补充和制约"富强"和"民主"恐怕是必然的选择。

"自由、平等、公正、法治是社会层面的价值取向",这是对改革开放30多年社会变革所取得的巨大成就最为凝练的概括。

前面说过,经过30多年的改革开放,中国社会的结构已经发生了根本性的转型,计划经济时代的"集体"也分化出"国家"与"社会"两种共同体形态。

那么,这个与"国家"既有联系也有区别的"社会"究竟是怎样的共同体形态呢?回答是:它是在国家宪法和法律的规范下,但又在国家行政权力直接控制之外,由公民个人之间的互动而形成的自组织、自协调、自运行的公共生活领域。在中国,这一意义上的"社会"是由计划经济体制向市场经济体制转型过程中的产物,并且还处在不断的发展和完善之中。

这一意义上的"社会"以市场经济体制为基础,因为"市场经济作为社会化大生产的另一种组织方式,要求'社会'作为一个'实体'而存在,这个'社会'不仅与'家庭'有别,而且与'国家'有别。市场经济内在地要求着一个以个人为本位的公共生活领域,从而持续地生产出一个不同于家庭和国家的社会,并且把家庭和国家都放置在社会的基础之上加以重新定位,使家庭生活成为'私域',而国家的政治生活成为一种特殊的'公域',即集体行动的领域"①。

这一意义上的"社会"作为公共生活的领域,其特征是:"一,它对每个人都是开放的,每个人都是作为独立的、自主的'个人'进入这个领域;二,这些个人都是作为'利益主体'、为了满足自身的利益而进入这个领域;三,这些个人只能通过交换、以满足他人的利益需求为前提才能得到自身利益的满足。"②由此,就有了"自由、平等、公正、法治是社会层面的价值取向",因为,正是这些价值原则保障着"社会"成为一个利益共赢和共享的生活共同体。

在当代中国,与社会主义市场经济体制还处在完善过程之中相应,这一意义上的"社会"也处在完善过程之中,而所谓完善,就是以自由、平等、公正、法治为价值取向来建设和发展"社会",就是在"社会"建设中持续地贯彻落实自由、平等、公正、法治这些价值取向。

"爱国、敬业、诚信、友善是公民个人层面的价值准则",这是对发展中的中国现代社会所要求的"公民个人"道德品质最为准确的概括。

前面说过,"国家"与"社会"两种共同体形态的基础都是"公民个人"。所谓公民个人,指被赋予了完整的社会权利,从而被承认是具有独立、自主人格的社会成员;那么,有权利就有义务,贯穿在各种具体义务中的价值准则就是爱国、敬业、诚信和友善,能够恪守这些价值准则去行动和生活的人就是"好公民"。

---

① 崔宜明:《道德哲学引论》,第134页。
② 崔宜明:《道德哲学引论》,第137页。

"公民个人层面的价值准则"这一提法是一个伟大的历史进步,这一点也可以通过与计划经济时代的集体主义道德原则相比较来说明。首先,它突破了仅仅从处理利益关系这一角度来理解道德的藩篱,讲的是作为国家和社会的一个公民所应当具有的道德品质,也就是具有完整的社会权利,被承认为一个独立、自主的人格的公民的"善"。其次,就利益关系的处理而言,与计划经济时代的集体主义道德原则从对立和对抗角度来理解和规范集体与个人、个人与个人之间的利益关系,从而以毫不利己、专门利人为"善"不同,"公民个人"的价值准则是以承认每个人都是一个独立的利益主体,都可以以自己的方式来理解其利益,并且追求自己的幸福——条件是尊重他人的同样权利——为前提,来理解和规范个人与国家、个人与社会、个人与个人之间的利益关系,从而把国家共同体、社会共同体和公民个人三方利益共赢和共享理解为"善"。

历史的真理与人们的直观生活感受有时是错位的。当人们在怀念计划经济时代人际关系的美好、指责市场经济时代人际关系的恶化时,他们说的是"事实",但"真理"却是:随着社会主义市场经济体制的不断发展和完善,国家共同体、社会共同体和公民个人三方共赢和共享的利益格局正在形成之中。

必须强调"社会层面的价值取向"在"国家层面的价值目标"和"公民个人的价值准则"之间所起的承上启下的作用。

首先,如果问,如何才能实现国家层面的价值目标,即富强、民主、文明、和谐?回答是,在社会层面实现自由、平等、公正、法治的价值取向。反过来,如果问,在社会层面,要实现自由、平等、公正、法治的价值取向,其目标是什么?这一问题的含义是:有"自由"就必定有对"自由"的滥用,任何一个社会都必须限制对"自由"的滥用,所以,自由、平等、公正、法治都有一个"度"的要求,任何一个社会由于其发展水平、历史传统和地缘政治条件等,都必须找到并明确这个"度"在哪里,而这个"度"就是由"目标"来界定的——回答是,国家的富强、民主、文明、和谐就是目标,凡是不利于国家的富强、民主、文明、和谐的"自由"就是对"自由"的滥用。

必须指出,在当今学术界有一种谬见仍然有一定的市场,这就是认为在"国家"与"社会"之间存在着一种不可调和的对立,以至于"国家"的强大就必定会窒息"社会"的生命力,反过来,只有"社会"强大起来,才能约束"国家"之"恶"。

这种谬见的基本错误在于混淆了"国家"和"政府"。第一,揆诸历史,任何一个存在着的"社会"——在市场经济基础上,由公民个人之间的互动而形成的自组织、自协调、自运行的公共生活领域——都是在"国家"的支持和保护下成长起来的,并且是在国家宪法和法律的规范下运作的;离开了"国家","社会"一天都存在不下去。第二,这一意义上的"社会"确实只能存在于国家行政权力,也就是"政府"的直接控制之外,"政府"也确实能够作"恶",并且阻碍"社会"的发展和完善,但把"政府之恶"偷换成"国家之恶",用一句老话来说就是"非愚即污"了。第三,在理论的逻辑上,一个富强、民主、文明、和谐的"国家"才是建立良善的"政府"和建设充满活力的"社会"的保障,虽然在现实的生活中。这三者是互为依存和互动发展的。

其次,以国家层面的富强、民主、文明、和谐为价值目标,并且以自由、平等、公正、法治这些社会层面的价值取向为保障,爱国、敬业、诚信、友善这一公民个人层面的价值准则才与"存天理、灭人欲"一类的道德专制主义划清了界限,才成为一个"好公民"之"好"的标识。也就是说,正是由于存在着自由、平等、公正、法治这些社会层面的价值取向,爱国、敬业、诚信、友善这些价值准则才能是属于"公民个人"的,否则,这些价值准则就是属于"顺民"和"愚民"的。

三、必须重新认识中华优秀传统文化和传统美德

社会主义核心价值观以及习近平同志就培育和践行社会主义核心价值观所提出的一系列重要论断是中国特色社会主义理论的最新发展,其中包含的三个理论突破具有深厚的历史意蕴和强烈的实践品格,同时也要求着学术界对伦理学、哲学和历史学的一些基本问题做出更加深入的研究,这就是中共中央办公厅印发的《关于培育和践行社会主义核心价值观的意见》中指出的:"深入研究社会主义核心价值观的理论和实践问题,深刻解读社会主义核心价值观的丰富内涵和实践要求,为实践发展提供学理支撑。"①

对于伦理学研究者来说,相应于"培育和弘扬社会主义核心价值观必须立足中华优秀传统文化"这一重要论断,就必须以"中华传统美德的创造性转化、创新性发展"为宗旨,重新审视、认识和阐明中华优秀传统文化和中华传统

---

① 《中共中央办公厅印发〈关于培育和践行社会主义核心价值观的意见〉》,《人民日报》2013年12月24日第2版。

美德。

习近平同志指出:"要讲清楚中华优秀传统文化的历史渊源、发展脉络、基本走向,讲清楚中华文化的独特创造、价值理念、鲜明特色,增强文化自信和价值观自信。"[1]那么,怎样才能讲清楚中华优秀传统文化和传统美德呢?"培育和弘扬社会主义核心价值观必须立足中华优秀传统文化"这一重要论断为我们指明了方向,这就是以社会主义核心价值观为导向重新审视、认识我们的传统文化和传统美德。如果中华优秀传统文化能够为培育和弘扬社会主义核心价值观提供牢靠的基础,那么,其中就必定不仅包含着中华民族生存与发展的历史基因,也包含着整个人类生存与发展的历史基因,从而使得21世纪的中华民族伟大复兴属于"世界历史"。

要讲清楚中华优秀传统文化和传统美德,就必须以社会主义核心价值观为导向,重新审视和认识中华优秀传统文化和传统美德,这就是:以中国近代以来的历史经验教训为背景,以西方优秀文化传统为参照来重新反思和总结中华民族在其五千年的历史发展中,尤其是自先秦时代以来所创造的精神财富和文明遗产。

首先,以中国近代以来历史经验教训为背景。

中国传统学术向来强调"求通",也就是所谓文史哲不分家,脱离了历史,是讲不清楚文化和道德的,而事实正是:中华优秀传统文化和传统美德之"真相",只呈现在中国的历史生活中,并且突出地呈现在中国近代历史的大变革中。

必须承认,脱离历史生活的实际来理解中华优秀传统文化和传统美德在当今学术界仍然很常见。其典型特征是,针对当今社会生活中存在着的弊端,从传统思想典籍中找出相应的正面论述,以说明中华优秀传统文化和传统美德业已沦丧,并且反过来证明中华优秀传统文化和传统美德的当代价值。尽管这种"吃补药"式的理解方式可以赞其用心可嘉,但是传统思想典籍中的纸上"故事"并不等同于中华民族历史中的生活"事实",二者之间的关系实际上非常复杂,并且在不断变化之中,只有在深入和系统地研究了二者关系之后,我们才能有根据地回答中华优秀传统文化和传统美德究竟是什么。

在五千年的中华民族历史生活"事实"中,我们应该特别重视深入研究近

---

[1] 习近平:《在中共中央政治局第十三次集体学习时的讲话》,《人民日报》2014年2月26日第1版。

代历史大变革的生活"事实"与中华优秀传统文化以及传统美德的关系。因为所谓近代历史大变革,在根本上是中华民族历史融入"世界历史"所带来的大变革。"是传统道德文明哺育着的崇高德性支撑起近代变革的苦难历程,是无数志士仁人以对祖国的无尽热爱诠释着道德的文明传统。纵览中华民族两千多年的历史,应该说,我们的传统道德文明特别是在近代这一百多年中才喷发出它那无穷的力量,才升华成为高贵的辉煌。"①正是以"世界历史"为背景和参照系,我们才能更准确地把握中华民族生存与发展的历史基因,才能去辨别其中属于整个人类生存与发展的历史基因,从而讲清楚中华优秀传统文化和传统美德。

其次,以西方优秀文化传统为参照。

前面说过,"自由、平等、公正、法治"是对改革开放30多年社会变革所取得的巨大成就最为凝练的概括,那么,如果进一步追问,这些源于西方历史文明、属于西方优秀传统文化的价值观念是如何在中国大地上生根开花、服务于中华民族伟大复兴的,我们就为重新审视和认识中华优秀传统文化和传统美德找到了新的视角、开辟出了新的广阔视野。

显然,与我们通常从"特殊性"视角来理解中华优秀传统文化和传统美德不同,从洋务运动、戊戌维新、五四运动一直到改革开放,中国近代历史表明,中华优秀传统文化和传统美德还有属于"普遍性"的东西。在传统思想典籍的纸上"故事"背后,在中华美食、书法、武术、服饰和民俗等的深处,存在着属于人类普遍性的价值诉求和理想信念,所以我们能够学习异域的优秀文化。

一千多年前,我们学习印度的佛教,并且成功地实现了中国化,产生了以禅宗为代表的一批中国流派,使得"佛"与"儒"、"道"并列为中国传统文化的三大支柱。可见,兼容并蓄而改造创新是中华优秀传统文化的重要特征,"包容"是中华传统美德之一,可是,在传统思想典籍的纸上"故事"中,就从来没有讨论过"包容",更找不到佛教中国化的理论根据。

与中华民族历史发展的恢宏过程相比,传统思想典籍的纸上"故事"显得苍白。这些纸上"故事"说出了一些非常重要的东西,表明的是中华民族对整个世界和人类自身所达到的理性自觉,但是,中华民族历史发展中还有一些非常重要的内容尚未达到理性自觉,特别是那些属于人类普遍性的价值诉求和

---

① 崔宜明:《道德哲学引论》,第4页。

理想信念。

比如，站在"世界历史"的立场上，并且以西方优秀传统文化为参照，我们就能透过传统思想典籍的纸上"故事"看到这样的中华优秀传统文化和传统美德："一、五千年的文明史积淀下来的沧桑和淡定使得中国人能够在一个大尺度的时间和空间中来理解和定位自己，不太计较一时一地的得失，能够较好地适应环境条件的变化而坚忍不拔地朝向自己的目标前进；二、三千年脸朝黄土背朝天的农耕文明形成的传统和习惯使得中国人特别能吃苦、特别能经营，中国人能够发现最微小的生存机会，并且会全身心地投入以期实现这样的机会；三、在自鸦片战争以来一百多年的苦难和奋斗的历史基础上凝聚了无数经验和教训所形成的中国的社会制度保证着国家具有强大的行动效力，能够在相当大的程度上动员既有的人力、物力和财力资源服务于国家的既定目标。"①

从思想史的角度看，"培育和弘扬社会主义核心价值观必须立足中华优秀传统文化"这一重要论断具有里程碑式的意义。在中国近代思想史上，从五四运动的"打倒孔家店"一直到改革开放前期的《河殇》，我们曾经长期把中国传统文化全当作糟粕，认为要富强和民主就必须改造甚至全部抛弃传统文化。今天，在中华民族伟大复兴的关键时刻，我们终于认识到，"抛弃传统、丢掉根本，就等于割断了自己的精神命脉"。这似乎回到了洋务运动这一近代史变革起点的主张——"中体西用"，也许，这就是《易经》里说的"反复其道，七日来复，天行也"吧。历史是螺旋式发展的，而思想史上那些最重大的突破也往往实现在轮回的表象中。

回到"中体西用"当然是表象，骨子里的东西已经完全不同了，这就是习近平同志指出的："要认真汲取中华优秀传统文化的思想精华和道德精髓，大力弘扬以爱国主义为核心的民族精神和以改革创新为核心的时代精神，深入挖掘和阐发中华优秀传统文化讲仁爱、重民本、守诚信、崇正义、尚和合、求大同的时代价值，使中华优秀传统文化成为涵养社会主义核心价值观的重要源泉。要处理好继承和创造性发展的关系，重点做好创造性转化和创新性发展。"②

---

① 崔宜明：《21世纪的世界与中国哲学》，《学术界》2012年第10期。
② 习近平：《在中共中央政治局第十三次集体学习时的讲话》，《人民日报》2014年2月26日第1版。

"新民"与"庶民"
——新文化运动的"梁启超问题"*

复旦大学哲学学院　丁　耘

　　无论要为历史复杂性付出多少额外补偿,衡量新文化运动最有效的尺度,似乎仍可概括为"科学"与"民主"、"问题"与"主义"这两组范畴。观念史的复杂性在很大程度上潜藏在这两组范畴的交错纽结处。"主义"产生的根本原因,就是为了研究和解决问题。"主义"论与"问题"论所争者,无非是"主义"论试图诉诸"主义"找到一个总方法与总解决。而"问题"论以为问题林林总总,应该具体地、逐渐地解决,万能灵丹是没有的。但即使"问题"论者也无法否认,问题总有其本末源流、纲目主次。与此相关,"主义"大体可分为三类:第一类是解决问题的总方案。此类"主义"以"答案""立场"的面目出现,且往往来自东西洋。主义论者所欲鼓吹、问题论者所欲抑制的,往往是这种"主义"。第二类是研究问题的总方法,例如"实验主义"。此类"主义",即使问题论者,亦不能不用。第三类则既是方法,又是方案。因方法周全、解释有效,方案方能大行。马克思列宁主义就是这样。从最终趋向看,新文化运动的总问题就是民主,方法上的总主义就是科学,①方案上的总主义就是关于民主的科学——"科学的"社会主义。

　　新文化运动的"民主"与"科学"都是在实际与观念的历史中不断变形、分

---

* 选自 2015 年《多学科视野:新文化运动与传统文化学术研讨会论文集》,原载《杭州师范大学学报(社会科学版)》2018 年第 5 期。

① "主义"中极重要的部分不是纯粹的主张,而首先是研究与解决"问题"的方法。当科学以不限于研究自然问题的普遍方法的面目出现,就成了形形色色的主义(例如马克思主义与实验主义)。科学可否运用到人生与文化之类自然之外的东西上,这些领域是否需要不同于自然科学的研究方式,这是科玄论战以及东西文化论战的实质。民主与科学的最终结合,就是通过历史科学研究民主需要的社会、经济和文化条件而实现的。这就是新文化运动为社会史论战乃至马克思主义中国化提供的逻辑动力。

化、具体化和谱系化的。在许多情形下,它们虽然丧失了通名,但却保持了通义。

"民主"之为问题,起于清帝国的危机,更起于王朝政治与中国古代文明的总危机。它在时间上固然早于新文化运动①,但在逻辑上也未必完全包含在新文化运动的主张之内。梁启超的"新民说"试图在调和儒家和西学的基础上,对民主问题(或民治问题、民权问题)有所回应。而新文化运动及其最终开启的中国共产主义运动,同样是对民主问题的回应。本文希望,对有关史料的分析可以呈现,新文化运动在其发生阶段是如何受惠且受制于梁启超的,而在其兴盛阶段,又是如何努力摆脱梁启超的。本文试图用"梁启超问题"来指称"新民说"所蕴含的可能路向对于新文化运动的启迪、挑战与限制。此议题的意涵当然不是实证的,不会停留在梁启超与《新青年》真实的历史关系中,甚至也不局限于任公本人为"新民说"注入的内容。本文更多地期望,通过显露于这种复杂历史关系的那种契机,探索儒学的"新民"政治传统与《新青年》发皇的"庶民"或者人民政治传统达到一种既相互限制又相互激发的思想可能性。为了打开"新民"说更丰富的可能性,同时也为了避免对复杂传统的单调理解,本文将适度展开新文化运动之前儒家之不同脉络对于"新民"解释的分歧,以探索在丰富的儒家政治学说中,找到回应梁启超问题的契机。因此,在新文化运动的历史效果即将动摇之际,提出"梁启超问题"的最高意义无非是,既回顾新文化运动对儒家政治传统的扬弃,也在这种扬弃的基础上,期待重新激活丰富的儒家政治学说传统,为人民政治传统再次奠基。这个历史时刻独具的思想活力,也许只能存在于新文化运动和儒家政治传统的相互激荡之中。

一、《新青年》与梁启超:以"新民说"为引

一年之后逐渐占据中国思想论战旋涡位置的《新青年》,在它创刊后的第一篇论战文字,是指向梁启超的。②七年之后,刊物停在第9卷第6号上。整个第9卷的第一篇论战文字,还是指向梁启超的。③如果不算第9卷第6号施存

---

① 参见熊月之《中国近代民主思想史》,上海人民出版社1986年版。
② 参见高一涵《读梁任公革命相续原理论》,《青年杂志》第1卷第4号。此时刊物名尚为《青年杂志》。
③ 参见李达《讨论社会主义并质梁任公》,《新青年》第9卷第1号。

统对许新凯同路人式的批评①,那么全部《新青年》的论战文章,就是从梁启超开始,到梁启超结束的。

与陈独秀对康有为持续两三年的一系列猛烈批判相比,《新青年》对梁启超态度客气、情绪克制、论辩精密,表现出激进思想家们罕见的慎重。这并不意味着,康有为比梁启超更加危险。批梁文章数量虽然不多,但位置重要。更耐人寻味的是,批康文章里洋溢着的雄辩与讽刺风格,到批梁文章中,一概不得其用,只能代之以细密的辨析。对《新青年》来说,主张孔教、反对共和同帝制复辟纠缠在一起的康有为,其"反动"色彩是如此鲜明,其立论依据是如此背时,故毋庸细心剔抉,只需迎头踏击。梁任公则大不一样。

近人伍启元于 1933 年撰写、1934 年出版的《中国新文化运动概观》一著,是对新文化运动比较早的系统梳理,研究者以为"见解持平",面世时"颇有影响"②(罗志田为此书所作编后记中涉及),当能窥见时人意见。此书将新文化运动分为 1895—1915 年的启蒙时期和 1916—1933 年的全盛时期。后者的代表固然为《新青年》诸公;而前者之代表,则首推公车上书时期的梁启超③。此书又以为,新文化运动进入全盛期后,其唯一的敌人是折中派的东方文化论者。他们"有许多是新文化运动的先驱,后来却转了态度,赞扬东方旧有的文化(不过他们并不是反对新文化)。梁启超先生就是一个例子。(《新民丛报》时代的梁氏是西方文化的提倡者;但《欧游心影录》的作者梁氏,却变成了一个东方文化学者。)"④此书又总结说,五四以来直至社会史论战的一切论战无非都是东方文化学者和新文化学者之间的论战。如此说来,对新文化运动的晚辈而言,这个梁任公真可谓瞻之在前、忽焉在后、身法飘忽、难以捉摸。后辈所虑,每在难逾先驱范围。故后学起家,总要清算先驱。而从先驱变成的对手,尤为危险。康南海不足深虑,而任公对《新青年》之重要主张⑤,皆有开导之功、限制之意,则洵为《新青年》诸公之大敌矣。

不过,伍启元的观察,犀利诚然有余,周密或者不足。这是其粗糙的叙

---

① 这一期也编选了许新凯本人的两篇文章。故施存统和许新凯的辩论不同于一般论战,更多的还是同志式的商榷。
② 伍启元:《中国新文化运动概观》,黄山书社 2008 年版,第 193 页。
③ 即使谈及公车上书,此书亦附康于梁后。此虽不合历史,却是从对新文化运动的影响立论的。
④ 伍启元:《中国新文化运动概观》,第 34 页。
⑤ 如激励青年、民众政治、社会主义、阐扬墨学等。

述框架导致的。伍氏思想史分期的框架是中西文化之争。他以为新文化运动启蒙时期的基本问题,不在经今古学,而在中西文化。而全盛时期之巨变,是从中国文化转到西洋文化。之后的论争,仍在东西文化之间进行。这一框架对于理解《新青年》同仁的分裂是无效的,对于处理新文化的分期、解释梁启超的转变也不够有力。虽然如此,这个框架本身仍触及了中国近现代思想基本问题的某些方面,只是需要更加精细、更多的区分。梁启超在新文化运动中复杂的乃至不无突兀的形象,部分是这个叙述框架的简单性造成的。梁启超形象的复杂性表明,他应该意味着比这个框架更多的东西。因此,从梁启超与《新青年》杂志的关系着手,或者可以找到丰富这个框架的入路。

《新青年》作者群的思想倾向本身是多方面的,而梁启超也以思想多变著称。本文拟从梁的"新民说"入手考察两者之间的关系。这样做是出于以下几点考虑:

其一,梁在中国近代史上地位的奠定,同他担任《新民丛报》主笔关系极密切。[①]"新民"之说,虽来自儒家传统,且为君宪派所污,但一直保持着某种超然的地位。毛泽东等1918年在湖南组织的共产主义小组,仍名为"新民学会",而没有像同时期的《新青年》那样采用"庶民"这个词。这一举动表明,儒家新民学说与所谓激进主义的人民学说之间并不是毫无积极联系的,这种联系在近代观念史上,至少应该追溯到梁启超。在古代思想史中,或涉及更复杂的脉络。循名自可责实,离开特定的政见,梁启超"新民说"的丰富内容仍值得考察。"新民"这个《大学》的"三纲领"之一,实在为儒家、启蒙和共产主义传统建立了明确的联系。当然这种联系的内容是需要在历史中和观念中不断重新解释和赋义的。

其二,"新民"要义,既在"民",也在"新"。梁启超早在《新青年》问世多年之前,已大谈"少年中国""新大陆",甚至"新中国"。而《新青年》之"新",原是《青年杂志》之新,非中国青年之新,无关乎思想内容。后陈独秀为之弥补,1916年始作《新青年》一文,内有"德之立教,体育殊重,民力大张"[②]之语。转年毛泽东乃于《新青年》第3卷第2号发表《体育之研究》,内有"天地盖惟有动

[①] 如冯友兰《中国哲学史新编》中列有康有为,但没有梁启超的专章。而在评述章太炎的时候,则专门分析了作为太炎论敌的《新民丛报》的主张。

[②] 陈独秀:《独秀文存》,安徽人民出版社1987年版,第46页。

而已"一语,实为毛泽东哲学之滥觞,动无非日新,"人之身盖日日变易者:新陈代谢之作用不绝行于各部组织之间"。而彼时梁任公则已感叹"新"的未必是"真"的①。《新青年》既以"新"自期,而梁氏言"新"在先,则其必当对梁氏"新民说"之"新"有所了断。而梁氏亦当与《新青年》之"新"有所区隔。然而了断与区隔,实因两者原本相续,又皆有赓于儒家新民、日新之说也。两造之"新",皆可释"新文化运动"之"新",而又有其别也。此别即在"新民"之"民"中。

其三,"人民"概念是全部中国现代政治制度及其相应学说的基石。中国革命的全部意义,就是把政权牢固地安顿在这块基石上。中国革命的全部顿挫,就是这块基石在政治、社会、经济与文化之下的动摇、摩荡乃至偶有崩解之虞。"人民"概念与儒家传统之间既有连续,也有断裂。从儒家有分别之"人""民"②到阶级学说基础上的"庶民""人民""群众",有着极值得注意的观念转变史。从梁启超的"新民说"到《新青年》的"庶民"学说,可充这段历史的范例之一,亦不失为一种过去将来时的可能性。《新青年》对梁启超"新民说"的转变,既增添了一些东西,也丢失了一些东西,既展开了一些东西,也收缩了一些东西。这些损益折中的思想意涵,正是我们需要研究的。

总起来看,"新民说"体现了以梁启超为中介的,儒家人民学说和现代人民政治之间的联系。故以上三条思考,实可贯通为一。

二、《新青年》杂志及其作者与梁启超的三重关系③

对梁任公,《新青年》杂志及其作者至少表现出了三重态度。第一重是在问题意识、学术旨趣甚至关键概念方面,反映出梁的足以产生"焦虑"的影响。

第一重,有一些在内容上或者次要,但在形式上引人注目的表现,例如对"新"的阐扬、对青年的呼吁④、对墨子学的兴趣,以及梳理政治思想派系的方

---

① 张品兴主编:《梁启超全集》,北京出版社1999年版,第2981页。
② 参见赵纪彬《论语新探》,人民出版社1976年版,第1—27页。
③ 梁启超本人的政治行动,与五四反帝救亡运动也有直接联系,此间忽略不论。参见张朋园《梁启超与五四运动》,载汪荣祖编《五四研究论文集》,(台北)联经出版事业公司1979年版,第277—311页。
④ 可对比陈独秀《敬告青年》与梁启超之《少年中国说》及《新民说》。复可参见陶履恭《新青年之新道德》,《新青年》第4卷第2号。其中多袭任公语,此不赘述。

法、风格甚至措辞①。但更重要的,是对以"人民"为中心的一系列政治问题的研究②。例如李大钊的"民彝"思想,与梁启超《新民说》当不无关系。《新民说》提出:"凡一国之能立于世界,必有其国民独具之特质,上至道德法律,下至风俗习惯文学艺术,皆有一种独立之精神。祖父传之,子孙继之,然后群乃结,国乃成。"③这是一个极其重要的观点,但任公并未专门为此特质取一术语。而李大钊所谓"民彝",实可指此"特质"。又,李大钊比同辈深刻之处,在于不侈谈民权、民约,而推究民权之条件。他说:"但叹悼民德之衰,民力之薄耳。民力宿于民德,民权宿于民力。无德之民,力于何有?无力之民,权于何有?"④与高一涵在《青年杂志》第1卷第1号上发表的《共和国家与青年之自觉》相比⑤,李大钊的上述言论,其实更接近于梁启超《新民说》的立场⑥——民力、民智、民德齐进,则民能自认其天职、主张其权利,民气不期进而自进。无疑,梁、李二人,都不欲如高一涵等,劈头空谈民权,而是探索民权的条件或限制。

第二重,有意区隔与自然断裂。或者正因为这种无意的吸取和默默的影响,《新青年》更要明确地将自己与梁启超区别开来。除上述首篇论战文字外,陈独秀为《青年杂志》撰写的宣言,多针对梁启超《新民说》语。⑦

《新青年》(含《青年杂志》)凡9卷54号,初唯主张文学革命、实验主义,虽批孔教,亦仅在捍卫共和,未必彻底激进。陈李高胡,尚未分化;科学民主,皆所拥戴。偶论及社会主义,则附马克思与拉萨尔之后。至欧战结束、俄国革

---

① 如《近世三大政治思想之变迁》,《新青年》第4卷第1号。
② 《民约与邦本》的作者就是第一篇论战文字的作者高一涵。
③ 张品兴主编:《梁启超全集》,第657页。
④ 李大钊:《论民权之旁落》,载《李大钊全集》卷1,人民出版社2006年版,第41页。
⑤ 高曰:"然无论何国。苟稍顾立国原理。以求长治久安。断未有不以民权为本质。故英宪之根本大则。亦为吾华所莫能外。然则自今以往。吾共和精神之能焕然发扬与否。全视民权之发扬程度为何如。澄清流水。必于其源。"(高一涵:《共和国家与青年之自觉》,《青年杂志》第1卷第1号)
⑥ 参见《新民说》(1902)第2节对用"民力""民智""民德"对"民气"的限制(张品兴主编:《梁启超全集》,第656页)。"民力"和"民德"这两个概念也为李大钊所用。
⑦ 梁启超在《新民说》第3节云:"世界上万事之现象,不外两大主义,一曰保守,二曰进取。人之运用此两主义者,或偏取甲,或偏取乙,或两者并起而相冲突,或两者并存而相调和。偏取其一,未有能立者也。"(张品兴主编:《梁启超全集》,第658页)陈独秀在《敬告青年》(《青年杂志》首卷首号)谈:"进步的而非保守的""进取的而非退隐的"。这是取舍的根本不同,梁启超紧接上文谓"善调和者,斯为伟大国民,盎格鲁-撒克逊人种是也"。陈独秀同期(《青年杂志》首卷首号)独标"法兰西人与近世文明"等,不一而足。

命,五卷五号,基调亟变。李守常《庶民的胜利》《布尔什维克主义》两文既出,其后各卷各号,均措意于社会主义、共产主义、马列主义、苏俄政策。至此,民主之意乃传,非复泛指民众之治,而特指庶民、劳工之治。

《新青年》之分裂,非分裂于科学,乃分裂于民主。非分裂于民主之名,乃分裂于人民之实。中国近代政治思想,梁启超不独有援引西学之功,复有调和中西古今之意。于民治之说,所谋所虑,皆周全深远。《新民说》不独论民治、民气,亦反复申论民德、民力、民智,可谓始终把德性置于权利之前,以为权利之前提。唯对人民仍统而言之,既不明提民权,亦不加阶级分析。而《新青年》诸公虽始于民权之说,毕竟从泛泛所谓"新民""民约"中经民力、民德,最终归束为"庶民"、劳工。而梁之新民说,是仍以中国不易之特质为本:"新民云者,非欲吾民尽弃其旧以从人也。新之义有二:一曰淬厉其所本有而新之,二曰采补其所本无而新之。二者缺一,时乃无功。"①庶民的胜利、赤旗能插遍世界,此自非中国之"特质"、民彝明矣。这是大关键处,既是梁启超后来转持东方文化论旨的嚆矢,也是李达批其社会主义观之吃紧处,既是李大钊自己前后转折的拐点,也已开启多年以后毛泽东和梁漱溟关于中国社会普遍、特殊之争的先河②。如此看来,"庶民"论起,则新民论消;马列主义兴,则儒家传统退。此时之《新青年》才真正与梁启超发生自然的断裂,而不必大肆论战、刻意区别了。然虽经此析离,《新青年》亦未必如后世论者设想的如此激进、偏至。这就是《新青年》与梁启超的第三重关系——断裂后的接续。

陈独秀在1919年11月作的《实行民治的基础》一文中郑重提出,孔子的"均无贫"等高远理想,确实证明国民性里包含着社会经济的民治主义成分③,这与梁启超《欧游心影录》里的话:"社会主义绝对是孔孟固有,我没有丝毫附会"④,实在只有语气上的不同。而陈独秀发表在1920年4月1日《新青年》第7卷第5号上的《新文化运动是什么?》实较他猛批康有为的文字有所收缩,且再次刻意与梁启超等区别开来。

例如,独秀批孔教时一口咬定一切宗教与现代不相容,而此文则大书,除

---

① 张品兴主编:《梁启超全集》,第657页。
② 自由主义的民权、宪政要落实,固然要有本国的条件,庶民与布尔什维克的胜利要在中国落实,难道就不需要本国的民气、民力、民德、民智之类的条件吗?这就是毛泽东思想既区别于梁漱溟的特殊论,也区别于党内教条派的根本之处。
③ 陈独秀:《独秀文存》,第252页。
④ 张品兴主编:《梁启超全集》,第3493页。

科学外,也不能没有宗教。同时又批评第一次世界大战之后所谓"科学无用,西洋人倾向东方文化"的论调。此似指梁启超而实略有误会。①除此之外,更进一步为新文化运动对儒家的批评稍做限制和引导。陈辩解说,批评儒家所谓孝悌,不是不要父母,唯因孝悌太狭,不能扩充。新文化运动反对青年以新文化、新思想为借口抛弃老母,"因为新文化运动是主张教人把爱情扩充,不是主张教人把爱情缩小"②。最后,在提醒所应注意的几件事中,明显带有为运动纠偏的意图,其实是在提醒新文化运动存在的不足。大略有以下几点:第一,强调团体的活动和组织。认为西洋人不比中国人高明,只是中国人缺乏组织、缺乏公共心(这点梁启超在《新民说》中早已提出)。更辩解说,这恰恰是传统家族主义而非个人主义之过;第二,强调要有创造的精神,不仅要对古代文化、东方文化不满足,也要对西洋文化不满足,要超越;第三,新文化运动不能局限在文化上,要影响到别的事物上,影响到军事、产业,特别是政治上。

陈独秀的这一文献,是正本清源之作,也是承先启后之作,可消除许多对于新文化运动的误会和小视。其值得注意的最重要方面,首先是陈文带来的新态度:既非一味厚今薄古、厚西薄中,当然亦非一味复古,而是在通过对儒教有意断裂的前提下,在以拓展、改善的新文化运动本位的基础上,表现出了重新肯定包括儒家在内的中国文化③的倾向。其次是希望中国青年组织起来,超越知识分子的小圈子,将新文化运动推向社会其他领域,推向民间。

从对梁启超引入的儒家政治学说的视角看,陈独秀此文表现出了自然断裂之后的自主接续态度。这种态度既孕育了毛泽东等发挥儒家新民之义以接引共产主义思想的政治实践,也启发了在清洗儒教的政治、社会旧关联的前提下,重新阐释儒学义理、组织民众的新儒家道路。这就是新文化运动对梁启超问题的真正解决:破是立的前提,断裂是接续的前提,革命是传统重生的前提。只有摧毁旧制度、旧社会、旧思想,才能吸收旧的制度、社会、思想的精髓。当人民的时代到来时,才能有大同之世、圣贤之治。

---

① 此颇似梁启超《欧游心影录》语,然梁强调,本意非云"科学破产",乃云"科学万能破产"。详论参见张品兴主编:《梁启超全集》,第 2974 页。
② 陈独秀:《新文化运动是什么?》,《新青年》第 7 卷第 5 号。
③ 扩充孝悌,本来就是儒家仁义之说的主旨。

三、申论:"新民"歧说

前文已示,康梁是新文化运动一代必欲讨伐的导师。共和以来,康有为保守立场坚悍直白,反不足虑。梁启超持论灵活多变,于趋新守旧之间,每求折中,不无迷惑性。故《新青年》诸贤立论,多针对之。任公政治思想,舛驳多方,而要在"新民",可贯新旧。新文化运动诸贤,虽未触动其"新民"说,而李大钊"庶民"之论既立,则任公"新民"说之势,自然渐转渐杀。20世纪20年代之后,新文化运动之至激进者,虽陈独秀亦不得不曲引旧学,苦心开导。然而中国思想史中之"新民"主旨,所包实广,虽极激进之庶民立场,亦非不可从中引出。新文化运动一批最富活力、远见与实干精神的健将们,在长沙创建的革命团体,其名即为"新民学会"。在中国学术思想史上,对"新民"最权威的解释无疑来自朱熹的《大学章句集注》。不过这些湖南的革命领袖,对朱子表现的认同实在有限,①而对作为明末大儒及湖湘先贤的王夫之,则表彰备至。即使20世纪70年代"评法批儒"时期,其著述亦可流布天下。然而吊诡的是,船山之"新民"说实较朱子及一切宋明儒"保守"。盖船山见晚明王学之荡,有所激也。虽其大体尊朱而辟王,然朱王《大学》之教虽大相径庭,其别要在"格物""致良知",不在"新民"矣。王守仁虽据古本改"新民"为"亲民",其释明明德于天下,其实亦同朱子。无非之所以明明德之方与朱有别而已。

"新民"出于《大学》首章。经谓:"大学之道,在明明德,在亲民,在止于至善。"②朱子从程子,以为"亲"当作新。此与汉唐儒之释既迥然不同,则无论后人对"新民"做何解释,都以宋学为前提。盖无程朱之释,即无所谓"新民"之说。

"新民"云云,为宋儒所谓"三纲领"之第二项。"新民"之解,当从属于完整之"三纲领"。首章释义如有不同,则《大学》全书之意亦必有别。《大学》之释,古来众说纷纭,尤见于首章。宋明儒之内异说纷纷,姑置勿论,最大差别当在汉唐经学与宋明儒之间。其次在船山与宋明儒之间。船山绍述周张,仍未破宋学之统,然其解经倾向,有极似汉儒者。此处先别汉宋,终判朱王,据此定

---

① "宋朝的哲学家朱熹,写了许多书,说了许多话,大家都忘记了……"。见毛泽东《论人民民主专政》,载《毛泽东选集》第4卷,人民出版社1995年版,第1478页。
② 朱熹:《四书章句集注》,上海古籍出版社2001年版,第4页。

"新民"说之歧路。

朱子注首章曰:"大学者,大人之学也。明,明之也。明德者,人之所得乎天,而虚灵不昧,以具众理而应万事者也。但为气禀所拘,人欲所蔽,则有时而昏;然其本体之明,则有未尝息者。故学者当因其所发而遂明之,以复其初也。新者,革其旧之谓也,言既自明其明德,又当推以及人,使之亦有以去其旧染之污也。止者,必至于是而不迁之意。至善,则事理当然之极也。言明明德、新民,皆当至于至善之地而不迁。盖必其有以尽夫天理之极,而无一毫人欲之私也。此三者,大学之纲领也。"①据朱注可知,首章之要在明明德。朱子曰:"明德为本,新民为末。"②新民是推己之明德及人;止至善是明明德之极。故汉宋亲民、新民之别,尤在明明德也。据朱注,所谓新民,"新"在于自明其明德之后,推之及人,亦使之消除旧染;"民"字则泛泛解为"人"。

汉唐儒则大不然,郑玄注曰:"'明明德',谓显明其至德也。'止',犹自处也。"③孔颖达疏曰:"此经大学之道,在于明明德,在于亲民,在止于至善。积德而行,则近于道也。'在明明德'者,言'大学之道',在于章明己之光明之德。谓身有明德,而更章显之,此其一也。'在亲民'者,言'大学之道',在于亲爱于民,是其二也。'在止于至善'者,言'大学之道',在止处于至善之行,此其三也。言大学之道,在于此三事矣。"④

故据汉唐儒,首章所重,实是君道。大学如确可定为"大人"之学⑤,则"大人"云云,不能如后世泛泛而指,而当如《易·乾》之九二、九五,特指有人君之德或人君之位之君子。⑥《大学》《中庸》中尤指文王。所谓"明明德于天下",盖指尚未有天子之位者向天下显示有君临天下之德。故《大学》《中庸》重视文王,正因其以圣人之德素其位而行,虽据臣位,而能彰显天子之德。《大学》既重君道,则亲民无非君道之一极。首章大义:大人之有天下,必显明其德;欲显明其德,必亲民;欲亲民,必自处于至善。经引《大雅·文王》,赞成"为人君止于仁,为人臣止于敬,为人子止于孝,为人父止于慈,与国人交止于信"。汉唐经解,"止于至善"即自处于这些具体德目,并非直到超越一切的抽象至善才停

---

① ② 朱熹:《四书章句集注》,第4页。
③ 孔颖达疏,郑玄注:《十三经注疏·礼记正义》,李学勤主编,北京大学出版社1999年版,第1592页。
④ 孔颖达疏,郑玄注:《十三经注疏·礼记正义》,第1594页。
⑤ 陈独秀:《新文化运动是什么?》,《新青年》第7卷第5号。
⑥ 参见孔颖达疏,王弼、韩康伯注《周易正义》,北京大学出版社1999年版,第3、7页。

的意思。所以首章是下落语序,由高远而切实、由广大而精微、由天下而已身。这个顺序和《中庸》首章三句"天命之谓性,率性之谓道,修道之谓教"是一致的。《大学》之教落实在自处、"修身"。《中庸》之说落实在"自明诚谓之教"。《大学》谈论"明德",也像《中庸》那样,可以追溯到《诗经》里那些赞美周文王的诗篇。《中庸》末章引了《大雅·皇矣》:"予怀明德,不大声以色。"又用孔子的话解释说:"声色之于以化民,末也。"①这是《中庸》里"明德"二字联用的唯一地方。而《中庸》此章的开头说"故君子之道,暗然而日章"②,这和郑孔的《大学》注疏一样,大义都是显明其德。这也是郑笺《大雅·文王之什》里"明明德"的基本含义③。有"明明德"这样的共同前提,则《大学》首章的"亲民",也就接近《中庸》末章的"化民"之义。《中庸》又把人君的默默化民,比为上天的默默生物,所谓"上天之载,无声无臭"。④上天生物,不可能把万物生成上天一般。故人君之化民,也不是让万民都具备人君之明德,像宋儒设想的那样。故《大学》所谓明明德于天下,正是郑笺《大雅·皇矣》所谓"照临四方"⑤之意。这也对应于《易传》的"夫大人者,与天地合其德,与日月合其明……"⑥故于汉儒,明明德唯人君之道,固不可推之及民也。

  汉宋解"明明德"的相悖,更与他们对"明"的体会与阐释有关。《大戴礼记·曾子天圆》云:"天道曰圆,地道曰方,方曰幽而圆曰明;明者吐气者也,是故外景;幽者含气者也,是故内景,故火日外景,而金水内景,吐气者施而含气者化,是以阳施而阴化也。"⑦郑玄解"明明德"为"施明德",即阳施之义也。光显于天下,即"火日外景"之义也。而朱熹解"明德"为"虚灵不昧,以具众理而应万事者也",即阴含之义也。宋儒通常将明明德比为磨镜,即"金水内景"之义也。然则宋儒之"明",于汉儒实非"明"也,乃"幽"也。

  船山于汉宋之间,大体尊宋;于朱陆之间,显然尊朱。但船山对"明明德"之总体看法,确乎离朱子远,离汉学近。船山一方面指出,如仍然遵从宋学传

---

① 朱熹:《四书章句集注》,第46页。
② 朱熹:《四书章句集注》,第45页。
③ 毛亨传,孔颖达疏,郑玄笺:《十三经注疏·毛诗正义》,北京大学出版社1999年版,第966页。
④ 《中庸》引《大雅·皇矣》。见朱熹《四书章句集注》,第46、47页。郑玄注"载"谓"生物"。见孔颖达疏,郑玄注《十三经注疏·礼记正义》,第1466页。
⑤ "照临四方曰明",见毛亨传,孔颖达疏,郑玄注《十三经注疏·毛诗正义》,第1026页。
⑥ 孔颖达疏,郑玄注:《十三经注疏·周易正义》,第23页。
⑦ 方向东:《大戴礼记汇校集解》,中华书局2008年版,第587页。

统的解释,那么这首先就不是对文王那样"承乱君师"说的。①无论明明德者是人君还是君子,也就是无论遵从汉儒还是宋儒的解释,像朱子那样将明明德推至人民,都是不可能的。所以船山说:"君德可言新,于民不可言明。'明明德于天下'固如朱子所云'规模须如此',亦自我之推致而言,非实以其明明德者施教于民也……明是复性,须在心意知上做工夫。若民,则勿论诚正,即格物亦断非其所能。"②这番话虽仍尊重朱子的权威,但还是做了委婉的批评,认为明明德这个意义上的"新民"是不可能的。另一方面,他更进一步阐释了"明"的意涵。"孟子曰:'日月有明,容光必照焉。'明自明,光自光。如镜明而无光,火光而不明。内景外景之别也。'明德'只是体上明,到'致知'知字上,则渐由体达用,有光义矣。"③这段解释实际上已经用了《大戴礼记·曾子天圆》的"幽明"之别,只是为了维护宋学解释的正统性,没有点破而已。又照朱子对《孟子·尽心》的解释,希望明德有"明"之体,有"光"之用。④但这实已割裂体用,希望如镜的"明",倒有如"火"的用,这在汉儒那里是根本不可能的。但船山既用孟子"日月"照临义解释"明明德",实际上也就沿用了汉儒的显明其德的解释,据以上材料,可以认定,在解释《大学》"明明德"学说时,船山一方面明确拒绝宋儒可将明德推至人民的解释,另一方面阴从汉儒,将"明明德"转解成了显明其德,从而进一步突出了君民之别,这就从源头上拒绝了宋儒对"新民"的解释。

由上可见,船山并不如古本《大学》那样以经文为"亲民",亦非不主"新民"说,而是不同意以朱子为代表的宋儒的"新民"说。船山以为,民之染污较人君尤重,故人君固可自明其德,而民只能以礼俗渐渐化之。这就不期然地与汉儒有了某种一致性。进一步说,船山之有这样的"新民"说,乃因他有一个相对完整的对"民"的认识。这层认识是借助对儒家主流民本学说的批判而呈现的。"新民"说固然只能围绕《大学》,完整的"民"论则当涉及其他儒家经典。本文略示其要,看看船山如何呈现儒家传统在这个问题上的复杂性与丰富性。

首先船山对孟子的民贵君轻学说原则上是赞成的,但对传统解释做了修

---

① 王夫之:《读四书大全说》,中华书局1989年版,第4页。
② 王夫之:《读四书大全说》,第13页。
③ 王夫之:《读四书大全说》,第3页。
④ 朱熹:《四书章句集注》,第421页。

正。他强调说,轻君贵民者恰恰是更高的"君",也就是天子。孟子本意,是王所奉者唯民心,奉民之好恶以进退天下诸侯。①这就将民放置到与天子的基本政治关系中予以考量了。这是船山论"民"的基本视野。其《大学》解释所据的就是这一视野,而表达了"民"论最丰富内容的《尚书引义》更是全面展现了这一视野。与关于《大学》和《孟子》的讨论所依托的"君民"关系相比,《尚书引义》引入了最重要的第三维度——天。

君民是最古老的基本政治观念,而天则是周代统治者的至尊观念。殷人尚鬼,周人尊天,故儒家正统莫不重天,无非各派认知不同。伪《古文尚书·泰誓》记载了武王伐纣誓师时的一句名言:"天视自我民视,天听自我民听。"②实际上以此话为基础,就可以做出一套基于天道观的最强版本的民本主义,比孟子的民贵君轻说更为完整深入。船山一方面在不止一种撰述中肯定,不可能离开民去理解天意,③另一方面针对民本一元论的倾向,反复强调民并不等于天,更不能脱离天去理解民。重视民不是重视民之私欲,而是重视在民心中显现的天命。故"民之重,重以天也",舍民言天易诬,舍天言民则乱。④

所以在船山的政治学说中,天民关系才是奠基性的关系,比君民关系更为源初。而天民关系之所以必定是奠基关系者,盖这是理气这对基本关系在政治与历史领域中的体现。天即理,民即情。情志归根结底是气。作为气本论者,船山不是否定心、理、志、神的存在,而是将气之条理、心志等理解为气之特定状态。在这个基本哲学框架下,船山强调:一方面理必定不脱离气而在,故天命必显于民;另一方面,气如不定之以理,则为浮荡之气,可悖理而浊恶。所以他说:"古之善用其民者,定其志而无浮情。"⑤又说:"民之视听,一动而浮游不已者也。"⑥注意这个在不同文本里出现的"浮"字,及与之相关的"游"字。这原是张载气论描述气态的基本概念⑦。正如船山在道体学上不是理一元论者,

---

① 王夫之:《读四书大全说》,第 746 页。
② 王夫之:《船山全书》第 2 册,岳麓书社 1996 年版,第 277 页。
③ "圣人所用之天,民之天也;不专于己之天,以统同也。"(王夫之:《尚书引义·皋陶谟》,见《船山全书》第 2 册,第 271 页)"可以行之千年而不易,人也,即天也。天视自我民视者也。"(王夫之:《读通鉴论》中册卷 19,中华书局 1975 年版,第 540 页)
④ 王夫之:《船山全书》第 2 册,第 328 页。
⑤ 王夫之:《诗广传·唐风》,见《船山全书》第 3 册,第 363 页。
⑥ 王夫之:《尚书引义》,见《船山全书》第 2 册,第 329 页。
⑦ 参见《正蒙》开宗明义的首篇《太和》(张载撰,王夫之注:《张子正蒙》,上海古籍出版社 2000 年版,第 85、96 页)。

他在政治学上也绝非那种认可垄断真理的精英论者——因为理不可能离气而在;但正如前文所示,他也不是那种认为真理可以推及全体民众的启蒙论者——因为气有清浊升降正邪。船山对理气关系的处理是辩证的。与此同理,他对理情或天民这一最基本政治关系的处理也是辩证的、非还原主义一元论的。所以他主张,"以民迓天,而以天鉴民,理之所审,情之所协"①。如果"民心之大同",则"理在是,天亦在是"②;如果民陷入私心恩怨,则与天、理已不相应。人君之己私不可徇,民私亦不可徇。

民意属气,气虽涵理,亦必流行多变。如一味任气流行,则如晚明王学末流之一任情识,天则隐而政乱生。船山对此说过一句完全可以纳入新文化运动对话语境的话:"民权畸重,则民志不宁"③。而新文化运动从"民"中区分出"庶民"的视野,亦非船山学所不能涵。他在论及前汉著名的"盐铁论辩"时指出:"汉武、昭之世,盐铁论兴,文学贤良竞欲割盐利以归民为宽大之政,言有似是而非仁义之实者,此类是也。夫割利以与民,为穷民言也;即在濒海濒池之民,苟其贫弱,亦恶能食利于盐以自润,所利者豪民大贾而已。未闻割利以授之豪民大贾而可云仁义也。"④对豪民、穷民的这一区分适用于他对于"民"本说的所有限制。利者,欲之所趋也。民之合天或悖天,端在理欲之间、公私之间。豪民者,较庶民能逞其欲者也。理欲之辨明,而后天民之辨显。故曰:"有公理,无公欲。私欲净尽,天理流行,则公矣。天下之理得,则可以给天下之欲矣。"⑤

综上所述,通过对朱子与王船山"新民"说及其完整人民学说的检视,可以发现儒家传统本身在这个问题上的复杂性。对于"梁启超问题",运用朱熹或李大钊的方案,固然是一种回应;而借助王夫之的学说,又何尝没有可能尝试另外一种回应呢?在新文化运动越来越单纯明晰的走向中,朱子的新民说与李大钊的庶民说其实是结合在一起了。只有日新其明德的庶民,才是中国革命的真正主体。只不过朱熹的名字,连同儒家或理学本身的名字,在这个结合进程中隐去了而已。这种结合,是历史本身对"梁启超问题"的回应,超出了新文化运动诸贤当时的理论图景。无疑,在一个新文化运动不断遭到质疑的、后

---

①③ 王夫之:《尚书引义》,见《船山全书》第2册,第331页。
② 张载撰,王夫之注:《张子正蒙》,第112页。
④ 王夫之:《读通鉴论》,中华书局1975年版,第246—247页。
⑤ 王夫之:《船山思问录》,上海古籍出版社2000年版,第36页。

革命的新时期,新民与庶民的这种结合,无论从历史上还是理论上,都逐渐开始破裂。那么对"梁启超问题"的重新检视和再次回应,就有了其历史的必要性。而本文尝试的,是回到新文化运动的开始时刻,甚至回到宋明理学的完成时刻,找到再次回应此问题的理论可能性。从儒家传统本身的断裂和延续中回顾,从新文化运动历史延长线的延续和断裂回顾,如果我们承认新民说本身的复杂性,那么也就可以期待它在不断解释中重新丰富起来的可能性。对于尚待展开的这种丰富性而言,无论梁启超本人的发问,还是新文化运动前辈对此问的回应,都是值得激活和接续的。对新文化运动的反思性接续,也许将是对整个中国思想传统的反思性接续无法绕开的第一步。

新文化运动与传统文化的关系*

华东师范大学第三附属中学 邵常岁

《新青年》的创办拉开了新文化运动的序幕,如今已过去一百年,对于这场在中国近现代史上产生了深远影响运动的研究方兴未艾。自20世纪90年代以来,关于五四新文化运动与传统文化关系的讨论日渐增多,其中不乏认为新文化运动"全面反传统"的观点,甚至出现历史虚无主义,否定其历史意义。基于此,我们很有必要对新文化运动与传统文化的关系进行再探讨,以探明历史真相。本文在借鉴多位学者观点的基础上对这一问题进行更深入的探究,以求新的收获。笔者水平有限,对于问题的把握和论述难免有不当之处,还请各位方家不吝赐教。

一

1915年9月《青年杂志》(1916年9月第二卷第一号更名为《新青年》)在上海创刊,新文化运动由此兴起。陈独秀、胡适、鲁迅等人是该杂志的主要撰稿人,是为新文化派的代表人物。新文化运动提倡科学、民主、新道德与白话文,反对迷信、专制、旧道德与文言文。正因为如此,"反传统"成为学界对新文化运动性质的一种诠释。对于新文化运动的性质是否真正是"反传统",我们暂且不论,但在运动进行过程中对中国传统文化进行了批判则属确凿无疑。

《新青年》提出了两大口号,一曰民主,一曰科学,即"德先生"(Democracy)与"赛先生"(Science),创办人陈独秀提出:"我们现在认定只有这两位先生可

---

* 选自2015年《多学科视野:新文化运动与传统文化学术研讨会论文集》,原载《历史教学问题》2015年第5期。

以救治中国政治上、道德上、学术上、思想上一切的黑暗。"①他声称:"要拥护那德先生,便不得不反对孔教、礼法、贞节、旧伦理、旧政治;要维护那赛先生,便不得不反对国粹和旧文学。"②因此,新文化运动展开了对传统文化的批判,其主要矛头指向作为封建专制理论支柱的儒家三纲礼教和伦理道德。

对传统文化批判最为激烈的当属陈独秀,他认为中国传统文化皆封建之遗,落后不堪,并强调《新青年》提倡的"无非是破坏孔教,破坏礼法,破坏国粹,破坏贞节,破坏旧伦理(忠孝节),破坏旧艺术(中国戏),破坏旧宗教(鬼神),破坏旧文学,破坏旧政治(特权人质)"③。此言论似乎要否定整个传统文化体系,将传统文化破坏殆尽。另外,陈独秀还主张中国要向西方学习,走民主与科学道路。在他看来,"新旧之间绝无调和两存之余地,吾人只得任取其一"④。毫无疑问,陈独秀所取的必定是西方"新文化"。

这一时期,其他新文化派人物也相继在《新青年》及其他刊物上发表批判中国传统文化的文章。鲁迅在《狂人日记》中把满纸的"仁义道德"看作"吃人",从此"吃人"与"礼教"便联系在了一起;新文化倡导者汪叔潜在《新旧问题》一文中将中国固有文化看作"旧"文化,西洋文化是"新"文化,"二者根本相违,绝无调和折中之余地"。新文化运动的另一健将钱玄同甚至喊出废除汉字的口号,认为如果汉字不废除,孔子就打不倒,中国社会就不能进步。吴虞是新文化运动时期的另一大反儒学的急先锋,胡适将他与陈独秀称为"近年来攻击孔教最有力的两位健将",原因在于他对传统儒家思想提出了严厉的批判。1921年胡适为《吴虞文录》作序,更是称誉吴为"只手打孔家店的老英雄"。此后,"打倒孔家店"便成了人们对新文化运动的一种认识。

新文化运动对传统文化进行了猛烈的批判,其中一些不当言论以及激进态度给人一种要完全"打倒孔家店"、全盘否定传统文化的印象。因此,当时文化保守派便给新文化运动贴上了"反传统"的标签,由此还引发了新文化派和文化保守主义者之间关于东西文化和新旧文化的大论战。文化保守主义者杜

---

① 陈独秀:《〈新青年〉罪案之答辩书》,见任建树主编《陈独秀著作选编》第二卷,上海人民出版社2009年版,第11页。
②③ 陈独秀:《〈新青年〉罪案之答辩书》,见任建树主编《陈独秀著作选编》第二卷,第10页。
④ 陈独秀:《答佩剑青》,见任建树主编《陈独秀著作选编》第一卷,上海人民出版社2009年版,第311页。

亚泉在1919年发表《何谓新思想》,对新文化派提出批评:"盖今日之揭橥新思想者,大率主张推倒一切旧习惯,而附之以改造思想改造生活之门面语言,其对于新思想之解答,诚不过如是也。"在后来的学者中,美籍华裔学者林毓生认为:"五四"和"文化大革命","这两次'文化革命'的特点,都是要对传统观念和传统价值采取嫉恶如仇、全盘否定的立场。"①他认为新文化运动的反传统主义是非常激烈的,林的这一认识在学术界产生广泛影响。除此之外,杜维明、刘述先、余英时等学者也基本上认为五四新文化运动是"反传统"的。由此可见,"反传统"成为对新文化运动根本特征与性质的理解是具有一定历史渊源的诠释。

对于五四新文化运动是否主张"全面反传统"或者说"全盘西化",学术界进行了广泛的讨论②,不少学者认为新文化运动虽然对传统的价值观念进行了猛烈地批判,但批判的主要内容是作为传统文化核心的儒家思想中的三纲礼教及封建伦理道德,而并非否定整个中国传统文化体系,即并非"全面反传统",笔者赞同此观点。不过,为了能够全面、正确地了解历史的真实一面,我们有必要探知在新文化运动中为什么批判传统文化,批判过程中出现哪些不当之处,我们又该如何继承传统文化等问题。

二

新文化运动对传统文化进行批判并不只是为了学习西方的科学与民主,亦非一时兴起,盲目否定一切,而是有其合理性与历史必然性。

首先,产生并适应于古代农业社会的中国传统文化到了近现代之后已不能够完全适应社会的发展。文化的时代性必然要求对其进行重新审视,对其中不能体现时代特征的部分有必要进行揭露与批判。

所谓文化的时代性,是指"为社会发展特定历史阶段上的一般状况所决定的文化的时代特征,它反映的是世界各民族在相同的时代或相同的社会发展

---

① 林毓生:《中国意识的危机——"五四"时期激烈的反传统主义》,贵州人民出版社1986年版,第2页。
② 参见李翔海《五四新文化运动与中国文化传统三题》,《齐鲁学刊》2009年第6期;严家炎《"五四""全盘反传统"问题之考辨》,《文艺研究》2007年第3期;刘正强《论五四思想启蒙运动与传统文化——再评"五四全盘反传统"论》,《云南师范大学学报(哲学社会科学版)》1997年第1期等。

阶段上的文化之共同要求"①。那么,世界各国文化欲在不同历史时代都能生存发展,就必须剔除其中不合时宜的部分,顺应时代发展潮流,体现时代特征,做到与时俱进,中国传统文化也不例外。

中国传统文化历史悠久,博大精深。其中儒家思想自汉武帝时便取得独尊地位,"三纲"思想也成为中国封建社会的重要社会伦理道德标杆和维护封建等级制度的思想武器。在千余年的发展中,不得不承认以儒家思想为核心的中国传统文化确实大大促进了我国古代政治、经济的发展,并且是优于近代以前的西方文化的,影响于整个东亚地区。值得注意的是,中国传统文化体现的是中国古代农业社会这一历史发展阶段上的自然经济、宗法等级统治等时代特征,是封建时代统治阶级意志的反映。当历史的车轮转到近代,世界开始进入商品经济、工业文明,西方自由、民主、平等的思想观念开始为人接受并传播到世界各地的时候,中国传统文化却仍滞留在以儒家文化居于核心地位、严重束缚着人们思想的状态。传统文化中那些反映古代农业社会小农经济时代特征的内容,已经与产生于近代商品经济的西方自由、民主、平等这些体现新的时代特征的思想文化相悖,同以自由竞争为基础的现代经济格格不入。随着西学东渐的不断深入,两者不可避免地发生猛烈碰撞,中国传统文化暴露出落后的一面。

"自由平等的观念取代臣服尊长的意识,这是从自然经济为基础的中世纪社会向商品经济高度发达的现代社会转变过程中必然产生的历史现象。尽管各有特点,但所有完成这一转变过程的国家都出现了摒弃传统观念的启蒙思潮或文化运动。"②所以,必须对中国传统文化中"于近世自由平等之新思想显相背驰"的部分进行揭露与批判。陈独秀提出:"吾宁忍过去国粹之消亡,而不忍现在及将来之民族不适世界之生存而归削(消)灭也。"③如此,我们便不难理解新文化运动为什么要对传统文化中不合时宜的且不能体现时代特征的部分进行批判了。这是文化时代性的必然要求,是时代发展的必然选择,同时也是中国有识之士对国家命运的关切之举和"治国平天下"的责任担当。

---

① 郑大华:《"古今之别"与"中外之异"——五四东西文化论争反思之一》,《江汉论坛》1992年第1期。
② 袁伟时:《中国现代思想散论》,上海三联书店2008年版,第275页。
③ 陈独秀:《敬告青年》,见任建树主编《陈独秀著作选编》第一卷,第160页。

其次,复辟帝制、尊孔复古是新文化运动前后两股强劲的社会逆流。在此历史背景之下,新文化派为维护共和而提出对以儒家文化为核心的传统文化进行批判,"反传统"有其历史必然性。

辛亥革命之后,袁世凯企图复辟帝制,制造了一系列破坏共和的举动:刺杀宋教仁,解散国民党,废除《南京临时约法》,改责任内阁制为总统制,规定总统可以连选连任。在复辟帝制的过程中,为配合政治需要,他还在思想文化上倡导尊孔复古,颁布《崇圣典例》《祭孔令》等法令,大力提倡"礼教""尊崇孔圣",叫嚣"政体虽取革新,而礼俗要当保守",并于1914年9月以皇帝之礼"率领百官举行祀孔典礼"。

1915年12月袁世凯竟公开称帝,并改中华民国为中华帝国。在举国声讨挫败了袁世凯帝制之后,又上演了张勋复辟,说明在当时复辟帝制并非只是北洋军阀之意,而是有一股强劲的社会逆流。此时,力倡尊孔复古的还有康有为,康尊孔意在拥戴宣统复辟,虽与袁世凯的意愿并不一致,但是这种思潮确是同样适合袁的意愿而为其所愿意接受的。康有为组织孔教会,主编宣扬尊孔复辟的《不忍》杂志,向北洋政府请愿"请定孔教为国教",1916年又提出"以孔子为大教,编入宪法"。此举竟然得到一百余位国会议员的支持,在全国掀起"国教请愿运动"。康有为所发起这些运动与袁世凯、张勋等人的复辟举动"相互依持,彼此呼应"。新文化运动前后如此紧锣密鼓的尊孔复古、帝制复辟活动使民主共和荡然无存,"中华民国"已徒具招牌。

新文化派对此极为关切并予以批判。陈独秀撰文称:"今所讨论者……非但孔教可否定入宪法问题,乃孔教是否适宜于国民教育精神之根本问题。"[①]李大钊也提出:"以数千年前之残骸枯骨(指孔子),入于现代国民之血气精神所结晶之宪法,则其宪法将为陈腐死人之宪法,非我辈生人之宪法也。"[②]陈独秀、李大钊从文化的时代性角度对列孔教入宪法以及孔教是否适应国民精神等问题提出了质疑,其分析甚有道理。并且为维护共和制度,他们提出要批判传统旧思想、旧文化。陈独秀在讨论"旧思想与国体问题"时批评道:"分明挂了共和招牌,而国会议员居然大声疾呼,定要尊重孔教……这腐旧思想布满国中,所以我们要诚心巩固共和国体,非将这班反对共和的伦理文学等旧思

---

① 陈独秀:《宪法与孔教》,见任建树主编《陈独秀著作选编》第一卷,第249页。
② 李大钊:《孔子与宪法》,见《李大钊文集》上册,人民出版社1984年版,第258页。

想,完全洗刷得干干净净不可。否则,不但共和政治不能进行,就是这块共和招牌,也是挂不住的。"①所以,新文化派对孔子及儒学进行口诛笔伐是针对当时尊孔复古、复辟帝制的时代逆流使民主共和将之不存的社会政治现实,其直接动因是反击当时的尊孔复古者要求在宪法中立孔教为国教的倒行逆施行为。

由此不难看出,新文化运动之所以"反传统",是与其发生的历史环境和社会背景息息相关,有其历史必然性。我们应以历史的眼光审视新文化运动,"把这一运动置于具体的时代环境和社会条件中进行考察",才能"发现这一运动'反传统'的真正动因与实际内涵"②。

再次,辛亥革命之后,中国民众思想依旧消沉、蒙昧,要从根本上解放思想、启蒙民智,就必须对束缚民众思想的以儒家思想为核心的传统文化进行批判。

儒家思想居于正统地位的中国封建社会在思想文化上实行专制,至明清时期则表现为通过八股取士、纲常伦理来规范人们的思想与行为,主张"存天理,灭人欲"的宋明理学在明清时期更是严重束缚了中国人的思想自由。作为一种文化意识形态,一旦深入人们骨子里就很难在短时间内完全消除,更何况以儒家文化为核心的传统道德文化在中国已经延续两千年之久。

所以,在经历了洋务运动、维新变法,乃至辛亥革命之后,"传统文化道德秩序并没有崩溃",绝大多数普通民众依旧被紧紧地束缚在封建传统的儒家三纲思想及伦理道德之中。另外,新文化运动的主力军之一高一涵对辛亥革命"驱除鞑虏"这一主张分析后认为,辛亥革命是"以种族思想争来的,不是以共和思想争来的,所以皇帝虽退位,而人人脑中的皇帝尚未退位"。笔者认为此观点是有一定道理的,虽然辛亥革命已经推翻了封建王朝的统治,结束了帝制,但这仅仅是停留在社会政治层面上,未能在思想上破除大多数人们的帝制观念、封建道德和纲常名教,这些旧观念仍然普遍存留在人们的思想认识中。即中国民众在辛亥革命前后思想依旧蒙昧,"伦理未觉悟",普遍缺乏追求民主自由的思想意识。甚至当时仍有大部分人认为没有皇帝不行,因而主张复辟

---

① 陈独秀:《旧思想与国体问题——在北京神州学会的讲演》,见任建树主编《陈独秀著作选编》第一卷,第334页。
② 李维武:《以历史主义看待新文化运动的"反传统"》,《中国社会科学报》2015年5月22日第A07版。

帝制,早期主张革命的杨度便是其一。他在1915年前后竟然也认为"共和不适于中国",并为袁世凯复辟帝制摇旗呐喊。

辛亥革命之后,解放民众思想、觉悟伦理成为当时中华民族迫在眉睫之重任。陈独秀在解释了辛亥革命失败原因之后认为:"继今以往,国人所怀疑莫决者,当为伦理问题。此而不能觉悟,则前之所谓觉悟者,非彻底之觉悟,盖犹在倘恍迷离之境。"并断言:"伦理的觉悟,为吾人最后觉悟之最后觉悟。"①李大钊对自己的反孔言论作解释时也表达了当时国民思想消沉这一点原因,他讲道:"吾今持论,稍嫌过激。盖尝私窥吾国思想界之销沉,非大声疾呼以扬布自我解放之说,不足以挽积重难返之势……其在吾国,自我之解放,乃在破孔子之束制。"②在陈、李看来,要实现"最后之觉悟"、破解思想消沉就必须向西方学习,发动一场对儒家思想文化的批判运动。由此可以认为,反传统、反儒学是新文化运动为解放国人思想,觉悟伦理,引进科学与民主,开启民智的目的而"不得不"采取的手段,是要"给国民上一堂思想课,给辛亥革命也补一课",而反传统就是这堂思想解放课的一种"教学方法"。

"一定的民主主义的政治运动总会有一定的反封建的文化思想斗争为之先导。"③新文化运动对传统文化尤其对是儒家三纲礼教进行批判作为推行科学与民族的先导,有其合理的因素,是及时的,也是必要的。文化的时代性、尊孔复古和复辟帝制的历史背景,以及辛亥革命之后民众思想依旧蒙昧的社会现实都要求必须对以儒家思想为核心的中国传统文化进行选择性地批判。需要指出的是,新文化运动中的"反传统"大多发生在运动的前期,"五四"之后则转为对马克思主义的宣传和"整理国故"等"文化构建"。所以,对于当时文化保守主义者以及现如今新儒家对新文化运动"反传统"的批判,我们不能随便盲从。只有了解了当时新文化运动对中国传统文化批判的合理性与必要性,我们才能做出更为理性、客观的判断。

新文化运动中的"反传统"是一种"文化批判",这种"文化批判"的任务是解放思想,把中华民族从传统文化中落后的、守旧的思想文化中解救出来,这从某种意义上来说是思想文化上的"破旧"。

---

① 陈独秀:《吾人最后之觉悟》,见任建树主编《陈独秀著作选编》第一卷,第248页。
② 李大钊:《宪法与思想自由》,见《李大钊文集》上册,第274页。
③ 李龙牧:《五四时期思想史论》,复旦大学出版社1990年版,第38页。

三

　　新文化运动对传统文化的批判有其合理性和必要性,但这并不意味着所有反传统的举措与言论都是正确的、恰当的。事实证明,新文化派并没有真正地、准确地认识和对待中国传统文化。他们在批判中国传统文化的同时,还大力提倡所谓的"西方新文化",并通过与近代西方文化的对比来揭露中国传统文化的"落后"。在此过程中,他们对待中西文化的态度多失之偏颇,甚至过于贬低中国文化,妄自菲薄,将其说得一无是处;而片面抬高西方文化,对其赞美有加,说得尽善尽美。陈独秀认为中国传统文化是"质量举未能脱古代文明之窠臼"的、理应被淘汰的"古之遗",而西洋近代文化才是真正的有存在和发展价值,"乃欧罗巴人之所独有"的"近世文明",并且认为"东西洋民族不同,而根本思想亦各成一系,若南北之不相并,水火之不相容也"①。陈独秀把中西文化完全对立起来,"无论政治学术道德文章,西洋的法子与中国的法子,绝对是两样,断断不可调和迁就……若是决计革新,一切都应该采用西洋的新法子,不必拿什么国粹,什么国情的鬼话来捣乱。"②毫无疑问,主张革新的陈独秀所选择的必定是"西洋的新法子"。这一时期,其他新文化派也多是当时西化思潮的代表人物,主张批判中国文化而向西方学习。

　　新文化运动前后,中国面临内忧外患,救亡图新显得尤为急迫。在这种社会背景下,对中西文化做简单类比,判定一个落后、一个先进,并对中国传统文化采取批判、否定的态度,似乎是可以被原谅和理解的。类似于钱玄同废除汉字这样的主张,我们也姑且理解为他是"愤极了才发出这种激切的议论",但是,我们不得不承认,"打倒孔家店"、反对"纲常名教"以及废除汉字等一系列偏激言论和举措确实让新文化运动带上了"反传统"的烙印与标签,极易导致人们对以儒家思想为核心的传统文化予以盲目否定,产生民族虚无主义,滋生民族自卑心理。就连主张"整理国故"的胡适也在发出万事不如西方的自我否定言论。他在《介绍我自己的思想》一文中写道:"我们必须承认我们自己百事不如人,不但物质机械上不如人,不但政治制度上不如人,并且道德不如人,知

---

① 陈独秀:《东西民族根本思想之差异》,见任建树主编《陈独秀著作选编》第一卷,第193页。
② 陈独秀:《今日中国之政治问题》,见任建树主编《陈独秀著作选编》第一卷,第419页。

识不如人,文学不如人,音乐不如人,艺术不如人,身体不如人。"流露出对民族文化的自卑感,这极易导致人们对传统文化和新文化运动产生错误认识与评价。

20世纪30年代时任广东岭南大学教授的陈序经便是在五四新文化运动"反传统"的基础上提出"全盘西化"论的,其背后则是完全否定中国传统文化;直至1940年,钱穆在《国史大纲》一书中还用这样的文字来概述新文化运动:"文化革命之口号,则有礼教吃人,非孝,打倒孔家店,线装书扔进毛厕里,废止汉字,全盘西化等。"即便是如今,仍有不少学者认为新文化运动是"全面反传统","割裂了中国文化的传统与现代之间的关系","是'文化大革命'的源头"。可以肯定地说,这些对新文化运动的认识与评价是与新文化派对传统文化的激烈批判有紧密关系的。

之所以出现这样的后果,其中一大原因是新文化派忽视了中国传统文化的民族性,完全抛开中国文化而学习西方文化,并以"文化一元论"否定中西文化的共存性。文化的民族性是指"体现在特定民族文化类型中,并作为基本内核而存在的民族文化心理素质的特征,它是形成民族文化的基础,具有与民族共存亡的超时代性"①。中国文化有其独具特点的民族性。陈独秀等人通过与西方文化的比较研究把中西文化之差异的实质归结为"古今之别",即中西文化是时代性的不同。此观点过分地强调文化的时代性,而忽视了文化的民族性,过于夸大了中国传统文化中体现封建社会时代特征的内容和阴暗面,在主张学习西方文化时却没有提出对优秀的传统文化的继承,以保持中国文化的民族特征。在对待中国传统文化的精华与糟粕时,新文化派又把二者一概而论,《新青年》全面提倡破坏孔教礼法、贞节伦理、宗教国粹、艺术文学,岂不知中国传统文化是历经数千年积淀下来的,其中包含有大量的优秀文化。《新青年》此举似乎要把中国传统文化中落后的部分以及仍有时代意义的精华部分一并否定掉,犯了以偏概全的错误。错误的认识必然导致错误的行动,所以新文化运动没能重视传统文化的民族性和继承性,而是以时代性的比较代替了民族性的分析,未能辩证地看待传统文化,这是新文化运动的一大历史缺陷。毛泽东在肯定了五四新文化运动的伟大意义的同时,也对新文化领导者提出了批评:"他们对于现状,对于历史,对于外国的事物,没有历史唯物主义的批

---

① 郑大华:《"古今之别"与"中外之异"——五四东西文化论争反思之一》,《江汉论坛》1992年第1期。

判精神,所谓坏的就是绝对的坏,一切皆坏;所谓好的就是绝对的好,一切皆好。这种形式主义地看问题的方法,就影响了后来这个运动的发展。"①

因此,我们应该全面地、辩证地看待中西文化。西方文化并不是近代文明的标志符号,十全十美;中国文化亦非古代文明的代名词,一无是处。我们要承认中国传统文化在时代性上较之西方文化的落后,但不能就此否定中国传统文化的民族性,因为民族性是形成中国民族文化的基础,它"表明不同文化类型之间的差别,正是不同民族文化得以存在的依据"②。文化越是民族的,才越是世界的。就中国传统文化而言,那些体现封建时代特征的内容是传统文化的糟粕,理应受到批判。而传统文化中亦有体现民族特征在数千年发展过程中积淀下来的优秀文化传统,这是传统文化中的精华,它们没有太多时代性的局限,不仅适合于古代,也适合于现代,可以实现现代转型并为我们所继承,成为创造新文化的基础,因为"那些存在于人们头脑中的传统,也起着(创造历史的)一定作用,虽然不是决定性的作用"③。而且,任何一个国家或民族的现代化都是本民族文化传统的现代转型,都具有自己的民族特征。

为免重蹈新文化运动之覆辙,因此,在"文化批判"过后我们还要进行"文化反思"。反思学习西方文化存在的问题,尤其要反思对待传统文化的态度以及对其继承的不足之处。在构建新文化时应该有选择地、辩证地吸收西方文化,即便对于马克思列宁主义,还要进行长期、艰苦的中国化过程,遑论其他。在借鉴新文化的同时,还要充分注意保持文化的民族性,即文化的中国风格、中国特点,注重对中国传统文化中精华的继承与吸收。这种"文化反思"含有"立新"的因素。

结　语

文化的新与旧是相对的,在中国传统文化的发展进程中存在着传承与断裂的辩证关系。对传统文化要"批判破旧",更要在其基础上"继承立新"。新文化运动在意识到传统文化与西方文化在时代性上的落差之后对其进行了猛

---

① 《毛泽东选集》第三卷,人民出版社 1991 年版,第 832 页。
② 郑大华:《民族性与时代性——五四时期梁漱溟与胡适的东西文化之争初探》,《求索》1991 年第 1 期。
③ 《马克思恩格斯选集》第四卷,人民出版社 2012 年版,第 605 页。

烈批判，但并非全面反传统，而是有其批判的合理性与必要性。然而，我们也要看到新文化运动对传统文化的民族性和继承性认识不足的缺陷。新文化运动在学习西方文化、构建新文化时对传统文化弃之不用，没有对其进行批判性继承。不过，认为新文化运动造成中国文化的断裂也是不符合史实的。我们应该以唯物主义的观点辩证地看待新文化运动对传统文化的批判与继承问题，以历史的眼光审视这场思想解放运动，不能以某些新文化运动批判传统的只言片语而否定其伟大的历史意义，出现历史虚无主义。对于数千年的中国传统文化断不可予以全面否定而全盘吸收西方文化，导致民族虚无主义的滋生。对于传统文化的基本态度最为准确的应是毛泽东所说的"取其精华，去其糟粕"，以此作为准则，区别对待传统文化中的精华与糟粕，对其进行辩证地吸收与批判，在文化的传承中保持中国文化的民族性，发展具有中国特色的文化，同时做到反映时代特征，与时俱进，注重文化发展民族性与时代性的结合。

传统民俗与中华智慧*

华东师范大学对外汉语学院　陈勤建

一

中国传统民俗,是我国或一地族群或民众群体日常生活中反复进行的传承性的生活文化。现实中,它展现为一种程式化的生活相,一种风行的生活样式、生活惯制,表现在我们生活的各个方面,如生存方式、生产技艺、人际交往、思考原型、心意俗信、行为范式等。它既是古老的,又是现代的、当下的,是鲜活流动的活世态的生活相。在日常生活层面表现为不经意的生活方式与习惯,蕴含着中华民族独特的智慧。

智慧,是人类社会中知识体系,一般而言,是指对世间事物能及时、灵活、正确地理解和解决的能力。它是人类生活存续的基础。中华民族的先民,正因为在自身的生存发展中创造掌握了众多独特的知识智慧,代代相传,不断发展,才得以自立于世界民族之林。而中华民族丰富广袤、色彩绚丽的民俗,就是其知识智慧的重要宝库和源泉。

自民俗学诞生以来,关于何谓民俗、民俗学是什么学问的讨论,国内外专家学者多有不同的声音和看法。已故美国当代著名民俗学家、加州大学伯克利分校教授、原世界民俗学会与美国民俗学会主席、《世界民俗学》一书作者阿伦·邓迪斯(Alan Dundes)指出:"自1846年威廉·汤姆斯(William Thomas)最早使用了'民俗学'(Folklore)这个词语以来,关于民俗学定义的讨论,一直没有中断过。很多定义侧重在'知识'(lore)方面,也有一些侧重在'民众'(folk)方面。显然,和任何学科一样,学科的定义不免有歧义,但是,总的倾向,大多数的意见还是明确的,主要是有关人民知识的学问。"1990年,笔者曾与阿

---

* 选自《让优秀传统文化融入生活——上海炎黄文化研究会2017年学术年会论文汇编》。

伦•邓迪斯有过一周面对面的学术交流,虽是第一次谋面,但没想到学术观念上竟有许多共识,其中包括:民俗是一块多棱的宝石,民俗学就是一门追诉、探究民间民俗知识智慧的学科。

人类的文化意识可以分为三个层次:第一层次是原生态的民俗,第二层次是由民俗提炼分化出来的各分类学科,第三层次是由人文及自然学科高度理论抽象的结晶哲学。民俗处在文化意识阶梯的最低层。

在民俗这一层次,人类文化意识尚未分离,各类学科还处在萌芽状态,互相混沌一体,呈胶着状,你中有我,我中有你。如流传深广的兄妹结亲神话传说,叙述的是遭洪水洗劫幸存的一对兄妹,为人类的再生,经过神判结为夫妇繁衍后代的故事。这是中华民族人们对远古祖先婚俗情况的朦胧追忆,内含的哲理却不是单一的。一方面,它真实地透露了我们祖先曾经经历过兄妹为夫妇的婚姻事实。另一方面,它又披露了我们祖先对血亲婚姻的恐惧,和对此而产生劣胎的粗浅感受。故事中兄妹俩接二连三地自寻障碍,祀求神意,以及婚后生出肉胎——怪胎的叙述,真切地传递了这些讯息。这些讯息凝聚到一点,汇成了一个清晰的信号,血亲不宜婚配,血亲结合不利于繁育健康的后代。今天,禁止三之代之内血亲、近亲婚姻的法律条文,不正是这种远古婚俗信息的理性规范化吗?可见,在婚俗禁忌习俗中,已含有了婚姻法的萌芽。至于在古民俗中糅合了宗教、伦理、文学、历史的多种萌芽,更不足为奇。可以这样说,神话,是迄今为止我们所能接触、感受到的人类最早的民俗形态之一,其本身就是内含多种学科知识萌芽的原生态意识团。世界各国的宗教、文学、历史、法律等学科,都在神话中找到了自己的源头和发展的踪迹,甚至连现代物理学的原子理论,物质可以无限分割的论述,都在古希腊哲人转述的神话和中国庄子借用的神话中得到精湛的印证。号称中国古代第一大奇书的《山海经》,古往今来,对它的学科性质,莫衷一是。有人说是地理书,有人说是神话集,有人说是矿物志,有人说是巫书,似乎"公有公理,婆有婆理"。其实,说到底,该书实是我们远古初民长期积累的民俗实录,其中记叙了他们对自然、社会的粗浅感受和认识,内蕴了包括文学艺术、历史哲学、地况海貌、山川物产、气候气象等多种学科的知识智慧。透过那混沌的民俗原生态意识团,呈现在我们面前的,分明是远古初民社会的一册百科全书。因此,在民俗这一层次,原生态的文化意识团,犹如尚未提炼过的攀枝花共生矿,还未被熔化、分离出各类金属原材料,还未被专门加工成材。这些原生态的民俗意识团,经过筛选、熔炼,就上升到文化意识形态的第二个层次。在此,各种原生态文化意识梳理成型,各自独立,自成一体。到第三层次,人文学科和自然学科分类的文化意识形态,经过了否定之否定,又成了一个统一体,但已不是简单的混同,而是呈高度理性的哲学状态。

由上可知,民俗是整个文化意识形态的基石和支柱,它为各类学科知识提供了原始的智慧雏形。

民俗在我们日常生活中反复出现和应用,人们习以为常,不经意间实践,不容易意识到它的智慧与光辉。如人类维系生命的最基本的民俗生存方式:食。中国有古训:民以食为天。然而,自古以来江南地区民众为何以稻米为主食,而不以牛羊肉或麦粟类为主食?

中国江南民众食用稻谷的民俗,似乎是平常事,然而,这一饮食民俗的发生发展,充满了中华先民稻作族群的生存的知识智慧。

笔者在20世纪八九十年代到21世纪初,在江南稻作区与国际学者进行过长期、广泛的田野调研,利用采集到的第一手民俗资料,撰写了一些文字,如文章或报告《古吴越稻作生产与太阳鸟信仰》(《中国民间文化》1993年第2期)、《越地鸡形盘古神话与太阳鸟信仰》(《民俗研究》1994年第2期)、《麻雀送谷送子的传说与信仰祭祀》(日本国立历史民俗博物馆研究报告1995年6月)、《太阳鸟信仰的成因及文化意蕴》(《华东师范大学学报》1996年第1期),专著《中国鸟文化》(学林出版社1996年9月)、《中国鸟信仰》(学苑出版社2003年)等,就这些问题做了综合的梳理、研究、剖析。

江南稻谷的食用和生产,追根溯源,是当地先民在特定的地域生态环境中,为谋取自身生存发展,对鸟类生态之模仿。先民仿效鸟类觅食当地野生稻的生物习性,吃鸟食,使鸟田,并在鸟田稻作的稻米生产方式中逐步形成对鸟类的依赖、崇敬和神化,把引领他们食用稻谷的鸟类视为送谷神、送子神,以至自己的生活也发生鸟化:拜鸟灵,穿鸟衣,住鸟居,说鸟语,佩鸟饰,制鸟器,用鸟历,树鸟人,设鸟官。其间又与日崇拜发生粘连,衍生出种种鸟(日)神话崇信的习俗活动,以及凤鸟信仰、神仙思想(神仙道家葛洪:羽化成仙)。

外国朋友在中国工作、生活中,经常会碰到一些习以为常却百思不得其解的问题。例如一般的中国人对圆的东西有特殊的情感,如圆月,千百年来不知引发了多少文人墨客的诗意。传统的中国节日中,大多数节日食品:元宵汤圆、清明青团、中秋月饼、春节松糕都是圆形的。传统的中国婚礼,江南古越地女方陪嫁的家具器皿,俗称"圆木",结婚生子的礼仪都要送染色的鸡蛋(也是一种圆形),中国人为什么会这样选择呢?国人的一般回答:表达团圆情感的一种民俗。可是,不同习惯和思维的外国朋友恐怕就不能完全认同。有一年除夕,一批法国研究生在我家过年。我教他们做圆子,过了十来分钟,我回到他们做圆子的房间,惊讶地发现十多名法国学生,没有一个做成圆形的。有正方体、长方体、三角体,更甚者,有做成一匹马的,还有做成凯旋门的。他们没有圆形即团圆的中国情感,更认为圆形的东西,一碰就滚动,不稳定,达不到团圆的效果,倒是正方体、长方体、三角体显得更为稳定,更为圆满。当下,我就跟他们讲解了江南稻作鸟日信俗的形成发展,到鸟灵送谷、送子——鸟卵生殖崇拜—卵生神话—现实中崇圆观念的衍化和流行。同时,我进一步讲述,中国人食用时的工具——筷子,也是模仿鸟类觅食谷类的方式。中华先民就是通过观察与其生活在一起的鸟类,萌发了食用稻谷的知识智慧和一些独特的精神思想的火焰。

二

中华民族自古以来,创造了无穷的知识智慧,主要集中在与自身生存发展的民生民俗中。传统农耕文明中农林牧副渔生产技法,人生衣食住行中的各种生活技术,维系乡镇村落秩序和人际关系的民俗制度和乡规民约,工商文明中的手工技艺、行规及交易习惯法等。其间所展示的中华特有的思考和行事方式,深深印证着中华智慧的力量。

例如维系国人生存的饮食。世界上最早的中国水稻故乡——浙江河姆渡遗址,出土的七千年前的人工培植水稻,已有粳、籼之分,与今无多大区别。现在中国广泛食用的梨、橙、杏、梅、李、桃、柿、榛、杞、花生仁、樱桃及枣栗等鲜干果在周代已开始加以栽培种植了。中国饮食如此广泛,以至被国外的学者作为论证中国能生存这么多人口的重要依据。美国哈佛大学人类学系原主任张光直教授在《中国青铜器时代》一书中指出:"我们假如更进一步把除了栽培的作物以外在中国用为食物的野生植物的繁多的数目也考虑进去,我们便更能了解多少亿的人口如何能在中国的大地上生存下来。"毫无疑问,在这方面中国显露出来了比任何其他文明都要伟大的发明性。迄今为止,中国在民俗饮食方面还具有独特的魅力,成了招徕外国游客的一块迷人的招牌。小到一般国外游客,大至美国总统尼克松、日本首相大平正芳,到中国后,就是要美美地品尝地道的中国食肴。当今世界,中国餐馆、中国料理,在西方世界方兴未艾,这与中国饮食独特的民俗风韵是分不开的。

中国民俗饮食的另一个特点是选料操作上功夫独到,这主要表现在艺术化的烹调方式上。中国饮食的制作,传统习惯讲究色、香、味俱全,讲究在品味时调动人体多方面的感官刺激:视觉、嗅觉、味觉以及第六感官"直觉"。诚如林语堂先生所述:"整个中国的烹调艺术是要依靠配合的艺术的。"饮食的好坏,不仅在于味觉、胃口的好坏,而且与人的心情也有极大的关系,人体多种感官的同时调动,无疑会增加对食肴的欲望。这在中国是十分出色的。不少外国来宾、游客对中国精美的民俗饮食,或瞠目结舌,或赞不绝口,常对着蟹肉做成的蟹、冬瓜精雕细作成的"盅"、五色菜肴拼装成的凤,蛋糕奶油制成的龙,惊叹不已,不忍下筷。中国传统民俗"色、香、味、形、名"的特色与具体制作方法是紧密相连的。数千年来,我们创造了爆、烧、炒、炸、煎、蒸、炖、扒、熘、汆、拌、煮、烩、温等众多的食肴烹调法,常习惯按不同原料、不同菜谱去运用相应的方法。而且原料往往已按习惯做成了半成品,方便烹调。如金华火腿、南京板鸭、福建笋干、绍兴霉干菜等一大批地方土特产,它们本身已为烹饪奠定了基础。特用料和烹饪,使中国自古以来形成了品种繁多的民俗佳肴。当今常见的有:北京烤鸭、德州扒鸡、清蒸鲥鱼、鱼香肉丝、水晶肴蹄、南京盐水鸭、豹狸烩三蛇、菊花龙虎面、沛县狗肉、湖州羔羊肉、福建佛跳墙、镜泊鲤鱼丝、拉面、刀削面、千层酥、羊肉泡馍、天津狗不理包子、八宝饭、莼菜汤、燕皮汤、莲子羹以及茅台酒、绍兴加饭酒、西凤酒、五粮液、烟台葡萄酒、乌龙茶、铁观音、龙井茶、碧螺春、普洱茶、黄山毛峰、祁门红茶、沱茶等,它们在国际上都享有很高的声誉,人们把这些视作生活中珍贵的享受。

今天,中国蚕桑丝织技艺成为世界非物质文化遗产,其中的染色制作技艺民俗功不可没。民国《雪宦绣谱》记载,当年,我们的染色有95种不同的蓝色,140种不同深浅的黄色,88种不同色光的红色,73种不同艳度的紫色,78种不同色相的黄褐色及棕褐色,181种绿色,以及5种黑色和1种白色。如此多的颜色,皆由天然染料染色而成,除部分采用直接染色外,大部分是利用媒染、复染、套染、拼染等艺术手法染成的间色。其色彩的源头,基本都是当地的植物性本草天然色素提炼而成。自然界千姿百态,五彩缤纷的各种植物,包括果实的天然本色,都是传统染色色素的原材料。其中蕴含的知识智慧,绝对是原创性、唯一性、标志性的,也是具有世界性的。现在能完全把握上述色彩的,据说仅存数人,亟须全力抢救保护。

三

我国民俗体现的智慧,往往是长期累积、千锤百炼的,在岁月的流逝中显示了其持久而旺盛的生命力。虽然在其历史的长河中,不免泥沙俱下,鱼龙混杂,但是,只要我们持以科学的态度,认真梳理,去粗存精,是金子终会发亮的。如有关自然界和宇宙的知识和实践的智慧:我国传统居住民俗——建筑风水。

去参观过中国西安秦始皇兵马俑的朋友,不知注意到没有,秦陵的大门是向东开的,后世帝皇宫殿和陵寝的大门基本面南,为什么显赫的秦始皇陵寝要面东?又比如,我们现在买房子,一般理想的要求,仍希望要朝南,为什么要朝南?因为有阳光,好像很简单,可是我们的古人花了多少时间才选择了"朝南",大家知道吗?考古发现,四千年前,位于我国中东部的古"东夷"地区,房屋门的朝向是东,朝着太阳,源于太阳崇拜。那么后来为什么改成朝南了呢?地处北半球中纬度的我国,大部分地区四季分明。季节性风雨对面向东方的民居生活侵扰太大,而实际光照又不足。生活的实际,启迪人们将自己居住的门窗转向南方。然而,久远的东向制民居和信仰民俗,还遗留在民众的心田,形成了另一种乡愁——祖先从东部迁徙到西部的秦族群,丧葬陵墓追梦先人,保留了东向制。东向制的民俗心意,也遗留在我们今天大部分国人的言行中:房主——房东,而不称房南、房西、房北;同样,主人称作东家,请客吃饭,称做东。

19世纪末20世纪初,外国出了很多介绍中国风水理论的书,称之为中国特有的潜科学、前科学。不消说,风水中有很多封建迷信的成分,特别是风水理论的后期,应当摈弃。但是做一番"拿来主义"的分析,其中有值得我们借鉴的合理内涵,即人们选择自己居住地的方法,要考虑到风的流向、水的走向,在两者交汇中寻找一个适合人居住的物理空间。当今我们一些地方的建筑处置,比如南方亚热带地区的一些大城市造了那么多玻璃外墙的高楼,其实对生活根本是有害的。为什么?因为这种建筑模式来自北欧,北欧为什么需要玻璃外墙?因为那里天气比较寒冷,需要采光。而我们处在亚热带,我们需要散热。并且如今人们再用空调制冷,增加了城市的热岛效应,又浪费了我们宝贵的能源。这种西方的建筑模式移植到中国来,忘却了中国固有的择居和建筑智慧,是典型的建筑垃圾。美国建筑学最著名的宾夕法尼亚大学,20世纪80年代提出了新的建筑观念:结合自然的设计。其间明显吸纳了中国建筑有关自然环境的利用和谐的合理理念,再反观我们在城市、乡镇现代化发展中,丢弃中国固有智慧,盲目照搬西方建筑的做法,是否该清醒了?

四

中华先民在谋取自身的生存发展中,在先天的生态环境里,在特定的农耕生产、生活民俗活动中,观天察地,顺应农时,不断实践,产生了许多与自然界和宇宙和谐相处而又利己的知识智慧。在2016年进入世界人类非物质文化遗产名录的二十四节气,被世界气象界称赞为中国的"第五大发明",也是杰出的典范。

我国悠久的历史,在节气中又孕育了许多具有鲜明民族特色的传统民俗节日,其间也充满着中华的生存智慧。端午节及其端午习俗就是其中的一个。端午节俗,是我国远古时期"春俗"衍化发展的文化结晶。其根源,在于我们先民在特定时段的生存境遇里,在宇宙与人作为共同命运体的独特意识与感悟下,触景生情,深切体验,而采取的一种利用自然物(的正能量),对抗自然力(的负能量)的自我保健行为。

1997年香港回归前夕,北京、上海、香港电视台联合在上海电视台举行中华文化知识竞赛,我代表嘉宾队抢答"端午节由来"的题目。在介绍其多种来源后,总结道:这是我们中华先民在与自然环境长期共存斗争中,自我健身保护的智慧结晶,是我国最早卫生节的雏形。为什么这么说呢?春夏之交的农历五月,多阴霾不正之气,蚊蝇滋生,百虫出动,是流感、腮腺炎、猩红热等流行传染病的易发季节,古人就称其为恶月、毒月。五月初五更是九毒之首,为了驱邪祛毒,古人在生活实践中,积累了许多知识经验来防病强身。古书多有记载,《荆楚岁时记》曰:"是日(端午节)竞采杂药。"《夏小正》曰:"次日蓄药以除毒气。"端午节便成了人们打扫卫生和驱瘟压邪之日。为此,家家户户有挂艾叶、菖蒲、食粽子、饮雄黄酒、赶鸭子等习俗。当时的直播主持人是香港著名艺人黄霑,听了我这些说道,说闻所未闻,大加赞赏,当即为我嘉宾队加了20分。

表面上,端午这些习俗行为,表现为我们的一些生活信仰,实际上,内含着长期积累的新的生存经验和智慧。现代科学研究,艾叶、菖蒲,具有抗虫害、病菌的药理作用。雄黄酒,因有毒,今天不提倡,但确有杀菌的功能。又如粽子,在古代,甚至在今天的一些比较偏远的农村地区,它是一种春季农事活动中保健又方便携带的干粮。粽叶有清热解毒的功能。在没有冷冻保温设备的古代,做好的粽子一般放在通风的地方,一两个月都不会坏,农忙时日人们下地劳动,带两个粽子,另加一壶水就走了,比做饭容易。这是我们生活的经验和智慧的展现。史籍上,"端午"二字最早见于晋人周处《风土记》:"仲夏端午,烹鹜角黍。"为何要吃这些食物呢?因为它们能防疫保健。"角黍"即粽子,有保鲜的保健性。另外,江南民间,包括中医都认为:"鹜",也就是鸭子,是凉性的,可解热毒。

端午节可以说是中国最早的季节性自然保健卫生节。在历史长河中,它不仅包含着全民健身、防疫祛病、避瘟驱毒、祈求健康的民俗意义,还逐步被赋予了不畏自然和社会险阻的新意。如纪念爱国诗人屈原等诸多文化内涵,端午节日益成为中华民族弘扬爱国主义和传统民俗文化的盛大节日。此外,从深层文化角度来看,端午节还蕴含着我们的先辈对天、地、人——身体和心灵融合的感悟、调和、调适的精神文脉。它是我们先民所创建的民族共有精神家园中的一朵奇葩,今天,依然是多元文化时代国家现代化建设重要的精神力量。

五

从文化意识发生学考察,民俗是人类社会一定生产力发展而形成上层建筑文化意识形态过程中一系列中间环节里,由物质变精神的最初飞跃。

普列汉诺夫在《唯物主义史论丛》一文中就社会结构、经济基础对上层建筑文化意识形态的关系及发展过程提出了崭新的看法:"一定程度的生产力的发展;由这个程度所决定的人们在社会生产过程中的相互关系;这些人的关系所表现的一种社会形式;与这种社会形式相适应的一定的精神状况和道德状况;与这种状况所产生的那些能力、趣味和倾向相一致的宗教、哲学、文学、艺术……。"普列汉诺夫认为,上述论述表现了存在于不同的"一系列环节"之内的因果关系。他在《马克思主义的基本问题》中,把这个论析更清楚地概括为"五项公式":(1)生产力的状况;(2)被生产力制约的经济关系;(3)在一定经济基础上生长起来的社会政治制度；(4)一部分由经济直接决定的，一部分由生长在经济上的全部社会制度所决定的社会中人的心理；(5)反映这种心理特征的各种思想体系。普列汉诺夫自信地认为："这个公式是十分广泛的，对于历史发展的一切'形式'足够给一个相当的位置。"上层建筑文化意识形态中的各种思想体系如何从经济基础上滋生、形成的脉络，经普列汉诺夫的描绘，具体而清晰地凸显出来，它为我们对历史发展中民俗形式在其中的地位也指出了一个确当的位置。对此称为"一定的精神状况和道德状况"，嗣后又称为"社会中人的心理"。对于后者，普列汉诺夫在以后不少著作中都使用了它，但究竟什么是"社会中人的心理"，作者并没有规定过一个明确的内涵。纵观普列汉诺夫对这一概念使用时所指的内容，我们发现，大抵只是指一定历史时期人们的风俗、习惯、观念情趣等一系列低层次文化意识。按照民俗学家的尺度，它们就是那些混沌未化的原生态文化意识团的民俗。

这种原生态文化意识团，刚从一定的经济及其社会制度合力作用下，由人类群体的"共同感"中滋长出来，还未分化、升华，呈现为本群体人的共同的心愿意识，一种"社会中人的心理"，民族共同文化中的"我们感"。

"我们感"即人类族群或群体不约而同的感受，感性认知，心意趋同；它类同于文化认同，是文化身份的精神标杆。它由人们共同心愿的反复积淀而成，是一种集体无意识或集体有意识。

在人类文化意识的历史长河中，民俗以原生态的文化意识为核心，构成了人类文化意识的意象原型，反复出现，奠定了人类文化意识的理性基调和现实的倾向性。今天我们在日常生活中对子女的培养和教育，常用"望子成龙""望女成凤"一类的说法，龙、凤原本是在我们民族先祖中产生的幻想综合型图腾崇拜物。它们作为初民民俗中的意象原型，数千年来，一直伴随着我们民族的生命步伐，成为人们认识权威、希冀新人的理想模式。由此，它们还进一步渗透到我们的思维中，逐渐形成一种稳固的思维模式。在我们人类文化意识的理性思维里，像以龙、凤原生态民俗为思考原型、确定词义概念、辨析事理内涵的例子，可说是汗牛充栋，不可胜数。如宣扬血统论，人们形象而富有哲理地称为："龙生龙，凤生凤，老鼠的儿子会打洞。"气象学上称台风谓"龙卷风"，现代的各种事物，初看是当今时髦的东西，可我们稍稍分析一下，追根溯源，就会发现其间沉淀着初民社会就有的民俗的思维基因。这种以民俗意象原型为思维定式基础的思考方式，渗透在每个国度和民族民众的心底里，形成了富有地域性和民族性的文化意识形态。中国以及属于这一文化圈内的儒家文化,就是凭托中国的民俗及其思考原型礼仪化的产物。譬如儒家文化中的核心之一"孝"道,是凭依民众久远的孝俗为基础支撑建立起的理性概述。中华民族很早就形成了以农耕为本的社会经济结构。原始的农业生产,一是依赖"天公作美",二是依赖有生产经验的人的传授与管理。这种农耕的生产经验,包括了天文、气象、水利、耕作等诸技艺的综合知识,没有一定知识的积累,是承担不起此重任的。饱经风霜的老年人无形中摆脱了狩猎社会中被歧视,甚至适时被杀掉处理的悲剧遭遇,得到了大家的爱戴和敬重。为了使较长时间才能取得硕果的农业生产不断发展,"识途的老马",被人尊重,逐渐习俗化,加上人们对血统和家族、宗族集体利益的重视,孝的观念和行为不断被强化,孝俗就形成了。孔子在创建儒家学说中,顺乎世俗,将孝俗加以理性的概述和礼仪的控制,构成了儒家孝悌思想的核心之一。它的推崇,对维系小农经济社会的安定和生产的发展起到一定的作用,因而各个朝代常常加以鼓励。而历代的儒生们则不遗余力地衍化更生,发扬光大,出于巩固统治的需要,封建统治者把"孝"发展到极端,成了扼杀青年的"杀子文化"的深层的理论支柱。正如鲁迅在五四时期指出的那样,"从老到死,却更异想天开,要占尽少年的道路,吸尽少年的空气"。这种"孝"理,与原来民间的本意不尽相同了。

一个民族的精英文化意识有时看来是某个杰出的伟人创造的,实际上,如同"孝"的理性化一样,它的存在是以民俗原生态的文化意识为地基的,是民族集体的文化记忆。

对于中华民族民众日常生活的民俗,我们需关注的是蕴藏在这些生活民俗背后的深厚的文化内涵、知识与智慧,以及其中展现的中华民族固有的情感和思想。我们从中华民族普通家庭流行的"祭祖"等"家"的民俗中,发现国人固有的小家、大家、国家,家国一体的睿智,从生老病死的人生礼仪中看国人的"生生不息"生命理念,从传统的菜肴制作民俗中,看到国人"不同而和""和而不同"的人生哲理和处事方式,这其中流溢着人与自然、人与人、人与社会的和谐统一的意念。这些不仅仅是我国几千年历史民俗积淀的精髓,也是当今世界历史发展的潮流。世界的和平与发展,不同地区之间人民的求同存异、和平共处,这也正是中华民族人民世代相传的永恒期望。中华民族的民俗博大精深,这个智慧宝库,我们应该好好发扬光大。

孙中山的追求与当代理想信念*

上海大学文学院历史学系　廖大伟

孙中山逝世已经91年,海峡两岸乃至整个华人世界对其仍然敬意不减,人们普遍念之论之赞美之,认为他是中华民族的世纪伟人,两岸和平统一的最大公约数。"不忘本来才能开辟未来,善于继承才能更好创新。"孙中山的追求对于当代价值理念仍具有启迪意义,其思想与精神历久弥新,仍然具有生命力。现实既承继于历史又升华于历史,每一时代的价值理念与伟大梦想总是在社会演进和历史积累的基础上进行创新,从而更上一层楼。

一、为振兴中华而奋斗

振兴中华是孙中山的远大抱负和毕生追求,他第一个明确提出振兴中华这一梦想,并且随着时代变迁、环境变化以及认知深化不断地将梦想加以丰富与臻善,以至振兴中华之梦鼓舞了那个时代,并且传承了下来,直至如今依然具有强大的生命力和感召力,激励着一代又一代中华儿女前赴后继为之奋斗。孙中山振兴中华之梦,无论是提出的当初,还是将三民主义凝练进去充实之后,其诉求内核一直没变,这就是国家富强、民族振兴、人民幸福和世界大同,而其中重中之重,关键之关键,更在人民之幸福,社会之和谐。它既是民族振兴的价值取向,也是国家富强、民主、文明的标准所在,因为归根结底,"国家之本,在于人民"。孙中山的中国梦是理性的、文明的、开放的,同时也是辩证的、实践的、执着的。在中华民族伟大复兴的历史长河中,孙中山之所以令人景仰,念念不忘,不仅在于他恢宏的憧憬、胸怀与蓝图,还在于他杰出的担当、追

---

* 选自2016年《多学科视野:从传统到现代——纪念孙中山先生诞辰150周年学术研讨会论文集》,原载《历史教学》2016年第16期。

梦和有恒,尽管一路坎坷跌宕,但他却始终锲而不舍。如今回眸这位伟人,其梦想、理念、言行和精神,已然成为一笔宝贵的财富,它既属于历史,也属于当下。

近代中国怀揣梦想者不乏其人,砥砺前行者也大有人在,然而梦想之恢宏,践行之坚决,影响之深远,无出孙中山右者。孙中山自青年起明确提出要振兴中华,此后他为梦想追逐了一生。《檀香山兴中会章程》道:

> 是会之设,专为振兴中华、维持国体起见。盖我中华受外国欺凌,已非一日。皆由内外隔绝,上下之情罔通,国体抑损而不知,子民受制而无告。苦厄日深,为害何极!兹特联络中外华人,创兴是会,以申民志而扶国宗。①

孙中山振兴中华的中国梦,后来将民族、民权、民生"三民主义"充实进来,但百姓福祉,世界和平,民族平等,始终为其不变的核心诉求。即使临终他仍念念于此:

> 余致力国民革命凡四十年,其目的在求中国之自由平等。积四十年之经验深知欲达到此目的,必须唤起民众及联合世界上以平等待我之民族,共同奋斗。②

孙中山始终把自己当作追梦人,认为他对中国的改造负有不可推卸的领导责任。1896年他曾明确表示对"中华之汤武暨美国华盛顿"的崇拜,③后来也曾向友人坦言志在"大事",要做时代的先驱。④他认为,"天下安危,匹夫有责,先知先觉,义岂容辞"⑤。以武昌起义前后他的态度与表现为例。武昌起义前一年,被迫流亡美国的孙中山对革命胜利已充满信心。有报纸报道说,"孙

---

① 《檀香山兴中会章程》(1894年11月24日),见《孙中山全集》第一卷,中华书局1981年版,第19页。
② 《国事遗嘱》(1925年3月11日),见《孙中山全集》第十一卷,中华书局1986年版,第639页。
③ 《自传——为英国学者翟理思编纂〈中国名人辞典〉而作》(1896年11月),见黄彦编《孙文选集》中册,广东人民出版社2006年版,第25—26页。
④ 《与宫崎寅藏平山周的谈话》(1897年8月中下旬),见《孙中山全集》第一卷,第173—174页。
⑤ 《致港督卜力书》(1900年6—7月),见《孙中山全集》第一卷,第192页。

博士相信,彻底改变庞大的中华帝国政体的时机已近成熟",在很有限的几年内将会"建立一个共和政体"①。武昌起义前两个月,他的期待更加强烈,乐观自信洋溢于给咸马里的复函:

  目前,无人愿与我分担权力,各省领导人均极欢迎我负责全面指挥,事实是他们唯恐我不接受此职。②

当获悉武昌已被起义军占领,他即刻断言"斯举当有成矣"。他在一封信里写道:

  各地组织情况甚好,都希望我加以领导。如得财力支持,我绝对能控制局势。在我到达之前,不可能组成强有力的政府。③

后来国内情势发生了变化,他顾全大局又做了另外一番表示:"在中国人当中,有许多素养高尚之士,相信他们必能担负组织新政府的任务。"④当情势又有新的变化,需要他来担当时,他又勇于担起责任。1911年12月回国途中,他不留广东要去上海,认为"以形势论,沪宁在前方,不以身当其冲,而退就粤中以修战备,此为避难就易"⑤。

孙中山勇于担当,敢于追梦,反映了一位政治家应有的品格和美德,体现了历史重大转折关头应当肩负起的道义和责任。从一次次发动武装起义,到推翻封建清王朝,从执政南京临时政府努力创建民主国家,到反对军阀专制逆行,从改组国民党,到实行国共两党合作,孙中山的憧憬和胸怀总是随着时代和环境变化而不断提升与完善,他的追梦精神是执着的,同时也是不断实践和与时俱进的。在这追梦过程中,尽管充满坎坷跌宕,但他屡仆屡起,越挫越勇,

---

① 《数年内将推翻满清建立共和政体——与檀香山〈太平洋商业广告报〉记者的谈话》(1910年4月20日),见黄彦编《孙文选集》中册,第219页。
② 《复咸马里函》(1911年8月10日),见《孙中山全集》第一卷,第532页。咸马里、荷马李,均Colonel Homer Lea之译,现一般取后者。
③ 《致咸马里电》(1911年10月31日),见《孙中山全集》第一卷,第544页。
④ 《我的回忆——对纽约〈滨海杂志〉记者叙述革命经历(1911年11月下旬)》,见黄彦编《孙文选集》中册,第239—241页。
⑤ 《与胡汉民廖仲恺的谈话》(1911年12月21日),见《孙中山全集》第一卷,第569页。

始终锲而不舍。为了中华民族的明天,为了人民大众的利益,他舍弃了个人执业行医的安逸,却常要颠沛流离,甚至冒着生命危险,但他依然坚持着他的担当,恪守着他的人生观和理想信念。

二、什么样的社会是理想的?

孙中山一生几乎都在奔波与动荡中度过,客观没有赋予他实现中国梦足够的时间与条件,所以他的梦想更多见诸他的表述。孙中山振兴中华与中国梦的表述,不同时期有所不同,有的抽象,有的具体,有的正面,有时反射,有的以国家政治为坐标,有的以人本主义为首选,有时放眼整个世界,而更多的时候则聚焦于祖国。

投身革命前,"人能尽其才,地能尽其利,物能尽其用,货能畅其流"是孙中山的中国梦,在他看来这是"富强之大经,治国之大本","而不急于此四者,徒惟坚船利炮之是务,是舍本而图末"。① 那个时候西方大潮正一浪接一浪地汹涌而来,救亡图存成了举国意识,人皆呐喊。但是如何救亡,怎样富强,朝野上下路径倾向莫衷一是。鉴于西方建设的经验,孙中山因此提出充分开发社会资源以增社会活力的建议,然而高高在上的政府大员却以冷漠相待。

开始投身反清后,孙中山首先着眼于政治环境的改变,清廉、公正、开放的政治环境,成了他实现中国梦的先决条件和重要内容。他认为:

> 中国现行之政治,可以数语赅括之曰:无论为朝廷之事,为国民之事,甚至为地方之事,百姓均无发言或与闻之权;其身为民牧者,操有审判之全权,人民身受冤抑,无所吁诉。且官场一语等于法律,上下相蒙相结,有利则各饱其私囊,有害则各委其责任,婪索之风已成习惯,官以财得,政以贿成。间有一二被政府惩治或斥革者,皆其不善自谋者也。然经一番之惩治或斥革,而其弊害乃逾甚。②

他还认为官场腐败,诸如"贪污行贿,任用私人"和权势买卖等,已经到了

---

① 《上李鸿章书》(1894 年 6 月),见《孙中山全集》第一卷,第 8 页。
② 《伦敦被难记》(1897 年初),见《孙中山全集》第一卷,第 56—57 页。

相当普遍的地步,甚至盛行成了一种潜规则,正是这种"普遍的又是有系统的"腐败,才造成天灾人祸频频,百姓人民受苦受难。①这种对现实政治的强烈愤懑和着力鞭挞,反映了他的中国梦的早期政治诉求。同盟会成立后,孙中山将同盟会"驱除鞑虏,恢复中华,创立民国,平均地权"16字纲领概括为民族、民权、民生"三民主义",以争取民族独立、创建民主国家、解决民生问题为指向,理论性地阐述了当时中国面临的主要历史任务。

中华民国创建之后,实现"社会主义"社会成了孙中山的中国梦。他认为"社会主义"就是"人道主义",人与人之间的"博爱、平等、自由"是"社会主义"的精髓,"社会主义"为全人类共谋幸福,"普遍普及,地尽五洲,时历万世,蒸蒸芸芸,莫不被其泽惠"。"社会主义"社会之实现,不仅政治上"使世界人类同立于平等之地位",经济上"富则同富",即便精神上也将"乐则同乐"。而要达到这一境界,他认为应该将生产资料"归为公有",因为"集种种生产之物产,归为公有",既能"利国福民",使国家与民众均"收其利",又能磨灭"贫富苦乐"的差别,使各种利益关系得到公正协调。到那时候,老百姓将个个"幼有所教,老有所养,分业操作,各得其所",②社会也就必然变得理想和谐。

可是共和不久变了形走了样,民国成了军阀抢攘的天下,但是孙中山并没有就此失望与沉沦,反而对中国梦的诉求比以往显得愈加执着。这一时期他的中国梦表述越来越多,思考也越来越深刻,不仅表现对梦想的凝练和坚持,还表现在梦想的丰富和创新。

此前孙中山将"博爱"仅仅视为"社会主义"理想的一种象征,③现在他将"博爱"上升为"社会主义"的道德准则和理想境界。"博爱"究竟是什么,本质如何,表现如何,意义如何,孙中山认为"博爱"就是互助,是人类社会生存进化的动力和原则,"物种以竞争为原则,人类则以互相为原则"。所以要有国家,因为它是"互助之体",所以要讲道德,因为它能促进互助,是"互助之用也","人类顺此原则则昌,不顺此原则则亡"。④他说"博爱"的本质首先在于奉献,在于为他人

---

① 《中国的现在和未来》(1897年3月1日),见《孙中山全集》第一卷,第89、103页。
② 《在上海中国社会党的演说》(1912年10月14日至16日),见《孙中山全集》第二卷,中华书局1982年版,第510、523页。
③ 《致国际社会党执行局函》(1915年11月10日),见郝盛潮主编、王耿雄等编《孙中山集外集·补编》,上海人民出版社1994年版,第185页。
④ 《建国方略·孙文学说》(1917—1919年),见《孙中山全集》第六卷,中华书局1985年版,第195—196页。

"谋幸福",①而社会的理想形态在于"人人为我,我为人人",人类互助共进,天下同谋幸福,因而此"博爱"即大爱而非小爱,"为公爱而非私爱",它超越亲情,普及世间。②他认为,如果人人能"本博爱之精神,谋团体永久之巩固,一心一德,共济时艰",那么国家昌盛,社会繁荣,必将为时不远。③他提倡天下为公,世界大同,其实就是提倡"博爱","人人不独亲其亲,人人不独子其子",以至"老者有所养,壮者有所营,幼者有所教",人间没有压迫,天下没有战争。④

值得注意的是,孙中山这一时期振兴中华的中国梦,更加凸显民本主义,更加强调民众的地位和作用。他指出,并非民众"不能也,不行也",其实是"不知也",如果能让民众了解一切,知晓一切,"则建设事业亦不过如反掌折枝耳"。民众是伟大的,民众的力量是无穷的,只要民众"万众一心,急起直追,以我五千年文明优秀之民族,应世界之潮流",没有什么困难不能克服,没有什么障碍不能排除。只有国家真正地"为民所有、为民所治、为民所享","政治才能最修明,人民才能最安乐"。⑤他还进一步指出,"专制国家,人民是君主的奴隶;共和国家,人民是国家的主人,官吏是人民的公仆",⑥民众的意志才是社会的关键,中国梦能否实现,"最后之成败,自以民意之向背为断"。⑦"我们要想是真正以人民为主,造成一个驾乎万国之上的国家,必须要国家的政治,做成一个'全民政治'",这个全民政治概括起来,就是民有、民治、民享。⑧同时,这一时期的孙中山还特别强调民生问题和社会大多数人的经济利益的协调,并将之视为历史演进的驱动力和实现中国梦的中心任务。他说:

> 社会之所以有进化,是由于社会上大多数的经济(利益)相调和,不是由于社会上大多数的经济利益有冲突。社会上大多数的经济利益相调

---

① 《三民主义·民族主义·第六讲》(1924年3月16日),见《孙中山全集》第九卷,中华书局1986年版,第283页。
② 《在桂林对滇赣粤军的演说》(1921年12月10日),见《孙中山全集》第六卷,第22页。
③ 《复蒋道日关墨园函》(1920年11月6日),见《孙中山全集》第五卷,中华书局1985年版,第398页。
④ 《在桂林对滇赣粤军的演说》(1921年12月10日),见《孙中山全集》第六卷,第36页。
⑤ 《建国方略·孙文学说》(1917—1919年),见《孙中山全集》第六卷,第159页。
⑥ 《在粤军第一、二师恳亲会的演说》(1921年4月23日),见《孙中山全集》第五卷,第522页。
⑦ 《复刘湘函》(1919年8月7日),见《孙中山全集》第五卷,第92页。
⑧ 《在广州全国青年联合会的演说》(1923年10月21日),见《孙中山全集》第八卷,中华书局1986年版,第323页。

和,就是为大多数谋利益。大多数有利益,社会才有进步。①

他还说人类解决生存问题,就是民生问题,这个问题既是历史上所有政治、社会、经济问题的中心内容,也是驱动社会不断前进的一条"定律",如果这个问题不能很好地加以解决,那么中国梦之实现就无从谈起。②

显而易见,孙中山追求的中国梦,最终落脚于民众的实际地位和利益,归根到底以老百姓的满意为坐标。因为在他看来,民生问题解决不好,老百姓意志不能充分表达,精神世界不够丰富,心情不够舒畅,中国梦永远无法得以实现。只有广大民众真正满意和社会道德的普遍自觉,那才是中国梦实现之时。所以到了晚年,他更强调"互助""博爱"和"全民政治",希望"人人不独亲其亲,人人不独子其子","老者有所养,壮者有所营,幼者有所教",人间没有压迫,天下没有战争,而国家"真正以人民为主",实行民有、民治和民享,认为这样的国家才会被人民所爱戴,才能与世界各国平等相待。

三、革命与梦想,梦想与国情

孙中山之所以伟大,除了百折不挠的精神和与时俱进的气质,还体现在他的世界眼光和差别意识,体现在他能够立足国情憧憬并努力实现中国梦。

他说:"我们立志,还要合乎中国国情。"③他认为西方先进的科学技术、物质文明,我们可以学习仿效,但"如果不管中国自己的风土人情是怎么样",便盲目地把西方"管理社会的政治硬搬进来,那便是大错"。④欧美之所长,必须学习和吸取,因为只有这样"才可以和欧美并驾齐驱"。⑤但是"我们在我们社会生活中确立现代的文明时",同样必须"选择那些符合我们愿望的东西",⑥必须保持我们民族的独立性,发扬我们固有的文化,然后"吸收世界之文化而光大之"。⑦

---

① 《三民主义·民生主义·第一讲》(1924年8月3日),见《孙中山全集》第九卷,第369页。
② 《三民主义·民生主义·第一讲》(1924年8月3日),见《孙中山全集》第九卷,第365、376—377页。
③ 《在广州岭南大学欢迎会的演说》(1923年12月21日),见《孙中山全集》第八卷,第538页。
④ 《三民主义·民权主义·第五讲》(1924年4月20日),见《孙中山全集》第九卷,第320页。
⑤ 《三民主义·民族主义·第六讲》(1924年3月2日),见《孙中山全集》第九卷,第251页。
⑥ 《复鲁赛尔函》(1906年11月26日),见《孙中山全集》第一卷,第322页。
⑦ 《中国革命史》(1923年1月29日),见《孙中山全集》第七卷,中华书局1985年版,第60页。

留学和流亡海外的经历使得孙中山对东西方社会文化差别有着较为深切的了解和辨识。他曾指出：

> 管理物的方法，可以学欧美；管理人的方法，当然不能完全学欧美。因欧美关于管理物的一切道理已经老早想通了，至于那些根本办法他们也老早解决了，所以欧美的物质文明，我们可以完全仿效，可以盲从，搬进中国来也可以行得通。至于欧美的政治道理至今还没有想通，一切办法在根本上还没有解决，所以中国今日要实行民权，改革政治，便不能完全仿效欧美，便要重新想出一个方法。如果一味的盲从附和，对于国计民生是很有大害的。因为欧美有欧美的社会，我们有我们的社会，彼此的人情风土各不相同。我们能够照自己的社会情形，迎合世界潮流做去，社会才可以改良，国家才可以进步；如果不照自己社会的情形，迎合世界潮流去做，国家便要退化，民族便受危险。①

显然他觉得学习西方很重要，但同时他又强调不可盲目，对学习西方问题的理解，反映了他对中国梦的诉求具有实事求是的理性和清醒。

孙中山的一生是不断革命的一生。孙中山为什么要不断革命，归根到底是为了实现振兴中华的中国梦。实现振兴中华的中国梦，首先须取得民族独立和优化政治环境。要争取民族独立和优化政治环境，当时只有走暴力革命道路，从而为实现中国梦创出最基本的先决条件。革命本身不是目的，只是一种手段、一段过程，对此孙中山有过不少的解释和阐述。1904年他说过："中国痼疾已深，除推翻帝制外，别无挽救之法。"②1905年他说得更直白：

> 当今之世，中国非改革不足以图存。但与清政府谈改革，无异于与虎谋皮。因此，必须发动民主革命，推翻这个昏庸腐朽的政府，为改革政治创造条件。③

---

① 《三民主义·民权主义·第五讲》(1924年4月20日)，见《孙中山全集》第九卷，第320页。
② 《与喜嘉理的谈话》(1904年5月)，见郝盛潮主编、王耿雄等编《孙中山集外集·补编》，第24页。
③ 《与杨度的谈话》(1905年7月下旬)，见郝盛潮主编、王耿雄等编《孙中山集外集·补编》，第27—28页。

直到病逝前一年,孙中山仍在讲这个道理:

就古今中外的历史看来,一个国家由贫弱变到富强,由痛苦变成安乐,没有不是由革命而成的。因为不革命,人民的痛苦便不能解除。人类何以要革命呢?是要求进步。人类的思想,总是望进步的。要人类进步,便不能不除去反对进步的障碍物,除去障碍物,便是革命。所以我们要人类和国家进步,便不能不革命。①

有人不以为然,主张教育立国、实业救国、地方自治,对此孙中山指出:

以上三种,固是改造中国的要件,但还不能认为第一步的方法。第一步的方法是什么?在兄弟的意思,只有革命。革命两字,有许多人听了,觉得可怕的。但革命的意思,与改造是完全一样的。先有了一种建设的计划,然后去做破坏的事,这就是革命的意义。譬如我们要建筑一新屋,须先将旧有的结构拆卸干净,并且锹地底,打起地基,才能建筑坚固的屋宇。不这样办去,便是古代的建筑方法,不适用于今日。②

可见孙中山一再强调和坚持革命,本身就是立足国情、注重现实的抉择,是理性而非盲目的。

何谓革命,孙中山认为"扫除中国一切政治上、社会上旧染之污"便是革命。③孙中山把革命大致分成为三种类型,一种是"种族革命",一种是"政治革命",④还有就是"社会革命"。孙中山所谓的种族革命主要指反清革命,因为"不愿少数满洲人专利"。⑤慢慢到了后来,种族革命也蕴含着对外争取民族独立的意思,即"谋中国之自由与独立"。⑥尤其随着反清问题的解决,对外争取民

---

① 《在广州商团警察联欢会的演说》(1924年1月14日),见《孙中山全集》第九卷,第62页。
② 《在上海青年会的演说》(1919年10月8日),见《孙中山全集》第五卷,第124—125页。
③ 《在桂林对滇赣粤军的演说》(1921年12月10日),见《孙中山全集》第六卷,第10页。
④ 《在北京五族共和合进会与西北协进会的演说》(1912年9月3日),见《孙中山全集》第二卷,第438页。
⑤ 《在东京〈民报〉创刊周年庆祝大会的演说》(1906年12月2日),见《孙中山全集》第一卷,第329页。
⑥ 《关于国民党最小纲领之宣言斗》(1924年12月22日),见《孙中山全集》第十一卷,第514页。

族独立变成种族这一概念的主体。"政治革命"则相对简单,即推翻专制统治,优化政治环境,实现民主政治。在孙中山看来,"国家最大的问题就是政治,如果政治不良,在国家里头无论什么问题都不能解"。①而谈政治不谈权利,则为"不可通之说"②。他说:

> 政治两字的意思,浅而言之,政就是众人的事,治就是管理,管理众人的事便是政治。有管理众人之事的力量,便是政权。今以人民管理政事,便叫做民权。③

民权主义就是"以民为主"④,政治革命就是民主革命,它直接针对专制集权。⑤这两种性质的革命,目的"均不外求自由、平等、博爱三者而已",起因也不外种族与政治这两大问题。⑥除此之外,孙中山还主张"社会革命",社会革命的目的在于"为众生谋幸福",打破"少数富人专利",⑦缩小社会贫富不均的差别。

然而孙中山有生之年,这三大革命均未真正彻底地完成,其所揭示的民族、民权、民生三大主义依然还得继续诉求,其所向往的振兴中华的中国梦依旧还很遥远,所以临终前他会再三叮嘱,还要继续奋斗、共同奋斗。

一百多年前孙中山曾经预言说:

> 一旦我们革新中国的伟大目标得以完成,不但在我们的美丽的国家将会出现新纪元的曙光,整个人类也将得以共享更为光明的前景。普遍和平必将随中国的新生接踵而至,一个从来也梦想不到的宏伟场所,将要向文明世界的社会经济活动而敞开。⑧

---

① 《三民主义·民权主义·第三讲》(1924年),见《孙中山全集》第九卷,第297页。
② 《致吴敬恒书》(1914年),见《孙中山全集》第三卷,中华书局1984年版,第150页。
③ 《三民主义·民权主义·第一讲》(1924年3月9日),见《孙中山全集》第九卷,第254—255页。
④ 《应上海〈中国晚报〉所作的留声演说》(1924年5月30日),见《孙中山全集》第十卷,中华书局1986年版,第237页。
⑤⑦ 《在东京〈民报〉创刊周年庆祝大会的演说》(1906年12月2日),见《孙中山全集》第一卷,第329页。
⑥ 《在北京五族共和合进会与西北协进会的演说》(1912年9月3日),见《孙中山全集》第二卷,第438页。
⑧ 《中国问题的真解决》(1904年8月31日),见《孙中山全集》第一卷,第255页。

为什么中国梦的实现对世界有如此意义,因为孙中山认为:

> 中国人的本性就是一个勤劳的、和平的、守法的民族,而绝不是好侵略的种族,如果他们确曾进行过战争,那只是为了自卫。只有当中国人被某一外国加以适当训练并被利用来作为满足该国本身野心的工具时,中国人才会成为对世界和平的威胁。如果中国人能够自主,他们即会证明是世界上最爱好和平的民族。

中国一旦实现了梦想,会给世界带来什么,究竟是"黄祸"还是"黄福",对此孙中山有过论述:

> 就经济的观点来看,中国的觉醒以及开明的政府之建立,不但对中国人,而且对全世界都有好处。全国即可开放对外贸易,铁路即可修建,天然资源即可开发,人民即可日渐富裕,他们的生活水准即可逐步提高,对外国货物的需求即可增多,而国际商务即可较现在增加百倍。能说这是灾祸吗?国家与国家的关系,正像个人与个人的关系。从经济上看,一个人有一个穷苦愚昧的邻居还能比他有一个富裕聪明的邻居合算吗?

因此,孙中山得出的结论是中华民族振兴起来只会给世界带来"黄福"而不是"黄祸",中国的强盛乃是世界的福音。①

孙中山从来就是一个世界和平主义者,他的梦想包含"博爱"和"世界大同"。他说:"中国如果强盛起来,我们不但是要恢复民族的地位,还要对于世界负一个大责任。"他指出,"现在世界列强所走的路是灭人国家的;如果中国强盛起来",我们绝不"走相同的路"。"我们对于弱小民族要扶持他,对于世界的列强要抵抗他。""我们今日在没有发达之先,立定扶倾济弱的志愿,将来到了强盛时候,想到今日身受过了列强政治经济压迫的痛苦,将来弱小民族如果也受这种痛苦,我们便要把那些帝国主义来消灭,那才算是治国平天下。"②可

---

① 《支那问题真解》(1904年8月31日),见《孙中山全集》第一卷,第253—254页。
② 《三民主义·民族主义·第六讲》(1924年3月2日),见《孙中山全集》第九卷,第253页。

见,一个正义和负责任的中国,一个没有压迫和战争的世界,对孙中山而言是那么地期盼,那么地植根于梦境。

四、振兴中华还需不懈共同努力

孙中山振兴中华的中国梦延续到现在已经有一百多年了,这是一个"使中国摆脱困境,实现中华民族独立、民主和富强的梦",[①]是一个不忘初心、不断前进的过程。

遥想当年孙中山振兴中华的中国梦,如今有的早已实现,有的正在实现。孙中山渴望中华儿女能昂首挺胸,中国能独立富强,期盼中国能够现代化,能够建成南方大港、东方大港和北方大港,能够铁路修到西藏,三峡建立大坝,想要中国步入民主,关注民生等,如今这一切都基本成真,有的正基于新的高度在不断地完善。反观孙中山在内忧外患的当时能够具有如此的前瞻性和洞察力,不禁让人由衷地敬佩与感叹。

从振兴中华到中华民族伟大复兴,中国梦的实现是一个长期的奋斗过程,它需要中华民族不懈努力,中华儿女共同努力。就大历史观来看,其实从洋务运动开始到现在,中国一直处于"在路上"的转型期。虽然这长达一个多世纪的社会转型总体上在不断地向前累进,自我的要求和参照的坐标在与时俱进地不断提升,呈现出与先进国家越来越缩小差距的趋势,但迄今为止这一伟大的梦想还没有完全彻底地实现,中国现代化的任务还没有完全彻底地完成,因此,中国的社会转型还必将继续地走下去。至于何时能够到达彼岸,本世纪中叶能否全面实现现代化,能否实现中华民族伟大复兴,甚至于那一伟大的时刻能不能快点到来,早早实现,这就取决于全社会的上下奋斗与共同努力,这就取决于中国共产党的领导智慧与坚强决心。何谓转型,转型的核心要义就是转换求变,剔除不适应客观环境、社会发展的陈因旧制,创建适应新环境新时代的要素模式,诸如社会经济结构、文化形态和价值观念等,以实现理想的目标,到达美好的彼岸。转型又好比离开了出发地而又未到达目的地,因此转型是一个"在路上"的过程,这个过程不可能一蹴而就。

如今历史站在了一个新的高度,"四个全面"显然朝着实现中华民族伟大

---

① 《解读孙中山的"中国梦"》,《中山日报》2013年4月14日。

复兴的中国梦而去,朝着实现全面现代化的大目标而去。实现全面现代化,重要的是内涵全面,从层面到结构全方位全覆盖,不仅社会经济要实现现代化,法律制度与治国理政、文化教育与国民素质、军事国防与中外关系等都要实现现代化。实现全面现代化,还要有阶段性愿景以及前进的动力、保障和保证。说到底,转型就是一个主动求新求变的过程,是一个不断传承创新的过程,是与时俱进地将陈旧的发展模式转变为符合当前时代要求新模式的过程。正如习近平总书记指出的那样,中华民族共同经历的非凡奋斗,共同创造了美好家园,共同培育了民族精神,而贯穿其中的最重要的是我们共同坚守的理想信念。

习近平总书记说,中国梦归根到底是人民的梦,必须紧紧依靠人民来实现,必须不断为人民造福。总书记还说,面对浩浩荡荡的时代潮流,面对人民群众过上更好生活的殷切期待,我们不能有丝毫自满,不能有丝毫懈怠,必须再接再厉,一往无前。孙中山当年也是这样以人民的福祉为首位,也是这么永不放弃,勇于担当,始终保持旺盛斗志和坚定的理想信念。

中华民族伟大复兴的壮美画卷正铺展开来。勿忘昨天的苦难辉煌,无愧今天的使命担当,不负明天的复兴梦想,一个续写中华文明伟大篇章的美好梦想必将在正确道路的指引下,在亿万中华儿女的不懈努力中得以实现。

孙中山"至孔子而绝"的道德思想探析*

上海师范大学哲学系　蔡志栋

在中国现代自由人格话语的形成过程中,"国父"孙中山具有特殊的地位。他认为,进入民国之后,自由人格的建设问题得以突出:"我国自有历史以来,人民屈服于专制政府之下,我祖我宗,以至于我之一身,皆为专制之奴隶,受君主之压制,一切不能自由。……现在君主专制既已推翻,凡我同胞,均从奴隶跃处主人翁之地位,则一切可以自由。"①我们可以发现精神世界的构建显然正是自由所指向的疆域。

无疑,道德是自由人格的重要构成。总体上,孙中山在主张现代道德的时候也并未完全否定传统道德,他充分肯定中国传统道德中还是充满有价值的东西的:"中国有一个正统的道德思想,自尧、舜、禹、汤、文武、周公至孔子而绝。我的思想就是继承一个正统思想来发扬光大的。"②

一、仁智勇新解

那么,孙中山所理解的自由人格包含了哪些内涵?处于基础地位的是传统的"仁智勇"诸德。它们构成了其他具体的道德条目的前提。孙中山在主张军人道德时,仍然沿用了"仁智勇"的提法,但一定程度上对这三个传统范畴做出了新解。③

孙中山认为"智"为每个人天赋所有。智不仅表现为和善良意志比较接近

---

* 选自2016年《多学科视野:从传统到现代——纪念孙中山先生诞辰150周年学术研讨会论文集》,参会题为"孙中山:发扬光大'至孔子而绝'的正统道德思想",原载《中原文化研究》2017年第3期。
① 《孙中山全集》第二卷,中华书局1982年版,第537页。
② 中国孙中山研究学会编:《孙中山和他的时代——孙中山研究国际学术讨论会文集》,中华书局1989年版,第1744页。
③ 虽然孙中山是在讨论军人道德的时候提出仁智勇三个范畴的,但其所主张的道德内涵也可以具有某种一般性。

的"良心",而且表现为对是非善恶的理性判断。孙中山说:"军人之精神,为智、仁、勇三者。今先言智。智之云者,有聪明,有见识之谓,是即为智之定义。凡遇一事,以我之聪明,我之见识,能明白了解,即时有应付方法,而根本上又须合乎道义,非以尔诈我虞为智也。智之范围甚广,宇宙之范围,皆为智之范围,故能知过去未来者,亦谓之智。吾人之在世界,其知识要随事物之增加,而同时进步。否则渐即于老朽颓唐,灵明日锢。是以智之反面,则为蠢、为愚。"①请注意,这里孙中山并非在单纯讨论理性认识本身;他明确提出智的表现"根本上又须合乎道义"。②这句话至少具有两方面的含义。一方面,所谓的"道义"可以是外在的、明晰的道德律令,从这个角度看,符合道义就表现为对道德律令的理性认知,显示的是道德行为中的理性自觉的维度。另一方面,这句话也可以理解为对于内在的道德感的尊崇。换而言之,它只是说我们的行为要符合道德,但对于道德本身是否需要外在化的规范进行表述则不做肯定。在后者的意义上,"智"没有明显的表现为对道德律令的理性自觉,但其本身就是一种道德感。不过,更深入的分析可以发现,这种道德感本身,其来源很可能是长久以来的某种明觉性的道德律令的内在化,从而导致习焉不察。如果是这样,孙中山的那句话显然突出的是道德行为中的理性自觉的维度,只是在第二种情况下,我们对于理性本身也需要做深入的理解。现在默会知识(implicit knowledge)的研究对此的阐明会有所助益。

从另一个角度看,所谓的符合道义也即拒绝在道德实践的过程中进行理性的算计。这种算计往往表现为追求一己之利而忽略群体之益,所以孙中山特意强调在"智"之外必须辅以"仁"。他说:"仁与智不同,于何见之?所贵乎智者,在能明利害,故明哲保身,谓之智。仁则不问利害如何,有杀身以成仁,无求生以害仁。求仁得仁,斯无怨矣。"③其实当孙中山指出"智"应当"合乎道义"时,"仁"已包含其中。不过,孙中山将"仁"予以突出,加以诠释,显然更加显示了仁智统一的要求。

具体而言,孙中山所推崇的"仁"的含义为博爱。他指出:"中国古来学者,言仁者不一而足。据余所见,仁之定义,诚如唐韩愈所云'博爱之谓仁',敢云适当。博爱云者,为公爱而非私爱,即如'天下有饥者,由己饥之;天下有溺者,

---

① 《孙中山全集》第六卷,中华书局1985年版,第16—17页。
② 《孙中山全集》第六卷,第17页。
③ 《孙中山全集》第六卷,第22页。

由己溺之'之意,与夫爱父母妻子者有别。以其所爱在大,非妇人之仁可比,故谓之博爱。能博爱,即可谓之仁。"①孙中山以博爱来解释仁。虽然他看重的是韩愈的话语,但是,众所周知,韩愈确立道统,自认为延续了三代。在这个意义上,孙中山以博爱来诠释仁绝非没有儒家的脉络。而且,根据康有为的观点,韩愈的这个解释实际上根源于《孝经》,他说:"昌黎曰:博爱之谓仁。虽出《韩非》,实出《孝经》也。"②但是,很显然,当孙中山强调这种"仁"超越了对父母妻子的爱时,他已接近于墨家的"兼爱"。

事实上,孙中山对于仁爱的理解,既吸收了儒家,又借鉴了墨家,还受到了基督教的影响。他提出:"仁爱也是中国的好道德。古时最讲爱字的莫过于墨子。墨子所讲的'兼爱',与耶稣所讲的'博爱'是一样的。古时在政治一方面所讲爱的道理,有所谓'爱民如子',有所谓'仁民爱物',无论对于什么事,都是用爱字去包括。所以古人对于仁爱究竟是怎么样实行,便可以知道。"③孙中山强调,中国古代的仁爱思想并不比现代西方差。但是,他也承认,在仁爱的具体实现措施上,传统中国比不上现代西方,在这点上,中国应当奋起直追:"中外交通之后,一般人便以为中国人所讲的仁爱不及外国人,因为外国人在中国设立学校,开办医院,来教育中国人、救济中国人,都是为实行仁爱的。照这样实行一方面讲起来,仁爱的好道德,中国现在似乎远不如外国。中国所以不如的缘故,不过是中国人对于仁爱没有外国人那样实行,但是仁爱还是中国的旧道德。我们要学外国,只要学他们那样实行,把仁爱恢复起来,再去发扬光大,便是中国固有的精神。"④

除了仁爱之外,孙中山主张"大勇"。大勇的实质还是为了群体的利益而舍生取义。

孙中山首先对勇做出了界定,他所采纳的是孔子的观点。他说:"古来之言勇者,不一其说。一往无前,谓之勇;临事不避,谓之勇。余以为最流通之用语'不怕'二字,实即勇之定义,最简括而最确切者。孔子有言'勇者不惧'。可见不惧即为勇之特征。孟施舍古之勇士,其言曰:'舍岂能为必胜哉?能无惧

---

① 《孙中山全集》第六卷,第 22 页。
② 康有为:《春秋董氏学》,载《康有为全集》第二集,中国人民大学出版社 2007 年版,第 390 页。
③ 《孙中山全集》第九卷,中华书局 1986 年版,第 244 页。
④ 《孙中山全集》第九卷,第 244—245 页。

而已矣。'由是以观,不怕即勇之定义,决无可疑。"①

进一步说,所谓的"无惧"不仅指的是勇作为道德品质必须受到理性的规范,也意味着个体是为了群体而勇。或者说,规范勇的理性就是要指向群体。孙中山说:"军人之勇,须为有主义、有目的、有知识之勇始可。否则逞一时之意气,勇于私斗,而怯于公战,误用其勇,害乃滋甚。"②

由此,孙中山否定了种种"小勇",而主张"大勇"。他说:"勇之种类不一,有发狂之勇,所谓'一朝之忿,亡其身,以及其亲'者是也。有血气之勇,所谓'思以一毫挫于人,若挞之于市朝'者是也。有无知之勇,所谓'奋螳臂以挡车轮'者是也。凡此数者,皆为小勇,而非大勇。而军人之勇,是在夫成仁取义,为世界上之大勇。"③

无疑,大勇表现为具有斗争性。但是,由于它是和群体联系在一起的,所以绝非意味着以斗为上。事实上,孙中山主张要恢复中国传统中的和平之德。他说:"中国更有一种极好的道德,是爱和平。现在世界上的国家和民族,只有中国是讲和平,外国都是讲战争,主张帝国主义去灭人的国家。……中国人几千年酷爱和平,都是出于天性。论到个人便重谦让,论到政治便说'不嗜杀人者能一之',和外国人便有大大的不同。所以中国从前的忠孝仁爱信义种种的旧道德,固然是驾乎外国人,说到和平的道德,更是驾乎外国人。这种特别的好道德,便是我们民族的精神。我们以后对于这种精神不但是要保存,并且要发扬光大,然后我们民族的地位才可以恢复。"④

孙中山指出,现在外国也主张和平,但那是不得已的要求,而非出自内心的本能。他指出,外国"近年因为经过许多大战,残杀太大,才主张免去战争,开了好几次和平会议,……但是这些会议,各国人共同去讲和平,是因为怕战争,出于勉强而然的,不是出于一般国民的天性"⑤。

从孙中山"不嗜杀人者能一之"的提法中,我们发现孙中山更多的继承了孟子性善论的传统。事实上,在性主张恶论的荀子传统中,人天生是会争斗的。从这个角度看,和平之德更多的是孙中山基于现代列强竞争的情势而做的价值选择。

---

①②③ 《孙中山全集》第六卷,第 30 页。
④ 《孙中山全集》第九卷,第 246—247 页。
⑤ 《孙中山全集》第九卷,第 246 页。

二、志气论

除去仁爱、智、大勇、和平等基础性道德外,在自由人格具体的道德内涵中,孙中山还主张确立志气、责任、忠、信义、诚和以群体的长远利益为目标的功利。以下先说志及与之联系紧密的责任。

如果说智涉及的是自由人格的理性的维度,仁爱涉及的是情感的维度,那么,孙中山对于志气的强调显然表明他对自由人格中意志维度的重视。

孙中山主张自由人格要有志气,其具有多方面的意蕴:它是自由的,意味着可以进行选择,但是,在选择确定之后,则必须发扬坚持性的品格,而选择的标准之一,就是评判是否与群体利益结合在一起。

其一,孙中山指出,意志的选择是自由的,但同时必须为自己的选择负责任。

孙中山认为人们具有自由意志,可以选择从善抑或为恶。值得注意的是,他是结合着先秦时期的例子来加以说明的。他说:"夫汤之十一征而无敌于天下,为人民之归心也,而人民何以归心于汤?以夏桀之残暴也。而夏桀之残暴,非自然也;夏桀可以残暴,亦可以仁圣,倘使桀能承其祖德,如大禹之为仁圣,则人民必仍归心于桀,而不归心于汤矣。武之八百诸侯不期而会,为天下之归心也,而天下何以归心于武,以商纣之无道。而商纣之无道,非自然也;商纣可以无道,亦可以有道,倘使商纣能承其祖德,如成汤之有道,则天下必仍归心于纣,而不归心于武。"①可见,仁圣还是残暴,都是主体自身选择的结果。这里提出的是意志的自由选择的特性。

需要提及的是,在讨论意志自由选择问题的同时,孙中山也涉及了责任问题。换而言之,在道德行为上意志自由,并不意味着可以胡作非为,而是需要主体做出相应的承担,此即责任。当时社会上有一位杨君自杀身亡,孙中山并不表示赞同。他反对个人舍弃对于社会的责任而自杀。他说:"夫人生世间,对于一己方面,此身似属我有,行动似可自由;然对于社会方面,此身即社会之一份子,亦不尽为我所有也,倘牺牲此身不有大造于社会者,决不应为也。杨

---

① 《孙中山全集》第一卷,中华书局 1981 年版,第 387 页。

君之死,弟实为之大憾焉。"①在对潮州父老的演讲中,孙中山也表达了类似的意思。他说:"惟鄙人今日对于我潮州诸父老昆弟深有希望者,即能有责任心,而不可生倚赖性。人人对于国家社会,当视为我个人与他人组织而成。凡国家社会之事,即我分内事。"②

其二,孙中山主张发扬自由意志的坚持性、坚韧性品格。

孙中山说:"夫事业以活动而成功,活动以坚忍为要素,世界万事,惟坚忍乃能成功。必有乐观之精神,乃有坚忍之毅力,有坚忍之毅力,而后所抱持之主义乃克达其目的焉。"③需要指出的是,孙中山主张发扬意志的坚韧性,固然一方面指向了素来消极、悲观者,但是另一方面,他的批评又指向了"三分钟热度"者。他说:"中国国民之性质,其最大之弊则为悲观……热心之极者,更往往蹈海沉江,捐生弃世焉。"④换而言之,在孙中山看来,如果缺乏坚持性,那么,即便表面上是热心的,其实质还是悲观。这个见解比较深刻。如果我们记得章太炎、鲁迅对"无特操者"的批评,⑤那么便可发现对于中国人的这个不足英雄所见略同。

孙中山勉励学生要立志时也突出了志气的坚韧性。他说:"我们读书的时候,必须用自己的本能做去才好。甚么是本能呢?就是自己喜欢要做的事;就自己喜欢所做的事彻底做去,以求最后的成功,中途不要喜新厌旧,见异思迁,那便是立志。立志不可有今日立一种甚么志,明日便要到一个什么地位。从前做皇帝的思想,是过去的陈迹,要根本的打破他。"⑥

其三,孙中山认为,真正的志气是为了群体利益的。

显然,在上文讨论责任问题时孙中山已经涉及了群己关系问题。这种关系是双方面的。一方面,责任意味着自身的独立,此即孙中山上文所说的"不可生倚赖性"⑦的意思。另一方面,责任指向社会群体。不过,在此值得注意的是孙中山的论证方式。孙中山认为:"人人对于国家社会,当视为我个人与他人组织而成。"⑧这种观点是朴素的。但当他说"凡国家社会之事,即我分内事"⑨时,便令人想起孟子"万物皆备于我"的观点。而《大学》从"修身"发展而

---

① 《孙中山全集》第一卷,第536页。
②⑦⑧⑨ 《孙中山全集》第二卷,第361页。
③④ 《孙中山全集》第三卷,中华书局1984年版,第63页。
⑤ 蔡志栋:《章太炎后期哲学思想研究》,上海社会科学院出版社2013年版,第251页。
⑥ 《孙中山全集》第八卷,中华书局1986年版,第538页。

来的"齐家治国平天下"换个角度看,也即认为天下事即我分内事。从这个角度看,孙中山显然受到先秦以来的传统思想影响。

孙中山明确提出要立志为群众谋幸福。孙中山指出,民国成立以来的社会风气是,人们不是像袁世凯那样想做皇帝,就是像一般军阀那样想做督军、巡阅使;这些都是错误的。因为要达到那种地位,必须到处杀人放火,残贼人类,在所不惜。这种志愿是应该被消灭的。孙中山说:"学生立志,注重之点,万不可想要达到什么地位,必须要想做成一件什么事。因为地位是关系于个人的。达到了什么地位,只能为个人谋幸福。事业是关系于群众的,做成了什么事,便能为大家谋幸福。"①孙中山认为,这点古人有长处值得我们学习:"普通人要所做的事不错,必要取法古人的长处才好。"②

孙中山认为,反过来看,谋一己之私的志愿往往不容易实现,因为这些志愿之间会有冲突,反而是指向了公共利益的志愿更加容易实现。他说:"无论什么人做事,都有一种志气。古人说:'有志者事竟成。'用这一句话对个人说,大概在市井之上熙熙攘攘、往来不绝的人,都是志在发财。他们究竟能不能够得志呢?有的能够做富翁,是得志的。但是这种志气过于自私自利,和别人的利害相冲突,便容易被人消灭,所以大多数的人,都是不能得志。有一种志气,是大家公共的志,众人都向此做去,便容易成功,所谓'众志成城'。象革命党从前想推翻满清,到后来果然建设民国,那才算是'有志者事竟成'。"③

三、其他道德条目论

以下再论孙中山提倡的其他道德条目,如忠、信义、诚、以群体的长远利益为目标的功利。

从某种角度看,具有坚韧性而且指向了群体利益的志愿颇接近于现代的"忠"。孙中山指出,进入现代之后,原先忠君意义上的忠自然需要废弃,但是,在对国家、对民众、对事业的态度上,忠仍然是需要的。

> 我从前看到许多祠堂庙宇……都把"忠"字拆去了。由此便可见现在

---

① 《孙中山全集》第八卷,第536页。
② 《孙中山全集》第八卷,第537页。
③ 《孙中山全集》第八卷,第568页。

一般人民的思想,以为到了民国,便可以不讲忠字;以为从前讲忠字是对于君的,所谓忠君;现在民国没有君主,忠字便可以不用,所以便把他拆去。这种理论,实在是误解。因为在国家之内,君主可以不要,忠字是不能不要的。如果说忠字可以不要,试问我们有没有国呢?我们的忠字可不可以用之于国呢?我们到现在说忠于君固然是不可以,说忠于民是可不可呢?忠于事又是可不可呢?我们做一件事,总要始终不渝,做到成功,如果做不成功,就是把性命去牺牲亦所不惜,这便是忠。所以古人讲忠字,推到极点便是一死。古时所讲的忠,是忠于皇帝,现在没有皇帝便不讲忠字,以为什么事都可以做出来,那便是大错。现在人人都说,到了民国什么道德都破坏了,根本原因就是在此。我们在民国之内,照道理上说,还是要尽忠,不忠于君,要忠于国,要忠于民,要为四万万人去效忠。为四万万人效忠,比较为一人效忠,自然是高尚得多。故忠字的好道德还是要保存。①

表面上看,孙中山在此对传统的忠做出了严厉的批评和现代的转换。不过,这种转换既具有现代的品格,又在某种程度上是对先秦思想的复归。正如徐复观等人的研究所揭示的,忠在先秦时期恰恰指的是忠于自己。所谓"尽己之谓忠"。而在"尽己"的范畴之中,对国家、民众、事业显然也包含在内。相反,忠于皇帝的思想是后起的。②

在传统思想中,与"忠"紧密联系在一起的是"孝"。孙中山也主张弘扬孝道。他说:"讲到孝字,我们中国尤为特长,尤其比各国进步得多。《孝经》所讲孝字,几乎无所不包,无所不至。现在世界中最文明的国家讲到孝字,还没有象中国讲到这么完全。所以孝字更是不能不要的。国民在民国之内,要能够把忠孝二字讲到极点,国家便自然可以强盛。"③

然而,如果说孙中山对"忠"的强调某种程度上是回归先秦,那么,他对"孝"的重视却是对先秦思想的某种背离。④很多研究已经表明,《孝经》所主张

---

① ③ 《孙中山全集》第九卷,第 244 页。
② 参徐复观《中国孝道思想的形成、演变及其在历史中的诸问题》,见李维武编《徐复观文集》第一卷,湖北人民出版社 2002 年版。
④ 当然,如果我们联系桑兵对孙中山国学基础的研究,我们或许可以质疑孙中山究竟有没有阅读过《孝经》。本文当然无意于做这方面的考证。我们的观点是,即便孙中山没有读过《孝经》,而在此做出了某种抽象的论述,但是,毕竟这是他所表达的意思。我们的诠释是以此文本为根据的。这当中或许存在着无奈的误会,但是这种误会具有思想史的意义。

的孝不仅不是先秦儒家的本意,而且包含着对个体专制的思想。①正是在《孝经》中,先秦时期和慈联系在一起的孝变成了单向度的行为,并且产生种种愚昧、不人道的做法。

孙中山还高度推崇传统的信义观。

> 讲到信义。中国古时对于邻国和对于朋友,都是讲信的。依我看来,就信字一方面的道德,中国人实在比外国人好得多。在什么地方可以看得出来呢?在商业的交易上便可以看得出。中国人交易,没有什么契约,只要彼此口头说一句话,便有很大的信用。比方外国人和中国人订一批货,彼此不必立合同,只要记入账簿便算了事。但是中国人和外国人订一批货,彼此便要立很详细的合同。如果在没有律师和没有外交官的地方,外国人也有学中国人一样只记入账簿便算了事的,不过这种例子很少,普通都是要立合同。逢着没有立合同的时〈候〉,彼此订了货,到交货的时候如果货物的价格太贱,还要去买那一批货,自然要亏本。譬如订货的时候那批货价订明是一万元,在交货的时候尽值五千元,若是收受那批货,便要损失五千元。推到当初订货的时候没有合同,中国人本来把所定的货可以辞却不要,但是中国人为履行信用起见,宁可自己损失五千元,不情愿辞去那批货。所以外国在中国内地做生意很久的人,常常赞美中国人,说中国人讲一句话比外国人立了合同的,还要守信用得多。但是外国人在日本做生意的,和日本人订货,纵然立了合同,日本人也常不履行。譬如订货的时候那批货订明一万元,在交货的时候价格跌到五千元,就是原来有合同,日本人也不要那批货,去履行合同,所以外国人常常和日本人打官司。在东亚住过很久的外国人,和中国人与日本人都做过了生意的,都赞美中国人,不赞美日本人。②

值得注意的是,孙中山在此所说的信,当然很重要,但必须一分为二地看。一方面,作为一种道德品质,我们在很多情况下无疑要主张信,虽然在理论上

---

① 参徐复观《中国孝道思想的形成、演变及其在历史中的诸问题》,见李维武编《徐复观文集》第一卷,湖北人民出版社 2002 年版。
② 《孙中山全集》第九卷,第 245 页。

会引起很多争论,比如面对敌人要不要撒谎之类。而先秦诸子对于信的主张随处可见,相关的争论也不少,此处不展开。从这个角度看,孙中山对于信义的主张接上了这条历史久远的线索。问题的另一方面是,从上面引文可见,孙中山的信义观似乎还没有进入现代契约论论域内信的高度。孙中山所说的订货之后价格发生下滑的事例,交货时中国人还是以原价付款。如果订货时没有立约,中国人这么做表明他们道德水平高。然而,在现代社会中,信义某种程度上是和契约相关的。交货时中国人以下滑了的价格付款,如果契约中写明是可以的,在法律上未必不对;但如果契约中写明必须以定约时的价格成交,那么,这里面不完全是道德问题,而是现代的契约精神问题,和法律相关。中国人的高尚道德背后究竟是迂腐还是现代的契约精神的表现,并非能够轻易下结论。而我们也未必可以用道德与否来评判他们。从这个角度看,孙中山的信义论尚处于前现代。

和信义紧密联系在一起的是"诚"。孙中山也高度推崇"诚"。孙中山说:"我们要感化人,最要紧的,就是诚。古人说:'至诚感神。'有'至诚',就是学问少,口才拙,也能感动人。所以'至诚'有最大的力量。若是我们在宣传的时候,没有'至诚'的心思,便不能感化民众。有'至诚'的心思,无论什么人,都能够感动。所以各位同志在讲习所要学宣传的方法,第一个条件,便要有诚心。要诚心为革命来奋斗,诚心为主义来宣传。"①

和在责任问题、意志的公共性、忠的品格等方面对群体的关心相联系,孙中山主张以全体人民的长远利益为目标的功利,对中国传统中严格的义务论思想做出了批评。他说:"董子曰:'正其谊不谋其利,明其道不计其功。'今弟卑之无甚高论,吾国人亦当知功利有其次者,远者,而不在一身之权位。盖亿兆人民系于国家,国家繁荣,则吾子子孙孙实利赖之,君子之泽,无过是者。若计量目前琐末得失,为穴中之暗斗,斯智者所窃笑。"②此处孙中山以董仲舒的言论为批评对象,但其所指更加深远和宽泛。往后说,董仲舒的绝对义务论后来对宋明理学影响甚大;往前看,孙中山表现出了对先秦传统的某种复归。因为孔孟所说的"义",指向的正是长远的、群体的功利。而董仲舒可谓是对先秦儒家义务论倾向的单向度发展。

---

① 《孙中山全集》第十卷,中华书局 1986 年版,第 351 页。
② 《孙中山全集》第三卷,第 305 页。

余　论

有两个问题需要补充说明：

其一，以上讨论涉及了道德行为的自觉性（智）、自愿性（意志）等特征。事实上，孙中山也注意到了道德行为的自然性。问题要从孙中山对"良知"的认识谈起。

孙中山认为良知是天赋的，为每个人所具有。他说："人智尽同，天与我以良知，学问有深浅，是非之心则人皆有之。"①这里的"智"首先是认识论领域的范畴，然而，孙中山无疑也在主张"是非之心则人皆有之"，此处之是非也是和对道德行为的善恶的判断联系在一起的。简而言之，孙中山认为每个人都有天赋的良知，它既可以判断道德上的是非，又可以确保人人可以成就自由人格。从这个前提出发，孙中山认为道德行为是良知随性而发，因此具有自然性。他说："国会议员，应有凭良心以奋斗之责，惟自我视之，则随其自然而已。"②撇开这句话的具体语境，孙中山实际上在主张良心要成为行动的依据，此之谓自然。

其二，在扼要地论述完孙中山所主张的现代道德内涵之后，我们简要地讨论一下他对如何培养自由人格的设计问题。

早在1890年，孙中山就说过："窃维立身当推己以及人，行道贵由近而致远。"③这种以近取譬的观点显然表明孙中山受到了儒家的影响。这正是原始儒家所说的忠恕之道、絜矩之道的意思，也是一般性的培养自由人格的方式。

除此之外，孙中山认为，积极参与政治活动也是塑造自由人格的一个有效途径。他指出："政治的力量，足以改造人心、改造社会，为用至弘，成效至著。然每闻教育家之言曰'以不谈政治为高'。此种谬说，不知其何所据而云然？"④并且，孙中山将这种培养方式追溯到了孔子那里。他说："中国最大之教育家厥为孔子。我国人视孔子为圣人、为宗教家。以世界学者的眼光观察之，则孔子为政治家，为政治教育家。试读孔氏书，其教旨于诚意正心修身，以及齐家、

---

① 《孙中山全集》第三卷，第329页。
② 《孙中山全集》第五卷，中华书局1985年版，第154页。
③ 《孙中山全集》第一卷，第1页。
④ 《孙中山全集》第五卷，第563页。

治国、平天下三致意焉。所谓齐家、治国、平天下，非政治教育而何？孔子且以政治为第一要务，而今之教育家辄舍政治而不谈，何也？"①严格地说，"诚意正心修身，以及齐家、治国、平天下"是《大学》所明确表述的思想，但在宽泛的意义上的确是孔子的思想。

《大学》里面说："古之欲明明德于天下者，先治其国；欲治其国者，先齐其家；欲齐其家者，先修其身；欲修其身者，先正其心；欲正其心者，先诚其意；欲诚其意者，先致其知；致知在格物。物格而后知至；知至而后意诚；意诚而后心正；心正而后身修；身修而后家齐；家齐而后国治；国治而后天下平。自天子以至于庶人，壹是皆以修身为本。"

我们可以发现，这里《大学》表达了两条线索：一条线索是平天下→治国→齐家→修身→正心→诚意→致知→格物，另一条线索则是反是。这两条线索只是方向不同，从平天下开始到正心诚意，或者反是，其实已将世间所有囊括其中。因为它包括了外在世界和内在世界两个世界，并且通过修身将两个世界联系了起来。可是，《大学》其后又加上了"致知→格物"的环节。那么，何谓格物？如果说致知还可以和正心诚意等同起来，那么格物呢？何谓"物"？难道除了天下、国、家、身、心、意之外还有别的物？答案当然是否定的。在广义上，天下、国、家就是物。于是我们发现《大学》与其说提供了两条线索，不如说提供了一条线索，因为这两条线索只有叙述方向的差别；进而，《大学》与其说提供了一条线索，不如说提供了一个圆圈。也就是说，为了成功的修身齐家治国平天下，必须正心诚意；但是，正心诚意本身也不是单独的行为，它们的实施也不能离开修身齐家治国平天下。正是在这个意义上，我们发现"格"具有内在关系的特征。

如果从这个角度解释"修身→诚意→正心→齐家→治国→平天下"之间的关系，那么孙中山在此其实也表达了"在改变世界的过程中改变自己、获得自由人格"的观点。换而言之，政治是通过改变社会而改变人心的。引子部分已说过，孙中山也认识到中国自古以来的奴隶人格是由专制制度造成的。②因此，改变政治制度成为塑造自由人格的一大前提。

---

① 《孙中山全集》第五卷，第563页。
② 参《孙中山全集》第二卷，第537页。

以"忠恕"之道行"平等"理想

——简论蔡元培先生的平等观念与实践*

华东师范大学哲学系　高瑞泉

中华民族的复兴是近180年来无数仁人志士的梦想,他们的奋斗推动了中国社会的新陈代谢,包括观念世界的变革,其中包括今日成为社会主义核心价值之一的"平等"观念之形成。纵观历史,经过100多年的历史变迁之后,作为现代观念谱系中基础性的观念,"平等"已经从严复所说的古代的"消极平等"转变为现代的"积极平等",它[①]进入当代中国社会的核心价值正是这场转变的积极成果之一。在纪念蔡元培先生诞辰150周年时,来讨论蔡元培先生的平等观,还有什么特别的意义?我以为,从古代"消极平等",即围绕着人的相同性的理论,主要演变为心性形而上学或者旨在追求解脱的出世观念,经过一场转变,成为现代人讨论什么是平等和如何实现平等时,主要涉及建构社会制度、规范公民和政府的行为那样一种具有强烈实践品格的观念,它是中国社会变革的一部分,包含了知识精英观念世界的一场飞跃,由此开启了现代性的传统,使古代传统以一种新的形态与当代生活构成了连续体。通常人们比较强调"平等"观念的"西学东渐"的来源,事实上,中国人接受"平等"观念还有传统思想作为与之接榫的资源,从康有为、梁启超、严复开始,不少学人都有意识地运用儒佛道等相关要素去接纳和融摄西方思想,如果说他们属于从传统士

---

* 本文为2018年"多学科视野:蔡元培与中华民族伟大复兴——纪念蔡元培先生诞辰150周年学术研讨会"发言稿,经修改发表于《上海文化》2018年6月号。

① 严复曾经用"消极平等"和"积极平等"来区分古代尤其是宗教论域中的平等与现代社会政治论域中的平等,他说:"盖佛固言平等矣,而意指平等于用慈;亦言自由矣,而实明自由于解脱。即使求诸犹太之旧与夫基督之新约,固言于上帝前诸色人平等,然其平等者,平等于不完全,平等于无可比数。然则宗教之所谓平等者,乃旨消极之平等,而与卢梭民约所标积极之平等,偶乎相远,有必不可强同者矣。"(见《严复集》第二册,中华书局1986年版,第338页)本文仅仅借用严复的这对概念以明平等观念有古今之别。至于严复本人的平等观念则比较复杂,包括对卢梭平等观念的批判,拙著《平等观念史论略》第四章(上海人民出版社2011年版,第170—176页)对此有所讨论。

大夫转变为现代知识分子的第一代的话,蔡元培先生则接近第二代人物。作为前清翰林、辛亥革命的领导人之一,又是"新文化的创始人、教育家、哲学家",①蔡元培这种特殊的身份和作为,可以让我们将其作为观念变迁史亲历者的另类典型,来回顾当时的知识精英在经历这场"飞跃"的过程中,其思想世界所表现出来的丰富性。

一

一般而言,只有现代社会才将"平等"作为合理的社会秩序的原则。"作为一种具体的社会和政治的要求,平等是拉开现代社会序幕的一系列重大革命的产儿。"②这一曲折的过程具有世界普遍性,中国也不能独免。更准确地说,平等观念在中国的进程是与民主革命相因应的。20世纪初中国的民主革命,开始于所谓"排满革命",参与者中的激进分子曾经提出一种极端的主张:"杀尽一切满人";蔡元培参加了这场运动,因为他意识到:"世运所趋,非以多数幸福为目的者,无成立之理;凡少数特权,未有不摧败者。""夫民权之趋势,若决江河,沛然莫御。"③满洲贵族独霸政权之所以应被推翻,因为它违背了人民应该平等地享有政治权利的准则。这个准则意味着所有成年人都具有平等地参与政治意志的构成的权利。不过蔡元培并不赞成"杀尽一切满人"的过激主张。中国的"排满革命"不过是在民主成为世界性潮流的情势下,"风潮所趋,决不使少数特权独留于东亚之社会"而已,所以"排满"只是为了结束少数上层满洲贵族独霸中枢的局面,实现平等的理想。而经过两百年的民族融合,满汉不仅在文化上高度相似,而且普通满族人在政治上也如同汉人一般。所以绝不能因为民主革命就忽略国内的各民族的平等。不难看到,即使是在其一生中相对激进的时期,蔡元培也持一种较为理性的态度。在其后期,蔡元培依然关心国内各民族的平等关系。他赞成戊戌时期的思想家宋恕的《卑议〈同仁章〉》中的议论:"今国内深山穷谷之民多种,世目之曰黎,曰苗,曰猺,

---

① 冯友兰:《中国现代哲学史》,生活·读书·新知三联书店2009年版,第39页。冯友兰先生是研究中国现代哲学史的学者中少数重视蔡元培哲学的人物之一,在其《中国现代哲学史》中单列第三章,专门论述了蔡元培的哲学思想。
② [美]亚历克斯·卡利尼克斯:《平等》,江苏人民出版社2003年版,第25页。
③ 蔡元培:《释"仇满"》,见聂振斌编《文明的呼唤:蔡元培文选》,百花文艺出版社2002年版,第11页。

曰獠,被以丑名,视若兽类。……今宜于官书中,削除回、黎、苗、猺、獠等字样,一律视同汉民。"①

蔡元培对于社会政治平等的立场是一贯的,又是与时俱进的。在新文化运动期间,受社会主义思潮的影响,他赞成"劳工神圣":

> 我说的劳工,不但是金工、木工等等,凡用自己的劳力作成有益他人的事业,不管他用的是体力、是脑力,都是劳工。所以农是种植的工,商是转运的工,学校的职员、著述家、发明家,是教育的工,我们都是劳工。我们要自己认识劳工的价值。劳工神圣!②

有些学人认为古训"人皆可以成尧舜"即意味着人人平等,其实这样解释"平等",只是在抽象的意义上肯定人有"成圣"的可能性,恰如佛教承认"人人能成佛"一样,依然只是停留在超越的领域,所以严复很正确地指出这只是"消极的平等"。而"劳工神圣"是在劳动为社会生活提供基本的可能和作为人的第一需要的意义上,肯定了社会生活中现实的平等,而不再是平等的形上学。这与所谓"劳心者治人,劳力者治于人"有根本的差别;也与我们一度见过的那种将知识分子视为"臭老九"、抹杀脑力劳动的价值的理论不同。

古代中国有"齐民"的概念,不过"士农工商"并不一律平等。取代"齐民"的是,20世纪初"平民"的概念开始流行。"平民"一词,可谓古已有之,大致是指称在官宦之外的"百姓"。但是古代"平民"之间也并不"平",因为同为"百姓",还是有贵贱、贫富的差别。因此,蔡元培在社会学的意义上对"平民"做了新的解释:平民并不只是与贵族相对的范畴,"'平民'的意思,是'人人都是平等的'。从前只有大学生可受大学的教育,旁人都不能够,这便算不得平等。"有些学者一直以中国没有欧洲那样的世袭罔替的贵族,或者因为有科举制度,"学而优则仕"一定程度上使得从下而上的社会流动的存在,就否定中国古代实质上是不平等的社会(有些时代甚至是极端不平等的)。事实上,直到20世纪50年代初,中国的文盲率还占总人口的90%。如果我们理解"知识就是权

---

① 〔清〕宋恕:《卑议〈同仁章〉》,转引自蔡元培《五十年来中国之哲学》,见《蔡元培全集》第五卷,浙江教育出版社1997年版,第124页。
② 蔡元培:《劳工神圣——在庆祝协约国胜利大会上的演说词》,见《蔡元培全集》第三卷,浙江教育出版社1997年版,第464页。

力"的知识社会学,那么,蔡元培和五四时代的知识分子从事"平民教育",恰恰就是希望从根本上改变由于教育的不平等而带来的经济的、社会的、政治的不平等。

乔万尼·萨托利说过:"平等首先突出地表现为一种抗议性理想,实际上是和自由一样杰出的抗议性理想。平等体现并刺激着人对宿命和命运、对偶然的差异、具体的特权和不公正的权力的反抗。"①蔡元培的平等主张显然有"抗议性理想"的面相。不过,在研究"平等"观念的动力学的过程中,也有一种保守主义的理论,他们通常坚持一种怀疑主义的眼光,认为"平等"意味着社会底层的人们出于"妒忌",而意欲将社会精英拉低到与自己相同的水平。因而"平等"不仅和社会正义一样都是一种神话,是一种"卑劣的情感",而且会因为妨碍"自由"而妨碍经济繁荣和社会进步。平等的嫉妒心理学解释是否有道理,是可以讨论的;但是,我们在蔡元培身上看到的,是一个身处社会上层、官居国民政府教育部部长的文化精英,发出的对不平等的抗议和改变此类社会状况的真诚努力,它也许可成为对嫉妒心理学的一种反驳。也因为此,我们可以发现,"平等"观念在蔡元培身上表现出一种高贵的面相。因为真正的高贵恰恰就是能将身份感做"有而无之"的消弭。

我们前面说蔡元培的"平等"主张是一以贯之的,这里的"一以贯之"不仅仅是言语的问题,更是实践的问题。当然,它有一个大的历史背景:在新文化运动中,在部分新型知识分子群体中,"平等"已经不再只是主观的价值诉求,而多少成为其生活实验的一部分。换言之,在这批教育背景、社会身份、经济地位、革新倾向相近的知识分子中间,"平等"观念具备了某种实践性。辛亥以降,"平等"为成文法所肯定,虽然对于民众来说,它是名存实亡的东西,但是对于知识精英而言,却多少有了精神上的优势和某种程度的保护。就教育平等而言,五四期间,北京大学开始招收女生,最早实现了男女同校。在此背后,是现代教育的逐渐普及。除了大的社会环境,变化还涉及知识分子自身的生活方式。譬如《新青年》杂志的编辑和主要作者群体之间,就存在过一种比较平等的合作关系。《新青年》最初由陈独秀在上海创立,陈到北京大学后将编辑部迁至北京,陆续吸收了钱玄同、鲁迅等十多人参加编辑部工作。这样一种同人刊物的办法,决定了他们是自愿的组合,即使有实际的领袖(如陈

---

① [美]乔万尼·萨托利:《民主新论》,冯克利、阎克文译,上海人民出版社 2009 年版,第 337 页。

独秀),同人之间还是平等的,并没有从属关系,更没有人身依附关系。这种学术同人关系,不要求大家的意见或对具体问题的观点完全一致;相反,刊物只是他们的公共空间,是他们从事社会活动和展开争论的场所。著名的"问题与主义"之争,就发生在胡适与李大钊之间,其载体正是他们共同编辑的《每周评论》。

这种平等的氛围也进入了北京大学,它与蔡元培先生担任校长时实行的改革有关。蔡元培本人无疑是一个具有强烈的平等意识的改革家和教育家,在他担任北京大学校长期间,实行了许多实际的改革。最具有代表性的事情是,1918年1月学校的25名学生联名给蔡元培写信,说一个门房自学得非常好,蔡元培就把他提升为职员,并且答复说,在学校教员和其他工友之间没有地位的差别。研究五四运动的专家周策纵评论说:"以中国保守的社会等级模式来说,这当然是不同寻常的。""大学内被灌输以一种平等的精神。以前学生和教授、学生和门房工友之间的障碍在一定程度上消除了。"①另一件事也说明了蔡元培如何身体力行"平等"理念。蔡元培作为北大校长,上任第一天,校役们照例排列在校门口鞠躬行礼。蔡元培摘下礼帽,鞠躬还礼,使一向受人轻视的校役们大为惊诧。蔡元培平等待人的风范可见一斑。总之,在蔡元培那里,平等是一种文明的生活方式,在生活中的待人接物需要体现出"礼让"的美德,它可以贯穿学术活动的是非之辩和实际生活的利害之争:

> 苟当讨论学术之时,是非之间,不能异立,又或于履行实事之际,利害之点,必得其是非之所在而后已。然亦宜平心以求学理事理之关系,而不得参以好胜立异之私意。至于日常交际,则他人言说虽与己意不合,何所容其攻诘,如其为之,亦徒彼此忿争,各无所得而已。温良谦恭,薄责于人,此不可不注意者。②

这样一个以儒家"温良谦恭"为准则的人,却又能勇敢地参与到为平等理想之实现的政治斗争中。在20世纪30年代,面对国民党蒋介石的独裁和暴政,蔡元培与宋庆龄等一起发起成立了"中国民权保证同盟",并且发表了系统

---

① 周策纵:《五四运动:现代中国的思想革命》,江苏人民出版社1996年版,第65页。
② 蔡元培:《中学修身教科书》,见《蔡元培全集》第二卷,浙江教育出版社1997年版,第131页。

的人权主张:"我等所愿意保障的是人权。我等的对象就是人。既同是人,就有一种共同应受保障的普遍人权。"保障人权不仅仅不受党派、国别的局限,针对国民党的滥施暴政,蔡元培强调:

> 我等对于已定罪或未定罪的人,亦无区别。未定罪的人,若是冤的,其人权不应受人蹂躏,是当然的事;已定罪的人,若是冤的,亦当然有救济之必要。至于已定罪而并不冤的人,若依照嫉恶如仇的心理,似可不顾一切了;然人的罪过,在犯罪学家之归于生理之缺陷,在社会主义上归于社会的因缘,即在罚当其罪的根际上,本尚有考虑的余地。所以古人有"如得其情,哀矜勿喜"得箴言,又有略迹原情的观察,即使在法律制裁之下,对于当罚之罪,不能不认为当然,而不应在于当然之罚上再有所加——苟有所加,则亦有保障之必要,例如狱中私刑、虐待等是。所以我等对于无罪或有罪之人,亦无所歧视。①

简言之,蔡元培事实上已经意识到:自由、平等和民主,是一组互相关联的政治上稳定的组合。②

二

蔡元培先生一生积极从事社会、政治活动,但是也曾经专注于哲学理论研究和学术著述,除了主张"以美学代宗教"、对美学有独到的研究外,他在伦理学和伦理学史的研究上,于近现代哲学史上也占据着前驱的位置。他不但著有中国第一部《中国伦理学史》,而且一直不遗余力地提倡道德建设,主张养成国民"完全人格",需要"尚公德,尊人权,贵贱平等,而无所谓骄谄。意志自由,而无所谓侥幸,不以法律所不及而自恣,不以势力所能达而妄行,是皆共和思想之要素,而人人所当自勉者也"③。所以,其"平等"观念的具体特点,在伦理

---

① 蔡元培:《在中国民权保障同盟中外记者招待会致词》,见《蔡元培全集》第七卷,浙江教育出版社1997年版,第366—367页。
② [美]罗伯特·道尔:《论政治平等》,张国书译,(台湾)五原图书出版股份有限公司2009年版,第1—23页。
③ 蔡元培:《社会改良会宣言》,见《蔡元培全集》第二卷,第137页。

学的论域中也许显现得更为清晰。他曾说过：

> 何谓公民道德？曰法兰西之革命也，所标揭者，曰自由、平等、亲爱，道德之要旨，尽于是也矣。孔子曰：匹夫不可夺志。孟子曰：大丈夫者，富贵不能淫，贫贱不能移，威武不能屈。自由之谓也。古者盖谓之义。孔子曰：己所不欲，勿施于人。子贡曰：我不欲人之加诸我也，吾亦欲毋加诸人。《礼记·大学》曰：所恶于前，毋以先后；所恶于后，毋以从前；所恶于右，毋以交于左；所恶于左，毋以交于右。平等之谓也。古者盖谓之恕。自由者，就主观而言之也，然我欲自由，则亦当尊人之自由，故通于客观。平等者，就客观而言之也。然我不以不平等遇人，则亦不容人之以不平等遇我，故通于主观。二者相对而实在相成，要皆由消极一方面言之。苟不进之以积极之道德，则夫吾同胞中，固有以生禀之不齐，境遇之所迫，企自由而不遂，求与人平等而不能者。将一切恝置之，而所谓自由若平等之量，仍不能无缺陷。孟子曰：鳏寡孤独，天下之穷民而无告者也。张子曰：凡天下疲癃残疾茕独鳏寡，皆吾兄弟之颠连而无告者也。禹思天下有溺者，由己溺之。稷思天下有饥者，由己饥之。伊尹思天下之人，匹夫匹妇有不与被尧舜之泽者，若己推而纳之沟中。孔子曰：己欲立而立人，己欲达而达人。亲爱之谓也。古者盖谓之仁。三者诚一切道德之根源，而公民道德教育之所有事者也。①

我们不难发现，蔡元培在论述其平等（和自由）的价值时，处处以原始儒家（孔孟）为参照。在西方观察者看来，西方现代平等观念有其宗教的根源，《圣经》中所谓所有的人在上帝面前都平等的教义蕴含着如下的观念：在道德的重要性上，人类是平等的，最没有天赋、最少成就的人都是值得尊重的，每个人的幸福和痛苦有着同样的道德重要性。"中国的伦理则仅仅关心既是等级的又是互相补充的关系。"②但是，在蔡元培看来，孔子和孟子已经提供了平等的基本原理。在讨论"德育"问题时，以"人类本平等也"为预设，他将"己所不欲，勿施于人"作为以平等为前提的修身原则之一，并作了中西融合的解释：

---

① 蔡元培：《对于新教育之意见》，见《蔡元培全集》第二卷，第 10—11 页。
② [法]谢和耐：《中国和基督教——中西文化的首次碰撞》（增补本），上海古籍出版社 2003 年版，第 143 页。

子贡问于孔子曰:"有一言而可以终身行之乎?"孔子曰:"其恕乎:己所不欲,勿施于人。"他日,子贡曰:"我不欲人之加诸我也,我也欲无加诸人。"举孔子所告,而申言之也。西方哲学家之言曰:"人各自由,而以他人之自由为界。"其义正同。例如我有思想及言论之自由,不欲受人之干涉也,则我亦勿干涉人之思想及言论;我有保卫身体之自由,不欲受人之毁伤也,则我亦勿毁伤人之身体;我有书信秘密之自由,不欲受人之窥探也,则我亦慎勿窥人之秘密;推而我不欲受人之欺诈也,则我慎勿欺诈人;我不欲受人之侮慢也,则我亦慎勿侮慢人。使无大小,一以贯之。

基于平等的人际关系,"己所不欲,勿施于人",不但是一种"消极的戒律",而且蕴含着"积极的行为"的意向。所谓"消极的戒律",即意味着我们并不能从"己所不欲,勿施于人"直接推论出"以己之所欲,施于人"的绝对合理性;所谓"积极的行为",即孔子所谓"己欲立而立人,己欲达而达人":"立者,立身也;达者,道可行于人也。言所施必以立达为界,言所勿施则以己所不欲概括之,诚终身行之而无弊者也。"①

蔡元培实际上已经将"平等"与"自由"视为现代价值观念的一套紧密的连锁,它同时又可以从"忠恕"之道中获得其深刻的植根性。或者说,如果人们真正进达"忠恕"之道,就不难实践平等的法则。这样的意思,在其《中国伦理学史》中"忠恕"一节中已经有所表述:

> 孔子谓曾子曰:"吾道一以贯之。"曾子释之曰:"夫子之道,忠恕而已矣。"此非曾子一人之私言也,子贡问:"有一言可以终身行之者乎?"孔子曰:"其恕乎。"《礼记》《中庸》篇引孔子之言曰:"忠恕违道不远。"皆其证也。孔子之言忠恕,有消极、积极两方面,施诸己而不愿,亦勿施于人。此消极之忠恕,揭以严格之命令者也。仁者,己欲立而立人,己欲达而达人。此积极之忠恕,行自由之理想也。②

用"忠恕之道"来解释平等自由观念,体现了蔡元培融摄中西,要以本民族

---

① 蔡元培:《华工学校讲义》,见《蔡元培全集》第二卷,第390页。
② 蔡元培:《中国伦理学史》,中华书局2014年版,第9页。

"固有思想系统以相为衡准"的基本立场。①不过,由于儒家在长达两千年的发展过程中,其义理已经是高度衍化了的,包括后来不但成为意识形态,而且制度化为"礼教",因而"以吾族固有之思想系统为衡准"②,就不能不对传统思想有所抉择,包括不能不正视在20世纪被广泛批评的"三纲五常"。蔡元培的策略是用"对等"(parity)来解释"平等"(equality),从而与"忠恕"之道这个道德黄金律统一起来。忠恕之道将"人"与"我"作为对等的关系,包含了某种程度的"非特指的个人"的性质(impersonality),它表示我们的行为与具体的对象无关,因而可以远离我们的偏私。③其积极的向度隐含着人应该普遍地得到尊重,因而和现代平等观念所意味的同一社会的人平等地享有人格尊严的要求,有某种内在的联系。

前文曾说及蔡元培在伦理学史的成就,从平等观念史的角度看,蔡元培可能是第一个注意到道光年间儒者俞正燮④的伦理思想之价值的人。他坦陈自己"崇拜"俞正燮,首要的原因就是俞理初能"认识人权",主张"男女皆人也。而我国习惯,寝床、寝地之诗,从夫、从子之礼,男子不禁再娶,而寡妇以再醮为耻,种种不平,从未有出而纠正之者。俞先生从各方面为下公平之判断"。作为一个传统的儒者,俞理初的杰出之处,一方面固然在于其出于"嘉孺子而哀妇人"的人道情怀,揭示古代男女不平等的陋习(包括裹足之风俗、妾媵之设、妒在士君子为义德,谓女人妒为恶德;所谓"贞操"专对妇女之而言的礼教,乃至有"饿死事小,失节事大"等)不合情理,同时又通过考证方式,能够从古代经典中发掘资源,说明传统中亦有尊重女性的文化脉

---

①② 在写于1910年的《中国伦理学史》开头,蔡元培就表述:"吾国夙重伦理学,而至今顾尚无伦理学史。迩际伦理界怀疑时代之托始,异方学说之分道而输入者,如槃如烛。几有互相冲突之势。苟不得吾族固有之思想系统以相为衡准,则益将旁皇于歧路。"
③ 像蔡元培这样强调传统儒家伦理意味着人伦之间的"parity"关系,后来有著名的梁漱溟所谓"互以对方为重"的论式;而美国哲学家郝大维、安乐哲则认为传统儒家的平等观念可以作社群主义的解释,也是强调"parity",而非"equality"。拙著《平等观念史论略》(上海人民出版社2011年版)的第二章有所讨论。
④ 俞正燮(1775—1840),字理初,安徽黟县人,属于乾嘉考据学派后期学者之一,著有《癸巳类稿》和《癸巳存稿》。蔡元培之后,鲁迅、周作人等也相继推崇俞正燮对男女平等观念所做出的贡献。蔡元培晚年还说,"自《易经》时代以至清儒朴学时代,都守着男尊女卑的陈见。即偶有一、二文人,稍稍为女子鸣不平,总也含有玩弄的意味,俞先生作《女子称谓贵重》等篇,从各方面证明男女平等的理想","我至今还觉得有表彰的必要"。(《蔡元培全集》第六卷,浙江教育出版社1997年版,第550页)

络,因此"是皆从理论说明女权者也";他广征博引,"无一非以男女平等之立场发言者"。①

俞理初的论述大多是运用考证之学来批评假道学的伪善或陋儒的僵化,蔡元培在发现俞正燮的同时也引思想家、平阳人宋恕为同道,认为宋恕能复归孔孟之真精神:

> 他在《卑议》中说:"儒家宗旨,一言以蔽之,曰'抑强扶弱'。法家宗旨,一言以蔽之,曰'抑弱扶强'。洛闽讲学,阳儒阴法。"(《贤隐》篇《洛闽章》第七)又说:"洛闽祸世,不在谈理,而在谈理之大远乎公。不在讲学,而在讲学之大远乎实。"他的自叙说:"儒术之亡,极于宋元之际。神州之祸,极于宋元之际。苟宋元阳儒阴之说一日尚炽,则孔孟忠恕仁义之教一日尚阻。"可见他也是反对宋元烦琐哲学,要在儒学里面做"文艺复兴"的运动。他在《变通》篇《救惨》章说:"赤县极苦之民有四,而乞人不与焉。一曰童养媳,一曰娼,一曰妾,一曰婢。"他说娼的苦:"民之无告于斯为极,而文人乃以宿娼为雅事,道学则斥难妇为淫贱。……故宿娼未为丧心,文人之丧心,在以为雅事也。若夫斥为淫贱,则道学之丧心也。"②

在蔡元培看来,真正出于孔孟的忠恕之道,就一定会有一种抑强扶弱的人道主义正义感,其内里则是人的平等观念,因而对于男女不平等的陋习自然而起一种抗议。

蔡元培对俞理初、宋恕等的表彰并非只停留在著述中,而是用自己的生活实践来体现自己实在与他们是同道。早在他任中西学堂监督期间,妻子病故,"未期,媒者纷集。子民提出条件,曰:(一)女子须不缠足者。(二)须识字者。(三)男子不娶妾。(四)男死后,女可再嫁。(五)夫妇如不相合,可离婚。媒者无一合格,且以后两条为可骇"③。如果我们阅读过《癸巳类稿》《癸巳存稿》,不难发现蔡元培所奉行的择妻原则与俞理初、宋恕等的男女平权思想有高度的契合。因此,对于蔡元培本人而言,上述蔡元培对俞理初、宋恕伦理思想的发

---

① 蔡元培:《〈俞理初先生年谱〉跋》,见《蔡元培全集》第七卷,第571—573页。
② 蔡元培:《五十年来中国之哲学》,见《蔡元培全集》第五卷,第123—124页。
③ 黄世晖:《蔡子民先生传略》,见蔡元培、陈独秀《蔡元培自述 实庵自传》,中华书局2015年版,第48页。

明,很大程度上为一个从前清翰林转变为新式知识分子的人物,提供了主张男女平等的心理支持。对于我们研究中国人的平等观念史,则提供了一个"异端反为正统"和"边缘进入中心"的重要案例:俞理初和宋恕都并不为一般学者所重视,更何论普通民众?因此,今天在我们建设公民道德的过程中,如何更深入、广泛地发掘传统文化的丰富资源,并进一步做传统的创造性转化,还需要我们继续努力。

三

倘若我们深入地考察蔡元培的平等观念,还可以发现它具有更深一层的哲学意蕴:在蔡元培看来,"平等"应该成为合理地解决认识论的"群己之辩"的前提或价值偏好。如果我们承认追求真理的过程就是通过不同意见的讨论而进达知识的过程,那么首先就必须设定参与讨论的各方是平等的,意见的真理性并不因为主体的身份而改变,因而讨论就成为一种追求合理性的活动。正如普特南所说的那样:"我们关于平等、知识自由和合理性的价值观念深层地相关。"①合理性作为现代性的核心,其在学科建制上的最大体现是现代学院制度。而说到中国的现代学院制度的建设,我们首先想到的自然是蔡元培主持下的北京大学,它既是当时的"最高学府",同时也是新文化运动的发源地。陈独秀、李大钊、胡适、周作人等都在北大任教,刘师培、黄侃、辜鸿铭、梁漱溟等也在北大任教。这多半是由于蔡元培的办学宗旨是如此开明:

> 我对于各家学说,依各国大学通例,循思想自由原则,兼容并包。无论何种学派,苟言之成理,持之有故,尚不达自然淘汰之命运,即使彼此相反,也听他们自由发展。②

体制上"依各国大学通例",表示新的北京大学应该建立现代学院制度;"循思想自由原则,兼容并包",被人们广为称道。不过其内在精神是"学术独立"或为知识而知识的态度。它与王国维所云"学无新旧也,无中西也,无有用

---

① [美]希拉里·普特南:《理性、历史与真理》,童世骏、李光程译,上海译文出版社2005年版,第49页。
② 蔡元培:《答林琴南的诘难》,见《蔡元培全集》第三卷,第576页。

无用也"①本质上是相通的,对于现代大学中人而言,学者以学术研究为自己的职志,应该致力于专精之学,而不在意它是否"有用"。"大学为纯粹研究学问之机关,不可视为养成资格之所,亦不可视为贩卖知识之所。"②因此它又与"在真理面前人人平等"是内在一致的。

现在我们熟知某个说法:大学之谓大学,不是有大楼,是因为有大师。这话自然有一定的道理。但是常常见到的另一种情况是,少数所谓"大师",其实早已沦为学阀。而学阀意识固然是知识在权力结构中的异化,在认识论的论域则陷入独断论的虚妄。不难发现,"大师"崇拜和蔡元培无缘,他说:

> 近代思想自由之公例,既被公认,能完全实现之者,却唯大学。大学教员所发表之思想,不但不受任何宗教与政党之拘束,亦不受任何著名学者之牵掣。苟其确有所见,而言之成理之,则虽在一校中,两相反对之说,不妨同时并行,而任学生比较而选择。此大学子所以为大也。③

另一方面,我们现在有人喜欢讲学术民主,如果"民主"在这里意味着发挥论辩合理性,在学术研究过程中充分地对话,自然也有成立的理由,但是"民主"终究要有决断,所以还需要所谓"公共认可"来决定其取舍。在现代社会中,学术研究虽然是在科学知识共同体中进行的,但是不仅人文学中的创造性工作的主体一般是个体,即使是在自然科学技术领域中那些最有创造性的发现,起决定性作用的多半还是少数杰出的个人。因此,在学术问题上,我们还应该更重视自由讨论和发表,它不能按照"少数服从多数"的法则行事。其实,无论是"民主"还是"自由",其前提都需要承认从事学术活动的主体是平等的,不因为多数人的意见就否决少数人的意见,不依靠现成的"权威"而限制年轻人的创造性,也不能用"正统"来排斥"异端"。这种认识主体的平等意识,不但表示蔡元培认为人作为理性的主体,有自由创造和理性选择的能力,学术活动就是要培养和促进这种能力。而且后面更蕴含着对人的易错性的深刻认识,即凡是人都可能犯错误,任何观点的提出,最初都只是"意见",正是通过不同

---

① 王国维:《论近年之学术界》,见《王国维全集》第一卷,浙江教育出版社、广东教育出版社 2009 年版,第 122 页。
② 蔡元培:《北京大学一九一八年开学式演说词》,见《蔡元培全集》第三卷,第 382 页。
③ 蔡元培:《大学教育》,见《蔡元培全集》第六卷,第 597 页。

意见的争论，人们可以更接近真理。而任何出色的学术理论，它的有效性都有其限度。自由地发表、平等地对话，不但可以使善于在对话中获益者有所收获，或者改进自己的理论，或者更丰富自己的学说；而且有利于养成良好的学术生态，维护学术共同体的存在，它是社会团结的重要表征。

以"平等"作为认识论的"群己之辩"的预设或价值偏好，同时也就意味着反对单一"学科的傲慢"。蔡元培批评在学院制度内部，专业主义造成的学科之间的隔阂：

> 于是治文学者，恒蔑视科学，而不知近世文学，全以科学为基础；治一国文学者，恒不肯牵涉他国，不知文学之进步，亦有资于比较；治自然科学者，局守一门，而不肯稍涉哲学，而不知哲学即科学之归宿，其中如自然科学一部，尤为科学家所需要；治哲学者，以能读古书为足用，不耐烦于科学之实验，而不知哲学之基础不外科学，既最超然之玄学，亦不能与科学全无关系。①

针对"吾国承数千年学术专制之积习，常好以见闻所及，持一孔之论"的倾向，蔡元培又说：

> 大学者，"囊括大典，网罗众家"之学府也。《礼记·中庸》曰："万物并育而不相害，道并行而不相悖。"足以形容之。如人身然，官体之有左右也，呼吸之有出入也，骨肉之有刚柔也，若相反而实相成。各国大学，哲学之唯心论与唯物论，文学、美术之理想派与写实派，计学之干涉论与放任论，伦理学之动机论与功利论，宇宙论之乐天观与厌世观，常樊然并峙其中，此思想自由之通则，而大学之所以为大也。②

从根本上说，蔡元培的办学理念，是要建设一个师生研究学术的共同体，来推动知识创新："所谓大学者，非仅为多数学生按时授课，造成一毕业生之资格而已也，实以是为共同研究学术之机关。"③《北京大学月刊》成为中国最早的

---

① 蔡元培：《〈北京大学月刊〉发刊词》，见《蔡元培全集》第三卷，第451页。
② 蔡元培：《〈北京大学月刊〉发刊词》，见《蔡元培全集》第三卷，第451—452页。
③ 蔡元培：《〈北京大学月刊〉发刊词》，见《蔡元培全集》第三卷，第450页。

大学学报,这一方针之实施,对于"高深之学问"的发展也起到了积极的作用,历史学家吕思勉后来说:"北京大学的几种杂志一出,若干种的书籍一经印行,而全国的风气,为之幡然一变。从此以后,研究学术的人,才渐有开口的余地。专门的高深的研究,才不为众所讥评,而反为其所称道。后生小子,也知道专讲肤浅的记诵,混饭吃的技术,不足以语以学术,而慨然有志于上进了。这真是孑民先生不朽的功绩。"[①]我们研究中国哲学史的学者,一定不会忘记,蔡元培主持下的北京大学,不仅为陈独秀、胡适、鲁迅等新文化运动的推动者提供了最好的舞台,也为在当时被视为保守主义的学人保留了从事专业研究的阵地。正是在北京大学,没有多少正规学历、更没有留洋经历的梁漱溟、熊十力等开创了现代新儒家哲学。今天我们当然不能因为讲儒学已经成为潮流所趋,就忘记其最初实在不能脱离蔡元培先生所创造的不同学术派别平等对话的文化环境。

---

① 转引自张晓唯《蔡元培评传》,百花洲文艺出版社 2010 年版,第 71 页。

开放、继承与创新：
近代上海成为中国经济中心的启示*

复旦大学历史学系　朱荫贵

　　1978年到2018年,我国的改革开放已持续了整整40周年。这40年来,我国取得的成绩相当惊人——1978年时人均GDP不如撒哈拉沙漠以南的非洲国家,而今成为世界第二大经济体,已经全面融入世界经济体系和经济全球化。我国的综合国力显著增强,国防力量日趋强大,人民生活水平有了明显提高,国际地位举足轻重,在诸多领域获得举世瞩目的成就:如"神舟"系列宇宙飞船陆续发射,"嫦娥一号"成功登月,"高铁"和高速公路四通八达,总长均居世界第一,"蛟龙号"深海探测取得突破,"天眼"望远镜接收宇宙信息,等等。每一个成就都使国人欢欣鼓舞,自豪感倍增。

　　在这巨大的变化过程中,上海是中国发展的典型。自1992年之后,国家一系列的政策促使上海发生了翻天覆地的变化,使得上海成为中国改革开放的中心地和经济发展的重要引擎,至今依然没有其他城市能够取代和超越。这就促使我们思考一个问题:上海为何能够发挥如此重要的作用?

　　要回答这个问题,可以从多个角度和多种层次上去追寻答案,但是从根本上来说,应该是抓住了历史机遇。关于抓住机遇,改革开放的总设计师邓小平曾经敏锐地指出,"凡是遇到机会就不要丢,就是要坚持,要干起来,要体现改革开放,大开放"。①他强调"大措施"和"长远的观点",并指出"抓上海,就算一个大措施"。又说"上海是我们的王牌,把上海搞起来是一条捷径"。他以总结历史经验的姿态特别强调:"上海目前完全有条件搞得更快一点。上海在人才、技术和管理方面都有明显的优势,辐射面宽。回过头看,我的一个大失误

---

*　选自《改革开放与文化传承——上海炎黄文化研究会2018年学术年会论文汇编》,参会题为"近代上海成为我国经济中心的启示",原载《复旦学报(社会科学版)》2019年第5期。
①　《邓小平文选》第三卷,人民出版社1993年版,第297页。

就是搞四个经济特区时没有加上上海。要不然,现在长江三角洲,整个长江流域,乃至全国改革开放的局面,都会不一样。"①

在邓小平的心目中,上海为何占有如此重要的地位?同时,上海为何会在"人才、技术和管理方面都有明显的优势"?追溯历史,从 1843 年开埠,上海很快便成为中国的制造业中心、航运中心、贸易中心、金融中心和经济中心。这一切得力于上海的区位优势,更得力于当时的开埠开放。尽管这个开放是在外来帝国主义国家的武力威逼下被迫进行,但它打开了中国人的视野,让其看到了世界发展的潮流,明白了自己的落后。于是,在不甘屈辱、奋起直追的爱国强国信念下,承继几千年优秀的中国历史文化传统,中国开始了改变过去千百年形成的以农业为主体的经济结构,转向工业化道路发展,走上了向先进学习、融会贯通,并进一步形成自己优势的创新之路。在此过程中,上海在开放中抓住了历史的机遇,在追赶世界先进水平的过程中继承中国的传统,在开放和继承中进行创新,这才在人才、技术和管理方面逐渐形成了很大的优势,奠定了自己的地位,带动了江南和整个中国的现代化进程。

一、近代上海的经济发展

19 世纪中叶,正是西方帝国主义列强携带"坚船利炮"和廉价的工业制品,按照自己的面貌冲击和改变世界的时期。近代中国面对这个"数千年来未有之变局",也开始了自己的变革之路,即从农业社会走向工业化道路。这条道路是从军事工业开始进行的。出于多种原因,上海处于这种变化的中心。在兴办军事工业为主的洋务运动初期,晚清规模最大、设备最全的军火制造工厂——江南机器制造总局(以下简称"江南制造局")是在上海开办的;新式民用企业出现时,近代中国第一家同时也是中国最大的轮船运输企业——轮船招商局诞生在上海;近代中国第一家银行——中国通商银行同样诞生在上海;近代创办最早同时也是规模最大的上海机器织布局,不出意外地也落户于上海;原设天津的电报总局,1884 年迁到上海后,上海就此成为经办全国电报电话事业的中心。

我们选取几个具体领域的发展作为例证进行回顾和考察。

---

① 《邓小平文选》第三卷,第 355—356 页。

一是轮船航运中心。总局设于上海,1872年诞生的轮船招商局,是近代中国第一家真正意义上的机器大工业民用企业。轮船招商局成立后,与外商在华轮船公司展开了激烈竞争,在竞争中实力不断壮大。1873年有轮船4只、2 319吨,1874年增加到6只、4 088吨,1875年又增到9只、7 834吨,1876年达到11只、11 854吨。而到1877年初,在获得清政府借款的支持下,招商局以规银222万两的代价并购了此前一度非常强大的美国在华旗昌轮船公司。招商局的船队也从头一年的11只、11 854吨猛增一倍多,达到轮船29只、30 526吨,①并使各通商口岸进出中外轮船吨位的对比数从1872年前中国的空白,一跃增加到36.7∶63.3。②"从此国家涉江浮海之火船,半皆招商局旗帜。"③当时的报纸舆论也认为这是"千百年来创见之事"。④

1876年,太常寺卿陈兰彬奏称招商局办理已有成效,他说,"合计三年,中国之银少归洋商者,约已一千三百余万两"。又说,"洋人轮船之入中国,为害最甚,中国自创办招商局轮船以来,洋人不能尽占中国之利,办理已有成效,为中外大局一关键"。⑤

经过不断发展,到1936年时,中国的轮船航线已达19 910公里,各种轮船2 050只,总吨位60万吨。⑥其中,拥有5 000吨以上轮船的大中型公司已有27家,拥有万吨以上的轮船公司14家,这些轮船公司大多数总部设在上海,各条航线则大多以上海为中心或经过上海,加上远洋近海和国内长江内河航线构成的网络,上海已成为远东的航运中心。

二是金融和银行中心。1897年在上海设立的中国通商银行是近代中国成立的第一家银行。到1911年辛亥革命爆发时银行总数只有7家,资本总数为2 156万元。⑦到1937年为止,中国的银行总行数达到164家,资本达到四亿一千多万元。⑧其中2/3以上的华商银行总行设在上海。中国银行业的发展,在

---

① 聂宝璋:《中国近代航运史资料》第一辑下册,上海人民出版社1983年版,第1000页。
② 严中平主编:《中国近代经济史统计资料选辑》,科学出版社1955年版,第221页。
③ 《申报》1877年3月2日。
④ 中国史学会编:《洋务运动》第六册,上海人民出版社1961年版,第14页。
⑤ 中国史学会编:《洋务运动》第六册,第10、12页。
⑥ 许涤新、吴承明主编:《中国资本主义发展史》第三卷,人民出版社1993年版,第626—627页。另一说1935年轮船达3 895只、675 172吨(严中平主编:《中国近代经济史统计资料选辑》,第229页)。
⑦ 中国银行经济研究室编:《全国银行年鉴》,1937年,第A7—8页。
⑧ 沈雷春编:《中国金融年鉴》,民国二十八年(1939)版,台湾1979年影印本,第114页。

相当程度上抑制了外国银行在华势力。

在银行业整体快速发展的同时,证券交易所、黄金交易、保险公司、信托业也都得到相应的发展,近代中国的金融业整体构成了初步的体系,远东金融中心的地位得以形成。与此期新式机器制造企业的发展相互呼应,从而出现了一种新的气象。

与此同时,经过1933年的"废两改元"和1935年的"法币改革",此前中国极为混乱的币制基本得到统一。此外,经过多年的努力,到1934年为止,中国的关税主权也基本得以收回。这些都为大范围的商品流通和市场经济的发展奠定了基础。

三是进出口贸易中心。近代上海成为进出口中心的第一条件是地理位置优越,上海居于中国沿海海岸线的中段,同时居于长江的出海口。在轮船出现以前,上海就已经是中国木船运输的中心地。因为受气候、水流等自然条件和船只结构的影响,形成的格局是北方的帆船不往南,南方的帆船不往北,长江的帆船不出海,三方都在上海这个地方进行交易和交换,这是一两千年以来根据自然条件形成的格局。

近代轮船出现以后,上述格局被打破,同时国际贸易迅速发展起来。因为上海具有的优越地理位置和运输条件,上海很快成为中国的进出口贸易中心。"上海的商业、贸易和运输量都是非常庞大的",以及"经由水路交通,它就能够和三分之一以上的中国联系起来"的缘故,使得"大多数在中国有声望的英国洋行和美国洋行在这里均设有分支机构"。[①]

上海进出口贸易地位的迅速变化,正如1868年一个外国人评论的那样,他认为上海在中国进出口贸易中的重要地位,"无异心房,其他各埠则与血管相等耳"[②]。1868年时,全国各埠进口洋货总值,较1867年增加二百万两,"而上海一埠所增之数,即达四百万两之多"。出口土货总值,各埠合计,共增银一千一百万两,而上海独增一千万两,故1868年全国对外贸易之进展,"殆全由上海一埠造成之也"。[③]

广州、上海、汉口、天津和大连是近代中国最重要的进出口贸易港口,1871年至1911年上海一口在全国对外贸易总值中所占比重,大多数时间在50%以

---

① 姚贤镐:《中国近代对外贸易史资料》第一册,中华书局1962年版,第559页。
②③ 聂宝璋:《中国近代航运史资料》第一辑上册,上海人民出版社1983年版,第144页。

上或接近50%，①可谓绝对优势，上海在中国对外贸易和经济发展中所占地位的举足轻重，不言而喻。

同时，由于长期形成的运输格局和商业流通中形成的枢纽地位，上海的进出口贸易还具有突出的转口贸易特征。"上海输入的洋货，大约有70%以上还需复出口往其他口岸，进入内地市场。有不到5%的洋货则复出口各国，本口岸净输入量不到30%。上海从内地吸收的土货，大约有80%以上复出口国外或其他口岸。"②这种贸易中心的格局在民国以后也没有改变。

四是以制造业为中心的经济中心。这里以几个行业进行观察。

机器纺织和面粉业。近代上海荣宗敬、荣德生兄弟创建的荣氏企业集团，横跨棉纺织业和面粉工业两大行业，其中又分申新纺织和茂新、福新面粉两大工业系统。申新纺织工业系统1915年在上海创建第一家厂，此后通过创办、租办和收买等方式陆续兼并其他企业，经过20余年发展，到1936年时已拥有9家纱厂，纱机57万锭，布机5 304台，资产总值达8 555万银圆，势力扩展到无锡、汉口等地，成为近代中国最大的民营棉纺织工业企业集团。

茂新、福新面粉工业系统始于1903年的无锡茂新面粉厂。荣宗敬兄弟在经营面粉厂过程中，努力提高产品质量，降低成本，不断改进生产设备，同时招股增资，使企业规模不断扩大。荣氏兄弟又与他人合资，在上海筹建福新面粉厂。其后，茂新、福新两系统都通过租办和收买其他工厂等方式不断扩张。同样经过20余年的发展，到20世纪20年代，茂新、福新系统已有12家面粉工厂，分布于上海、无锡、汉口、济南等地，共拥有粉磨301部，日生产面粉能力为76 000袋，占全国民族资本面粉厂生产能力的31.4%，占全国面粉厂（包括外商在华面粉厂）生产能力的23.4%。1931年在失去东北市场后，30年代在全国面粉工业中的地位仍然举足轻重，日产面粉能力仍占关内面粉工业的1/3左右。③

荣氏集团有效地利用了近代中国初步形成的资本市场，在扩建、租办、收买、经营中大量借债，以负债经营方式扩大生产能力，取得了显著成效。

由郭氏兄弟集聚侨资创办的永安纺织企业集团，1922年在上海创办。后

---

① 据历年海关报告中数字，见严中平主编《中国近代经济史统计资料选辑》，中国社会科学出版社2012年版，第49页。
② 丁日初主编：《上海近代经济史》第一卷，上海人民出版社1994年版，第157页。
③ 许维雍、黄汉民：《荣家企业发展史》，人民出版社1985年版，第20、127页。

来不断发展,到 1936 年时已拥有 5 个棉纺织厂、1 个印染厂、1 个发电厂、1 个大仓库、1 个打包厂和 1 个正在兴建中的机器厂,有纱机 25.6 万锭、布机 1 542 台、线锭 31 904 枚、印染机 244 台,成为规模仅次于申新的棉纺织资本集团,并初具纺织印染全能企业规模。①

火柴行业。刘鸿生在上海创办的企业资本集团,是包括鸿生火柴厂、上海水泥厂、章华毛绒纺织厂、中华煤球公司、华丰搪瓷公司、大华保险公司、华东煤矿公司、中国企业银行在内的跨行业经营的企业集团。其中,火柴工业是支柱产业。1920 年,刘鸿生企业集团的第一家火柴厂鸿生火柴厂设立,此后经过 10 年发展,到 1930 年时,刘鸿生主持将鸿生火柴厂与上海浦东荧昌火柴公司、南汇中华火柴公司合并为大中华火柴公司。1931 年大中华火柴公司又合并九江裕生厂、汉口燮昌厂,后又收买扬州耀扬火柴厂,承租了芜湖大昌火柴厂,并进杭州光华火柴厂,规模不断扩大。1936 年又成立以大中华火柴公司为中心的"中华全国火柴产销联营社"这一销售联合体,刘鸿生也成为近代中国的"火柴大王"。②

新型百货企业。新型百货企业以先施、永安、新新、大新公司为代表,这四家大型百货公司都诞生于 20 世纪初年的上海。这四大百货公司具有一些共同的特点:主要投资人和经营管理者大多来自香港和海外的广东籍华侨,创始人最初都在澳洲积累了财富后到上海开办新型百货公司。这些新型百货公司大量经销环球百货进口商品,对国货土产品的推介也是不遗余力,不仅以各种精品货物共聚一地销售,方便顾客比较和购买,而且创造出集餐饮、娱乐、旅馆、房地产、金融保险、仓储物流、制造加工等多个行业为一体的商业模式。四大百货公司都坐落在上海最繁华的南京路,都自建了宏伟美观的营业大楼,成为南京路上的标志性建筑。

四大百货公司橱窗陈列争奇斗艳,国内外商品琳琅满目,媒体广告铺天盖地,霓虹灯五彩缤纷美轮美奂,加上吃喝玩乐应有尽有,服务接待细致周到,引得顾客游人纷至沓来,络绎不绝,成为上海市民重要的购物休闲娱乐场所。逛百货公司不仅很快成为上海市民的一种生活时尚,而且引领了商业销售的一种新的趋势和方向,影响和促进了国内其他城市的商业发展。

---

① 上海市纺织工业局等编:《永安纺织印染公司》,中华书局 1964 年版,第 134—139 页。
② 上海社会科学院经济研究所编:《刘鸿生企业资料》上册,上海人民出版社 1981 年版,第 143—144 页。

经过几十年的发展和国人的努力,到20世纪40年代后期,根据上海市工业公会的统计,上海"共有88种工业,大小工厂12 570家,产业工人450 588人(职员与职业工人不在内)",即使排除虚设和不开工的以外,"上海现有的大小工厂在10 000家以上,产业工人在40万人以上是可以确定的"。而上海工业在全国工业中所占的比重,以一般轻工业来说,"上海大约要占全国工业的50%—60%"。①

经过学者的调查和统计,到20世纪30年代时,上海的多个重要行业产值就超过全国同行业的产值,表1的数字就清楚地证明了这一点:

表1　20世纪30年代上海重要工业行业产值与全国同行业产值的比较

业　别	上海(万元)	全国(万元)	上海占全国(%)
棉纺	11 957.2	31 737.1	37.68
棉织	4 270.4	8 550.0	49.94
缫丝	826.5	4 751.6	17.39
丝织	3 120.6	4 182.6	74.61
毛纺织	1 114.9	2 509.8	44.42
卷烟	11 800.0	22 830.4	51.69
面粉	7 417.2	18 013.6	41.18
榨油	1 379.6	4 414.5	31.25
印刷	2 737.0	4 527.8	60.49
火柴	428.6	3 808.2	11.25
制药	723.4	1 009.1	71.69
橡胶制品	3 010.1	4 424.3	84.88
制革及皮革制品	3 066.8	4 424.3	69.31
机器制造及修理	718.0	1 934.1	37.12
造船	663.8	901.7	73.62
车辆修造	97.2	114.2	67.41

---

① 中国工业经济研究所:《上海工业现状(1949年2月)》,转引自陈真编《中国近代工业史资料》第四辑,生活·读书·新知三联书店1961年版,第39—40页。

续表

业　　别	上海(万元)	全国(万元)	上海占全国(%)
酸碱等重化工业	226.5	962.7	23.52
电器用具	1 131.8	1 594.0	71.00

资料来源:根据巫宝三主编《中国国民所得》上册第64页,第一表《全国工厂总产值统计表》,以及下册第四部附录三;刘大钧《中国工业调查报告》下册第二编《地方工业概况统计表》各项数字,个别行业产值数字参考其他资料进行修订。全国产值中不包括东北和台湾工业。转引自张忠民主编《近代上海城市发展与城市综合竞争力》,上海社会科学院出版社2005年版,第189页。

从上表可以看到,在总共18个行业中,有9个行业上海的产值占全国产值一半以上,其中丝织、制药、橡胶制品和电器用具的百分比甚至在70%以上。

日本学者研究得出结论认为,根据工业发展中心上海的统计,符合南京国民政府《工厂法》规定范围内的工厂的产量总额,1930年到1932年平均按37%的高速增长。橡胶制品、金属制品、电气器具和机械产品、卷烟、化学产品、染料、棉织品等都有超速的发展。由于手工业部门产品占有相当比重的还不少,重化学工业的发展仅局限于部分产业领域,所以中国经济整体的工业化的水准,不能不说还只处于开端的阶段,但是铁路、轮船、电信等近代交通通讯网的迅速扩大和广泛分布,以银行为首的金融机构完善起来等因素,使得中国已经踏上以工业化为轴心的"中进资本主义"之路,"则是不争的事实"。[①]

显然,近代上海发展成为中国的经济中心,以及上海本身在工业化进程中取得的成就,是邓小平说"上海是我们的王牌,把上海搞起来是一条捷径"和"上海在人才、技术和管理方面都有明显的优势,辐射面宽"的底气和基础所在。

那么,上海为何会取得这样的成就?"开放"固然是一个方面,但任何事情和成就的基础和核心都是"人",都是靠人的活动来进行和推动的。在近代上海的发展中,按照这个角度进行追寻,我们会发现,中国人的"继承"和"创新"是其中另外两个重要的支点。

---

① 参见[日]久保亨《走向自立之路——两次世界大战之间中国的关税通货政策和经济发展》,王小嘉译,中国社会科学出版社2004年版,第11页。

二、继承中国历史上有利于发展的因素，是近代上海成功的要素之一

中国历史文化中的优秀因素有很多，大体可分精神方面和具体可操作方面的传统两大类。"精神"方面的传统很多，但首要的是"爱国"。这一点，在近代中国屡遭列强欺辱，不断签订丧权辱国的不平等条约和割地赔款的近代时期显得更加重要。

在近代中国走向工业化道路的过程中，爱国强国，与列强进行商战，跻身世界民族之林是贯穿始终的一条主线，也是这个时期具有的鲜明时代特色。这里我们可以举三个来自不同阶层和地位的人的例子以作说明。首先是过去奉行"万般皆下品，唯有读书高"的读书人，这时放弃传统读书人科举考试做官的正途而去下海经商办实业，与外国列强进行"商战"以图救国强国的事例。

其中，创办"大生"系列企业集团的南通状元张謇，可作为传统士人的典型。他在讲述自己走上经商办实业这条道路时的动机就很有代表性。1895年3月26日《马关条约》正式签订，消息传来的那天晚上，张謇在日记中录入"和约十款"的主要内容，并特地注明："几罄中国之膏血，国体之得失无论矣。"[①]他对《马关条约》准许外商在中国内地设厂制造感到极大的忧虑。他在代湖广总督张之洞拟定的《条陈立国自强疏》中写道："向来洋商不准于内地开机器厂，制造土货，设立行栈，此小民一线生机，历年总署及各省疆臣所力争勿予者。今通商新约，一旦尽撤藩篱，喧宾夺主，西洋各国，援例尽沾……"他深知如此一来，小民仅存之"一线生机"也将失去，为此他在奏疏中强调必须迅速提倡"工政"以进行对抗，他说："世人皆言外洋以商务立国，此皮毛之论也。不知外洋富民强国之本实在于工。讲格致，通化学，用机器，精制造，化粗为精，化少为多，化贱为贵，而后商贾有懋迁之资，有倍蓰之利……但能于工艺一端，蒸蒸日上，何至有忧贫之事哉！此则养民之大经，富国之妙术；不仅为御侮计，而御侮自在其中矣。"[②]就是说，张謇认为经商办实业，是一条实在的爱国救国道路，

---

① 张謇研究中心、南通市图书馆等编：《张謇全集》第六卷，江苏古籍出版社1994年版，第371页。
② 张謇研究中心、南通市图书馆等编：《张謇全集》第一卷，第30、37、38页。

"不仅为御侮计,御侮自在其中矣"一句,道尽了他对此的认识与投身实业的动力。

来自海外华侨郭氏兄弟的上海永安纺织公司的招股简章弁言,则将兴办实业与爱国强国紧密联系:"我国物产饶富,冠绝瀛寰,夫以己国之物产供己国之需用,本足自给而有余。无如制造不良,工业窳败,外人乃竟以我之原料加以改造,复输入我之市场,而棉布市场,为数尤巨。利权丧失,骇目惊心。苟不急起直追,亟谋挽救,则国穷民困,恐未有已也。"读该招股弁言的文字,更使人有时机紧迫,刻不容缓的感觉:"年来有志之士,对于纺、织两业,先后奋起,粹励经营,生机勃发,实为复苏之兆。然产额尚少,供不应求,此有心者所应光而大之。且欧美列邦现今方整顿全神,振刷其工商各业,此后竞争攘夺,正方兴未艾也。时乎不再,其间不能容发,倘不急起直追,行必愈趋落后。同人等本此微意,爰有本公司之组织。"①

再如创办一系列企业的本土人士"火柴大王"刘鸿生在总结与外国火柴业主进行商战的经验时说:"吾国火柴业在瑞商竞争之下,风雨飘摇,有岌岌不可终日之势,自弟发起荧昌、中华、鸿生三厂合并为大中华之后,对内渐归一致,于是对外始有占优势之望,足见合并一事,为吾火柴业今日谋自立之要图,非此即无从对外而维持其生存也。当此对外竞争剧烈之日,自应群策群力,团结一致,厚植我之势力,以与外商相抗,始能立于不败之地。"②

除精神传统方面的因素之外,在继承可操作的传统方面,同样可以举出许多种实例。这里我们仅举近代中国工商企业在资本筹集运行方面的一些实例,以作证明。

在兴办实业走上工业化道路之前,中国是一个以小农经济立国的传统国家,这种经济结构历经数千年,当近代中国向工业化转型时,因为本身没有经历过资本原始积累阶段,社会资金比较贫乏。机器大工业需要的资本量大数巨,且多采取股份制资本组织方式,这种资本组织方式对于绝大多数中国人来说,还是一种过去没有出现过的陌生组织形式。因此,如何吸引社会资金参与创办这种新型的工业企业,是一个困难而又必须解决的问题。为激发社会大众的投资意愿,筹措兴办企业的资金,我们可以看到,中国近

---

① 上海市纺织工业局等编:《永安纺织印染公司》,第17—18页。
② 上海社会科学院经济研究所编:《刘鸿生企业史料》上册,第139页。

代股份制企业的创办者们继承了一种传统中国社会中企业分配方面的制度,就是在企业结算时,保证分配一种固定比例利润给股东的被称为"官利"的制度。①通过这种有保证的分配制度,来吸引社会资金和兴办新式工商业企业。

这种制度的特点在于:其一,不管是谁,只要购买了企业的股票成为股东,就享有从该企业获取固定利率——"官利"的权利,而不管该企业的经营状况如何。其二,这种固定的官利利率一般以年利计算。利率虽因企业情况和行业领域不同而有差异,但大体19世纪七八十年代是年利一分,清末一般在八厘,20世纪二三十年代降低到六厘。因为必须支付官利,所以企业年终结账,不是从利润中提分红利,而是先派官利,然后结算营业利益。不足,即谓之亏损;有余,则再分红利(红利在这里被称为"余利"或直接称呼"红利")。其三,只要股东交付股金,官利即开始计算。虽工厂尚未建成开工,铁路尚未建成开车,官利也需支付。②

但是,这种普遍存在于近代中国股份制企业分配方面的一种制度,并非近代中国企业家的创造,而是早在中国前近代如"合伙""合股"等经济组织中就已存在的一种分配方式。日本满铁上海事务所调查室昭和十六年出版的《中支惯行调查参考资料第一辑》一书之后,附有晚清及民国时期中国民间经济往来的借据、分家书和合伙合股契约等文书资料。其中,按原文格式和内容附录的民间合股合伙经济组织成立时订立的契约文书有10件。这些文书的订立年代从同治四年(1865)一直到民国八年(1919)。每份文书中都有内容几乎完全一样的有关官利分配制度的记载。日本东京大学东洋文化研究所东亚部门编撰的《中国朝鲜文书史料研究》中,除收录了与上引满铁调查资料相同的文书外,还收录了一些其他的文书资料。其中,成立于丁卯年(1867),在上海经营粮食业的同盛号合同文书的分配方式的条文规定中,同样载有官利制度。③

---

① 参见朱荫贵:《引进与变革:近代中国企业"官利"制度分析》,《近代史研究》2001年第4期。
② 张謇:《大生崇明分厂十年事述》,见张謇研究中心、南通市图书馆等编《张謇全集》第三卷,第209页。
③ 这份文书对官利的记载如下:"一、官利按月六厘计算,年终付给。一、每届年终结账,凡有盈余,按股分派,设遇亏耗,按股照认填足。一、每年除付股息外,获有盈余,作二十股分派,股东得十二股、总经理得一股半、众伙友得花股三股半,其余三股存作公积。"见日本东京大学东洋文化研究所东亚部门编《中国朝鲜文书史料研究》,1986年,第42页。

与满铁调查资料收录的文书资料的规定和内容一样。这些文书证明了"官利"分配制度是早就存在于中国社会中的一种商业习惯,是中国社会中成熟、影响广泛并被普遍接受的制度了。也就是说,当近代中国人兴办新式工商企业时,企业的分配制度中出现官利分配的规定,是股份制企业的创办者继承沿用了中国传统经济制度中对自己创办企业有利的传统,因为"不发官利,则无以动投资者之心"①。

这里再举一个近代中国企业在筹集资金方面的继承传统的特点,这就是企业直接面向社会吸收储蓄存款作为企业营运资金的现象。这种现象长期和广泛地存在于近代中国工商企业之中,构成近代中国企业在资金筹措和组织运行方面的又一个明显特点。

从近代发达资本主义各国情形看,经济发展中现代机器企业借入资金的来源,不外是通过商业信用、银行放款、商业票据、公司债券等数种方式筹集。但是在近代中国,情况却有很大不同。这时期,吸收社会储蓄,并非银行业的专利,而是众多行业具有的共同权利和特点。其中,普通企业商号吸收社会储蓄存款作为营运和周转资金,从明清以来已经具有几百年的传统,并发展成为民间约定俗成的不成文制度。②

对于这个特色,当时有学者认为,"我国公司企业之资本构造,与欧美先进国家显有不同",其中"尤以收受存款一项为唯一之特色"。中国近代"普通之公司商号皆自行吸收存款,以为资金之调节"。"其历史悠久基础厚实者,存款在运用资金中所占之地位亦更见重要。"③轮船招商局成立后,"十余年来,统计每年年终结欠庄款既绅商存款,常有百余万两之多……"④。其中"绅商存款"这句话,就已经证明了这一点。

---

① 张謇:《向国务院提议奖励工商业法案》,见沈家五编《张謇农商总长任期经济资料选编》,南京大学出版社1987年版,第18页。
② 关于中国传统社会中众多行业吸收社会储蓄的情况,可参见刘秋根教授的研究。据他研究,早在明清时期,经营"存款"这种金融业务的现象,就在中国社会中普遍存在。除典当、钱庄、票号等金融机构经营存款外,"也有一般工商店铺如盐店、布铺、米铺、杂货铺、珠宝铺等兼营的存款",甚至"一些在地方家产殷实且经济信用较好的财主有时也接受他人寄存,并付给薄息"。(刘秋根:《明清高利贷资本》,社会科学文献出版社2000年版,第138、139页)
③ 王宗培:《中国公司企业资本之构造》,《金融知识》第1卷第3期。转引自陈真编《中国近代工业史资料》第四辑,第59—60页。
④ 徐润:《徐愚斋自叙年谱》(影印本),台湾商务印书馆1981年版,第177页。

这种主要不是通过向银行贷款或其他融资渠道借入资金,而是面向社会大众直接吸收存款,甚至发展到像银行一样的储蓄部,面向社会发放存折吸收社会零散资金以供企业作为营运资金的方法,一方面可以说是中国传统社会金融特点的继承和延续,但另一方面却也可以说是近代中国民间金融活动极为活跃的重要表现之一。近代被称为"面粉大王""棉纱大王"的上海荣家企业,在吸收民间存款发展自身方面,就是典型一例。

表2　荣家茂福、申新总公司及储蓄部各年底存款余额(1923—1933年)

单位:千元

年份	旧式存折吸收存款	储蓄部存款	合计
1923	1 090.40	—	1 090.40
1927	1 304.28	—	1 304.28
1928	1 034.58	1 470.33	2 504.91
1930	1 373.26	4 290.15	5 663.41
1932	1 403.79	5 029.73	6 433.52
1933	2 324.05	5 216.42	7 540.47

注:荣家"同仁储蓄部"成立于1928年。
资料来源:上海社会科学院经济研究所编《荣家企业史料》上册,上海人民出版社1980年版,第277页。

统计表2中的数字,证明在荣家企业的发展过程中,各年均有百万元以上的资金被以储蓄的方式吸收进入荣家企业,1933年旧式存折和新式储蓄部吸收的存款合计,达到754万元以上。不言而喻,吸收社会存款这种方式,对于荣家企业集团的快速发展帮助很大是确定无疑的。

对于企业直接吸收社会存款这一现象,当时就有学者总结道:"吸收存款为我国企业界特异之现象",但"其运用几普及于各种企业及工商组织。以其重要性言,有时且驾凌行庄借款而上之"。[①]1940年,有学者对1932—1939年上海、浙江、江苏、安徽、山西、河北、河南、山东、湖北及香港等9省区的10个行业100家企业的资本构成情况进行了调查统计,其中借款及个人存款在这些企业中的构成情况及所占百分比如表3。

---

① 陈真编:《中国近代工业史资料》第四辑,第61页。

表3 1932—1940年100家企业自有资本与借款及存款之百分比

资本等级	家数	自有资本		借款及存款		总数
		金额（元）	百分比（%）	金额（元）	百分比（%）	
300万元以上	24	184 302 146	59.76	124 129 983	40.24	308 432 129
100万—300万元	31	56 977 706	62.33	34 440 045	37.67	91 417 751
50万—100万元	22	15 114 091	50.07	15 071 933	49.93	30 186 024
50万元以下	23	5 812 824	54.38	4 876 572	45.62	10 689 396
合计	100	262 206 767	59.49	178 518 533	40.51	440 725 300

资料来源：王宗培：《中国公司企业资本之构造》，《金融知识》1942年第1卷第3期。

从表3可知，借款及存款在各个企业中普遍存在，不仅数量大，接近于企业的自有资本，而且与企业的行业和资本额的多少没有明显的关系。当然，这种现象的出现必然是多种原因所造成，其中经济比较利益应该是最重要的一个因素，否则，这种现象不可能在广泛的时空范围内得以存在。

1928年荣家企业集团在原有吸收社会储蓄的基础上，准备进一步设立"同仁储蓄部"，加大面向社会吸收储蓄存款的力度时，设立的理由中除了"可免受制于人、仰承金融资本家的鼻息"外，就有"估计每年可节省利息支出二十万至三十万元"[①]的预测。当然，近代中国社会对兴办金融机构的准入门槛很低，没有多少限制因素，也是这些企业能够顺利设立储蓄部等金融机构吸收社会资金的重要原因。

另外，在企业集团中根据不同企业的盈利情况和特点进行资金调拨，以及通过红利和发行内部公司债等方式进行发展，同样可以看到传统中国社会中经济组织的习惯和特点。[②]由于近代中国经济发展的中心在上海，这些特点在上海也表现得格外突出和有成效。

为什么这些新式企业要继承传统社会中的这些经济习惯和特点呢？从经济理论的角度看，近代中国新式工商企业相对于此前的中国经济组织是一种

---

① 上海社会科学院经济研究所编：《荣家企业史料》上册，上海人民出版社1980年版，第277页。
② 这些方面的具体状况，可参见拙文《中国近代股份制企业的特点——以资金运行为中心的考察》，《中国社会科学》2006年第5期；《论中国近代企业集团内部的资金调拨流动》，《社会科学》2008年第6期；《论近代中国民间金融资本的地位和作用》，《北京大学学报》2012年第3期等。

制度创新,但是任何制度创新都有社会成本,任何推进制度创新的行为主体都追求收益最大化。因此,制度创新的成本和收益之比对于制度创新本身的成败起着决定作用。在这种情况下,采用社会中原有的行之有效的习惯和制度,即使只是部分采用甚至是借鉴,也必然能减少制度创新所带来的社会阻力和交易成本,同时降低社会文化心理在适应新制度时的抗拒和排斥心理。这是近代中国走向工业化道路时继承传统获致发展的因素之一。同时,开放、爱国和继承原有的传统,必然会在学习先进的同时推动创新出现,进而推动近代上海以至于近代中国的经济发展。

三、创新:推动近代上海经济发展的根本动力

在近代中国,伴随着工业化进程的推进和几代中国人的努力,许多过去未曾有过的产业和行业陆续诞生,譬如化工业、电力产业、水泥业、火柴工业、橡胶产业、机器棉纺织业、西药业、新型百货业、银行证券业、保险业等陆续以上海为中心兴起。兴办这些产业的中国工商业者,因为大多是这些产业在中国最初的拓荒者,他们的创业过程中,不可避免地要学习、引进并且克服许多技术、知识、管理和其他方面的困难,并且还要面对外资激烈的竞争,因此,必然要改革、要创新、要走出一条自己的发展之路。他们倡导"国货"、主张"商战"、抵制外货的倾销和垄断,开创了中国前所未有的产业,其中"创新"无可避免地成为推动中国经济发展的重要动力。

面对强大的外资压迫和本国封建政府掠夺的不利环境,迫使这些创业者采取各种打破常规的创新手段,以获取生存和发展的空间。尽快扩展规模,获取规模经济效益就是其中之一。

他们这样做,首先是认识到生产和资本集中具有规模经济利益。例如上述"火柴大王"刘鸿生总结的与瑞典火柴业竞争要形成规模企业的体会。荣家企业集团领导人同样认为,"纱厂至少要在三万锭以上,才有竞争力"。他们在报告中指出:"默察世界大势,知纺织一业非有多量产额不足与外商相颉颃,……盖产额愈多,则进料、销货亦愈便宜;而管理、营业各费也愈节省。"[①]因此荣家企业集团的领头人荣宗敬说他们的办厂宗旨是:"造厂力求其快,

---

① 上海社会科学院经济研究所编:《荣家企业史料》上册,第254页。

设备力求其新,开工力求其足,扩展力求其多。因之无月不添新机,无时不在运转;人弃我取,将旧变新,以一文钱做三文钱的事,薄利多做,竞胜于市场,庶几能够成功。"①他们认为每收买一家纱厂,就减少一个竞争对手,同时也增强了自己的竞争力。荣宗敬曾说:"我能多买一只锭子,就像多得一支枪。"②

这些民间资本股份制企业在扩张过程中,除直接吸收社会存款帮助发展外,依靠红利滚动扩张是他们实行的另一种基本的方式。例如荣家企业在发展中,非常注重内部存留,"申新除发股息外,一般不发红利给股东,盈余不断滚下去,用来扩大再生产;如象烧肉,老汁水永远不倒出来"。③申新纺织一厂的股本扩张就非常典型:1916 年,申新一厂创办资本仅有 30 万元。1919 年正月"将戊午年(1918 年)为止盈余红利三十万元加入股本,合足六十万元"。此后在"续添加股本四十万元……合足一百万元"的基础上,1920 年正月"将己未年(1919 年)盈余红利八十万元,提出三十万元分派外,尚余五十万元,添加股本,合足一百五十万元"。1921 年 2 月,再将盈余九十万元,"添加股本,合足二百四十万元"。1922 年 2 月,又将"辛酉年(1921 年)盈余红利洋六十万元,添加股本,合足三百万元"。④也就是说,申新纺织一厂从兴办到 1922 年的 6 年时间内,资本从 30 万元增加到 300 万元,其中依靠红利盈余积累的股本就达 230 万元。

荣家企业福新系统的扩张也是如此,"当一厂开办之初,投资人就议定:各股东分得的红利,三年内均不提取,用以扩充企业,各股东的股利,也存厂生息,以厚资力"。"随后一厂即按此执行,其他厂也照章办事。"结果,"该厂在 1913—1923 年中,陆续拨付二、三、七厂的投资金额,就共达二百八十余万两,约合三百九十余万元"。⑤

永安纺织印染公司将大量利润转化为资本还有几个数字也非常有说服力。1928—1936 年,永安纺织公司的赢利总额为 1 311 万余元,其中以公积、滚存、准备及增资形式转化为资本的达 620 余万元,占其利润总额的 51.16%,

---

① 全国政协文史资料委员会编:《工商史料》第一辑,文史资料出版社 1980 年版,第 6 页。
② 许维雍、黄汉民:《荣家企业发展史》,第 310 页。
③ 上海社会科学院经济研究所编:《荣家企业史料》上册,第 111 页。
④ 上海社会科学院经济研究所编:《荣家企业史料》上册,第 112 页。
⑤ 上海社会科学院经济研究所编:《荣家企业史料》上册,第 113 页。

加上延期发息等其他种种手法,至 1936 年底时实际用作资本的资金占企业盈利的比重达 78.5%。① "永安纱厂成立十六年,资本扩大了三倍。"②

一些规模较小的企业中依靠自身积累不断扩展的现象同样非常普遍。例如 1928 年至 1931 年期间,美亚织绸公司新设的 6 个厂,也大多由"历年盈余转作投资所组设"③,以后又把股息截流转作资本,或以公司债代替发放股息。大中华橡胶公司 1937 年的资本从 200 万元增加到 300 万元,其增资部分基本上也都是由盈利转化而来。④

除了依靠红利滚动扩张这种最基本的方式外,采取兼并和租办的手段进行实力扩展,同样是一种很普遍的做法。统计表 4 反映了抗战以前上海企业集团中兼并和租办企业的组成情况。

表 4　抗战前上海华资企业集团中兼并其他企业组成情况统计表

企业集团名	生产企业总数	其中兼并企业数	兼并企业占生产企业总数的百分比(%)
申新纺织公司系统	9	5	55.6
永安纺织印染公司	7	3	42.9
福新面粉公司	8	2	25.0
阜丰面粉公司	6	3(系租办公司)	50.0
美亚织绸公司	13	4	30.8
大中华火柴公司	8	2	25.0
大中华橡胶公司	8	3	37.5
五洲药房公司	5	2	40.0
共计	64	24	37.5

资料来源:黄汉民、陆兴龙《近代上海工业企业发展史论》,上海财经大学出版社 2000 年版,第 73 页。

从中国近代民间资本股份制企业集团的组织形式来看,大致可分为四种类型:一是横向专业生产型,即基本上都是由生产同一产品的多个企业组成的

---

① 上海市纺织工业局等编:《永安纺织印染公司》,第 213 页统计表。
② 郭棣活:《上海永安纺织公司是怎样创办起来的》,转引自马俊亚《规模经济与区域发展》,南京大学出版社 1999 年版,第 78—80 页。
③ 徐新吾主编:《近代江南丝织工业史》,上海人民出版社 1991 年版,第 311、353 页。
④ 上海市工商局等编:《上海民族橡胶工业》,中华书局 1979 年版,第 86 页。

企业集团,如申新纺织公司、福新面粉公司、阜丰面粉公司、大中华火柴公司。二是纵向全能生产型,即由原料制造到产品制造有着有机联系的多个企业组成的企业集团,如美亚织绸公司、大中华橡胶公司。三是工商联合型,即由生产和销售上存在业务联系的多个企业组成的企业集团,如五洲药房公司。还有一家永安纺织印染公司,这家公司本身是由从事纺纱、织布到印染全套生产过程的多个企业组成的全能生产型企业,但它又是整个永安资本集团的一个重要组成部分,是这个集团的内部联号企业,是在大型商业企业永安百货公司等不断扩展的基础上产生的。因此,永安纺织印染公司与永安百货公司等联号企业组成了一个工商联合型企业。四是多角化型,抗战以前以刘鸿生企业集团为代表。刘鸿生自20世纪20年代起,从创办经销煤炭企业开始,先后又投资设立码头堆栈和火柴、水泥、煤球、煤矿、毛纺等生产企业,还组设银行、保险等企业,合轻重工业、运输、商业、金融业于一体,目的是在资金融通上可以起到截余补缺、互相挹注的作用。虽然它在组织上并未形成一个统一管理的企业组织形式,但实际上都由刘鸿生及其家族所控制。从业务经营范围上看,是一个典型的多角化经营体系。[1]

在不长的历史时期内,近代上海兴办的中国新式工商企业就走完了兴办、竞争、融合和形成龙头老大的过程,这些行业的龙头老大企业,在管理、产品、生产、市场、竞争等多方面影响和带动更多的企业发展,与交通、金融、贸易等多方面配合,共同奠定了近代上海成为中国经济中心的地位和基础。

通过以上简单的回顾,我们可以看到,"开放"使得近代上海有了兴起和发展的机遇,"继承"中国有效而又有特色的传统,使得近代中国工业化的发展能够扎根在深厚的国情土壤之中,汲取传统中国商事习惯中的不竭营养。而开放和继承传统上的融合和创新,则直接奠定了近代上海成为诸多经济、金融"第一"和"中心"的根本要素和基础。

今天回顾这40年取得的成就和近代上海发展的历史,越发使我们认识到改革开放的重要,了解认识国情、扎根国情和创新发展的巨大威力,认清和坚持这一点,是我们今后继续发展不可动摇的基础和根本。

---

[1] 参见沈祖炜主编《近代中国企业:制度和发展》,上海社会科学院出版社1999年版,第167—168页。

蔡元培的哲学活动与上海*

华东师范大学马克思主义学院　张腾宇

20世纪上半叶的中国风云变幻,上海是其典型缩影。无数仁人志士在此留下了探索"中国向何处去"的思想印记,蔡元培就是其中之一。

蔡元培1868年1月出生于浙江绍兴,他的哲学活动与上海有着紧密的联系,这主要体现在教书育人、著述演说、编译著作、撰序题词等方面。以下对此略作梳理,以纪念他诞辰150周年。

一、教书育人

1901年8月,蔡元培受邀代理上海澄衷学堂总理。从此,历史将蔡元培与上海紧密地联系在一起。①一个月后(1901年9月15日),蔡元培转任南洋公学(上海交通大学前身)特班教习。在这里,蔡元培开设了包括哲学在内的多门课程。南洋公学也因此成为全国率先开设哲学课程的新式学堂之一。据黄炎培回忆,"第一次论辩题为:世界进化,道德随而增进乎?抑否乎?"②另据蔡元培日记,1902年4月的一次哲学课为:"斯宾塞尔言谬误事中自有真理,试以所知之事证明之"③。有关进化与道德的论辩启发学生们思考:世界万事万物都在进化,而道德是否也会随之增进?后来章太炎提出"俱分进化"说,深刻地

---

* 选自2018年《多学科视野:蔡元培与中华民族伟大复兴——纪念蔡元培先生诞辰150周年学术研讨会论文集》,原载《哲学分析》2018年第5期。
① 蔡元培代理澄衷学堂总理时并非其初次到上海,但从此时起,他较长时期定居上海。此后,除出国留学游学、担任教育总长、北大校长,以及1937年末迁居香港等之外,余下大部分时光在上海度过。
② 黄炎培:《吾师蔡孑民先生哀悼辞》,载陈平原、郑勇编《追忆蔡元培》(增订本),生活·读书·新知三联书店2009年版,第92页。
③ 中国蔡元培研究会编:《蔡元培全集》第十五卷,浙江教育出版社1998年版,第394页。

分析了现代社会善和恶同时进化的现象。蔡元培在此之前已经敏锐地引导学生对自然界的进化规律是否完全适用于观察伦理道德提出疑问,具有思想的前瞻性。关于谬误与真理关系的讲述,实际上是要学生摈弃将真理与谬误的界限看作截然分明的通常见解,对各种不同思想采取兼容并包的态度,因为在看似谬误的思想中往往包含着真理的颗粒。

政治家和教育家邵力子、南社诗人洪允祥、北大法科学长王世澂、北大校长胡仁源、哲学史家谢无量、弘一法师李叔同、职业教育家黄炎培、建筑学家贝寿同等都是当时特班的学生,哲学思维的训练对他们日后的成长不无裨益。邵力子是同盟会和国民党元老,他主持的《民国日报》副刊《觉悟》,在新文化运动时期发表了包括他自己所写在内的大量宣传新思想、新文化的文章,其中不少涉及马克思主义哲学和西方杜威、罗素等人的哲学。谢无量后来不仅从事哲学教育工作,而且还撰写了《中国哲学史》《孔子》《老子哲学》《王充哲学》《朱子学派》《阳明学派》《佛学大纲》《伦理学精义》等大量哲学著作,其中《中国哲学史》是我国第一部中国哲学通史专著。胡仁源给蔡元培留下了"富哲学思想"①的印象。他最早将康德的《纯粹理性批判》译为中文,他在担任北京大学校长期间,正是北大中国哲学门(1919年改称哲学系)的草创时期,他为这个中国第一所哲学教学研究机构的成长做出了努力。

1902年10月,因"墨水瓶事件"②,南洋公学全体学生掀起退学风潮,南洋公学特班随之解散。之后退学学生百余人在中国教育会的帮助下于同年11月在上海创办爱国学社,蔡元培被推为爱国学社总理。需要指出的是,中国教育会系1902年4月由蔡元培等人发起组织,蔡元培时任事务长。在此之前,蔡元培还与蒋观云等人于1902年10月在上海创办了另一所新式学堂——爱国女学,后被推为爱国女学校长。在爱国女学和爱国学社,蔡元培也曾教授哲学类课程。在教学中,蔡元培不仅传授知识,且更注重培养学生的批判性意识与世界性眼光。据黄炎培回忆:"师之言曰:今后学人须有世界知识,世界日在进化,事物日在发明,学说日新月异。"③1903年6月,蔡元培离开爱国学社。1905年夏,离开爱国女学。

---

① 中国蔡元培研究会编:《蔡元培全集》第八卷,浙江教育出版社1997年版,第319页。
② 南洋公学中院第五班学生因误置墨水瓶于讲桌上而被教员责备,同学不平,要求公学总理辞退该教员,总理未允,反欲惩戒学生,进而激起全体学生退学之举,是为"墨水瓶事件"。
③ 黄炎培:《吾师蔡孑民先生哀悼辞》,载陈平原、郑勇编《追忆蔡元培》(增订本),第91页。

二、著述演说

在课堂教学之外,蔡元培还撰写了不少哲学著作,并发表了一些哲学讲演,其中有些虽不在上海撰写或讲演,但多数都在上海出版或刊载。大体而言,蔡元培在上海发表的著作可分为以下几类:

(一)哲学概论类。其中包含 4 篇文章。《世界观与人生观》一文初刊于《民德杂志》(巴黎)创刊号,1913 年转载于《东方杂志》。该文认为意志是世界各分子的通性,也即世界之本性。世界有现象与本体两面,最后的目的在于世界各分子无复有彼此差别而达于现象世界与本体世界相交之点,人能达此境界,就具有了完全之世界观与正确的人生观;最后目的的实现过程即为进化史,人生当合乎世界进化的公例,从而具有真正的价值。从中,我们可看出蔡元培当时所受康德、叔本华、柏格森等人哲学思想的影响。新文化运动时期,陈独秀的《敬告青年》和李大钊的《厌世心和自觉心》等文章,都用柏格森主张意志自由的"创造进化论"来鼓动青年打破现状,奋发向上。这和蔡元培的用意是一致的。《祝科学》(1917 年《科学》)是为《科学》杂志撰写的题词。题词指出,以往哲学的领域,除玄学外,皆将为科学所占领。所谓玄学,是指形而上的本体论。这表明蔡元培在把科学视为最高价值追求之一的新文化运动时期,清醒地认识到以研究本体论为核心的哲学依然有其不可替代的价值。从上述二文可以看出,蔡元培已意识到科学能否取代哲学而支配人生观,将是中国哲学界面临的重要问题。后来发生的"科学与玄学论战"正是围绕这个问题展开的。《大战与哲学》(1918 年《东方杂志》)是蔡元培在北京大学"国际研究"演讲会的演说词。文中论述了尼采的强权主义、托尔斯泰的无抵抗主义和克鲁泡特金的互助主义三者与战争的关系,并以持互助主义的协商国将取得最后胜利来论证互助主义的优越性。这包含了对于原先流行的把优胜劣汰、弱肉强食作为发展法则的进化论的否定。《怎样研究哲学》(1935 年《文化建设》)是蔡元培晚年受邀到中西广播电台的讲演稿。他提倡从"哲学概论"即哲学理论与哲学史入手,结合自身兴趣与特长展开研究,至于研究的对象,全可自由决定。这既为哲学研究提供了方法上的指导,同时也为哲学的普及教育起到了一定的作用。蔡元培在这里也表现出对于中国哲学发展路向的洞察。事实上,此后出现的著名专业哲学家,如熊十力、冯友兰、贺麟等,都是将哲学理论和哲学史研究相结合的。

（二）伦理学类。其中包括 2 部著作、1 部参与校订的教科书。最为大家所熟悉的是《中国伦理学史》和《中学修身教科书》，均系其在莱比锡大学留学期间完成，并分别于 1910 年、1912 年由商务印书馆出版。《中国伦理学史》是我国学者运用近代学术研究方法撰写的第一本中国伦理学史。该书虽在历史分期、所用材料等方面参考了日本学者远藤隆吉的《支那思想史》、木村鹰太郎的《东西洋伦理学史》和久保得二的《东洋伦理学简史》等著作，但蔡元培在其基础上又有所取舍与增益，不仅对原书的错讹武断之处有所修正，而且对古代伦理思想学说也加以自己的评点，因而使该书具有了新的内容与特色。该书于 1941 年由日本学者中岛太郎译成日文在日本出版，名为《支那伦理学》。蔡元培之所以要撰写《中国伦理学史》，与其说是要以知识的形式再现伦理学史的细节，不如说是以史为鉴，进而贯通古今，会通中西，从而为新时代道德体系的构建提供思想资源。如该书序例中言："苟无学术史，则凡前人之知，无以为后学之凭借，以益求进步。……一切现象，无不随时代而有迁流，有孳乳。而精神界之现象，迁流之速，孳乳之繁，犹不知若干倍蓰与自然界。……迩际伦理界怀疑时代之托始，异方学说之分道而输入者，如槃如烛，几有互相冲突之势，苟不得吾族固有思想之系统以相为衡准，则益将旁皇于歧路。"①在全书的结尾，蔡元培预言中国传统伦理观念将与西方伦理观念碰撞融合而产生新伦理学说。

1912 年蔡元培担任中华民国教育总长，认为"忠君""尊孔"违背现代社会平等、自由的价值观，因而民国政府规定教育宗旨为"注重道德教育，以实利教育、军国民教育辅之，更以美感教育完成其道德"。对于道德教育的注重，表现为设置了修身课程。同年民国政府颁令以"孝悌忠信仁义廉耻"八德为立国之本，这自然也是学校道德教育的主要内容。倡导这八德是儒学的传统。可见，在蔡元培主持下，民国初年的学校教育，试图把现代社会的价值观与传统道德融合起来，以培养"健全国民"。《中学修身教科书》正是这样做的。讲"修身"无疑是儒学传统中重要的道德实践，同时《中学修身教科书》又增加了新时代的元素，如对"个人权利"的肯定、对"博爱"的张扬，以及对"体育"的重视等。该书与先前出版的初等小学《最新修身教科书》相衔接，在民国初期曾作为教

---

① 中国蔡元培研究会编：《蔡元培全集》第一卷，浙江教育出版社 1997 年版，第 461—462 页。

材被广泛采用。需要说明的是，初等小学《最新修身教科书》(第一、二册，上海商务印书馆 1905 年版)是商务印书馆编译所编撰，由蔡元培与张元济、高凤谦共同校订的。这两部教材追求的是将传统的修身与新时代的需求相适应，与现代学校教育相协调。可以说，蔡元培是探索传统伦理如何贯穿国民教育的先行者。

（三）中国哲学类。其中包括 5 篇文章。《五十年来中国之哲学》一文从西方哲学的介绍与古代哲学的整理两方面，较为系统地梳理并评述了自严复译介西洋哲学以来近五十年里，"中国人与哲学的关系"①。之所以讲是"中国人与哲学的关系"，是因为蔡元培指出当时中国尚未有"独创的哲学"，故"中国之哲学"不能成立。这表示他已明确意识到仅仅把西方哲学介绍到中国，并不意味着中国具有了自己的哲学。因此，这也表达了对中国人的独创哲学的呼唤。文末提出了令人深思的问题：中、西、印三个民族的哲学是否绝对不能并行或融合？对此，蔡元培虽未明确做出解答，但隐约地表明他是将中、西、印三个民族哲学的并行与融合看作未来哲学的发展趋势。该文是我国学者对清末民初学术成果首次较为全面的回顾与总结，收录于申报馆 1923 年编印的《最近之五十年》。《中华民族与中庸之道》(1930 年《东方杂志》)是其在亚洲文会的演说词。在蔡元培看来，儒家的中庸之道与中华民族性最为契合，他进而以此为孙中山三民主义的合理性做理论论证。《孔子的精神生活》(1936 年《江苏教育》)一文从智、仁、勇三方面诠释孔子的精神生活，并指出无宗教的迷信与有音乐（美术）的陶养是孔子精神生活的两大特点。《墨子的非攻与善守》(1936 年《生活星期刊》)一文则旨在以墨子为例说明非攻的主张当以善守的实力为前提，这大概是有感于当时日本入侵我国所发，表明对于侵略者所应采取的立场与态度，同时也表达了他对国民党政府"不抵抗政策"的不满。《对于读经问题的意见》(1935 年《教育杂志》)是对《教育杂志》主编何炳松征询对于读经问题意见的回信，蔡元培明确反对提倡中小学生读经的主张，他指出，"小学生读经是有害的，中学生读整部的经也是有害的"②。这既是对当时掀起的尊孔读经守旧思潮的批评，也是对传统文化如何进入国民教育的探索的深化，即在现代学校教育中弘扬传统文化绝不是照搬传统，更不是对经学顶礼膜拜。

---

① 中国蔡元培研究会编：《蔡元培全集》第五卷，浙江教育出版社 1997 年版，第 102 页。
② 中国蔡元培研究会编：《蔡元培全集》第八卷，浙江教育出版社 1997 年版，第 57 页。

（四）美学类。其中包括 4 篇文章、1 则词条。《以美育代宗教》（1930 年《现代学生》）系蔡元培在上海中华基督教青年会的讲演词,其中论述了不能以宗教充美育,而只能以美育代宗教的原因。此外,蔡元培还撰写了《二十五年来中国之美育》（1931 年《环球中国学生会二十五周年纪念册》）、《美育与人生》（1931 年前后）、《美育代宗教》（1932 年）诸文,并为《教育大辞书》（商务印书馆 1930 年版）撰写了"美育"词条。从中可知,"美育"之提出,旨在实现大众心灵的陶冶与社会的净化。其中既有对重塑新时代理想人格所提出的设想,也有出于纠专治科学之偏的考虑;既有对包括基督教在内宗教传统的批判与超越,也有对儒家礼乐传统的反思与继承。蔡元培是中国大力提倡美育第一人,"美育"一词是其从德文"Ästhetische"译出,"以美育代宗教"的观念在学界也产生了较大的影响,他为中国近代美学的建立做出了重要贡献。

（五）宗教学类。其中包括 1 篇讲演词。《佛学与佛教及今后之改革》是 1927 年蔡元培在闽南佛学院的讲演词。其中指出:佛法分佛学与佛教两部分,前者是科学,后者是宗教。佛法既可谓为科学,也可谓为宗教,当以考证、校勘、证明、比较之四种科学方法研究佛学。此外还提出两点合乎入世精神的改革意见。这也是蔡元培对近代佛教复兴,特别是 20 世纪 20 年代初太虚法师推行佛教复兴运动的反思与建议。

除上述几类外,蔡元培还撰写了《学堂教科论》（上海普通学书室 1901 年版）和《对于新教育之意见》（1912 年《民立报》《教育杂志》《东方杂志》）。二者虽是关乎教育的著作,但其中亦渗透着蔡元培的哲学思考。在《学堂教科论》中,蔡元培提及日本哲学家井上圆了对当时学术的三分,即"有形理学""无形理学（亦谓之有象哲学）""哲学（亦谓之无象哲学,又曰实体哲学）"[①],他认为井上圆了所言的"哲学"即我国传统所谓的"道学"。更准确地讲,哲学是道学之纯者,心理与宗教是哲学的附庸。《对于新教育之意见》指出世界观与美育是教育所当注重之点,并认为世界有现象与实体两面,美感是由现象世界达于实体世界的津梁,其中也反映出蔡元培所受康德哲学的影响。

三、编译著作

蔡元培还编撰译介了一些国外哲学著作,为新思想、新观念的引进与传播

---

① 中国蔡元培研究会编:《蔡元培全集》第一卷,第 334 页。

做出了重要贡献。1901年9月,蔡元培应杜亚泉之邀担任《普通学报》的经学门撰译①,其间编译撰写的文章有《哲学总论》(1901年《普通学报》第1、2期)、《说孔氏祖先教》(1902年《普通学报》第4期)、《群学说》(1902年《普通学报》第5期)等。因《普通学报》以译介国外西方科学知识与思想学说为主,故《哲学总论》可能是对井上圆了哲学思想的绍述,且文中明确提及部分内容节译于井上圆了的《佛教活论》;《群学说》可能是对严复所译斯宾塞《群学肄言》(即《社会学研究》)的绍述。

此后,他还翻译了德国哲学家科培尔的《哲学要领》②、日本哲学家井上圆了的《妖怪学讲义》(总论)③、德国哲学家泡尔生的《伦理学原理》④,并分别于1903年、1906年、1909年由商务印书馆出版。需要指出的是,《哲学要领》和《伦理学原理》系由日文译著转译。《哲学要领》为近代中国人较为全面系统地了解西方哲学思想,提供了相对通俗的入门读物。《妖怪学讲义》虽非哲学专著,但涉及对人的认知心理和过程的考察,是一部破除迷信的重要之作,在当时中日学界都受到较大关注。《伦理学原理》是近代中国介绍西方伦理学理论的一部重要译著,该书较为系统地阐释了西方近代伦理学的基本原理和概念,对伦理学的一些问题做了简明扼要的论述。杨昌济在其任教的湖南省立第一师范学校,将此书作为修身课教科书。当时就读于该校的毛泽东就此书写下万余言的批注,他后来说到这本书对自己的影响:"这本书的道理也不那么正确,它不是纯粹的唯物论,而是心物二元论。只因那是我们学的都是唯心论一派的学说,一旦接触一点唯物论的东西,就觉得很新颖,很有道理,越读越觉得有趣味。它使我对于批判读过的书,分析所接触的问题,得到了启发和帮助。"⑤从中可见《伦理学原理》对于毛泽东走向唯物论,批判以往接触的唯心论,运用唯物论分析问题起到的作用。

此外,蔡元培还应商务印书馆之约,编译了《哲学大纲》和《简易哲学纲

---

① 蔡元培1901年9月11日《日记》:"秋帆(杜亚泉)来,欲印《普通学报》,分八门,乞同志分任撰译,……属元培任经学门。经学者,包伦理、论理、哲学,大约偏于理论者。"参见中国蔡元培研究会编:《蔡元培全集》第十五卷,第354页。
② 《哲学要领》系蔡元培根据日本学者下田次郎所记的科培尔在日本文科大学的授课笔记选译而成。
③ 蔡元培曾译出《妖怪学讲义》(共八册)的前六册,并交亚泉学馆。因学馆失火,仅先行排印的总论部分得以保存,1906年改由商务印书馆出版,是为《妖怪学讲义总论》。
④ 《伦理学原理》节选自泡尔生《伦理学体系》的序论和第二编。
⑤ 中共中央文献研究室、中共湖南省委《毛泽东早期文稿》编辑组:《毛泽东早期文稿》,湖南出版社1988年版,第276页。

要》,作为教育部审定的师范学校教科书,并分别于 1915 年、1924 年由商务印书馆出版。其中,《哲学大纲》以德国哲学家厉希脱尔的《哲学导言》为本,兼采德国哲学家泡尔生、冯特的《哲学入门》而成。全书共分"通论""认识论""本体论""价值论"四编。《简易哲学纲要》则分"绪论""认识问题""原理问题""价值问题""结论"五编,除绪论与结论外,主要取材于德国哲学家文德尔班的《哲学入门》。当然这两部译著中也蕴含着蔡元培对于哲学的理解与思考,正如他在口述《传略》中所言:"其时编《哲学大纲》一册,多采取德国哲学家之言,惟于宗教思想一节,谓'真正之宗教,不过信仰心。所信仰之对象,随哲学之进化而改变,亦即因各人哲学观念之程度而不同。是谓信仰自由。凡现在有仪式有信条之宗教,将来必被淘汰。'是孑民自创之说也。"①

四、撰序题词

蔡元培还为不少哲学类著作及译著撰序题词,热情推广新的学术研究成果。此类作品涉及哲学通论、中国哲学、西方哲学、伦理学、美学、逻辑学、宗教学等多方面。

其中关乎中国哲学的部分最多。在为胡适《中国古代哲学史大纲》(商务印书馆 1918 年版)所作序中,指出该书具有四大特长:"证明的方法""扼要的手段""平等的眼光"和"系统的研究"②,蔡元培如此的高度评价实际上确立了该书在中国哲学史学科中奠基之作的地位。此外,他还为苏甲荣的《庄子哲学》(日新舆地学社 1930 年版)、熊十力的《新唯识论》(浙江省立图书馆 1932 年版)、王立中的《俞理初先生年谱》(安徽丛书编印处 1934 年版)、朱桂曜的《庄子内篇证补》(商务印书馆 1934 年版)、蔡尚思的《中国思想研究法》(商务印书馆 1939 年版)等著作撰写序跋或题词,对他们的著作也都给予了肯定。他认为《新唯识论》是"完全脱离宗教家窠臼,而以哲学家之立场提出新见解者"③,具有重大的开创性意义。在《〈俞理初先生年谱〉序》中,他说明了崇拜俞先生的最重要的两点原因:一是"认识人权",力倡男女平等;二是"认识时代",

---

① 转引自中国蔡元培研究会编:《蔡元培全集》第二卷,浙江教育出版社 1997 年版,第 300 页。
② 中国蔡元培研究会编:《蔡元培全集》第三卷,浙江教育出版社 1997 年版,第 375 页。
③ 中国蔡元培研究会编:《蔡元培全集》第七卷,浙江教育出版社 1997 年版,第 328 页。

阐明伦理道德必须追随时代而进步。蔡元培17岁时便曾读过俞理初的《癸巳类稿》《癸巳存稿》等著作,并深受影响,终身好之,且尝作俞理初年谱初稿。他指出,前人所不经意的诸多问题,"至理初,始以其至公至平之见,博考而慎断之","渐脱有宋以来理学之羁绊,是殆为自由思想之先声"①。这是最早将俞理初视为开近代伦理思想风气的人物。

哲学通论方面,蔡元培为周太玄译的《人的研究》(法国学者弗利野德著,中华书局1925年版)、胡鉴民译的《自由哲学》(比利时哲学家齐尔著,商务印书馆1930年版)、樊炳清编的《哲学辞典》(商务印书馆1926年版)撰序。在《〈人的研究〉序》中,蔡元培对科学的知识与方法持欢迎态度,并希望由此建设科学的哲学。他同时指出,不当因研究科学而排斥玄学,也不可因研究玄学而蔑视科学。这不仅是一篇序文,其中也包含着他对当时科玄之争的表态与回应。坚持玄学与科学并存互补是蔡元培的一贯态度,这在《祝科学》诸文中也有所体现。在《〈自由哲学〉序》中,他认为儒家是中和性的,优越于道家的极端放任和法家的极端干涉;比利时哲学家齐尔所承认的是相对论,归宿在中和,从而可与孙中山的三民主义相辅成。

此外,在伦理学方面,他为麦鼎华编译的《中等伦理学》(日本学者元良勇次郎著,商务印书馆1902年版)作序。序中提倡新伦理,反对以"四书五经"扰碍学子思想,并指出我国伦理学说详于个人私德而疏于国家伦理。在美学方面,为金公亮所编《美学原理》(正中书局1934年版)作序。序中指出,在"何者为美""何以感美"与"美是什么"三者中,对于"美是什么"的探讨尤为重要。在西方哲学方面,为张竞生译的《忏悔录》(法国哲学家卢梭著,商务印书馆1929年版)作序。在逻辑学方面,为王君祥《逻辑学》(1926年)作序。在宗教学方面,为王小徐《佛法与科学比较之研究》(上海佛学书局1932年版)和《影印宋碛砂版大藏经》(上海影印宋版藏经会1936年版)作序。在《〈佛法与科学比较之研究〉序》中,蔡元培已意识到哲学并非现代科学的综合,哲学当设法解决科学所不能解决的问题,并指出数学既是科学的工具又是玄学的导线。因此他赞同王小徐将佛法与科学相结合以解答问题的做法,并希望能由此促成种种科学的工作,以科学证明佛法,完成自度度人的宏愿。

---

① 中国蔡元培研究会编:《蔡元培全集》第一卷,第583页。

当然,蔡元培哲学活动与上海的关联还不止上述四个方面,比如其在上海的交游与通信情况也有所体现。同时,蔡元培为设立于上海的中国教育会、中央研究院以及上海图书馆、上海博物馆等机构的筹建与创办付出了很大努力,这些都有力地推动了上海哲学社会科学事业的发展。

"新上海70年与文化建设"感言*

上海炎黄文化研究会　杨益萍

2019年是新中国成立70周年的喜庆之年。在这难忘的日子里,我们以无比喜悦的心情,和全国人民一起,欢庆共和国70华诞,祝福伟大祖国繁荣昌盛。今天,我们举行上海炎黄文化研究会2019年学术年会,以"新上海70年与文化建设"为主题,从上海文化建设这一特定角度,回顾新中国、新上海70年来的辉煌成就,进一步坚定新征途上接续奋斗、砥砺前行的信心和勇气。会上发表的论文,围绕年会主题,从不同侧面回顾当代上海文化建设史,展现丰硕成果,加以务实总结,给我们以启发和激励。

一、上海文化建设的成就值得讴歌

70年来,伴随经济、政治、社会、生态各领域的耀眼进展,上海的文化建设突飞猛进,令人瞩目,成就卓著。成就体现在基础设施建设上。这些年,气势恢宏、美轮美奂的电视塔、体育场、图书馆、大剧院、音乐厅、博物馆、科技馆、东方艺术中心等,一幢又一幢标志性建筑,一片又一片文化园地接踵亮相,目不暇接。成就体现在软件建设上。这些年,上海的文化工作者创作奉献精品,推出丰硕成果。从哲学社会科学、科学技术、文学艺术,到教育、出版、报业、广播、文博、体育、旅游,上海都有全国著名、国际知名的品牌产品,获得全国各种奖项,在国际上获得奖项的数量也日渐增多,上海在国内外的文化影响力持续提升。成就体现在文化普及程度上。公众对参与文化活动表现出空前的热情。文化消费已经成为老百姓衡量幸福感的重要指标。譬如老年大学一席难求,每年春秋季入学都火爆之至,部分培训班获取报名表甚至需要半夜排队。

---

* 选自《新上海70年与文化建设——上海炎黄文化研究会2019年学术年会论文汇编》。

又譬如旅游热方兴未艾,畅游天涯海角,领略大好风光,感受民俗文化,成为一种时尚。市民越来越积极主动地投身于各类文化活动,社会上出现了阅读热、健身热、书画热、收藏热等各种群众性热潮。

二、国力强盛支撑文化建设实现跨越

1949年9月,新中国诞生前夕,毛泽东同志曾充满自信地宣示:"随着经济建设的高潮的到来,不可避免地将要出现一个文化建设的高潮。中国人被人认为不文明的时代过去了,我们将以一个具有高度文化的民族出现于世界。"深刻阐明了经济建设与文化建设的关系。回望70年壮丽征程,经济建设与文化建设相互成就,相得益彰。我们在物质创造中进行文化创造,在历史进步中实现文化进步。事实证明,唯有国力强盛,才能支撑文化建设实现跨越。考察上海70年文化建设的成就,离不开"雄鸡一唱天下白"的时代背景,离不开社会主义道路的开辟,尤其离不开改革开放的巨大推动力。有了生产力的发展,方有民众的福祉,方有文化的兴盛,无数实例证明了这一点。比如,我们从一个个文化设施建设背后,既看到艰苦奋斗的精神,也看到强盛国力的支撑。我们从一个个科技成果背后,既看到人的专业素养和攀登精神,也看到充足的资金投入、现代化的科研装备所体现的国力。正是强盛的国力,充足的科研经费,撑起了一批批现代化的实验室和高精尖的设备,沟通了与世界科技前沿交流对接的渠道,使我们的科学家得以尽情地发挥创造天赋。同样,我们从文化普及的热潮中,看到了社会富裕程度的提高。无论是老年大学热、旅游热还是其他种种文化热,无疑都要以经济为基础。老人读外语、学书法、练写作,全无功利性动机,为的是获得学习本身具有的快乐,实现自己的潜在能力。然而,认知需求离不开物质前提。所谓"自我实现"的高层次需要,必须建立在丰衣足食、生活安定的基础上。只有在物质条件改善、余暇时间增多的今天,扩展非功利性学习,促成人的全面发展,才能成为一种现实。可以说,文化建设成就,折射出了社会整体进步。讴歌新上海70年的文化成就,就是讴歌我们这座城市乃至整个国家70年的伟大成就。

三、文化建设推进社会全面发展

文化建设,有赖于国家整体力量支撑。反过来,文化建设的成就,也会作用于后者,推进社会全面进步。两者呈现相互促成的关系。我们从上海 70 年文化建设成就中欣喜地看到,如今,整个城市正呈现一幅生机勃勃的人文图景。电影、电视剧、舞台剧日渐丰富,博物馆成为人们关注的热点,书画展、摄影展、收藏展层出不穷,上海书展人流如潮,全民健身活动持续开展。所有这些现象,对国民素质提升、社会和谐稳定和优秀传统文化传承,无疑起着润物无声的作用。比如,民间求学热的兴起,非功利学习需求的扩展,使社会增加了朗朗的读书声、动听的歌声、叮咚的钢琴声,增加了业余书画家、摄影家、收藏家、翻译家和古诗词鉴赏家,显著地提升了人们的文明素养。比如,民间体育锻炼的普及,使社区、河畔、绿地增加了热衷拳操锻炼的人群,增加了匆匆行走的跑者,增加了喜欢广场舞的舞者。凡此种种,有利于人们增强体质、保持健康,有利于节省跑医院的时间,节省社会医疗支出。最重要的是,文化能为人民提供思想引领、道德滋养。文化能够改变人、提升人、塑造一代新人,从而塑造美好的世界。正如习近平总书记指出:"文化是一个国家、一个民族的灵魂。文化兴国运兴,文化强民族强。"文化建设是创造正能量、传递正能量的工作。文化在一个国家、一个民族生存发展中的地位,举足轻重,文化建设亟待不断加强。

四、总结经验,探寻规律,接续奋斗

回望新上海 70 年文化建设成就,是为了继续前进。面向未来,要树立"上海文化"品牌,建设当之无愧的国际文化大都市,需要总结经验,探寻规律,接续奋斗。我们发起征文,召开年会,是做这个工作;年会以后,我们将继续做这个工作。各位朋友可以发挥专业专长,做出各具特色的专题研究,继续为上海的文化建设建言献策。要有更高的站位,更深的研究,以习近平新时代中国特色社会主义思想为指导,在广泛搜集史料的基础上,发掘上海文化建设独特的文化内涵,尤其注重用好红色文化、海派文化、江南文化的宝贵资源,推进文化建设,促进文化繁荣,使我们的城市越来越具有品位,奔向更加美好的明天。

我们要坚持办会宗旨,继续为传承弘扬中华优秀传统文化,身体力行,奉献智慧和力量。这些年来,许多同志为传承中国文化血脉,默默地做了大量的工作,做出了无私的奉献。他们刻苦钻研,不断取得研究成果。有的历时数年,著书立说;有的精心撰写,提供高质量论文。他们热心传播,为普及传统文化不辞辛劳。有的年过八旬,依然热情宣讲中华"石文化""孝文化""筷子文化";有的奔走于天山南北及至青藏高原,努力推进汉语教育;有的治学严谨,为确保完成基层宣讲质量,隔夜从崇明赶到市区;有的利用海外探亲机会,应邀为当地华人义务讲授中华传统文化。他们积极创新,无私奉献,为传承优秀传统文化尽心尽力。有的精心策划"儒商论坛";有的悉心创设"庄子辩坛";有的牵头创立炎黄诗友社;有的身患疾病,却为书画创作无私奉献;有的满怀敬仰之情,精心创作油画作品,捐献给烈士陵园。限于时间,这里恕不一一列举。我们要向这些同志表示敬意,向所有为研究会工作默默奉献的同志表示敬意,要学习他们的精神,更好地传承弘扬中华优秀传统文化,为促进文化事业发展,延续民族文化血脉,实现中华民族伟大复兴的中国梦,发挥我们微薄的有限的力量,做出我们力所能及的贡献。

城市品格与城市伦理
——上海城市品格的伦理探讨*

上海社会科学院哲学研究所　陆晓禾

新中国成立 70 年,尤其改革开放 40 年,中国将近代屈辱的被动开放,改变为辉煌的主动开放。开放、包容和创新成为上海城市品格。[①]城市品格与城市精神、城市价值取向是什么关系?我们为什么应该将它们作为城市精神、价值取向和品格来要求、倡导和推崇?笔者认为,研究城市品格的伦理根据,将有助于上海城市的再出发和再创辉煌。

城市化运动呼唤城市伦理研究

新中国成立 70 年,尤其改革开放 40 年,一座座城市拔地而起,城市又进一步形成城市群,近年来提出的长江经济带城市群,包括三大城市群两市九省 40 余个城市,以超大城市为中心发展大都市圈,将进而融合成区域城市群,形成与国际市场相通、占有相应比重的产业体系和市场辐射体系。[②]

这意味着:第一,大量城市出现,城市与城市又大量集聚,在我们眼前正发生着大规模的城市化运动;第二,从全球城市化进程看,我们正在经历的也是这种由城镇化向都市圈和城市群发展的一般过程,但不同的是,我们作为战略来提的城市化运动,例如长江经济带城市群,探索的是一条生态优先和绿色发展的新路子,这个新路子由新的发展理念来引导,是一种新的能动的城市化运动;第三,城市化运动,空间变化,形成了新的地域关系、经济关系、社会关系,

---

* 选自 2019 年《会长论坛暨多学科视野:新中国 70 年与上海品格学术研讨会论文集》,原载《云梦学刊》2020 年第 2 期。
① 习近平:《在首届中国国际进口博览会开幕式上的主旨演讲》,新华网 2018 年 11 月 5 日。
② 习近平:《在深入推动长江经济带发展座谈会上的讲话》,《求是》2019 年第 17 期。

这些关系都有伦理维度，都有应当如何处理这些关系的问题，因此将城市伦理、空间伦理的问题，提到了我们的面前。

从我国伦理学规范体系看，按2001年颁布的《公民道德实施纲要》，包括三个着力点或者说领域：家庭道德、社会公德和职业道德。2012年党的十八大报告中，加了"个人品德教育"这个领域，反映了中央对中国传统伦理的重视。中国传统伦理，包括修身、齐家、治国、平天下的伦理理想和要求。到了近代，蔡元培先生借鉴西方伦理学的发展成果，增加了社会公德和职业道德这两个领域①，形成了今天公民道德的雏形框架。不过，从今天的发展看，这四个领域还是不够的，并且这四个领域的道德规范的主体还是个人，而经济关系、社会关系的变化，道德主体也在发生变化。2014年罗国杰教授对他1982年主编的《马克思主义伦理学》做了很大修改，其中一个重要修改，就是将研究对象和道德主体从个体拓展到群体。②西方在过去几十年中，由于公司丑闻和资本主义制度是否道德的争论，将公司和制度也作为道德研究的对象和主体，拓展出了公司伦理学和制度伦理学。而以城市作为伦理学的研究对象，从国外来看，也是最近一些年的发展，从国内来看，尚未获得足够的重视。特别是，从有关"道德滑坡"的争论看，我们的伦理学理论，强调的是对于道德原则、道德规范的生产力标准，而忽略了生产力标准是一定社会的道德原则和规范的标准，是标准的标准，不能取代对现阶段社会道德状况的道德研究和评价，不能取代对社会中个体或群体的道德行为和品质的道德研究和评价，进而与本文主题相关的是，也不能取代对一个城市或空间的道德状况、伦理关系的道德研究和评价。所以从伦理学研究看，不仅对群体、制度、社会的伦理学研究，而且相对城市化运动来说，我们的城市伦理、空间伦理的研究也需要与时俱进。研究城市品格，将有助于我们意识和重视目前的这种滞后和不足，促进作为一个新的伦理学研究领域的城市伦理学的发展；同时多学科合力，也可以多视角地深化我们对城市品格以及城市化发展的研究。

城市精神、城市价值取向、城市品格与城市伦理的关系

与城市品格有关的，我们首先会联想到是，最近一二十年，全国多地都积

---

① 蔡元培：《中学生修身教科书》，商务印书馆1908年版。
② 罗国杰主编：《伦理学》（修订本），人民出版社2014年版，第404页。

极开展了城市精神大讨论,提炼出了富有个性的众多城市精神,如:北京"爱国、创新、包容、厚德",上海"海纳百川、追求卓越、开明睿智、大气谦和",广东"敢为人先、务实进取、开放兼容、敬业奉献",深圳"开拓创新、诚信守法、务实高效、团结奉献"。不独北上广深这些特大城市,天津等一线或中心城市也提出了它们的城市精神,如天津"爱国诚信、务实创新、开放包容",武汉"敢为人先、追求卓越",重庆"重山重水、重情重义",青岛"诚信、博大、和谐、卓越",苏州"刚柔相济、包容开放、崇文重教、精细雅致",杭州"精致和谐、大气开放",长沙"心忧天下、敢为人先",大连"创造、创业、创世",福州"海纳百川、有容乃大"等。也不仅是城市精神,一些城市还进一步提出了城市价值取向,如上海提出了"公正、包容、责任、诚信"的城市价值取向①。这种各地举城上下且全国此起彼伏、蔚为壮观的城市精神、城市价值取向热,一方面固然是由于政府主导,从两个文明一起抓、公民道德实施纲要,到社会主义核心价值观倡导;另一方面也表明了城市发展、城市化运动,需要有文化支撑,有价值观引导,有能够激励、凝聚城市共同体的精神力量,有在这个共同体中工作和生活的人们应该遵守的价值共识,有能够调节城市群体关系的城市伦理道德规范,这对于维护城市的生产关系、社会关系和城市的和谐稳定的发展都有重要意义。

城市品格的提出,相比城市精神和城市价值取向更进了一步。因为大体说来,精神还是比较广泛的,指人的意识、思维活动和一般的心理状态;价值取向是主体所选择并作为目标或期望来追求的价值;品格则是精神、价值取向的人格化,是精神、价值取向通过主体的表现和行为积累,而形成的比较稳定的行为特征和德性状态。这样来看的城市品格,可以认为是城市精神、城市价值取向,通过长期生活在这个城市的大多数人的表现和行为积累,而形成的比较稳定的群体行为特征和德性状态。因此,当我们说一个城市具有某种品格时,实际上也就意味着,这个城市的精神和价值取向,已经达到了一个相对成熟的阶段,如同一个人,他的成长,在小孩时还谈不上品格,还在学习和成长,到一定时期,变得成熟稳定了,形成了他长期的行为习惯,才形成了他特有的个性和品性特点。当然,这个过程可以是不自觉的也可以是自觉的,所以对于品格,我们常常用培养或塑造这样的动词,就是意味着这种行为特征和德性状态,是可以通过长期的实践过程来能动和自觉地造就的。

---

① 俞正声:《倡导公正包容责任诚信的价值取向》,新华网 2011 年 11 月 13 日。

这样来看的城市品格,比城市伦理的概念要大,因为城市品格包含城市主体的行为特征和德性状态,而不止是后者。所以,品格,用英文来解释,就是"one's character and morals",即由个性或角色与道德这两个要素构成的。但是,决定主体品格的质的规定性的要素,是主体的道德,是他的比较稳定的德性状况。这个要点,可以从《康熙字典》中有关品格的解释来了解。品,类也,即可以品评的类;格,所谓"言有物而行有格,又正也",所以格又有准则、规范的意思。① 与英文解释相比较,中文注重的是道德要素,是"正"。所以,城市品格的提出和研究,意味着对城市道德、城市伦理的要求,也因此,我们应该研究,城市伦理在城市品格形成中的作用,例如在上海城市品格中的作用,因为一个城市的精神或价值取向,只有在成为这个城市的品格时,才能作为稳定的特征和状态而长期发生影响;同时也可以了解,对于城市品格,我们伦理学能够做什么,例如,应该提倡什么道德、什么传统,处理好哪些伦理关系,才能使得所倡导的精神或价值取向成为品格,或者更好地保持和表现这种品格,从而希望对于城市品格,对于上海城市品格,能够提供伦理学方面的支持。

概言之,开放、包容、创新,可以作为上海城市之"是"即事实、现实来描述,可以作为上海城市的"精神""价值"或"价值取向"来倡导,也可以作为上海城市的"品格"来坚持。需要研究的是,使得人们赞成、肯定、支持、坚持它们的伦理根据是什么?也就是,开放、包容、创新,这些可以仅仅作为"是"甚至历史上还是被动接受的"是",究竟是什么原因或根据,才使得它们作为或者应该作为城市精神、价值取向和品格来要求、倡导、坚持和推崇?不仅上海,而且从全国多地的城市精神来看,也大都将开放、包容、创新作为它们的精神、价值取向和城市品格来提炼、倡导和培育。因此,探讨它们的伦理根据或支撑,不仅对于上海城市品格的坚持,而且对于多地城市精神的倡导和城市品格的塑造,也都具有意义。

上海城市品格的过去和今天

中国多地城市提出的城市精神,尤其是已经成为上海城市品格的"开放、包容和创新",从鸦片战争后的中国历史来看,最初是带着中国人的血泪的屈

---

① 《康熙辞典》,上海辞书出版社 2007 年版,第 116、460 页。

辱印记的。外国列强用武力打开中国大门,《南京条约》等一系列丧权辱国的不平等条约,迫使中国割地赔款,开放了广州、厦门、福州、宁波、上海等沿海沿江城市,《马关条约》和《辛丑条约》,更进一步迫使整个中国沦为半殖民地。外力对中国城市现代化的起步客观上起了催化作用,但是以对中国的血腥侵略、疯狂掠夺和残酷压制为前提和代价的,所以比马克思关于英国资本主义诞生所说的更为恶劣,列强是带着血腥、肮脏和毒害来到的。熊月之教授在《上海通史》第1卷导论中分析指出,从政治、物产、军事来看,上海在传统城市中并不具有优势。上海具有的独特优势是地理位置:襟江带海,处于联系南北、交通内外的枢纽。"位置是基础,开放是前提,开埠通商是契机。"①他还指出,上海租界设立最早,历时近百年;面积最大,是中国其他23个租界总面积之和的1.5倍;其国中之国以及华洋杂居带来了城市治理上的"缝隙效应""示范效应""孤岛效应"和"局部有序全局无序"的特点。②笔者认为,这在给洋务派、维新派、革命党人和后来的共产党人极大刺激的同时,也使得他们有了可利用的"缝隙"和可拿来主义的"示范",将被迫的开放、包容变成为主动的中华民族救亡图存、发愤图强的创新契机和战场。

洋务派的开放、包容和创新,表现在他们对"中体西用"的"用"即"器"的开放、包容和创新上,但即便这种有局限性的开放、包容和创新,也清楚地表明了有着支持它们的宇宙观、价值观和伦理根据,"天行健,君子以自强不息,地势坤,君子以厚德载物",君子、国家、民族,当效天而自强不息,仿地而厚德载物,"虚心忍辱,学得洋人一二秘法的办法","师夷长技"为的是"制夷",实业"求富"为的是"必先富而后能强",中国、中国人、中华民族的"自强",为洋务派在封建体制内的创新获得了伦理正当性,是促使和支撑洋务派变被动为主动,包容并向西方技艺开放的精神力量和伦理根据。维新派将开放、包容和创新推进到对"中体"的改良上,主张"变法、维新、民权、强学",尽管戊戌变法最后以失败告终,但作为他们政治、经济和思想文化主张的理论根据,进化论和天赋人权论则产生了巨大的和持久的影响,为此后的革命党人和辛亥革命做了政治、思想和理论上的准备。从"民族、民权、民生"的三民主义基本纲领,到"独立、民主、和平、统一和富强"的共同纲领,将开放、包容和创新推进到对"中体"

---

① 熊月之:《上海通史》第1卷,上海人民出版社1999年版,第1—2、44—52页。
② 熊月之:《上海通史》第1卷,第36页。

的革命上,提出了具体的政治、经济、文化和思想的开放要求和整个社会革命的创新要求。尽管支持西用、改良和革命的理论及其伦理根据不同,但先进的中国人变被动为主动的开放、包容,从而创新,无论变法、改良和革命,目的和动力始终是中华民族的救亡图存和独立自强。

新中国成立后直到改革开放前的30年间,全力以赴地致力于主要用生产关系和上层建筑的革命来促生产,直至将这种革命推到极端的"文化大革命"。前30年在社会主义建设方面取得的重大成就,并不能成为否定"'文化大革命'十年内乱导致我国经济濒临崩溃的边缘"[①]这一事实的理由。1978年后直至今天的改革开放,开始了中国历史上的第二次打开国门,如邓小平所说,是中国的第二次革命。与100多年前中国被迫打开国门、被逼绝地"自强"不同,这次是我们自己主动打开了一度被我们自己关闭的国门,改革了由我们自己建立的"中体",解放思想,容许市场、民营所有制和多元文化的发展,释放和激发了人们对美好生活的追求和热情,由此带来了财富如喷泉般涌出,使得中国在短短的40年间迅速成为世界第二大经济体。"贫穷不是社会主义""实现中华民族伟大复兴的中国梦",在这次主动开放、包容和创新的背后,可以看到,中华民族百年来为之奋斗的"自强"理想和追求仍薪火相传,在新的历史条件下燃烧绽放。

上海,近代以来一直处于中国开放、包容、创新的前沿。中国民族工业最早在上海发轫,中西文化汇流序曲最早在上海奏响,红色革命的星星之火从这里燎原,生死抗日的第一场主动反击战在这里打响。1949年之后作为中国重要工业基地和财政支柱,上海在上缴国家税利全国最重负担和缺房少住全国最困难条件下,仍奉献了中国第一艘万吨轮、第一座万吨水压机、第一枚航天火箭,用手工搓出了第一只戏码防水手表,人工合成了胰岛素,使断指再植,让上海牌手表、蝴蝶牌缝纫机、永久和凤凰牌自行车、海鸥牌照相机和英雄钢笔享誉世界,驰名中外。

1832年,传教士郭实腊乘东印度公司"阿美士德号",沿中国南海岸线一路北上,从上海十六浦万帆林立商铺云集的盛况,最早闻到了上海与广袤腹地联系的气息,拥有尚未被西方发现的极大的对外贸易优势,郭实腊们的发现成为《南京条约》五口通商的依据。但无论是借由大炮轰开国门的鸦片贩子,还是

---

① 习近平:《在庆祝改革开放40周年大会上的讲话》,新华网2018年1月18日。

随不平等条约纷至沓来的外商洋行,或者执掌上海海关 47 年的罗伯特·赫德,他们推销洋货、建造工厂、"贩卖'秩序'"的目的,与他们输入鸦片的目的一样,是为了他们永久和更方便地掠夺或敛财,而绝不是为中国的繁荣和富强。城市伦理研究中,有认为上海这样的近代崛起的城市,"一律位于沿海、沿江的开放式地区,没有城墙、没有护城河","体现出的是完全开放的态度和愿望"。这种理解,忘记了在黄浦江上停泊着的保护这种"完全开放"的英法联军军舰,忽略了应该向谁"开放","开放"哪些,如何"开放","开放"中的我国、城市、市民的权益和地位是怎样的问题。没有对这些问题的认识,是撑不起"开放"这样的态度和愿望的。为开放而开放,与闭关自守一样,都不能成为支持的理由,只有这个国家或城市主体的利益才能成为开放的根本理由。这也是我们今天讨论开放品格时应该回顾总结和思考的问题。

城市品格的伦理关系原则

就一个国家或城市的开放来说,无论是历史上的被动开放还是今天的主动开放,都有一个开放主体与开放对象的关系,都会涉及三层次的关系:宏观层次上的国与国、国与城市、城市与城市、城市政府与城市工商业组织、市民社会的关系,中观层次上的城市群体或组织之间的关系,以及微观层次上的市民与家庭、单位、社区、城市和国家之间的关系,都涉及这些关系的政治的、经济的、社会的和文化的方面,因此也都有如何看待和处理这些关系的伦理问题。开放、包容、创新的精神和价值取向,也只有在处理好这些关系后,才能践行并形成可持续作用的品格。

当西方列强向中国输入鸦片并用武力逼迫中国打开国门之时,就已经表明了它们所谓的民主、自由、平等、博爱,如美国教授金黛如所说,"自身有一条长长的阴影",掩盖了对其他国家和民族的专制、侵略、掠夺和残暴。从中国自己来看,从洋务运动直至今天的改革开放,中华民族的伟大复兴或者说"自强"是贯穿始终的目标和主线。这也就决定了:首先,我们为了"自强"的开放始终是与民族的命运和国家的利益相连的,决定了我们开放的目的与西方的要求是完全不同的;其次,民族和国家的利益最终要落实到这个国家的人民身上,这也是洋务运动、维新变法和旧民主主义革命失败的一个重要原因,"自强""变法""革命"的目的,不是继续维护旧的统治阶级或者少部分人的利益。"人民的国家""人民的城市",是上海人民开埠以来浴血奋战、新中国成立以来艰苦奉献、改革开放以来先行先试的根本目标和动力,也是我们处理这三层次关系的伦理根据。如果不是用国家、城市、个人的"自强"来对待中国与列强、中国与上海、国家与人民的关系,就不可能变被动为主动,不可能支持开放、包容、创新实践。在上海的东西交汇、风云变幻、苦难抗争和艰难起飞的历程中,有着这样刚健雄厚的伦理文化,"只因负重而深沉",因而不如十里洋场的浮华而耀眼、高耸入云的摩天大楼而炫目罢了。

回顾、总结和探讨上海城市品格的伦理基础,除了上述"自强"和"人民"这两条根本原则外,笔者认为,我们还可以梳理和建议如下具体关系原则:

在国与国、经济体与经济体之间,坚持"平等互利"的原则,反对为开放而开放,为政绩而开放,尤其是损害国家核心利益的开放。开放、包容和创新,都应该"以确保国家核心利益为底线"。①

在国家与城市的关系上,坚持"自由与责任、权利与义务"相统一的原则。无论是否实行市场经济,在国家与城市的关系上,都不应该通行平等互利这样的市场关系原则,而应当是国家与公民的关系原则。城市,作为国家的城市公民,应当在以国家的整体利益和根本利益为最高原则的前提下,处理好城市公民的自由与责任、权利与义务的关系。对上海来说,2017—2035年的新定位,意味着既要拥有建设"卓越的全球城市"和"具有世界影响力的社会主义现代化国际大都市"所需要的充分自由和权利,也要担负相应的责任和义务,意味着上海应当在自身权限的范围内进一步开放、包容和创新,也意味着国家对上海的相关体制、政策和权限上的进一步开放和创新。

在城市与城市的关系上,坚持"协同发展、共生共荣"的原则。改革开放后,主要由经济联系而非传统政治隶属关系而形成的新的城际关系,要求有适合这种新关系的城际关系原则,能够有力地促进彼此的开放、包容和创新。城市,既是市场经济中拥有自由与责任的独立经济主体,同时又是拥有权利与义务的城市公民,因此一方城市不能只有开放包容的责任和义务,而无开放包容的自由和权利。应当在国家利益大局下,协同发展、共生共荣,如黄奇帆所说,各优其优、各美其美。②作为国家中心城市和超大城市、长江经济带城市群的龙

---

① 《习近平阐明国家和平发展原则底线　决不牺牲国家核心利益》,新华网 2013 年 1 月 30 日。
② 黄奇帆:《谈长江经济带城市群发展:首要前提是大力发展战略性新兴制造业和服务业》,《21 世纪经济报道》2019 年 1 月 19 日。

头城市,上海拥有相对更大的自由空间和经济话语权,应当按照自由与责任、权利与义务成正比的要求,承担相应的更大的责任和义务,这特别表现在用协助、促进而非取消、代替其他城市成员的自主发展的责任和义务,能动地达到整个城市群的共生共荣。

在城市政府与城市社会和市民的关系上,坚持"共治共管、共建共享"的原则①。让城市社会和市民对城市有更多的参与权、管理权。一个城市的开放、包容和创新,不仅是表现在对外国资本和技术的开放和包容上,表现在对这些开放和包容的制度的改革和创新上,而更主要和重要的应该是对内、对市民,多方面要求的开放和包容,还包括对国内其他城市的市民和文化的开放和包容。上海过去和今天仍然需要丰富的中华优秀传统文化和人才资源。

"上海2035规划"已获国务院批复同意,这是从"1946年大都市规划"至今的上海第六轮城市总体规划。城市规划需要有品格的城市来承担,而城市品格的发展需要深厚的精神力量和伦理沉淀来支持。人民是城市"善"的目的,是国家、城市"自强"的目的,"建构一个具有正义和伦理底蕴的城市生活",才是城市开放品格的社会基础和力量来源②,关于这个课题,我们的研究还刚刚开始。

---

① 习近平:《中国共产党第十九大次全国代表大会上的报告》,新华网2017年10月27日。
② 陈忠:《城市生活的伦理自觉》,《社会科学辑刊》2018年第2期。

龚自珍与晚清江南儒学*

同济大学哲学系 曾 亦

龚自珍之学术思想,兼善乾嘉考据之学,然以治《春秋》为主,乃晚清江南儒学的重要人物。盖自六朝以来,中国学术重心南移,尤其以江南一带,形成儒学发展的重要区域。唐中叶以后,随着北方经济的残破,南方逐渐成为全国的经济、文化中心。尤其到了清代,形成了苏州、徽州、扬州与常州四大全国性学术重镇,皆集中于江南地区。可以说,江南经济的繁荣,造就了有清一代学术与思想的鼎盛。龚自珍乃江南杭州人,学于常州刘逢禄,乃常州学派的主要学者,其于晚清学术与思想的转向,可谓开一代风气的重要人物。

上海地处江南,自晚清以降,其经济得到迅速发展,尤其随着中国的改革开放,上海不仅成为中国的经济中心,又是全国重要高校的荟萃之地,对于上海城市品格的形成,奠定了雄厚的物质和文化基础。然而,对于上海城市的发展来说,应该有学术与思想层面的更高追求,其关键在于接续晚清以来的学术和思想传统,形成具有引领地位的江南乃至中国学派。

一、学术渊源

龚自珍之外祖段玉裁,乃乾嘉汉学之代表人物。父丽正,段氏入室弟子,"能传其学",著有《国语注补》《三礼图考》《两汉书质疑》《楚辞名物考》等。自珍自幼受家学之濡染,12岁从外祖习《说文解字》,14岁究心古今官制,16岁读《四库全书提要》,17岁治金石古文,21岁以副榜贡生考充武英殿校录,遂为校雠掌故之学。嘉庆十七年(1812),其父外放徽州知府,自珍

---

* 选自2019年《会长论坛暨多学科视野:新中国70年与上海品格学术研讨会论文集》。

随侍南行,得见段氏。段氏虽爱自珍之词,然犹戒其自爱,欲勉以经史也。①次年,又专致一札,勉其"锐意读古书","博闻强记,多识蓄德,努力为名儒,为名臣,勿愿为名士"②。然自珍终不为名臣,亦不为名儒,"但开风气不为师",且颇有名士之习也。

龚自珍学术本出自乾嘉考据之学,其晚年《己亥杂诗》自谓"斯文吾述段金沙",盖言其学出于外祖段氏也。自珍有诗勉其子曰:"俭腹高谈我用忧,肯肩朴学胜封侯。五经烂熟家常饭,莫似而翁啜九流。图籍移从肺腑家,而翁本学段金沙。丹黄字字皆珍重,为裹青毡载一车。"自珍盖以考据之学(朴学)期其子也。足见自珍对乾嘉汉学之认同,不过,其本人却少有相关成就也。

龚自珍学术尚另有一渊源,即为常州今文学也。嘉庆二十四年(1819),"定庵年二十八,应恩科会试,不第,留居京师,始从刘逢禄习《公羊春秋》"。不过,自珍此前对《公羊》已颇有所知矣。嘉庆二十、二十一年间,自珍撰《乙丙之际箸议第九》,其中即言及《公羊》三世说,"吾闻深于《春秋》者,其论史也,曰:书契以降,世有三等,三等之世,皆观其才。才之差,治世为一等,乱世为一等,衰世别为一等。衰世者,文类治世,名类治世,声音笑貌类治世"。并且,嘉庆二十三年(1818),庄绶甲应聘教授于龚氏家馆,为言其祖庄存与事行之美。正因如此,自珍初识逢禄,遂从问学矣。

龚自珍初见逢禄,即有诗自抒其对逢禄崇敬之情。诗云:"昨日相逢刘礼部,高言大句快无加。从君烧尽虫鱼学,甘作东京卖饼家。"③道光十九年(1839),龚自珍又有诗追忆逢禄,云:"端门受命有云礽,一脉微言我敬承。宿草敢桃刘礼部,东南绝学在毗陵。"④可见自珍对逢禄服膺之深也。

龚自珍问学于刘逢禄之时,又与宋翔凤相识。三年后,自珍尝有《投宋于庭》一诗,诗云:"万人丛中一握手,使我衣袖三年香。"晚年《己亥杂诗》亦有诗记其与翔凤之交往,"玉立长身宋广文,长洲重到忽思君。遥怜屈贾英灵地,朴学奇才张一军",自注云:"奉怀宋于庭文作。于庭投老得楚南一令。'奇才朴

---

① 龚自珍之文字颇显于世,然章太炎颇讥之:"若其文辞侧媚,自以取法晚周诸子,然佻达无骨体,视晚唐皮、陆且弗逮,以校近世,犹不如唐甄《潜书》近实。后生信其诳耀,以为巨子。诚以舒纵易效,又多淫丽之辞,中其所嗜,故少年磨然乡风。自自珍之文贵,则文学涂地垂尽,将汉种灭亡之妖耶?"
② 段玉裁:《与外孙龚自珍札》,载《经韵楼集》卷9。
③ 龚自珍:《杂诗、己卯自春徂夏在京师作,得十有四首》,载《龚定庵全集类编》卷17。
④ 龚自珍:《己亥杂诗》,载《龚定庵全集类编》卷16。

学',二十年前目君语,今无以易也。"又见自珍对翔凤之倾慕也。故程秉钊曰:"先生之学,在于由东京之训诂,以求西汉之微言。"①观自珍对刘、宋之态度,可知其早年虽习染于段氏之学,然其大端则在常州今文学也。

龚自珍卒后,魏源应其子龚橙所请,编成《定庵文录》十二卷。其叙云:"(自珍)于经通《公羊春秋》,于史长西北舆地,其文以六书小学为入门,以周秦诸子、吉金乐石为厓郭,以朝掌国故、世情民隐为质干。晚犹好西方之书,自谓造深微云。"于此可见自珍学术之大概也。然其学术之根本,实在《春秋》也。道光十三年(1833),自珍撰《左氏春秋服杜补义》《左氏决疣》《西汉君臣称春秋之义考》各一卷,并佚。②十八年(1838),自珍撰《春秋决事比》六卷。此书引经传百二十事,盖承董仲舒《春秋决狱》及刘逢禄《春秋赏罚格》《议礼决狱》而作,大旨欲"以《春秋》之律救正当世之律",然已佚,仅存自序一篇。又有《春秋决事比答问》五篇,乃自珍就《春秋比事比》相关篇目所拟之问答。此外,自珍尚有贯通今学要义的经史杂著,如《五经大义终始论》及《答问》,《泰誓答问》,《六经正名论》及《答问》等。

龚自珍之经学撰述不多,且多佚,不过,其长处却在政论文字,"往往引《公羊》义讥切时政,诋排专制"③。对此,钱穆曰:"常州学之精神,则必以龚氏为眉目焉。何者?常州言学,既主微言大义,而通于天道、人事,则其归必转而趋于论政,否则,何治乎《春秋》?何贵乎《公羊》?亦何异于章句训诂之考索?故以言夫夫常州学之精神,其极必趋于轻古经而重进政,则定庵其眉目也。"④盖自钱氏视之,不独自珍也,乃至整个常州学派,皆以论政为归趣也,"故后之治今文学者,喜以经术作政论,则龚、魏之遗风也"⑤。

自珍又有《说中古文》一篇,举十二事以证中古文之伪,云:

> 成帝命刘向领校中五经秘书,但中古文之说,余所不信。秦烧天下儒

---

① 孙文光、王世芸编:《龚自珍研究数据集》,黄山书社1984年版,第97页。
② 龚自珍《己亥杂诗》第五十七首云:"姬周史统太销沉,况复炎刘古学瘖。崛起有人抉《左氏》,千秋功罪总刘歆。"龚氏自注云:"癸巳岁(1833),成《左氏春秋服杜补义》一卷;其刘歆窜益《左氏》显然有迹者,为《左氏决疣》一卷。"故钱玄同以为,"《左氏决疣》一书,当系继续《左氏春秋考证》而作"。(钱玄同:《左氏春秋考证书后》,《古史辨》第五册,第6页)
③ 梁启超:《清代学术概论》二十二,载朱维铮校注《梁启超论清学史二种》,第61页。
④ 钱穆:《中国近三百年学术史》下册,第590、591页。
⑤ 梁启超:《清代学术概论》二十二,载朱维铮校注《梁启超论清学史二种》,第63页。

书,汉因秦宫室,不应宫中独藏《尚书》,一也。萧何收秦图籍,乃地图之属,不闻收《易》与《书》,二也。假使中秘有《尚书》,何必遣晁错往伏生所受二十九篇?三也。假使中秘有《尚书》,不应安国献孔壁书,始知增多十六篇,四也。假使中秘有《尚书》,以武、宣之为君,诸大儒之为臣,百余年间,无言之者,不应刘向始知校《召诰》、《酒诰》,始知与博士本异文七百,五也。此中秘书既是古文,外廷所献古文,遭巫蛊不立,古文亦不亡,假使有之,则是烧书者,更始之火,赤眉之火,而非秦火矣,六也。中秘既是古文,外廷自博士以汔民间,应奉为定本,斠若画一,不应听其古文家、今文家,纷纷异家法,七也。中秘有书,应是孔门百篇全经,不但《舜典》、《九共》之文,终西汉世具在,而且孔安国之所无者,亦在其中。孔壁之文,又何足贵?今试考其情事,然耶?不耶?八也。秦火后,千古儒者,独刘向、歆父子见全经,而平生不曾于二十九篇外,引用一句,表章一事,九也。亦不传受一人,斯谓空前,斯谓绝后,此古文者,迹过如扫矣,异哉!异至于此,十也。假使中秘书并无百篇,则向作《七略》,当载明是何等篇,其不存者亡于何时,其存者又何所受也,而皆无原委,千古但闻有中古文之名,十一也。中秘既有五经,独《易》、《书》着,其三经何以蔑闻?十二也。当帝之时,以中书校百两篇,非是。予谓此中古文,亦张霸《百两》之流亚,成帝不知而误收之,或即刘歆所自序之言如此,托于其父,并无此事。古文《书》如此,古文《易》可知,宜其独与绝无师承之费直《易》相同,而不与施、孟、梁丘同也。《汉书》刘向一传,本非班作,歆也博而诈,固也侗而愿。

龚自珍不信中古文,遂疑古文《书》《易》之伪。自珍又有《六经正名》一文,则攻《周官》之伪。盖刘逢禄不过谓刘歆为《左氏》增设书法条例而已,因此,自逢禄视之,古文经学之不成立,只在《左氏》之伪耳。至于自珍,则进而攻击整个古文经之伪,且将其伪由刘歆溯源于王莽也。

梁启超甚推崇龚自珍之功,以为"今文学派之开拓,实自龚氏"[①]。此种开拓在于,"找到了今文学理论得以成立的关键点,确立了今文学的框架"[②]。自

[①] 梁启超:《清代学术概论》二十二,载朱维铮校注《梁启超论清学史二种》,第61页。不过,梁氏于龚氏之学术,则颇不为然,"综自珍之学,病在不深入,所有思想,仅引其绪而止,又为瑰丽之辞所掩,意不豁达"。(同上,第61页)

[②] 蔡长林:《论崔适与晚清今文学》,第81页。

珍在《左氏决疣》中追随刘逢禄,攻击刘歆之窜益《左氏》;又在《说中古文》中,进一步否定中古文之存在,以为亦出于刘歆之伪,此说"在今文学理论的建立上向前迈进一大步,不可谓非由龚氏此文所启发"①。不过,自珍于公羊学之取舍与运用,却与刘逢禄、魏源颇异,"自珍之于公羊,不仅未凿凿于条例之辨,甚至认为《春秋》是史,三传皆传《春秋》"②,就此而言,同时的魏源更代表了清代公羊学之主流。

二、六经正名

道光十三年(1833),龚自珍撰《六经正名》及《答问》五篇。自珍对"六经"范围重新进行了界定,不过,其立场似乎更多倾向古文家的观点。

两汉以降,随着博士学之兴盛,以及随之而来的今古相争,儒家经典的范围不断扩展,而旧有的"六经"或"六艺"渐成一笼统之称呼,不再指孔子时代的六种经典,而是指两汉师法、家法笼罩下的经典诠释著作。龚自珍认为,"孔子之未生,天下有六经久矣",其后对六经的解释,则有传、记、群书之别,然皆非经也。然而,后世所谓"六经"之名,却常常将经、传、记、群书、子混合起来,遂有七经、九经、十经、十二经、十三经、十四经之说。因此,自珍主张将"以传为经"者(如《公羊》《穀梁》与《左氏》三传)、"以记为经"者(如大、小戴《礼记》)、"以群书为经"者(如《周官》《论语》《孝经》)、"以子为经"者(如《孟子》)剔除出去,从而恢复"六经"之本来面目。

如此,"以经还经,以记还记,以传还传,以群书还群书,以子还子",重新建立"六经"之原始面貌,以及与其他书籍之关系:

(一)《尚书》,配以《周书》十八篇、《穆天子传》六篇、《书序》百篇、三代宗彝之铭十九篇、《秦阴》一篇、桑钦《水经》一篇。

(二)《春秋》,配以《左氏春秋》、《春秋公羊传》、《郑语》一篇、《史记》。③

(三)《礼古经》,配以《大戴记》、《小戴记》、《周髀算经》、《九章算经》、《考

---

① 蔡长林:《论崔适与晚清今文学》,第83页。
② 张寿安:《龚自珍学术思想研究》,第79页。张氏又曰:"刘氏之治《公羊》,循条例以明大义,又罢黜《左氏》,强调经史之异。魏源'上复西汉今文'的主张,更显示了今、古文经的壁垒渐立。然龚自珍之治《公羊》,不仅摒弃经、史之争,亦刊落条例,而径杂微言大义的实际运用于时政,亦即是'援经议政'。"(同上,第90页)
③ 龚氏以《左氏》得配《春秋》,不过,须剔去刘歆所窜益部分。

工记》《弟子职》《汉官旧仪》。

（四）《诗》，配以屈原赋二十五篇、汉《房中歌》《郊祀歌》《铙歌》。

（五）小学，配以许慎《说文》。

关于龚自珍对"六经"之正名，颇有几点值得注意：

其一，不以《穀梁》配《春秋》。龚自珍云："夫穀梁氏不受《春秋》制作大义，不得为《春秋》配也。"这种态度与刘逢禄大不同。盖整个晚清今文学皆强调《公》《穀》之"道一风同"，而着力攻击《左氏》也。

其二，强调"六经"正名乃回到孔子以前之"六经"，颇有泯灭两汉以降今古之争的意味。

其三，以孔子不作"六经"，至谓孔子不作《春秋》，"孔子所谓《春秋》，周室所百二十国宝书是也"①，此说无疑颠覆了今文家尊孔子的立场，反而倾向于古文家的说法。无怪乎皮锡瑞讥自珍"犹惑于刘歆、杜预之说，不知孔子以前不得有经之义也"②，盖龚自珍治经，不纯用今学家言，而时杂以古学义也。

然清吴昌绶《定庵先生年谱》定《六经正名》及《答问》撰于道光十三年，似与龚自珍此时学术倾向不甚相合。

龚自珍否定孔子作六经，甚至有"六经皆史"之说。其曰：

> 六经者，周史之宗子也。《易》也者，卜筮之史也；《书》也者，记言之史也；《春秋》也者，记动之史也；《风》也者，史所采于民，而编之竹帛，付之司乐者也；《雅》、《颂》也者，史所采于士大夫也；《礼》也者，一代之律令，史职藏之故府，而时以诏王者者也；小学也者，外史达之四方，瞽史谕之宾客之所为也。……故曰：五经者，周史之大宗也。③

自唐宋以来，学者多视《春秋》为经，而《左氏》则为史也，至于刘逢禄为代表的常州学派，更执此说。今龚自珍不独视《春秋》为史，至于夷六经尽为史，如此，则六经非出于孔子矣。自珍为六经正名，其关键正在于此。故自珍曰："仲尼未生，先有六经；仲尼既生，自明不作。仲尼曷尝率弟子合笔其言以自制一经哉？"④此说否定孔子作六经，与后来廖平、康有为对待六经之态度大不同。自

---

①④ 龚自珍：《六经正名》。
② 皮锡瑞：《经学历史》，第17页。
③ 龚自珍：《古史钩沉论二》。

珍因而肯定孔子之功在"述"不在"作"，即"存史"也。其曰：

> 夫功罪之际，存亡之会也，绝续之交也。天生孔子不后周，不先周也，存亡续绝，俾枢纽也。史有其官而亡其人，有其籍而亡其统，史统替夷，孔统修也。史无孔，虽美何待？孔无史，虽圣曷庸？①

可见，孔子之功在"存史"，而非"作经"也。至于《春秋》，其中固有微言大义，然龚自珍以为，不出于孔子，而出于史官也。其尝有诗曰："欲从太史窥《春秋》，勿向有字句处求。抱微言者太史氏，大义显显则予休。"②诸如此说，皆非清代今文学主流，大致本于章学诚之说也。

龚自珍又以周末诸子亦出于史，不过"周史之小宗"也。其曰：

> 孔子殁，七十子不见用，衰世著书之徒，蠹出泉流，汉氏校录，撮为诸子。诸子也者，周史之小宗也。故夫道家者流，言称辛甲、老聃；墨家者流，言称尹佚。辛甲、尹佚官皆史，聃实为柱下史。若道家，若农家，若杂家，若阴阳家，若兵，若术数，若方技，其言皆称神农、黄帝。神农、黄帝之书，又周史所职藏，所谓三皇、五帝之书者是也。……故曰：诸子也者，周史之支孽小宗也。③

则六经、诸子俱出于史，不过大宗、小宗之别耳，是以后世之尊儒，不过因儒家长于六经，存亡而继绝，为中国文明之嫡派大宗故也。诚若此说，中国轴心时代之学术与思想，实尽出于上古文明之阙遗，非若康有为所谓"茫昧无稽"也。

三、"宾师"与《公羊》三科之旨

道光三年（1823），龚自珍撰成《五经大义终始论》及《答问》九篇。刘逢禄、宋翔凤始以《公羊》义释《论语》，至龚自珍，则据以遍释五经，且尤重"张三世"

---

①③ 龚自珍：《古史钩沉论二》。
② 龚自珍：《己亥杂诗》。

之说。盖就何休"三科九旨"而言,以"通三统"最为重要,至刘逢禄,虽有突出"张三世"之倾向,然大略言之,犹三科并重也。若自珍释五经,乃专明三世之旨,其"自改革"主张,实据此旨发挥而来。

龚自珍以《公羊》三世说释《尚书·洪范》。案,《洪范》九畴乃古天子治世之大法,其三曰"八政",即指食、货、祀、司空、司徒、司寇、宾、师八事。然自珍以八政配三世,又以八政各有三世。《五经大义终始答问一》云:

> 问:三世之法谁法也?答:三世,非徒《春秋》法也。《洪范》八政配三世,八政又各有三世。愿问八政配三世?曰:食、货者,据乱而作。祀也,司徒、司寇、司空也,治升平之事。宾、师,乃文致太平之事。孔子之法,箕子之法也。

此以八政配三世也。《答问二》云:

> 问:八政事事各有三世,愿问祀之三世。答:在《礼运》,始言土鼓蒉桴,中言宗庙祝嘏之事,卒言太一,祀三世不同名矣。《礼运》者,孔子本感蜡祭而言,故腊祭也详。若夫征之《诗》,后稷舂揄肇祀,据乱者也;公刘筵几而立宗,升平也;《周颂》有《般》,有《我将》,《般》主封禅,《我将》言宗祀,太平也。

《答问三》云:

> 愿问司寇之三世。答:周法,刑新邦用轻典,据乱故。《春秋》于所见世,法为太平矣。世子有进药于君、君死者,书曰"弑其君",盖施教也久,用心也精,责忠孝也密。假如在所传闻世,人伦未明,刑不若是重。在所闻世,人伦甫明,刑亦不若是重。

此举八政中祀、司寇二事,其中亦有三世之不同也。《答问五》云:

> 问:《洛诰》属何世?答:有升平,有太平。曰:"予齐百工,俾从王于周。"是八政司徒、司寇、司空之事。曰:"肇称殷礼,咸秩无文。"是八政之

祀事,皆言升平也。曰:"我惟无斁其康事。"当是时,周公诞保文、武受命,成太平之业,故求明农去位。若仅致升平,公岂宜去位之年哉?《公刘》之首章曰:"匪居匪康。"据乱故也。《洛诰》曰:"无斁其康事。"太平故也。

此又谓《尚书·洛诰》有三世之义也。《答问四》云:

问:《公刘》之诗于三世何属也? 答:有据乱,有升平。始国于豳,"乃积乃仓",当《洪范》之食;"俾筵俾几",当《洪范》之祀。五章、六章,是司徒、司空之事。"其军三单",是司寇之事。司徒、司寇、司空,皆治升平之事。古人统兵于刑,班固尚知之,固也志刑不志兵。

此又据三世以释《诗》也。
龚自珍又将《春秋》三世说与《礼运》结合起来。《答问八》云:

问:《礼运》之文,以上古为据乱而作,以中古为升平,若《春秋》之当兴王,首尾才二百四十年,何以具三世? 答:通古今可以为三世,《春秋》首尾,亦为三世。大桡作甲子,一日亦用之,一岁亦用之,一章一蔀亦用之。

盖《春秋》三世本施于二百四十二年间而已,龚自珍乃推以纵观人类之全部历史。其后,康有为据《礼运》之小康、大同以张三世之说,始则出于自珍也。
又,《答问九》云:

问:孰为纯太平之书? 答:《礼古经》之于节文也详,尤详于宾。夫宾、师,八政之最后者也。《士礼》十七篇,纯太平之言也。

盖《尚书》《礼运》《诗》等,皆具《春秋》三世之义,若《仪礼》,则纯为太平之制也。
龚自珍又由《洪范》之宾、师以明《春秋》太平之说。案,郑玄注云:"宾,礼宾客,无不敬。师,简师所任必良,士卒必练。"孔颖达疏云:"宾,教民以礼待宾客,相往来也。师,立师防寇贼,以安保民也。"又云:"民不往来,则无相亲之好,故宾为七也。寇贼为害,则民不安居,故师为八也。"又云:"宾掌诸侯朝觐之官,《周礼》大行人是也。师掌军旅之官,若司马也。"可见,宾乃教民相往来,师则掌军旅而防寇贼,皆有司之事也。

《五经大义终始论》云:

> 圣者至高严,曷为习揖让之容,虚宾师之馆,北面清酒,推天下之福禄与偕,使吾世世雄子孙,必变化恭敬温文,以大宠之?岂惧其武勇之足以夺吾祭哉?诚欲以一天下之语言也。……古者明天子之在位也,必遍知天下良士之数;既知其数,又知其名;既知其名,又知其所在。……谨又求之《洪范》八政,七曰宾,八曰师。宾师得而彝伦序也。何以曰序也?古之宾师,必有山川之容;有其容矣,又有其润;有其润矣,又有其材。王者之与宾师处,闻牛马之音,犹听金玉也;亲尘土之臭,犹茹椒兰也。

观龚自珍之说,盖以贤人、名士为宾师,而为王者政教之所依也。

又,隐三年,春,王二月。何注云:"王者存二王之后,使统其正朔,服其服色,行其礼乐,所以尊先圣,通三统。师法之义,恭让之礼,于是可得而观之。"盖二王后俱祖圣人也,王者恭而有礼,客之而不朝,乃宾之也;行其礼乐,以备后王取法,则师之矣。其义一也。据此,自珍说宾、师之义,殆从"通三统"说转出也。

易姓更王,其所先务为急者,则在通三统也。龚自珍讥"嬴、刘之主骄于三代"①,则不独暴秦不能宾师先朝遗献,至炎刘亦然。自珍又谓宾师乃"文致太平之事"②,此说与何休颇不同,盖以孔子《春秋》期宾师也。故自珍云:

> 求之《春秋》,则是存三统、内夷狄、讥二名之世欤?三统已存,四夷已

---

① 龚自珍:《古史钩沉论四》。
② 龚自珍:《五经大义终始答问一》。案,定六年,夏,季孙斯、仲孙何忌如晋。何注云:"《春秋》定、哀之间,文致太平,欲见王者治定,无所复为讥,唯有二名,故讥之,此《春秋》之制也。"徐疏云:"云《春秋》定、哀之间,文致太平者,实不太平,但作太平文而已,故曰文致太平也。"据注、疏所言,文与实相对,定、哀之间,实非太平,但在书法上作太平文而已。然自珍所谓"文",则非指书法文字也,盖有取于《论语·八佾篇》:"夏礼,吾能言之,杞不足微也;殷礼,吾能言之,宋不足微也。文献不足故也。足,则吾能微之矣。"文者,文献也,即"识其大掌故,主其记载"之史材,犹自珍所谓宾师也。故"文致太平"者,思王者亲宾师以进夜太平也。观自珍之论学议政,常出乎古义之外,虽颇具识见,然不免章太炎"稍知书"之讥耳。

进,讥仅二名,大瑞将致,则和乐可兴,而太平之祭作也。①

龚自珍所言"存三统",乃太平之事,谓王者能宾师先圣遗献也。此说以存三统、内夷狄为太平世之象,实混三科为一,与何休旧说颇不同矣。

又,《古史钩沉论四》云:

> 王者,正朔用三代,乐备六代,礼备四代,书体载籍备百代,夫是以宾宾。宾也者,三代共尊之而不遗也。夫五行不再当令,一姓不再产圣。兴王圣智矣,其开国同姓魁杰寿考,易尽也。宾也者,异姓之圣智魁杰寿考也。其言曰:臣之籍,外臣也,燕私之游不从,宫庳之藏不问,世及之恩不预,同姓之狱不鞫,北面事人主,而不任叱咄奔走,捍难御侮,而不死私雠。是故进中礼,退中道,长子孙中儒,学中史。王者于是芳香其情以下之,玲珑其诰令以求之,虚位以位之。……商法盟先异姓,周法盟先同姓;质家尊贤先异姓,文家亲亲先同姓。古者开国之年,异姓未附,据乱而作,故外臣之未可以共天位也,在人主则不暇,在宾则当避疑忌。是故箕子朝授武王书,而夕投袂于东海之外。易世而升平矣,又易世而太平矣,宾且进而与人主之骨肉齿。然而祖宗之兵谋,有不尽欲宾知者矣;燕私之禄,有不尽欲与宾共者矣;宿卫之武勇,有不欲受宾之节制者矣;一姓之家法,有不欲受宾之论议者矣。四者,三代之异姓所深自审也。……孔子曰:"非天子,不议礼,不制度,不考文。吾从周。"从周,宾法也。又曰:"出则事公卿。"事公卿,宾分也。孟轲论卿,贵戚之卿异异姓之卿,夫异姓之卿,固宾籍也,故谏而不行则去。

此段假经义以论时事,义颇隐晦。盖龚自珍以"宾"为异姓之圣智魁杰寿考者,则当有清之世,汉人虽于满洲为异姓,然人才实尽萃聚于斯,自珍乃有"不拘一格降人材"之倡,虽有感于满洲对异姓之疑忌,然犹以箕子自售,期为时王所宾师耶?

龚自珍又云:

---

① 龚自珍:《五经大义终始论》。

> 史之材,识其大掌故,主其记载,不吝其情,上不欺其所委赘,下不鄙夷其贵游,不自卑所闻,不自易所守,不自反所学,以荣其国家,以华其祖宗,以教训其王公大人,下亦以崇高其身,真宾之所处也。何也?古之世有抱祭器而降者矣,有抱乐器而降者矣,有抱国之图籍而降者矣,无籍其道以降者,道不可以籍也。……故夫宾也者,生乎本朝,仕乎本朝,上天有不专为其本朝而生是人者在也,是故人主不敢骄。……三代之季,或能宾宾而尊显之,或不能宾宾而穷而晦而行遁。职此之由,杞不能征夏,宋不能征殷,孔子于杞、宋思献。……孔子述六经,则本之史。史也,献也,逸民也,皆于周为宾也,异名而同实者也。①

故宾虽异姓,然实古之遗献也,"恃前古之礼乐道艺在",不降其志,不辱其身,是则又以师自处,非仕乎本朝,然非人主所得骄焉。至于孔子,本殷人之后,故于周则为宾,其作《春秋》,盖以"异姓之闻人"而修史职也。

龚自珍又因以发太平大一统之义,讥"宋、明山林偏僻士,多言夷、夏之防,比附《春秋》,不知《春秋》者也"②。盖自珍以满汉大同为太平世之象,王者固当宾师贤士,贤士亦当思进用。其后,康有为倡言维新,抑或有取于自珍"宾师"之论欤?是则章太炎"媚虏"之讥,亦不得谓为厚诬之辞也。

钱穆持论稍中正,亦曰:

> 湘乡曾氏削平大难,欲以忠诚倡一世,而晚境忧讥畏谄,惴惴不可终日。异姓之宾,虽掬忠诚以献其主,其主疑忌弗敢受也。故湘乡之倡忠诚,亦及身而歇,无救于一姓之必覆。自是而《公羊》之学附会于变法,而有南海康氏。然亦空以其徒膏斧钺,身则奔亡海外,仅全腰领,犹且昌言保皇,识出定庵"宾宾"下远甚。而定庵治《春秋》,知有变法,乃不知有夷夏。③

钱氏盖讥晚清今文家闇于夷夏之防,徒张"满汉大同"之说,汲汲于臣事异姓之主耳,较龚自珍"宾宾"之说,又等而下之矣。

---
① 龚自珍:《古史钩沉论四》。
② 龚自珍:《五经大义终始答问七》。
③ 钱穆:《中国近三百年学术史》下册,第613、614页。

四、《春秋》与律法

道光十八年（1838），自珍撰成《春秋决事比》六卷，凡十一篇，引经传凡一百二十事，以"申刘礼部之谊"。原书已佚，其目次如下：《君道篇》第一，引经传十三事；《君守篇》第二，引经传十事；《臣守篇》第三，引经传十事；《不应重律篇》第四，引经传十四事；《不应轻律篇》第五，引经传十四事；《不定律篇》第六，引经传十一事，附答问十事；《不屑教律篇》第七，引经传四事，附答问三事；《律目篇》第八，引经传十一事，附答问十事；《律细目篇》第九，引经传十四事，附答问九事；《人伦之变篇》第十，引经传十九事，附答问八事；《自序篇》第十一。可谓鸿篇巨制也，惜乎不存，今仅有《答问》五篇。

关于此书之作，龚自珍云："凡建五始，张三世，存三统，异内外，当兴王，及别月日，区名字氏，纯用公羊氏；求事实，间采左氏；求杂论断，间采穀梁氏，下采汉师。"（《春秋决事比》自序）可见，自珍此书不纯用《公羊》义，至有不慊于刘逢禄者。

此书之形式，颇有追述董仲舒《春秋决狱》与何休《汉议》之意，即引证清现行律中诸条文，而一一溯源于《春秋》之义，故龚自珍《自序》亦谓"独喜效董氏例，张后世事以设问之"。自董仲舒以下，学者颇以《春秋》为礼义之大宗，又为万世之刑书也。故自珍云："刑书者，乃所以为礼义也。出乎礼，入乎刑，不可以中立。抑又闻之，《春秋》之治狱也，趋作法也，罪主人也，南面听百王也，万世之刑书也。"（《春秋决事比》自序）此《春秋决事比》一书之大旨也。

盖自汉以来，《公羊》学者素视《春秋》为经，而《春秋》所以为经者，实以孔子有得国自王之志，故作《春秋》以当"一王之法"而已。后儒深讳斯旨，遂抑孔子为"素王"，以为孔子不过假《春秋》而"为汉制法"而已。尤其自魏晋以后，更以史视《春秋》，则孔子不过明道之圣人耳，而儒家经世致用之精神遂愈加晦暗不明。故自董仲舒《春秋决狱》以降，《公羊》学者多发明斯旨，其后有何休作《春秋汉议》，刘逢禄作《公羊议礼》，至龚自珍作《春秋决事比》，皆发明孔子以《春秋》当"刑书"之旨，其精神则在于据以治国理政，乃至于"为万世制法"也。

综上所述，龚氏学术以治《春秋》为主，延续了儒家一贯的经世致用之风。且自嘉庆、道光以还，以常州学派为代表的今文学兴起，此为经学发展史上的重要转折和创新,而龚自珍对"六经"的理解以及《春秋》学的研究,在此学术转向中起着重要作用。尤其随着道光之后,中国内忧外患的加深,龚氏发挥了《公羊》学一贯的改良精神,主张政治上"自改革",对于晚清维新变法运动的形成和发展,起着极重要的作用。

上海中共建党的红色历史空间*

上海师范大学人文学院　苏智良

上海是中国共产党的诞生地,是中国革命的初心之地。在五四新文化运动中,上海这座中国的首位城市汇集了一大批革命者,他们筚路蓝缕,开拓前行,办报刊,搞集会,开会议,结社团,形成特色各异的红色政治场域,成就了中国共产党的建党伟业,也给上海这座初心之地、光荣之城留下了众多光彩夺目的红色历史足迹。

一、上海何以成为中国共产党的诞生地?

那么,上海何以成为中国共产党的诞生地?

简言之,近代上海为中国共产党的创建提供了其他城市、其他地区所不具备的诸多社会历史条件。作为工业化、现代化和国际化都市的近代城市,上海为共产党的成立提供最适宜的地理环境,以上海工人为主体的中国工人阶级的壮大和阶级觉悟的提高,则为共产党的创建奠定阶级基础,上海发达的媒介网络为马克思主义的早期传播提供便利条件,伴随新文化运动的勃兴,上海成为先进知识分子的集聚与活动中心。而以陈独秀为核心的《新青年》编辑部和马克思主义研究会则为中共上海发起组提供了基本成员,上海发起组实际成为组建中共的"临时中央"。总之,中国共产党在上海的成立是上海城市近代化的结果,而共产党的成立及其有声有色的活动,也构成了上海近代史的华彩乐章。

城市空间是促成中共在上海建党的必不可少的"地利"条件。上海汇聚了

---

* 选自 2021 年《多学科视野:建党百年与百年上海学术研讨会论文集》,原载《上海市社会主义学院学报》2021 年第 2 期。

现代政党领导社会运动的所有资源和条件,如城市发展、经济基础、中西交汇、信息传播、交通枢纽、文化中心等。总之,上海近代城市为中国共产党的诞生提供了最适宜的"土壤"。①

上海租界地带是中共早期成员活动的舞台,也是中共一大的会议场地。近代租界的存在——它充当了中国现代化的"历史的不自觉的工具":租界既是中国受制于帝国主义的耻辱象征,又是中国人民获取现代经验、走向独立的开端。生活在租界里的华人既需忍受二等公民的待遇,又得以在外国势力庇荫下免受军阀或专制政府的骚扰,并躲避连绵不断的天灾人祸、外侵内乱,是中西文明共存、竞争、融合、多元的世界性大都会。不受北洋政府直接控制的相对独立的环境,使得中国革命者可以利用这一"缝隙",进行反抗统治者、争取国家独立并最终收回外国列强利权的革命活动。

相对于公共租界而言,法租界警力有限,管理相对松懈;法租界繁琐的批捕程序,也容易为革命党人的逃脱和营救提供机会。法租界的制度设计和价值理念,在客观上为中国的革命者提供了一个相对安全环境。当然,这并不是说,法租界当局对中国革命更加同情。共产党的主要创建者陈独秀钟情于法国大革命,钟情于法兰西文化,这也是他选择在上海法租界居住与活动的理由之一。他主编的《青年杂志》自创刊号起就特别地加上了法文:LA JEUNESSE。

再深入分析,早期国民党人、共产党人主要栖居在法租界中区。1914年法租界完成最后一次扩张,将西界推进到了徐家汇地区,然后开启新城区的建设规划。在新兴的"西门区"(Quartier de Siemen)里,辣斐德路(Route Lafayette,今复兴中路)、望志路(Rue Wantz,今兴业路)等相继建成,这里交通便利,房价相对便宜。陈独秀寓所的老渔阳里2号(今南昌路100弄2号)、新渔阳里6号(今淮海中路567弄6号)等,一大代表居住地白尔路(后称蒲柏路)389号(今太仓路127号)博文女校,以及一大会址贝勒路树德里106号、108号(今兴业路的76号、78号),形成中共建党的核心场域,这个新街区即是"西门区",而中国共产党上海发起组、中共一大会场就在这个新兴的街区内。②

当然,渔阳里是最典型的一个代表性街区。

---

① 苏智良、江文君:《中共建党与近代上海社会》,《历史研究》2011年第3期。
② 蒋杰:《中共"一大"为何在"树德里"召开》,《文汇报》2017年6月30日。

二、渔阳里街区:建党活动的中心场所

渔阳里街区作为上海建党的活动中心,被赋予了重要的时代使命;这里成为共产党和青年团组织的创建中心、马克思主义的宣传中心、革命青年的培育中心、工人运动的策划中心、各地建党的指导中心。

1920年2月中旬,陈独秀为躲避北洋军阀的追捕,在李大钊等人的帮助下离京,只身来到上海,"途中则计划组织中国共产党事"①。4月,陈独秀入住老渔阳里2号(今南昌路100弄2号),于是,一系列的建党画卷便依次展开。

回到上海后,陈独秀邀请宣传马克思主义的同仁商量《新青年》复刊之事,参与商谈的有《星期评论》的编辑李汉俊、沈玄庐以及《民国日报》副刊《觉悟》的编辑邵力子等人。不久李达从日本回沪,担任编辑工作,并入住老渔阳里2号。5月,陈望道被邀请加入编辑部。复刊后的《新青年》杂志大力宣传马克思主义,成为革命思想的重要前沿阵地。9月《新青年》刊出一则启示:"凡关于投稿及交换告白杂志等事(彼此交换杂志均以一册为限)。均请与上海法租界环龙路渔阳里2号新青年社编辑部接洽,凡关于发行事件,请与上海法大马路自鸣钟对面新青年社总发行所接洽。八卷一号以前的事仍有群益书社负责。"②

5月,陈独秀、李达等在老渔阳里2号组织马克思主义研究会,陈独秀为召集人,成员有李汉俊、李达、陈望道、沈玄庐、施存统、邵力子、戴季陶等。夏天,在陈独秀的倡导下,成立了社会主义研究社。由陈望道翻译的中国第一个中文译本——《共产党宣言》,就是交由社会主义研究社出版的,研究社还先后出版李汉俊翻译的《马格斯〈资本论〉入门》和李达翻译的《唯物史观解说》等经典书籍。

6月,陈独秀约同李汉俊、俞秀松、施存统和陈公培,在此成立"中国共产党",后被称为中国共产党发起组。施存统回忆:"六月间,陈独秀、李汉俊等筹备成立中国共产党——由陈独秀、李汉俊、俞秀松、施存统、陈公培五人起草纲领十余条。"③老渔阳里2号成为革命者的聚会中心,各地的革命者纷至沓来,

---

① 高一涵:《李守常先生事略》,《民国日报》1927年5月24日。
② 《新青年社(本志特别启示)》,《新青年》第8卷第1号。
③ 施复亮:《中国共产党成立时期的几个问题》,载中国社会科学院现代史研究室、中国革命博物馆党史研究室选编"一大"前后》二,人民出版社1984年版,第34—35页。

一块小黑板用粉笔写着一行字:会客谈话以十五分钟为限。可见当年之盛况。毛泽东也走进了渔阳里,与陈独秀探讨马克思主义。后来毛泽东曾对美国记者埃德加·斯诺深情回忆:"有三本书特别深刻地铭记在我心中,使我树立起对马克思主义的信仰。我接受马克思主义,认为它是对历史的正确解释,以后,就一直没有动摇过。"这是他"一生中最关键时刻","到1920年夏,在理论上,而且在某种程度的行动上,我已成为一个马克思主义者,而且从此我也认为自己是一个马克思主义者了"①。中共一大召开以前,先后在老渔阳里2号入党的有李达、沈雁冰、林伯渠等20人左右。

11月7日,上海共产党早期组织的机关刊物《共产党》月刊创刊,李达任主编,陈独秀、李达、施存统、沈雁冰等为主要撰稿人,该刊公开举起了共产党的旗帜,持续至1921年7月7日。

1920年8月15日,发起组在老渔阳里2号创办《劳动界》周刊,这是革命知识分子创办的第一份专门向工人宣传革命理论的通俗读物。由李汉俊任主编,陈独秀、李达、沈玄庐等为编辑,主要撰稿人有陈望道、邵力子、袁振英、柯庆施等,分设国内外劳动界、演说、时事、小说、诗歌以及读者投稿等栏目。李汉俊发文指出:"我们中国的工人比外国的工人还要苦。这是什么道理呢? 就因为外国工人略微晓得他们应该晓得的事情,我们中国工人不晓得他们应该晓得的事情。"②《劳动界》周刊深受工人的欢迎,发行量较大,影响深远,各地效仿上海也相继创办工人刊物,如北京创办了《劳动音》,广州创办了《劳动者》。

"第一次世界大战后受苏俄影响陆续诞生的各国共产党,为表明其产生的必然性与活动目的,模仿马克思、恩格斯的《共产党宣言》,写成了各国的《共产党宣言》。"③1920年11月23日,上海的共产党发起组也是循着这一普遍的历史规律,在《共产党宣言》的影响下,于老渔阳里2号制定了《中国共产党宣言》。这一宣言首次亮出了"中国共产党"的名称,也是首次较为系统地表达了早期中国共产主义者的理想和主张,为1921年7月中共一大的筹备召开和中国共产党的正式建立,起了促进和奠基作用。

---

① [美]埃德加·斯诺:《西行漫记》,董乐山译,人民出版社1979年版,第27页。
② 《为什么要印这个报?》,《劳动界》1920年8月15日。
③ [日]石川祯浩:《〈中国共产党宣言〉与一九二一年中共三月会议关系考》,王士花译,《中共党史研究》2000年第5期。

新渔阳里6号(今淮海中路567弄6号)也是革命者的重要活动空间。1920年7月,维经斯基共产国际使团在此设立中俄通讯社,1921年1月起称华俄通讯社。新渔阳里6号由杨明斋租赁并担任社长。通讯社由维经斯基提供经费,成为中共上海发起组领导的公开活动机构,不仅是共产国际使团在中国后第一个工作机构,也是中国共产主义组织最早的通讯社。为扩大信息传播,还在北京设立分社。据曾在通讯社工作的刘仁静回忆:"一九二〇年,我找到了一个工作,就是在北京的'华俄通讯社'(也称中俄通讯社)里,把北京报纸上的消息译成英文,再有人把他译成俄文,通过电报发回莫斯科。"[1]通讯社的主要任务是向共产国际报道中国革命情况,发送来自共产国际和苏俄提供的消息。一面向《新青年》《民国日报》等供稿,介绍十月革命的胜利和经验,苏俄和共产国际的情况、材料;一面将京沪报纸有关中国的重要消息译成俄文,发往莫斯科,向苏俄报纸供稿。该社所发的第一篇稿件是7月初刊在上海《民国日报》的《远东俄国合作社情形》。

1920年8月22日,俞秀松、施存统、陈望道、李汉俊等8名平均24.5岁的年轻人,发起成立上海社会主义青年团,俞秀松为首任书记。在俞秀松撰写的青年团章程中明确规定,团的主要任务是研究科学理论,实现自由平等,宗旨实现社会主义改造和宣传社会主义。入住于此的,还有俞秀松、陈望道、杨明斋、施存统、包惠僧、李启汉等参与建党的青年人,他们时常聚集到这栋小楼,热切探讨救国之道。到1921年3月,各地团组织产生了中国社会主义青年团临时中央执行委员会,机关仍设于新渔阳里6号。

维经斯基向陈独秀介绍苏俄、共产国际决定创办一所东方大学,以培养东方的革命干部。于是陈独秀决定办一所学校,培育后备干部。9月,在共产国际的帮助下,于新渔阳里6号创办外国语学社,校长杨明斋。学校在《民国日报》上公开刊登招生广告。于是,16岁的任弼时、17岁的萧劲光、18岁的罗亦农、22岁的刘少奇,还有彭述之、蒋光慈、王一飞、任作民、柯庆施等,走进了新渔阳里。据萧劲光回忆:"我们的学习目的很明确,就是要到俄国去,学习革命道理,回来搞革命,改变落后黑暗的旧中国。所以,我们学习俄文,都很用功,很刻苦。"[2]其中湖南、安徽、浙江三个省籍学生最多,曾在学社中学习过的著名

---

[1] 余世诚:《关于杨明斋生平事迹的调查》,《齐鲁学刊》1983年第4期。
[2] 余世诚、张升善:《杨明斋》,中共党史资料出版社1988年版,第131页。

翻译家曹靖华晚年回忆道,"这个班大约有三四十人,以安徽湖南的人为多",为了在语言、生活习惯上方便些,分成皖、湘、浙三组,曹靖华为河南籍,被插进安徽组。①外国语学社的革命教育活动还是引起了法租界当局的警觉,遂于1921年4月29日,被法租界巡捕房搜查。自此,外国语学社的活动受到严密监视。8月,外国语学社宣告结束,刘少奇、罗亦农、任弼时、萧劲光等奔赴莫斯科进入了东方大学。

同时,渔阳里街区是工人运动的策划中心,1920年10月3日,李中(原名李声澥)作为筹备书记在新渔阳里6号主持召开上海机器工会发起会,确定了机器工会的五大原则。②陈独秀、杨明斋、李汉俊等人以嘉宾的身份出席会议,陈独秀被邀请为暂设经募处的主任,并促成了上海最早的两个工会——上海机器工会和印刷工会的诞生。李中等五人被推选为机器工会办事员。毛泽东曾赞誉过他的这位同乡:"李君声澥以一师学生在江南造船厂打铁……帮助陈仲甫先生等组织机器工会。"③李中成为中共领导的第一个工会上海机器工会的主要创建人。

综上而言,新老渔阳里叠加了许多建党的活动。老渔阳里2号的历史地位:共产国际代表与陈独秀商议建党的首议地;上海共产党发起组的成立地;《新青年》编辑部,改变一代青年的世界观;陈独秀的居住地,各地青年慕名来访;宣传马克思主义的主阵地;第一本中译本《共产党宣言》的校对地;中共第一份党刊《共产党》的编辑部;筹建各地共产党组织的"临时中央";中共一大的筹备地(发起、筹备地和会务组织、报到场所);领导中国革命的中共"中央局"办公地。同样,新渔阳里6号是社会主义研究会成立地,中俄通讯社的所在地,社会主义青年团诞生地,外国语学社的办学地。

渔阳里是中国共产党人建党精神的发源地。

三、一大会议代表活动的相关空间

随着1921年6月3日共产国际代表马林来到上海,召开中共一大被提上议事日程,老渔阳里2号成了筹办这次会议的秘书处。是年初夏,中国共产党

---

① 《曹靖华于1982年的回忆(摘录)》,载《上海共产主义小组》,知识出版社1988年版,第239页。
② 《机器工会开会纪事》,《申报》1920年10月6日。
③ 湖南省博物馆编:《新民学会资料》,人民出版社1980年版,第72页。

发起组向各地发函,选派代表来上海出席中国共产党第一次全国代表大会。

按照中共一大会议会务组的安排,除上海代表李达、李汉俊住在家中,陈公博携新婚妻子住在南京路的旅社外,其余代表安排住在博文女校内。创办于 1916 年的博文女校在法租界贝勒路(今黄陂南路)办学,后搬到白尔路 389 号延庆里(今太仓路 127 号)。黄绍兰担任博文女校校长,聘请黄兴夫人徐宗汉为董事长。黄绍兰丈夫黄侃是北京大学文学系教授,两人都是湖北人,与李汉俊有同乡之谊。而李汉俊的嫂子——李书城的夫人薛文淑,是博文女校的学生,因此李书城、李汉俊与黄绍兰相熟。李达夫人王会悟担任过徐宗汉的秘书。1921 年暑假期间,发起组通过几条线,租借博文女校校舍接待"北京大学师生暑期旅行团"。

博文女校楼上靠西的三间前楼就是当时代表们下榻的地方,毛泽东住靠西的一间,睡在用两条板凳架起来的木板上。这里成为一大代表的食宿地,也为代表们提供了一个交流建党经验的活动场所。

中共一大的主要会场在望志路 106 号,树德里石库门建于 1920 年夏秋之间,位于望志路的北侧,而马路对面的南侧当时还只是一片菜地,菜地旁仅有一所庵堂,路口向西也仅有一些平房和几家小手工业工场。这里人烟稀少,有利于开展革命活动。1920 年秋,当树德里房屋刚建成,李汉俊随兄长李书城等从白尔路三益里(今自忠路 163 弄)搬迁入住。

1921 年 7 月 23 日,在法租界望志路 106 号(今兴业路 76 号)党的第一次代表大会开幕。1964 年,毛泽东在会见李书城时说:"你的公馆里诞生了伟大的中国共产党,是我们党的'产床'啊!"

出席中共一大的共产国际代表马林、尼克尔斯基来到上海后,住进了旅馆。目前尼克尔斯基住处尚难以确认,而马林的住所在中共一大会址纪念馆研究部主任张玉菡研究员的考订下有了突破。

过去多以为马林住在永安公司的大东旅社。张玉菡通过比对各种史料,提出不同看法。1921 年 7 月 11 日《荷兰驻沪代理总领事致荷属印度总督的信》中谈到马林在上海的住处:"6 月 3 日,共产党人斯内夫利特和阿瑟尔巴尔斯偕其十七岁的爪哇妻子乘'阿奎利亚号'汽轮抵达此地。……上述两人均在东方饭店下榻。"荷兰驻沪代理总领事威廉丹尼尔斯 1922 年 4 月 11 日给荷兰外交部法事司的"备忘录",其中记述:"斯内夫利特最初化名安德莱森,住东方饭店,但是很快搬进公共租界,先在麦根路 32 号楼,后来又搬迁到汇山路6号。"①荷兰驻华公使欧登科致中国外交部照会(1922年2月13日,第300号)。

马林抵沪后入住的旅社 Oriental Hotel,就是位于南京路北侧的先施公司东亚旅馆(今南京东路660号),房间号36室。至6月14日,马林迁往麦根路32G号德文学社的公寓,经新旧地图比对,其址在康定东路归仁里(今康定东路3弄)。

四、其他的建党空间

早期革命者为宣传马克思主义、推进工人运动等,在上海进行了不少活动。

五四时期,上海各界主要的集会场所有西门公共体育场(今方斜路515号)和上海总商会会所(今北苏州路470号)。1920年4月21日,陈独秀来到吴淞的中国公学(今宝山永清路一带)演讲,亲自阐释《五四运动的精神是什么?》。

上海集中了一批红色出版人。《新青年》杂志的出版机构群益书店在河南路64号(今河南中路泗泾路口,建筑已毁),后《新青年》由新青年社独立发行,新青年社总发行所在公馆马路283号(今金陵东路279号),它成为中国共产党最早的公开出版发行机构。

1919年6月8日,由戴季陶、沈玄庐、孙棣三等人正式创刊《星期评论》,以独立的精神,提倡新文化、宣传社会主义、激励工人运动。社址初设于爱多亚路(今延安东路)新民里5号,1920年1月底搬至白尔路三益里17号(已拆除,遗址在济南路168弄翠湖天地雅苑),编辑部的用房得到李汉俊胞兄李书城的支持。陈独秀到上海后,立即到三益里与李汉俊联系,并成为《星期评论》社的常客。②《星期评论》社还不断迎来年轻进步又洋溢朝气的房客,俞秀松、施存统、陈公培等青年才俊入住三益里17号;在《星期评论》社,人人劳动,人人平等,可以听到毫无虚伪客套地相互直呼姓名。

当时,《星期评论》与《每周评论》《湘江评论》《新青年》并称宣传新文化的"四大周刊",发行量一度达到3万多份。施存统回忆,浙江省立一师全校共400多人,订阅《星期评论》就有四百来份,几乎人手一册。读了这个刊物的学

---

① 张玉菡:《马林抵沪之初入住哪家旅社?》,《联合时报》2020年11月10日。
② 田子渝:《李汉俊》,河北人民出版社1997年版,第52页。

生,纷纷来沪找到《星期评论》的领导者,希望与之一叙。

1920年初,邵力子在《星期评论》社委托陈望道翻译《共产党宣言》,5月,在家乡义乌完成翻译的陈望道回沪,在三益里将译稿交给俞秀松,俞秀松转交给陈独秀。陈独秀、李汉俊在老渔阳里校对后,与维经斯基商议出版并得到经费支持,在辣斐德路成裕里(今复兴中路221弄7号),设立又新印刷所。8月《共产党宣言》中文全译本完成印刷,社会主义研究社出版。1921年5月1日,应修人等在天津路44号设立上海通信图书馆,用通信方式借书交流,恽代英、杨贤江等是会员。

上海发起组大力推动工运发展。1920年4月,俞秀松到东鸭绿路351号(其址在今周家嘴路海宁路一带)厚生铁厂做工。李中到高境庙海军造船所(制造局路855号,后改名江南造船厂)做工。4月2日,陈独秀到青年会殉道堂(今四川中路595—607号,浦光中学),参加由上海码头工人发起的"船务栈房工界联合会"成立大会,并发表《劳动者的觉悟》的演说,"盼望做工的人,快快觉悟"①。5月1日,上海各界工人云集于老靶子路(今武进路)123号中华全国工界协进会附近的空地,举行五一国际劳动节纪念集会;当然晚上在协进会开会,通过《上海工人宣言》。当天陈独秀与施存统、陈望道一道,参加了在澄衷中学(唐山路457号)举行的庆祝大会。这是中国首次纪念国际劳动节的活动。

1920年11月21日,在白克路207号上海公学(今凤阳路186号,黄浦区教育考试中心)举行上海机器工会成立大会,陈独秀、孙中山等出席,李中担任大会主席,宣布工会宗旨:增进工人知识,增进工人娱乐机会,设立俱乐部书报等,互相扶助,交换知识,减少工作时间。机器工会临时会所旧址位于西门路泰康里41号(后为自忠路225号,今自忠路顺昌路西南一带),后在杨树浦裕康里(今杨树浦路2797弄)建立上海机器工会杨树浦事务所。12月11日,上海机器工会在复兴园举行聚餐会,邀请各厂领袖出席。理事长陈文焕报告机器工会的筹建情况等,工界人士热情致辞,希望机器工会成为"工界明星"。1921年3月20日,上海机器工会在夏令配克影戏场演戏筹资,以开办工人义务学校。

---

① 《申报》1920年4月3日。船务栈房工界联合会会所先后迁入海宁路粤秀坊,以后又迁至北四川路仁智里263号。

1920年秋,共产党发起组指派李启汉在槟榔路锦绣里3弄(今安远路62弄178—180号)主持共产党创办的第一所工人学校——沪西工人半日学校,他根据工人做工的时间,分早、晚两班上课,故称"半日学校"。12月19日,李启汉在白克路上海公学举办上海工人游艺会,向工人进行宣传教育,从而使得工人半日学校报名人数大增。李启汉的另一个使命是在纺织工人集中的沪西建立党领导的纺织工会,这项工作由于缺少经费而在冬天暂停,到1921年春恢复,建立了上海纺织工会沪西分会。李启汉还曾多次到叉袋角(今海防路、淮安路、西苏州路交会处一带)的工人补习学校活动。

1920年10月10日,在陈独秀、俞秀松、李汉俊等协助下,上海工商友谊会在爱文义路白克路(今北京西路凤阳路)口的毓贤学校召开成立会,陈独秀、孙中山、邵力子等出席。①同日《上海伙友》店员周刊出版,陈独秀亲自书写《发刊词》,由新青年社发行。上海工商友谊会中的进步青年赵醒侬、沈资田、张人亚、蔡炳南、洪扬生等,后来成为中国共产党的骨干力量。

1920年12月,在陈独秀、杨明斋等的帮助下,上海印刷工会在芝罘路鼎余里(东鼎余里为芝罘路10弄)成立,有会员1 300余人,并出版《友世画报》。

1921年7月21日,李启汉代表党组织,来到浦东刘公庙(吴家厅41号)召集工人议事,②并领导英美烟厂(今浦东烟台路)工人罢工,这是共产党领导的第一次工人罢工,经过3个星期的奋斗取得了胜利。8月11日,中共便在北成都路19号(今成都北路899号)成立中国劳动组合书记部,来团结、组织全国工人开展工人运动。

共产国际代表维经斯基在上海留下重要足迹。维经斯基1920年4月来上海后,寓居在霞飞路716号(该建筑已拆除),这里与新老渔阳里很近,步行仅数分钟。维经斯基在上海的公开身份是《上海俄文生活报》记者和编辑。该报社在熙华德路12号(今长治路177号)。5月,维经斯基在报社大楼设立共产国际东亚书记处,其使命就是集中统一"领导和加强远东各国群众中共产党的工作和革命活动"③。陈独秀多次到东亚书记处与维经斯基商议中国建党事宜,杨明斋、袁振英在此工作。这里还设有俄罗斯民主俱乐部和西比利亚印刷

---

① 《申报》1920年10月11日。
② 顾炳权常务主编:《上海市浦东新区地名志》,华东理工大学出版社1994年版,第686页。
③ 中共一大会址纪念馆编:《中共首次亮相国际政治舞台档案资料集》,上海人民出版社2016年版,第70页。

公司。

维经斯基带来共产国际出版的外宣材料《国际通讯》，出版于美国的《苏维埃俄国》《共产党人》《阶级斗争》《解放者》等进步书籍，还有约翰·里德的名著《震撼世界的十日》。不少中俄文书刊在熙华德路 12 号的西比利亚印刷公司和成裕里的又新印刷所刊印。维经斯基还曾拜访了共学社。[1]

除了俄文《上海生活报》社，苏俄、共产国际在上海还设有全俄贸易企业合作社中央联社驻上海办事处，地点在江西路与九江路的路口。维经斯基曾通知苏俄，将经费汇到全俄贸易企业合作社中央联社驻上海办事处。[2]还有北京罗斯塔—达尔塔通讯社的上海分社在熙华德路 12 号，承担着给各国共产党转递活动经费、发布苏俄有关信息、收集情报等任务。这些机关的人员与《俄文上海生活报》社工作人员时有交流互动，共同完成苏俄、共产国际有关部门的工作指示。[3]

《上海俄文生活报》记者斯托帕尼（Vadim A. Stopany）与中国世界语学者陆式楷（又名陆耀荣）在北四川路公益坊（今四川北路 989 弄）的新华学校设立新华世界语学校。斯托帕尼还兼任新渔阳里外国语学社的世界语老师。

在上海的租界地带散布着不少参与建党的革命者的寓所旧宅。

1919 年 3 月 14 日，为欢送湖南赴法勤工俭学学生，毛泽东第一次到达上海。3 月 17 日，毛泽东、萧三、吴玉章、朱少屏等人到汉口路海关码头送别赴法勤工俭学学生。《申报》曾刊登此次赴法勤工俭学的 89 位学生名单，其中有 43 位湖南青年。毛泽东参加了在寰球中国学生会会所（今南京西路大光明电影院附近）举行的欢送会，并合影留念。5 月 5 日毛泽东再次抵沪，在哈同路民厚南里 29 号（今安义路 63 号）住了两个多月。8 日便与萧三、李思安、彭璜等 11 位旅沪新民学会会员，到半淞园（今半淞园路 480 号）召开会议，留下著名的合影。毛泽东、彭璜和张文亮在民厚南里（今安义路 63 号）成立上海工读互助团，在《申报》刊载《上海工读互助团简章》。互助团得到陈独秀、王光祈等的支

---

[1] 1920 年 4 月，梁启超、蒋百里、张君劢、张东荪等在北京发起建立共学社，蔡元培、张謇、张元济、胡汝麟等人亦列名其中，其宗旨为"培养新人才，宣传新文化，开拓新政治"。蒋百里、张东荪等在商务印书馆出版共学社丛书，宣传新思想，涵盖马克思主义、无政府主义、基尔特社会主义等各种不同的思潮。

[2] 中共中央党史研究室第一研究部译：《联共（布）、共产国际与中国国民革命运动（1920—1925）》（1），北京图书馆 1997 年版，第 35 页。

[3] 李丹阳：《〈上海俄文生活报〉与布尔什维克早期在华活动》，《近代史研究》2003 年第 2 期。

持和赞助。毛泽东加入工读互助团后,曾担任洗衣服和送报纸的工作,后因毛泽东、彭璜于7月返回长沙,互助团工作随即停止。接着彭璜等旅沪新民学会会员等发起组织湖南改造促进会,地点在恺自尔路永乐里15、16号(今普安路128号淮海大厦)全国各界联合会。在上海期间,毛泽东还经常去南市斜桥的湖南会馆(制造局路43号,建筑已毁),看望准备赴法候船中的湖南青年。

陈独秀1920年1月29日重返上海后,得到乡人汪孟邹盛情接待,入住五马路棋盘街(今广东路河南中路)西南首的亚东图书馆。11月中下旬,陈独秀还引荐维经斯基拜会了孙中山,3位兴致勃勃地谈了两个多小时,地点应在莫里哀路孙中山寓所(今香山路7号)。1920年6月,旅沪湖南学生袁笃实、罗亦农、卜士奇、李中等在贝勒路吴兴里(今黄陂南路300弄)16号发起成立沪滨工读互助团,后来他们进入外国语学社学习。1921年2月,沪滨工读互助团因经济困难宣布解散。李中、罗亦农等最终信仰马克思主义,加入共产党。

李达1921年4月入住南成都路辅德里625号(今老成都路7弄30号),并与王会晤喜结连理。负责宣传工作的李达在这里建立人民出版社,以翻译马克思主义的原著为主,出版革命书籍。党组织还在此设立平民女校,学员有王一知、钱希均、王剑虹、丁玲等。陈公博来上海出席一大时入住的是永安公司大东旅社(今南京东路635号)。

此外,还有沈雁冰时任商务印书馆编译所(今宝山路584号,建筑在一·二八抗战中被日军炸毁)英文部、国文部编辑。他的寓所在闸北宝山路鸿兴坊,后移至宝山路顺泰里11号。

在中国共产党长达一年多的组织酝酿、发起组成立、各地建党、筹开"一大"的历程中,上海是中共建党活动最为集中的城市,粗略统计至少有40余处相关场所。如此众多、遍布全城的建党红色资源是最好的历史见证,也是党史教育的最佳场馆。

毫无疑问,红色革命的历史是上海城市的重要文脉。上海建党的众多历史建筑和历史街区,是承载红色历史的重要空间,建筑能将历史予以最为理性、直观和广博的呈现。这些中共建党的初心始发地,也是独一无二的红色历史地标,形象而直观,丰富且独特,具有强烈的感召力,它们是上海乃至中国不可或缺的红色纪念地。

上海出版业的红色基因与优良传统*

上海大学海派文化研究中心　朱少伟

申城是我国近现代出版业的发祥地,也是红色出版的源头。中国共产党建党前后,党组织在沪相继创办的5个出版机构,不仅使红色基因深深融入上海出版业,还奠定了它的优良传统。

一、出版《共产党宣言》的社会主义研究社

党组织的第一个出版机构,是1920年8月为出版《共产党宣言》而在沪建立的社会主义研究社。

五四运动前后,马克思主义在中国文化界已成为新潮,梁启超、李大钊、张闻天等都在文章中摘译、引用过《共产党宣言》片段。当年,上海《星期评论》由早期共产主义者主持,以研究和介绍社会主义而获盛名,该刊热切希望完整翻译《共产党宣言》进行连载,经邵力子建议,确定陈望道为译者。

1920年早春,陈望道接受任务后,经数十天艰苦奋战,于4月底基本完成翻译。不久,他受邀赴沪,参加编辑《星期评论》。在上海,他又对译稿做了整理。经李汉俊、陈独秀的校勘,再返回译者改定。不料,《星期评论》于6月上旬遭查禁,无法按计划连载。陈独秀等正在沪筹建党组织,面对这种情况,决定建立社会主义研究社,直接出版陈望道译的《共产党宣言》。

陈望道译的《共产党宣言》由社会主义研究社出版时,标明出版时间为1920年8月(9月推出第二版)。8月17日,共产国际代表维经斯基在给俄共(布)中央西伯利亚局东方民族处的函件中,提及《共产党宣言》已出版,所以它的印刷日期应在此之前。

---

* 选自《建党百年与弘扬优秀传统文化——上海炎黄文化研究会2021年学术年会论文汇编》。

经查,1920年6月6日,《星期评论》出至第五十三号遭查禁。《俞秀松日记》6月27日提及:"夜,望道叫我明天送他所译的《共产党宣言》到独秀家去,这篇宣言底原文是德语,现在一时找不到,所以只用英、俄、日三国底译文来对校了。"第二天则记:"九点到独秀家,将望道译的《共产党宣言》交给他,我们说些译书的事,总该忠实精细。"这表明,陈独秀应是在1920年6月下半月着手建立社会主义研究社。这第一个红色出版机构,就设于他的寓所上海环龙路老渔阳里2号(今南昌路100弄2号),陈望道译的《共产党宣言》在此完成了编辑工作。

陈望道译的《共产党宣言》出版后,社会主义研究社并未"功成身退"。为了宣传马克思主义,该社曾计划出版一套"社会主义研究小丛书",陈望道译的《共产党宣言》封面上,标明为"社会主义研究小丛书第一种"。1920年9月,社会主义研究社又出版李汉俊译的《马格斯资本论入门》,作为"社会主义研究小丛书第二种",这是我国第一本介绍《资本论》的通俗读物。

1920年9月1日,陈独秀在《新青年》第八卷第一号发表《谈政治》。这篇长文是陈独秀早期思想历史性跨越的重要标志,在社会上引起很大反响。因而,社会主义研究社很快把它也列入"社会主义研究小丛书",以《政治主义谈》书名出版。

1920年9月后,因公开的新青年社建立,承担了党的书刊出版工作,社会主义研究社完成使命。

二、一份文化名刊发展成新青年社

1920年8月,中国共产党发起组在沪正式成立。不久,决定将《新青年》改版为其机关刊物;而且,建立新青年社,总发行所设于上海法大马路279号(今金陵东路近河南南路处)。

陈独秀主编的《新青年》,1915年9月创刊于上海,是我国近现代一份内涵丰富深刻、影响广大深远的杂志,它开启了民智,振奋了国魂。最终,它由文化先锋到革命罗针,也是一种必然。

《新青年》在沪进行改版,仅用了一个月,从1920年9月1日出版的第八卷第一号起,它成为中国共产党发起组公开出版的机关刊物,仍由陈独秀主编(至年底,他赴广东担任教育委员会委员长,由陈望道负责),总发行所由苏新甫负责。

新青年社作为党的早期出版机构,除了出版《新青年》,也负责印行面向工人、店员的《劳动界》和《上海伙友》。1920年8月15日,《劳动界》创刊号出版,封面标明"总经售处上海法租界大自鸣钟对面新青年社",这是"新青年社"名称初次见诸媒体。

从1920年秋开始,新青年社陆续推出陈独秀主编的"新青年丛书",书目广告列有近10种,实际付梓8种,其中有李季译、蔡元培写序的《社会主义史》,陈独秀、李达等撰的《社会主义讨论集》,黄凌霜译、张伯坚校的《哲学问题》,恽代英译的《阶级争斗》等。

尤值一提,1920年11月出版的"新青年丛书"第六种《欧洲和议后之经济》(今译《和约的经济后果》),著者为坎斯(今译凯恩斯),系20世纪最有影响的经济学家之一。凯恩斯的《和约的经济后果》于1919年12月出版后,受到列宁的重视,他在1920年7月召开的共产国际第二次代表大会做报告时,为了证明资本主义矛盾全面尖锐化,多次引用该书的相关数据和观点。

1921年2月,《新青年》第八卷第六号在沪付排时,上海法租界巡捕房警探以"宣传过激"为由,到印刷厂将全部稿件搜走,又查封新青年社,该社不得不迁往广州。翌年7月,《新青年》休刊。

1923年6月,中共三大做出决议,重新出版《新青年》,作为中共中央理论性机关刊物;6月15日,《新青年》在广州复刊,从原先的月刊改成季刊,由瞿秋白主编。1926年7月,《新青年》终刊;此前,新青年社已于1923年秋先结束业务。然而,直至大革命后期,瞿秋白仍在武汉以新青年社名义,主编并出版了一套"新青年社丛书"。

三、掩护过中共一大会址的新时代丛书社

中国共产党发起组在筹备中共一大期间,李汉俊提出将他与胞兄李书城(同盟会元老)的寓所即上海望志路106—108号(今兴业路76—78号)"李公馆"客厅,作为开会的场所。为了掩护中共一大会址,李汉俊、李达等在此创办了新时代丛书社。

1921年6月24日,上海《民国日报》的副刊《觉悟》登载《"新时代丛书"编辑缘起》,公布"本丛书内容包括文艺、科学、哲学、社会问题及其他日常生活所

不可缺之知识；不限册数，或编或译，每册约载三万字"，"编辑人"是李大钊、李季、李达、李汉俊、邵力子、沈玄庐、周建人、沈雁冰、夏丏尊、陈望道、陈独秀、经亨颐等15人，多为中国共产党发起组成员，通信处为"上海贝勒路树德里一百零八号（即望志路108号后门弄堂门牌）转"。因新时代丛书社设于"李公馆"，就由李汉俊具体负责。

1921年7月23日晚，中共一大在"李公馆"客厅召开。7月30日晚，举行第六次会议。一个陌生的中年男子突然闯入，又匆忙退出。在场的共产国际代表马林判断此人是密探，建议立即休会。仅隔10多分钟，上海法租界巡捕房的两辆警车就停在门前，法籍警官厉声质问房主，经李汉俊用熟练的法语泰然应对，这些家伙的气焰才有所收敛，并搜查得比较马虎，最终悻悻而归。包惠僧的《中国共产党第一次全国代表大会的几个问题》披露，在巡捕们离开后，他曾前往探视，李汉俊告知："我对他们说是北大几个教授在这里商量编现代丛书的问题。侥幸的是一份党纲放在李书城写字台抽屉内，竟没被发现。"于是，中共一大会址化险为夷，已转移的代表们也避免被追踪。

新时代丛书社并非一块空牌子，在1922年1月至1923年12月陆续编译、出版9种书籍。"新时代丛书"中首先推出的是李达译的《女性中心说》，1922年1月出版，"译者序"注明为1921年7月6日所撰，这显示中共一大召开时它早已译毕，万一遭密探深究，便可作该社真实存在的一件物证；另外，陆续出版的还有夏丏尊和李继桢译的《社会主义与进化论》、施存统译的《马克思主义和达尔文主义》和《马克思学说概要》、祁森焕译的《妇人和社会主义》等。1922年6月，新时代丛书社通信处移至上海商务印书馆编译所沈雁冰处。此时李汉俊已赴鄂，但他离沪前，仍于6月6日在上海《民国日报》副刊《觉悟》发表《研究马克思学说的必要及我们现在入手的方法》，介绍了"新时代丛书"第二种《社会主义与进化论》、第三种《马克思主义和达尔文主义》。

如今，上海图书馆仍收藏着整套"新时代丛书"。

四、第一个人民出版社

中国近代的出版机构，多称"书局""书社""书店""印书馆"等。中国共产党成立不久，为了有系统地编译马克思主义著作，在沪建立第一个人民出版社,由李达负责。从此,"出版社"的名称正式亮相,并逐渐流行。

李达于1920年夏成为中国共产党发起组成员,在中共一大被选为中央局成员、宣传主任。他在上海南成都路辅德里625号(今老成都北路7弄30号)的寓所,成为人民出版社社址。

1921年9月,《新青年》第九卷第五号登载《人民出版社通告》,阐明其宗旨和任务:"近年来新主义新学说盛行,研究的人渐渐多了,本社同人为供给此项要求起见,特刊行各种重要书籍,以资同志诸君之研究。本社出版品底性质,在指示新潮底趋向,测定潮势底迟速,一面为信仰不坚者袪除根本上的疑惑,一面和海内外同志图谋精神上的团结。各书或编或译,都经严加选择,内容务求确实,文章务求畅达,这一点同仁相信必能满足读者底要求。"

1921年11月发布的《中国共产党中央局通告》中,明确要求:"中央局宣传部在明年7月以前,必须出书(关于纯粹的共产主义者)二十种以上。"经李达的具体筹划,人民出版社拟订了内容丰富的出版计划,准备推出"马克思全书"15种,"列宁全书"14种,"康民尼斯特(英文communist的音译,即共产主义)丛书"11种,其他读物9种。由于受经费、人手等方面的限制,最终这批书籍未能全部出齐。

陈独秀在《给共产国际的报告》中提及:仅数月时间,人民出版社已出版书籍12种,各印3 000册。据考,人民出版社实际出版书籍近20种,其中不仅有《工钱劳动与资本》(即马克思的《雇佣劳动与资本》,袁让译)、《劳农会之建设》(即列宁的《苏维埃政权当前的任务》,李达译)、《讨论进行计划书》(包括列宁的《论无产阶级在这次革命中的任务》和《论策略书》,沈泽民译)、《共产党礼拜六》(即列宁的《伟大的创举》,王静译)、《劳农政府之成功与困难》(即列宁的《苏维埃政权的成就与困难》,李墨耕译)最早中译单行本等,还有重印的《共产党宣言》《马克思资本论入门》等,以及《劳动运动史》《俄国革命纪念》《两个工人谈话》《李卜克内西纪念》4种小册子。

李达在主持人民出版社期间,常废寝忘食地工作,所编印的书籍都通过可靠关系秘密运送到各地。李达的《中国共产党的发起和第一次、第二次代表大会经过的回忆》提及:"'人民出版社'由我主持,并兼编辑、校对和发行工作,社址实际在上海,因为是秘密出版的,所以把社址填写为'广州昌兴马路'。"1922年11月,李达应毛泽东函邀前往长沙,到湖南自修大学工作;翌年夏,人民出版社并入已迁至广州的新青年社。

五、延伸至海外的上海书店

1925年冬,正在广州农民运动讲习所学习的毛泽民(毛泽东胞弟)奉命来沪,担任中共中央出版发行部经理,并兼所属公开业务机构上海书店负责人。

上海书店于1923年11月1日开张,店址设于小北门民国路振业里口11号(原建筑已不存)。开张第二天,该店在上海《民国日报》副刊《觉悟》登载广告,申明"要想在中国文化运动上尽一部分的责任"。该店印刷、发行方面的事宜,由徐白民主持;编辑方面的事宜,则由瞿秋白、蔡和森、恽代英等分别承担。

上海书店承担发行中共中央机关刊物《向导》和团中央机关刊物《中国青年》等的任务,并重印人民出版社一些读物,而且,陆续出版不少新书,其中有瞿秋白等的《社会科学讲义》《社会科学概论》《国外游记汇刊》《新社会观》,恽代英等编的《反帝国主义运动》《平民千字课》,施存统的《世界劳工运动史》,李求实编的《革命歌声》,沈泽民译的《恋爱与道德》,杨明斋的《评中西文化观》,蒋光赤的诗集《新梦》等,还相继推出《将来之妇女》《唯物史观》《马克思主义浅说》《关税问题与特别会议》《青年工人问题》《显微镜下的醒狮派》等6种"中国青年丛书",《不平等条约》《中国关税问题》《反戴季陶的国民观》《论北伐》等4种"向导丛书",合计逾30种。

为了方便读者,毛泽民四处奔波,不仅在沪西、沪东、沪北开辟分销处,在长沙、湘潭、广州、潮州、太原、南昌、安庆、青岛、重庆、宁波等城市建立支店或代办处,还在香港、海参崴、巴黎设代售处。他根据地下斗争的需要,化名杨杰,时而穿长衫马褂,时而是西装革履,以上海书店"老板"身份出入一些报馆、书店、发行所和印刷所联系业务。

随着上海书店影响日益扩大,军阀当局十分惊慌。1926年2月,淞沪警察厅找借口查封该店。毛泽民很快在上海宝山路、宝昌路口找到新店址(原建筑已不存),以宝山书店名义继续发行革命书刊;同年秋,他将上海书店存书全部运往武汉,于11月建立长江书店,该店所登广告中明确表示"继承上海书店营业"。1927年2月,毛泽民又建立上海长江书店(位于原宝山书店),3月31日在上海《民国日报》登载《上海长江书店启事》。"四一二"反革命政变后,该店被查封。

结　语

当年，社会主义研究社、新青年社、新时代丛书社、人民出版社、上海书店的宗旨一脉相承，工作上则各有特点。社会主义研究社开了红色出版之先河，在没有工作经验、缺少技术人才的情况下，顺利出版《共产党宣言》第一个中译本，使人们首次看到这部马克思主义经典著作的完整面貌。随着岁月流逝，此书初版本在全国仅存 12 册，而上海一地便有 5 册，值得自豪。新青年社尽力满足学生和青年工人的求知需要，推出广受欢迎的"新青年丛书"，总发行所常热闹非凡，年轻读者中的许多先进分子后投身于革命事业。新时代丛书社的书籍多数都再版，封面设计新颖别致，中间地球图案上那紧握的双手，象征全世界无产者的联合，相关书籍全部采用"马克思"译名，这已与现在的规范译名一致。人民出版社善于进行编辑策划，在短时间内拟就"马克思全书""列宁全书""康民尼斯特丛书"的大型出版计划，并高度重视编译质量，译书主要依靠有外语水平的党内同志；及时打通发行渠道，使印数不小的出版物能迅速送到读者手中，所以蔡和森在 1926 年撰写的《中国共产党史的发展（提纲）》中说："人民出版社……为我党言论机关，出版了很多书籍，对思想上有很大的影响。"上海书店初具"集团"规模，已实现编、印、发"一条龙"，出版物中除了革命书刊、学术专著，还有文艺作品、通俗读物；经营管理方面有独到之处，不仅在全国 20 多个城市建立分销处，还在海外设分支机构。

由此可见，这 5 个立足于黄浦江畔的早期红色出版机构，或敢于创新，或精于策划，或善于开拓，在艰苦条件下形成各自鲜明的编辑特色或成功的管理方式，为向人民群众开展革命宣传、促进马克思主义在我国广泛传播做出了重要贡献。

新中国成立后，上海出版业继承红色出版的精神内核和优良传统，图书精品迭现，人才大量涌现，探索前行中不断有令人瞩目的"新词汇"和"新样本"，尤其是党的十八大以来，上海出版业贯彻落实党和国家出版事业发展要求，坚持出版精品化、学术化、专业化的理念，正确处理好阵地与市场、导向与效益、传承与创新的关系，继续勇于走在前列，积极推动出版持续繁荣发展。这也进一步提升了申城的人文气质。

2021 年是中国共产党成立 100 周年，回顾早期红色出版的历史意义与现实启示,感悟颇深。习近平总书记曾指出:要坚持走中国特色社会主义文化发展道路,深化文化体制改革,深入开展社会主义核心价值体系学习教育,广泛开展理想信念教育,大力弘扬民族精神和时代精神,推动文化事业全面繁荣、文化产业快速发展。作为我国红色出版的源头,上海出版业在新时代必将更上一层楼,为增强国家文化软实力和我国加快从出版大国向出版强国迈进发挥应有的作用。

纵观慈善文化的中断、复兴和发展[*]

解放日报社　司徒伟智

一、曾经的繁荣

一说慈善,有朋友就以为,西方古已有之,我们嘛,则是20世纪八九十年代才姗姗来迟。其实有误解存焉。须知,若以出世早晚分高下,则中国人在慈善上是跑在前面的。

勿纠缠于字面,还是要看慈善的本质,即奉献爱心,捐钱出力,扶弱济贫,救灾解难,凡此种种,炎黄先人都留下丰厚的言传身教。

上古传奇,从"羿射九日""女娲补天"到"神农尝百草""鲧禹治洪水",多的是舍身忘我,"苟利天下生死以"的英雄憧憬。先秦诸子,各树旗幡,标新立异,互相颉颃,但是于克己利人这基础价值观,儒家的"泛爱众而亲仁"(《论语·学而》)、"人饥己饥,人溺己溺"(《孟子·离娄下》,孟子原话为:"禹思天下有溺者,由己溺之也;稷思天下有饥者,由己饥之也,是以如是其急也。"),道家的"上善若水,水善利万物而不争"(《老子·八章》)、"天之道损有余而补不足,人之道损不足而补有余"(《老子·七十七章》,老子原话为:"天之道,损有余而补不足。人之道则不然,损不足,奉有余。"),墨家的"使天下兼相爱,爱人若爱其身"(《墨子·兼爱上》)、"有力者疾以助人,有财者勉以分人"(《墨子·尚贤下》),主流学说可谓义理相通。甚至,儒家倡言亲疏存别,爱有差等,墨家信奉"兼相爱,交相利"(《墨子·兼爱中》),爱无差别。前者指斥后者学说为"无父也,禽兽也"(《孟子·滕文公下》,孟子原话为:"杨氏为我,是无君也;墨氏兼爱,是无父也。无父无君,是禽兽也。"),双方辩论,书生意气,剑拔弩张,然而究其实质,求同存异,都一样以爱心为底色,主张呵护他人、帮扶弱势。

---

[*] 选自2020年《多学科视野:治国理政的中国智慧学术研讨会论文集》。

所有这些,构成中华慈善文化的元典精神。两千多年来,精神薪火相传,后继者用各种文化样式构建出一部部悯贫悯农、劝赈劝捐的作品,极力推广慈善文化。一个采风者来到穷乡僻壤,哪怕山陬海澨,也会听到略识之无的农家儿女吟诵儒学启蒙警句,如:"凡是人,皆须爱;天同覆,地同载。"(见《弟子规》)"但行好事,莫问前程。与人方便,自己方便。"(见《名贤集》)"贫乏时常有,其如难自存。惠施关性命,福报在儿孙。"(见《续神童诗》)"苏涸鲋,乃济人之急;呼庚癸,是乞人之粮。"(见《幼学琼林》)"不肯种福田,舍财如割肉。临时空手去,徒向阎君哭。"(见《重订增广贤文》)蒙学读本,众口一词,无不鼓吹慷慨施助,鄙弃吝啬自私。

更有精神转化为物质,一批批救助法令规范和执行机构组织相继诞生,直面弱势民众,运作慈善事业。有官办官助,也有越来越多的民间自办慈善,福田、粥局、义学、义冢、安乐坊、同善会、六疾馆等乡土组织因地制宜,层出不穷。譬如一则"饭后钟"典故,讲的是唐代宰相王播年轻时贫苦,借居扬州寺院,每天听闻钟声便入餐堂蹭饭。和尚们有一回恶作剧,吃完饭再敲钟,让他赶来却吃不上。他写了两句牢骚诗:"上堂已了各西东,惭愧阇黎饭后钟。"是非且勿论,却折射出当年佛教寺院周济困窘者的惯例。其实从《红楼梦》里贾雨村寄居葫芦庙,到《阿Q正传》里阿Q混迹土谷寺,小说细节自有生活依凭。台湾地区的中国历史大家严耕望研究过,唐代寄居于佛寺道观山林的文士,有20位最终晋身宰辅(见其《唐人习业山林寺院之风尚》,原载《严耕望史学论文选集》,联经出版事业公司1991年初版)。读书而至宰相,概率极小,可见当年寺庙道观收留了多少万个穷书生啊。另据梁其姿搜集研究中外文献后发现,中国朝廷早期的救济诏书(1257年宋理宗诏令"天下诸州建慈幼局"),其意义类似于英国的济贫法,时间却早出后者300年。我国明清时期的善堂善会多于英国的济贫机构,慈善事业的繁荣程度远逾同期的美国[1]。当然,既是竞争,也有融合,先是佛教西来,后有欧洲教士东渐,都成为华夏本土慈善文化和事业发展不可忽略的糅合成分、化合元素。

中国旧时代民间慈善总体步履维艰。缺乏强盛社会经济支撑的慈善施展,只能是低水平,且无力广覆盖。但慈善文化源远流长,诸多硕果特别是上海本土亮点毕竟值得骄傲。以地域成就论,上海作为近代中国的经济中心,同

---

[1] 刘选国:《明清以来中国慈善的起伏跌宕(上)》,《公益时报》2015年1月7日。

时是慈善中心。1936年《上海市年鉴》记载,该年在上海市社会局登记的慈善团体有199家。而据调查资料,20世纪二三十年代国内其他大城市的慈善机构数是:天津20家,北京24家,南京44家,广州38家,成都46家①。以个人境界论,则当今慈善界最吸睛的"裸捐"壮举,也早经中国慈善史册亮相。前有范蠡,《史记·越王勾践世家》记载,范辞职后经商,"十九年之中三致千金,再分散与贫交疏昆弟"。就是说,十九年间三次盈利千金之巨,全部捐给了周围穷朋友与亲戚。"裸捐",且一而再,再而三! 后有我们上海的杨斯盛,这位20世纪初叶建筑实业家,晚岁捐出90%资产兴办广明小学和浦东中学。——"此举遭压力极大,内之家人,外之戚友、族党,都说我发了狂,中了蛊。"但他不为所动,临终前大功告成。金额自然不及大洋彼岸的卡耐基、洛克菲勒诸公,但境界则一。年轻的胡适为此写下激情四射的《中国第一伟人杨斯盛传》。当然,还不该遗漏北方的熊希龄,继兴办香山慈幼院后,于1932年又将积攒多年的全部家产悉数"裸捐"儿童福利,于平津及湖南开办12项慈善教育事业②。

二、中断与原因

一部漫长的华夏慈善传统,何以好多后人莫知莫觉,视若不见,"言必称希腊"?

因为存在中断。曾几何时,一个巨大的"马鞍形"凹现于中国的慈善发展通道。当着20世纪50年代初期,各地各样的慈善组织逐渐关门大吉,"慈善"亦不复为褒义词而经由批判销声匿迹,整个慈善文化和事业渐渐滑入"马鞍形"的谷底,长时间目无所见,耳无所闻,集体失忆势所必至。

探究之所以会中断,明显的要素是旧中国主持民间慈善事业的头面人物多数来自封建地主及大资产阶级,和欧美教会团体,在激烈的阶级斗争格局中或是站在对立面,或是作壁上观,从而在诞生伊始的工农联盟新民主主义社会难以获得信任。加以新中国成立后,这些人士经济实力大失,国外资源亦减,慈善活动实难为继。这都是外在的要素,还有内在的,即深层的文化要素。

当无产阶级终于推翻盘根错节两千年的剥削阶级政权,当家做主后,于思

---

① 陶水木:《上海,中国近代的慈善中心》,《文汇报》2018年3月23日。
② 龙儒文:《民国前总理熊希龄毁家纾难》,《炎黄春秋》2001年第12期。

想文化领域整顿清理、破旧立新理有固然。可是,破什么,怎么破,大有讲究。倘不止于剔除传统文化中的糟粕,而是将其中有益于民众福祉的养料也一股脑儿破除,泼脏水时将孩子泼掉,可乎?

1951年5月20日,《人民日报》发表社论《应当重视电影〈武训传〉的讨论》,号召批判文艺界热演热赞电影《武训传》的倾向。晚清著名慈善家武训出现在影片中,竭尽心力行乞献艺募捐,"打一拳,两个钱;踢一脚,三个钱","你出钱,我出力,办个义学不容易",聚沙成塔建学校,让一大批贫苦儿童读书识字。就此,社论严厉指出:"我们的作者们不去研究过去历史中压迫中国人民的敌人是些什么人,向这些敌人投降并为他们服务的人是否有值得称赞的地方。"意即武训办义学,名为帮助穷孩子读书,实际读的是"四书五经",从而必然宣扬封建文化、"为敌人服务",必然有利于反动封建统治的绵延不绝。

照此逻辑,彼时一切启发民智的慈善教育皆不足取矣,因为都摆脱不开封建文化影响;推广开来,则那时各种救灾济贫的慈善举措也要不得,因为它们都会纾解封建社会矛盾,一定程度上延缓剥削阶级统治。——如此苛求,那么是不是武训非得投"钵"从戎,"我手执钢鞭将你打"(《阿Q正传》语),参加太平天国、义和团才行呢?

还是该用毛泽东的"两点论"看待问题。既往的慈善事业,济贫解困,民众获益,这救济功能是明摆的,是本质的,是主要点。处于封建时代,民间慈善事业撇不掉封建思想影响,且客观上利于调和阶级矛盾,这政治功能也是必然的,是从属的,次要点。不该见其一点、不及其余,甚至将次要点掩盖了主要点。

纵观历史,尽管一个社会,占支配地位阶级的思想,通常亦即社会上占支配地位的思想,它会影响到思想文化的方方面面。但是,它只能制约而非取代思想文化的存在发展。回头看,真钦佩冯友兰于20世纪50年代中期提出古代哲学命题可以"抽象继承"的勇气(翻查当年报纸,几无赞成者,俱系批判者)。是的,剔除传统慈善文化的剥削阶级思想影响,则其扶贫助困的人道思想内核是超阶级、适应任何人类社会的,理应继承,岂容一笔横扫。唯此才契合"两点论",不犯"左派幼稚病"。

可是在新中国成立后不算短的时段,"一点论"走红,过度政治化的理论行时,一切套用"阶级斗争"简单公式,无视传统学说的优秀成分,抹杀慈善文化的本质属性。其逻辑竟是:反动阶级讲慈善,表面为了大众,其实为自己长治久安,是伪善,必须全盘否定!于是乎,本土从孔孟学说到历代慈善文化,是伪善,不能要;糅合进来的外邦慈善文化,伪善兼侵略,更不要。读一读当年主流报刊,众口一词,见"慈善"辄骂,如"农民在斗争会上的诉苦,把封建地主阶级那些'风雅''慈善'外衣剥个光光净净"①啦,如旧社会许多慈善团体办救济,"在主观上尽管想为社会服务,而实际上是成为反动统治的装饰品,本质上所起的是欺骗人民、缓和矛盾的作用"②啦,如"旧社会里的大人先生们举办'慈善事业'、借着观音大士大慈大悲普度众生的幌子来'化缘'和收'香火钱'"③啦。思想批判,再联系实际,遂将红十字会称作"它的产生和四十六年的工作,在思想上是遵循了封建主义和资本主义相结合的虚伪的并含有毒素的人道主义"④,又定性"原来的协和医学院是美帝国主义在中国进行文化侵略的堡垒之一"⑤。慈善文化遭贬斥,加以计划经济体制下实行大政府、万能政府,则绝大多数民间慈善组织从新中国成立初期允许活动,很快过渡到经由整顿而普遍歇业(少数几个转设为附属于政府的官方或半官方机构),其救济和福利功能由政府及下属机构包办,就顺理成章。以上海为例,据地方志记载:"到1956年1月,在对私有经济社会主义改造高潮中,11个尚存的私办公助慈善机构,全部由国家接办。至此,旧公益团体在上海不复存在。"

问题在于,政府和民间,两条腿走路,比一条腿强。尽管同时期我们也在不断鼓励学习模范、助人为乐、做好人好事,但是毕竟运动式的多,专业性不足,难于取代慈善组织的功能。在慈善救助的平台,民间组织足以汇聚的人财物力长期放空,太可惜。总以为政府无所不能,可以独自包揽一切民生难题,不明智。尤其是重大灾情突发,民间慈善志愿者的捐献和效率无可替代。一位前后参加1976年唐山、2008年汶川两次抗震救灾的将军曾回忆比较——

> 在汶川救灾现场看到的是群策群力的热烈;到处是自发相助的社会志愿者,"民营企业家们带来起重机、推土机、重型卡车等大型机械设备,

---

① 萧乾:《在土地改革中学习》,《人民日报》1951年3月1日。
② 黄延芳:《我对劳动就业的感想》,《解放日报》1952年9月21日。
③ 王维堤:《批判"怜悯农民"的思想》,《文汇报》1954年1月28日。
④ 李德全:《新中国红十字会的工作方向与发展步骤》,《人民日报》1951年2月1日。
⑤ 新华社电讯:《从美帝文化侵略堡垒变成人民医疗机构——协和医学院解放后在医疗、教学、研究和建设等方面已经起了根本变化》,《人民日报》1957年8月20日。

农民兄弟开着三轮车载着准备捐送的饼干、西瓜、矿泉水,大学生们背着简易行囊急促前行,各种各样的救护车呼啸而过"。还看到肤色各异的外国志愿救援队。然而这一切,当年在唐山灾区无从看到;看到的是救灾大军奋力向前,高端设备甚少,多数使用的是铁锤、镐头、铁锹等简陋工具。"从废墟中救出的1.6万多名群众,基本上是靠人工扒碎石、掀楼板、拽钢筋的方式获救的。"①

三、复兴也辉煌

民间慈善文化传统的断裂,与整个中国传统文化的沉沦同步。它的重新接续,也必然得之于后者枯木逢春。

中国的优秀传统文化包括慈善文化,好不好,要不要?进入改革开放新时期,全党确立了"解放思想,实事求是"的思想路线,答案就清楚了。不用再争来论去,因为"原则不是研究的出发点,而是它的最终结果;不是自然界和人类适应原则,而是原则只有适合于自然界和历史的情况下才是正确的"(恩格斯语)。实践结果,才是检验原则、真理的唯一标准。考察民间慈善,效果昭彰,就是济贫解困扶危,系社会第三次分配,弱势者只得益不受损。设身处地想想,饥寒交迫者是只忧其少,不嫌其多,多多益善呀。

感念伟大的40年,让传统慈善文化和整个传统文化一起,迎来了最繁荣的传承期。尤其是党的十八大以来,继承弘扬传统文化的力度明显放大。不再是不痛不痒,一笔带过,也不复亦好亦坏,模棱两可,而是旗帜鲜明,全力弘扬。习近平指出:"培育和弘扬社会主义核心价值观必须立足于中华优秀传统文化。"他列举"包括儒家思想在内的中华优秀传统文化中蕴藏着解决当代人类面临的难题的重要启示",总计十五条,其中三条即"关于天下为公、大同世界的思想","关于集思广益、博施众利、群策群力的思想","关于仁者爱人、以德立人的思想"。先哲的仁义、利众、爱人的慈善元典精神,得以恢复尊荣,享誉崇高,奉为民族的思想文化珍宝。

文化兴,事业盛;文化衰,事业消。据2018年6月20日发布的《慈善蓝皮书:中国慈善发展报告(2018)》显示,2017年我国社会捐赠总量预估约为1558

---

① 贾方亮:《从唐山到汶川》,《解放军报》2009年7月21日。

亿元,继续保持增势。至2017年,我国社会组织总数量突破80万个的关口,达到801 083个①。自然,每前进一步仍需要解放思想。这里有一个小插曲,据说1994年上海市慈善基金会在酝酿之时,人们对在中国能不能、需不需要搞慈善事业尚有疑虑和争论。是《人民日报》的一篇以"我们与'慈善'二字是久违了的"现状为遗憾,以发扬"积德行善、救困扶危的中华民族传统美德"为目标的评论文章《为慈善正名》②,使大家坚定了认识:以仁慈善良为本意,蕴含着同情、关爱之心的慈善是没有种族、没有国界的,社会主义的中国同样需要慈善事业③。从各类传统劝善书籍的出版,到各地的慈善基金会建立,慈善文化和慈善事业都迅速走出"马鞍形"的凹底,重新登上高地,走上发展的大道。这还不是一般性的归去来兮,而是否定之否定,在数量和质量上呈现熠熠光华。下有蕴含慈善理念的蒙学读本,通行于城乡各地,真叫"有水井处就有朗读声";上有专业学者钻深研透典籍精髓,致力于优秀传统文化创造性转化和创新性发展。

一部中华慈善历史,也闪耀着外来者的光彩。我们承继本来之际,需要不忘外来,融汇外来。他们中间,诺尔曼·白求恩这样的共产党人,固然可敬可仰;还有更多举着各样旗号的,如近代以来的欧美传教士,该如何评价?1979年,陈旭麓写下他的思考:"佛教传到中国来,出了许多著名的高僧;基督教传到中国来,只有许多披着宗教外衣的侵略分子,难道没有一个有好的宗教人士吗?"④深入搜寻研究,答案是肯定的。

事例层出不穷,前些年《北京日报》刊发文章,记述抗战期间一个英国女教士格拉蒂丝·艾伟德如何护送一百余名中国孤儿难童,从山西阳城千里跋涉转移至大后方的陕西。山东作家则出版《泰山慈善家——安临来传》,讲述美国教士安临来为养育中国孤贫儿鞠躬尽瘁,"甘愿一生做泰山的'穷洋鬼子'"。不消说,上海的事例最多。新中国成立前的上海,既为"冒险家的乐园",当然少不了阴谋家、鸦片贩、骗子、流氓之类,但是确有相当部分名副其实的慈善家。在学者笔下联翩涌现的是,雒魏林创办仁济医院,姚宗李发起建造广慈医

---

① 王勇:《〈慈善蓝皮书:中国慈善发展报告(2018)〉发布,去年我国社会捐赠总量预估约为1 558亿元》,《公益时报》2018年7月3日。
② 孙月沐:《为慈善正名》,《人民日报》1994年2月24日。
③ 《让慈善走进人们心中》,《人民日报》1999年6月12日。
④ 《陈旭麓文集·浮想偶存》,华东师范大学出版社1997年版,第17页。

院(今瑞金医院),他俩分别为英法来华传教士。学者傅兰雅捐银6万两创建上海盲童学校,实业家查尔斯·雷纳则捐出全部资产建造宏恩医院(今华东医院),他俩都来自美国。

这里再讲个故事,2010年我与文友、本会会员金波为上海市文联的"海上谈艺录"丛书写作采访翻译大家草婴,老先生言及自己在上海读的是雷士德工学院附中,这所学校出了很多进步学子,如梁于藩、鲁平、任溶溶等。他一直很怀念这所母校。近日翻查一下,该学院及附中系1934年根据英国建筑师兼实业家雷士德遗嘱,用雷士德基金会部分基金捐建,规定学生来源以华人子弟为主。凡此种种,上海人不可忘恩负义,该记住他们。

还须关注的是外来的慈善理念融汇于中华一体。用鲁迅的话就是不必担心"吃了牛肉自己也即变成牛肉",倒是吸收营养,成长为更健全的人。姚宗李的广慈医院贫富俱收,"即最贫者,亦得入附设之病床焉,五百病床中三百零二座,供贫人之用,从未间断"①。仁济医院更上一层楼,传出过"病人没饭吃,医院还发给伙食费"的新奇故事。如果说救济理念令人赞叹,则其管理理念亦予人启迪。徐家汇土山湾孤儿院等教会慈幼机构,曾因较高的孩童死亡率而被传说得很不堪,我在少年时代几乎就视同为日本七三一细菌部队的试验室差不多。今天经过实事求是的研究,应看到此中并存主观原因(主持者缺乏对租界华人儿童的足够重视,修女们也缺乏专业养育知识)和客观原因(送来的儿童大多病弱乃至伤残,孤儿院的医疗护理条件不完备);同时应当看到,它们推行"养""教""工"的结合,既有助于孤儿院的经济维持,也给孩子准备了将来自立的一技之长。大实业家张謇在清末民初创办南通新育婴堂时,就主张"与同人力去普通育婴堂腐败之陋习,参用徐汇教会育婴之良法"②。中国慈善史专家也表扬他们这种慈幼管理模式"迥然有别于中国传统的育婴堂、养济院等慈善机构,甚至到了1949年后,全国各地举办的各类福利工厂也依稀能寻觅到教会慈幼机构的一些踪影"③。

不断发掘历史,从中外慈善文化兼收并蓄,弃短取长,有机结合,合而为改

---

① 此语来自1932年的《广慈医院25周年纪念》。本文转引自唐闻佳、朱凡《从"广慈医院"到"瑞金医院"——跨越110年的东西方医学文明对话》,《文汇报》2017年10月13日。
② 高鹏程、李震:《张謇与清末民初南通的慈善事业》,《南通工学院学报(社会科学版)》2004年第2期。
③ 周秋光、曾桂林:《中国慈善简史》,人民出版社2006年版,第353页。

革开放以来的中国新慈善。

四、前瞻须回顾

今天我们的慈善事业,成绩很大,有目共睹,差距不小,也须正视。如我国社会捐赠占 GDP 的比重近年来大幅度提高,从 2006 年的 0.05％提高到 2014 年的 0.16％,已超过日本(0.14％)和德国(0.13％)。但与许多发达国家相比还有较大差距,如以色列 1.29％,英国 1.01％,美国 0.62％,瑞典 0.4％,荷兰 0.37％。①

当着我们急起直追,创新发展,"从未来汲取自己的诗情"(马克思语)时,眼光也请注视既往的慈善文化吧。前瞻毋忘回顾,经验蕴含资源。

身非专业学者,仅以我有限的涉猎,也足以感受传统的分量,领略传统指示的慈善发展空间。空间之一,传统鼓励宗教开展慈善。美国传统如此,迄今"每年对宗教组织的捐赠超过 400 亿美金,占全部慈善捐赠的 47％"②。我国传统也如此,各家宗教机构多的是慈善居前,布道于后。宗教办慈善,以其深刻的信仰基础和较高的社会公信度而不容轻视。国家宗教事务局等六部门于 2012 年联合印发《关于鼓励和规范宗教界从事公益慈善活动的意见》,提出"积极支持、平等对待、依法管理、完善机制"原则,增强宗教界从事公益慈善活动的主动性、规范性,被学界赞誉为"政府对宗教界从事公益慈善活动采取了前所未有的积极支持和鼓励态度"③。我们应当遵循传统,按照政策规定,推进宗教慈善。

还有个空间,也不可忽视,就是包容慈善家,杜绝一切苛求。在我们上海,如果你举出的慈善楷模,是为老区百姓脱贫鞠躬尽瘁的东海舰队老将军段德彰啦,是卖掉房子捐赠母校贫困生的上海师范大学老校长杨德广啦,那一准谁都竖起大拇指赞同。因其高风亮节,以身作则,十分完美。可是,轮到某些钱出得更多的人物,却难以获得赞扬,在某些场合还会遭到讥刺,盖为其"过去对职工对客户都辣手来兮,现在又来作秀","他的历史不光彩,是想'赎罪'来

---

① 王名:《中国公益慈善:发展、改革与趋势》,《中国人大》2016 年第 7 期。
② 数据来自赵乐论文《信仰的魅力与社会资本的实力》。本文转引自刘选国《去宗教化对慈善机构的影响(下)》,《公益时报》2015 年 7 月 28 日。
③ 刘选国:《去宗教化对慈善机构的影响(下)》,《公益时报》2015 年 7 月 28 日。

了"。求全责备的舆论氛围,令某些个捐款大户自惭形秽,心存疑惧,渐生去意,大不利于民间慈善家普遍冒头。中华传统是宽容,是承认"金无足赤,人无完人"的辩证思维。昔日有污点,今天思自赎,有何不可？古有"周处除三害",浪子弃恶从善,历代赞颂。晚近有杜月笙,上海滩青帮大亨,于"一·二八"战火里四处奔走募捐、宣传、劳军,蔡廷锴军长说过:"35天血战,十九路军永远不会忘记一个人,这就是杜月笙先生。"①历史归历史,慈善归慈善,有捐皆好,"有捐无类"。肖克罗斯在评论美国慈善家时归纳出一条规则:"大慈善家们通常都遵循这样一种简单的模式:其一,通过富有争议、有时甚至引起公愤的手段赚取数十亿美元的财富;其二,将这笔财富中的一部分捐赠给诸如大学或图书馆之类的机构,以使公众对其的厌恶逐渐转化为敬重。"②老来思愧、思变,大把捐钱甚至裸捐,何必再纠缠人家"臭钱"乎"香钱"乎,欢迎就是,我们不要做为渊驱鱼、为丛驱雀的傻事。

传统还为"穷人慈善"提供一个简便易行的空间。旧中国,百姓穷窘,想做慈善有心无力。但每日每时各种多余的开销,如婚寿贺资、迷信费用却是照出无误。有识之士倡导移后者入前者,"节靡费以救灾黎"。清末民初大实业家张謇,在60岁和70岁华诞时捐出亲友赠送的馈金及生日宴客费,建造两所南通养老院。一篇《移生日宴客费并馈金建养老院启》大得各方赞誉:"仆念乡里老人固有失所而无告者,愿以觞客之钱,建养老院,筑基购屋于城南。朋友诸君有隆贶于仆者,请移助之。一己之享,何如众人之安;一日之费,何如百年之惠。"③前有精英表率,后有百姓相随,积德行善、禳灾祈福者日增。20世纪初叶《申报》上遂常见市民登报,"以寿诞筵席资及各项捐助者已指不胜屈",还有将拜佛求神的资金一起捐献灾民的④。资金现成,毋庸另觅,转换方向,贫富咸宜,"节靡费以救灾黎"的确有利于拉动普通民众参与慈善事业。即使今天,仍然一样。

不懈地创新开拓,不断地学习传统,中国慈善文化必将日日新又日新,中国慈善事业前程无量。这都是可以预期的。

---

① 易明:《红会副会长:黑帮事业之外的杜月笙》,《文史博览》2013年第6期。
② 威廉·肖克罗斯:《用金钱来改变社会》,美国《交流》1997年4月。本文转引自陆镜生《慈善面面观》,中国社会出版社2007年版,第203页。
③ 姚胜:《状元辞寿礼》,《中国纪检监察报》2018年6月4日。
④ 周秋光、曾桂林:《中国慈善简史》,人民出版社2006年版,第339页。

末了,说明一点,笔者非慈善界亦非学术界专业圈内人,媒体人而已。写这篇论文,纯属"越界",可能说了很多外行话,诚惶诚恐。恳望各位师友不吝批评。

法治思维下当代中国慈善组织的治理和监督机制[*]

上海师范大学马克思主义学院　周中之

当代中国慈善事业进入了一个新的时期,"治理吸纳慈善"是当前慈善事业的总体特征。慈善组织的治理成为国家治理体系的一个重要组成部分,那么如何治理必然成为思考的出发点。必须坚持贯彻"全面依法治国"的战略方针,以法治思维构建当代中国慈善组织治理和监督机制,推进中国慈善事业的健康发展。

一、法治在慈善组织治理和监督机制中的重大价值

自1994年中华慈善总会成立以来,经过20多年的发展,慈善组织在数量、筹款规模、品牌项目、社会影响力等方面都得到了迅速的提升。根据民政部最新统计,至2019年8月底,慈善组织数量达到5 511家,其中有公募资格的慈善组织1 260家。①在慈善组织的飞速发展中,法治建设问题更凸显其重要性和迫切性。

加强慈善组织的治理和监督是人民的呼声。最近几年以来,关于慈善组织的负面新闻成为社会的热点事件,引起了社会强烈的反响。2011年的"郭美美事件"是我国慈善事业发展中最为典型的负面事件。2020年,在抗击新冠疫情中湖北省红十字会被卷入舆论风暴,因拨给"莆田系"武汉仁爱医院1.8万只KN95口罩,以及物资分发效率低下等问题,被社会舆论所诟病。在反思频繁出现的官办"红十字会"慈善组织负面事件中,一些学者发表"去行政化"与"去

---

[*] 选自2020年《多学科视野:治国理政的中国智慧学术研讨会论文集》,原载《上海师范大学学报(哲学社会科学版)》2021年第2期。
① 杨团:《中国慈善发展报告(2020)》,社会科学文献出版社2020年版,第1页。

垄断化"的观点。沿海的一些大城市也试水官办慈善组织的改革,与当地民政部门脱离行政隶属关系,转向成为具有独立法人治理结构和社会服务能力的慈善组织。如何用法治思维来解决慈善组织治理和监督的机制问题,成为慈善组织发展的重大理论问题和实践问题,也是当代中国治理体系和治理能力现代化的重要内容。

第一,慈善组织坚持正确价值观迫切需要法律的保障。慈善组织的健康发展需要正确的价值观的引领,但这种引领的实现迫切需要法律的保障。中国建立和发展了社会主义市场经济,市场在资源配置中起决定作用。随着从计划经济转向社会主义市场经济,人们的价值观念也发生了变革。功利的考量成为人们活动的基本动力。一方面,功利的驱动激发了个体的活力,调动了人的积极性,但是另一方面,功利的诱惑也可能使人们走入误区,甚至违法犯罪。功利是最强的动力,但不是最好的动力。它需要价值的维度,超过了一定的底线,就会走向反面。因此,需要道德制裁和法律制裁。

慈善的价值观实质是财富观,在唾手可得的利益和财富面前,要抵挡得住贪婪的诱惑不是一件容易的事。在社会生活中,无私奉献的高尚者是少数先进分子,大多数人更多地考虑的是义利兼顾。在慈善活动中,各种项目需要与金钱、物质打交道。道德的"软约束"是必要的,但离开了法律的"硬约束"是苍白无力的。在慈善组织治理和监督机制中,道德和法律相互支撑,相辅相成。但在慈善组织诚信等一些突出问题上,必须加大力度实行对失信行为的惩戒,而这种惩戒必须依法依规。中国古代的思想家孟子主张"性善论",而荀子主张"性恶论"。在现实生活中,人性是一个复杂的多面体,既有向善的可能,也有作恶的可能。面对道德失范,诚信缺失的社会背景,不画出法律的红线,就难以震慑那些失信者,难以扭转不良的社会风气,从而也难以推动人们向善向上。这也充分体现了慈善组织治理和监督机制的法治保障的重要价值。

第二,慈善组织的责任和义务需要法律加以明确的规定。慈善组织在活动中,必然涉及各方的利益,必须承担责任和义务。而这些责任和义务需要法律加以规定,才能成为具有强制力的行为规范。这些法律条文明确规定了慈善组织应该做什么,不应该做什么,以及违反法律规定后产生的处罚。《中华人民共和国慈善法》(简称《慈善法》)第十一章"法律责任"从第九十八条至一百零九条内容丰富,为慈善组织提供了行为的遵循。这些法律规定的责任,是慈善组织治理和监督机制的基础和根据,慈善组织违反有关规定、不讲诚信、谋求不义之财,都将受到法律的制裁。随着实践的发展,有关慈善组织的"法律责任"的内容将会与时俱进,进一步细化和充实。例如,网络慈善是现代信息技术发展后出现的新的慈善形式,具有新的特点。在网络慈善的平台上,慈善组织承担的法律责任内容也需要升级。慈善组织既有责任和义务,也有法律赋予的权利,例如,《慈善法》第六十条规定:"年度管理费用不得超过当年总支出的百分之十,特殊情况下,年度管理费用难以符合前述规定的,应当报告其登记的民政部门并向社会公开说明情况。"这里也就明确了慈善组织有权利获得低于当年总支出百分之十的管理费用,甚至在特殊情况下,这笔管理费用通过一定的程序,还可能更多。慈善组织按照法律规定的责任和义务开展活动,约束自己,才能赢得社会和公众的信任。

第三,各类慈善组织的发展迫切需要法律的规范。慈善组织作为非营利的社会组织,在当代中国有各种类型。有的是民间慈善组织,有的是官方或半官方的慈善组织。有一种观点认为,慈善本质上是民间的行为,慈善组织应该是"民办"的,因而把"官办"排除在外,但在当代中国的现实生活中,"官办"或"半官办"的慈善组织确实存在着,而且在发挥着重要作用。如何正确看待慈善组织中的"官办"与"民办"的问题,必须深入思考。

对慈善和慈善组织的理解必须置于一定的历史文化条件之下。长期以来,中国古代社会以儒家思想为主导,慈善深深地打上了儒家伦理文化的烙印。儒家主张"修身齐家治国平天下",把个人的向善与国家的治理联系起来,以"不忍人之心行不忍人之政"。但国家施仁政,在对社会进行救助时,有两种情况:"一种是从国库调拨钱粮物资实施救济,这当然是纯粹的政府救济,不能看作是慈善;但是另一种却是有时也出面组织设立一些官办慈善机构,吸引民间的资金与力量来实施赈济,对这样的一种做法,我们恐怕就不可能简单地仍称之为政府行为。"因此,"历史上以来的慈善事业,可以分做官办慈善与民办慈善两种类型""这两种类型的慈善事业,决定其慈善性质的唯一依据其实就是善款的来源,而并不在乎是由谁去兴办"。①

官办慈善组织与民办慈善组织各有优势。具有官办色彩的慈善组织承担着政府部门委托的工作任务,在紧急情况下发挥着运用政府资源和动员社会资源的行政能力,成为政府规划和监管慈善事业的重要抓手。在当前中国的

---

① 周秋光:《如何看待慈善事业的官办与民办》,《文史博览(理论)》2009年第10期。

情况下,官办慈善在资源获取和社会动员方面,强于民间慈善,但也有短板,即"行政化"带来的办事效率不高。民间慈善组织与官办慈善组织不同,扎根于广大群众,有很大的发展空间。激发民间慈善组织的活力,能够更好地实现非营利社会组织承担的使命,从而体现慈善组织的本质。在目前情况下,中国的民间慈善组织还不很成熟,良莠不齐。值得注意的是民间慈善中,以企业为主体,以企业社会责任和影响力投资为主题的商业慈善蓬勃发展,许多企业家办的商业慈善组织规模大,影响力大,但其许多举措受到了社会的质疑。

官办慈善与民办慈善各有优势,两者之间可以互补。没有理由不看好民间慈善组织的发展,但也必须肯定官办慈善在现阶段乃至相当长的时间里存在与发展的合理性。官办慈善组织要改革,民办慈善组织要发展。不管是官办,还是民办,都要根据法律来办。最重要和最迫切的是应该用法律手段认定慈善组织的资格,规范各类慈善组织的活动并建立奖惩制度。

二、慈善法与慈善组织治理和监督机制

(一)《慈善法》促进和规范慈善组织的发展

慈善组织治理和监督机制必须建立在法治的基础上,这是学术界的共识。2016年出台的《慈善法》是中国慈善法律制度建设的重大里程碑事件。慈善事业立法体例有两种模式,一种是英国模式,采取集中立法的方式。英国早在1601年就制定了《慈善用途法》,作为规范慈善事业的基本法。另一种是美国模式,采取分散立法的方式,有关慈善事业的规范散见于诸多法律中,在美国的宪法、税法、公司法、雇佣法中都可以找到慈善事业的法规。中国的《慈善法》采取的是集中立法的方式,坚持先立基本法的原则。对慈善的内涵做出明确的规定,在此基础上提出该领域活动的基本原则、法律适用的范围,认定慈善组织的条件和所承担的法律责任等,并形成完整的制度体系。从研究慈善组织的治理与监督机制的角度,《慈善法》对促进和规范慈善组织的发展意义重大。

第一,以大慈善的理念将慈善与公益统一起来。《慈善法》第三条规定慈善不仅包括"扶贫、济困,扶老、救孤、恤病、助残、优抚,救助自然灾害、事故灾难和公共卫生事件等突发事件造成的损害"的传统的内容,而且也包括"促进

教育、科学、文化、卫生、体育等事业的发展""防治污染和其他公害,保护和改善生态环境"等公益的内容,大大拓宽了慈善的领域。

第二,出台促进慈善组织发展的法律规定。例如,许可制改为登记制。《慈善法》第十条规定:"设立慈善组织,应当向县级以上人民政府民政部门申请登记,民政部门应当自受理申请之日起三十日内作出决定。"放宽公开募捐资格。《慈善法》第二十二条规定:"慈善组织开展公开募捐,应当取得公开募捐资格。依法登记满二年的慈善组织,可以向其登记的民政部门申请公开募捐资格。"第二十六条规定:"不具有公开募捐资格的组织或者个人基于慈善目的,可以与具有公开募捐资格的慈善组织合作,由该慈善组织开展公开募捐并管理募得款物。"激活慈善信托。《慈善法》第四十四条规定:"本法所称慈善信托属于公益信托,是指委托人基于慈善目的,依法将其财产委托给受托人,由受托人按照委托人意愿以受托人名义进行管理和处分,开展慈善活动的行为。"第四十五条规定:"设立慈善信托、确定受托人和监察人,应当采取书面形式。受托人应当在慈善信托文件签订之日起七日内,将相关文件向受托人所在地县级以上人民政府民政部门备案。"慈善捐赠享有税收优惠。《慈善法》第八十条规定:"自然人、法人和其他组织捐赠财产用于慈善活动的,依法享受税收优惠。企业慈善捐赠支出超过法律规定的准予在计算企业所得税应纳税所得额时当年扣除的部分,允许结转以后三年内在计算应纳税所得额时扣除。"

第三,出台规范慈善组织发展的法律规定。例如,明确慈善组织的条件和慈善组织的章程。《慈善法》第九条和第十一条分别列出慈善组织的条件和规定章程载明的事项,并要求慈善组织以此来规范自身的组织建设和开展相应的慈善活动。民政部门指定互联网公开募捐信息平台。《慈善法》第二十三条规定:"慈善组织通过互联网开展公开募捐的,应当在国务院民政部门统一或者指定的慈善信息平台发布募捐信息,并可以同时在其网站发布募捐信息。"依法成立行业组织,加强行业自律。《慈善法》第十九条和第九十六条分别规定:"慈善组织依法成立行业组织。""慈善行业组织应当建立健全行业规范,加强行业自律。"建立健全慈善组织内部治理机制。《慈善法》第十二条规定:"慈善组织应当根据法律法规以及章程的规定,建立健全内部治理结构,明确决策、执行、监督等方面的职责权限,开展慈善活动。慈善组织应当执行国家统一的会计制度,依法进行会计核算,建立健全会计监督制度,并接受政府有关部门的监督管理。"信息公开,权责明确。《慈善法》第六十九条规定:"慈善组织和慈善信托的受托人应当在前款规定的平台发布慈善信息,并对信息的真实性负责。"不得危害国家安全和公共利益。第十五条规定:"慈善组织不得从事、资助危害国家安全和社会公共利益的活动,不得接受附加违反法律法规和违背社会公德条件的捐赠,不得对受益人附加违反法律法规和违背社会公德的条件。"

(二)《慈善法》实施后的反思

在科学民主立法的方针指引下,《慈善法》完成了立法过程。这是一部充分反映我国立法新高度的法律,所构建的制度体系足以支撑其基本法的地位。诸多亮点体现了我国慈善事业的新理念和新举措,被大多数学者和社会成员所肯定。但在《慈善法》实施的几年来,慈善组织在实践中也面临着不少新的课题迫切需要研究。慈善组织治理和监督机制的法律保障是建立在《慈善法》基础上的,必须在进一步完善和发展《慈善法》的基础上构建慈善组织治理和监督机制的法律体系。

第一,《慈善法》要细化,增强操作性。《慈善法》是慈善事业的基本法,原则性强,并且要统一执行。法律的生命力在于执行,并且是不折不扣地执行。这就需要法律的规定具体而且有较强的可操作性。法律规定中倡导性的规范和原则是需要的,但离开了具体的操作,落实就会发生困难。有学者指出,《慈善法》第十二条规定:"慈善组织应当根据法律法规以及章程的规定,建立健全内部治理结构,明确决策、执行、监督等方面的职责权限,开展慈善活动。慈善组织应当执行国家统一的会计制度,依法进行会计核算,建立健全会计监督制度,并接受政府有关部门的监督管理。"慈善组织到底建立什么样的内部治理机制,如果完全由章程规定,就会出现形形色色的治理机制,无法统一监管。如果对慈善组织的章程带有强制性的指引,有超出了章程属于自治规则的范畴。再说如果能对其章程内容进行统一要求,应将此类内容规定为基本法的内容,而不应该委托自治规则的章程去规定。又如,《慈善法》第七十二条规定:"慈善组织应当每年向社会公开其年度工作报告和财务会计报告。具有公开募捐资格的慈善组织的财务会计报告须经审计。"这种审计究竟是公权力的审计还是社会审计机构的审计,语焉不详,这就给执法者留下了过宽的自由解释权。

对于《慈善法》在执行中出现这样的问题,必须从多方面来思考。不可能要求作为慈善事业基本法的《慈善法》在一夜之间完美无瑕，但必须在实践中不断总结，使有关慈善的法律不断升级，从 1.0 版升级到 2.0 版。现在《慈善法》生效已经四年了，在慈善治理和监督机制在运行中遇到的问题应该反思改进。这种反思是建立在实践基础上的，要更多地让在慈善组织工作第一线的实践工作者提出问题，而作为理论研究工作者要深入实际，倾听实践的呼声，回答实践提出的问题。《慈善法》不断细化的过程，必将推动慈善组织治理和监督机制的完善。在这其中，必须思考慈善集中立法的特点问题和分散立法的问题。目前采取分散立法模式的国家或地区在数量上仍占据优势，如美国、加拿大、日本、德国等。但采取集中立法模式的国家在逐步增长之中，如英国、俄罗斯、新加坡、新西兰等国家都有自己的慈善基本法。综合性的慈善基本法都是 20 世纪 90 年代以后产生的，而且大多数是在 21 世纪制定的，这说明集中立法模式正被越来越多的国家采用是一个趋势。集中立法模式，即国家或地区立法机关制定一部内容全面的慈善法作为慈善基本法，全面规定关于慈善组织和慈善活动各项制度的模式。集中立法有其优点，但也有其短板，它不可能做到巨细无遗。而在中国采取集中立法模式时，其操作层面的细化必须更加给以重视。

第二，《慈善法》要配套，增强实效性。这里的"配套"表明，《慈善法》作为慈善的基本法，还需要执法机关更加细致规则的支撑和明确的职责，才能执行到位。《慈善法》第五十四条规定："慈善组织为实现财产保值、增值进行投资的，应当遵循合法、安全、有效的原则，投资取得的收益应当全部用于慈善目的。慈善组织的重大投资方案应当经决策机构组成人员三分之二以上同意。政府资助的财产和捐赠协议约定不得投资的财产，不得用于投资。慈善组织的负责人和工作人员不得在慈善组织投资的企业兼职或者领取报酬。"这些"事项的具体办法，由国务院民政部门制定"。第六十条第二款规定："具有公开募捐资格的基金会以外的慈善组织开展慈善活动的年度支出和管理费用的标准，由国务院民政部门会同国务院财政、税务等部门依照前款规定的原则制定。"但这些国务院民政部门和国务院财政、税务等部门是否制定了"具体办法"和"标准"，假如还没有制定，那么什么时候制定实施，是否能与《慈善法》实施的时间接轨，都是不确定的，那么必然影响《慈善法》相关事项的落实，影响《慈善法》的有效执行。

例如，《慈善法》第六十九条第一款："建立健全慈善信息统计和发布制度。"第二款:"县级以上人民政府民政部门应当在统一的信息平台,及时向社会公开慈善信息,并免费提供慈善信息发布服务。"第七十条:"县级以上人民政府民政部门和其他有关部门应当及时向社会公开下列慈善信息……"《慈善法》这里所说的规定笼统地提出"县级以上人民政府""县级以上人民政府民政部门""政府其他有关部门"的要求,对各级政府以及政府各部门间的职责并为未具体明确的划分,难免在实际执行中出现相互推诿或者职能重叠的问题。

  配套是落实《慈善法》的必要条件。从上述的论述也可以认识到,慈善组织的治理和监督机制的法治保障,不仅是《慈善法》本身的事,也与相关法律法规有着千丝万缕的关系。要用法治来保障慈善组织的治理和监督,必须在《慈善法》自身上发力,但没有相关法律法规的配套,往往事倍功半。因此,在《慈善法》问世后,相关的配套法律法规建设也直接影响了机制的运行和作用,必须给以充分地重视,及时跟上。

  第三,《慈善法》要升级,适应新形势。法律需要根据形势的发展,不断补充修订。2020年前后,突如其来的新冠疫情袭击中国。一大批慈善组织活跃在伟大的抗击疫情斗争中,做出了重要贡献。但也有一些慈善组织表现不佳,被社会所诟病。例如,湖北红十字会在慈善捐赠资源分配方面严重不公。在面临防控重大疫情的情况下,慈善组织应将口罩等防护用品和设备公平、及时地分配给受助方。《慈善法》第三十条规定"发生重大自然灾害、事故灾难和公共卫生事件等突发事件,需要迅速开展救助时,有关人民政府应当建立协调机制,提供需求信息,及时有序引导开展募捐和救助活动。"现在必须对这一条法规加以充实和补充,增加"慈善组织应当公平地分配捐赠资源,提高捐赠资源的使用效果"。在抗击新冠疫情中,及时、有效对于救助工作有着重要的价值。在《慈善法》中,有效原则在第五十四条中提到,但主要是针对慈善组织"为实现财产保值、增值进行投资"而言的。在21世纪中,人类会面临更多的自然灾害和公共卫生风险,慈善组织要在慈善公益活动中担当更多的重任,必须重视效率原则。这在《慈善法》中必须反映出来。提高效率,必然引申出专业化的问题。现在,法律是采取大慈善概念立论的,公益活动属于慈善的范畴"促进教育、科学、文化、卫生、体育等事业的发展""防治污染和其他公害,保护和改善生态环境""救助自然灾害、事故灾难和公共卫生事件等突发事件造成的损害"是慈善组织活动的领域。慈善组织要能够承担这些公益事业的工作,做出有效的贡献,必须重视专业化,让专业的人来做专业的事。《慈善法》或其配套法规中应该补充有关效率原则和专业化问题的相关要求。

另外,信息技术的发展,网络在慈善活动中的作用日益突出。"互联网+慈善""互联网+公益"的形式受到了社会的欢迎,但慈善组织的治理也遇到了法律的困惑。水滴筹、轻松筹等众筹平台的商业模式,一直为人们所质疑。这两家员工为了争夺商业利益大打出手,成为社会热点新闻。这种商业模式通过帮助患者筹款以获取流量,然后引流至他们的互助业务、保险业务。表面上看,他们帮助一些家庭困难的患者筹集到治疗费用,解决了他人的难处,不收报酬,但实际上他们从保险公司得到了佣金。这种平台是慈善组织吗?连他们自己也在淡化自身的"慈善"色彩,将从前的"志愿者"的称呼改为"筹款顾问"。有网友一针见血地指出,这种平台核心本质是"免费的互联网个人大病求助工具"。他们用人们的爱心谋取自己的商业利益,一方面有益于一些家庭困难的患者,但是另一方面又需要社会的监管,否则会产生许多社会问题,成为社会治理的内容。在法律上,慈善组织治理和监督机制应该扮演什么样的角色,值得研究。

三、慈善组织治理和监督机制中法治体系的整体设计

"机制"一词原指机器的构造和工作原理,包括两个部分:一是机器由哪些部分组成和为什么由这些部分组成;二是机器是怎样工作和为什么要这样工作。就本文内容来说,主要研究慈善组织治理和监督机制中的法律是如何组成的,为什么由这些部分组成,他们是如何运行和为什么要这样运行。

(一) 慈善组织治理机制中的法治

《慈善法》实施后,慈善组织迎来了大发展的机遇。党和国家提出了治理体系和治理能力现代化的方针,而慈善事业被进一步纳入国家治理体系中。"治理吸纳慈善"被有的学者概括为近年来慈善事业发展的总特征。党和国家贯彻"全面依法治国"的治国方略,实行"政府为主体,社会组织与公民共同参与"的"多元共治"的方针,在法治的轨道上进行慈善组织的治理。

第一,法律法规以及章程的规定是慈善组织内部治理的根据。

慈善组织依法成立后即具有独立的法律主体资格,依照法律和章程实行自我管理。这些法律包括宪法、民法典、专门法、行政法律和法规等。不同形

态的慈善组织对内部治理机构有不同的要求,慈善组织必须建立自己相应的章程。这些章程必须符合法律法规,但同时又有该慈善组织的特点。《慈善法》第十二条规定:"慈善组织应当根据法律法规以及章程的规定,建立健全内部治理结构,明确决策、执行、监督等方面的职责权限,开展慈善活动。"法律法规以及章程的规定是慈善组织内部治理的根据。

法律法规与章程的关系体现了法治中一般与个别的关系。法律法规作为国家制定行为规则,具有普遍效力,但难以满足所有慈善组织的具体需要,为了弥补法律的不足和适应慈善组织的具体情况,慈善组织章程的制定是难以取代的。另外,章程作为慈善组织的基本纲领和行为准则,也是一份契约,规定慈善活动中慈善组织与捐赠人、受益人以及公众的关系,以及双方各自的权利与义务。研究慈善组织治理的机制,必须研究章程和如何按照章程开展慈善活动,才能"纲举目张"。

慈善组织治理的机制必然涉及内部治理的结构。这种治理架构要借鉴公司的治理结构。所谓公司治理结构是指所有者、董事会和高级执行人员三者之间的一种组织架构。它主要强调的是公司内部权力机制、执行机制以及监督机制之间的关系。而慈善组织内部治理结构与公司的治理结构有相通之处,也有所不同,有学者将其概括为"委托者、决策者、执行者和监督者之间通过分工合作和各司其职而形成的权责明确,有效制约的制度化的角色关系模式"。在慈善组织内部治理结构中有理事会、会员大会、执行机构以及监事会。其中理事会是慈善组织的中心,慈善组织内部治理结构主要是围绕着理事会进行建构和运作的,这种治理基本等同于理事会职能与角色的发挥。

慈善组织按照章程活动,这是毫无疑问的。但从理论到实践,还有不短的路要走。制定章程相对容易,但严格遵守章程不容易。有的基金会未按照章程规定的宗旨和公益活动的业务范围进行活动,借款给企业,有的基金会存在超出章程规定的宗旨和公益活动的业务范围开展活动以及在编制财务会计报告中弄虚作假,情节严重,有的基金会在开展募捐、接受捐赠以及使用财产等活动中,存在不符合章程规定的宗旨和公益活动的业务范围的情形……这些慈善组织未按照章程规定的宗旨和公益活动的范围进行活动,被民政部门依法进行行政处理。

第二,要优化慈善组织治理机制。首先,要完善慈善组织法律法规体系。《慈善法》中,有大量的内容是关于慈善组织和相关慈善组织的,这些法条奠定了慈善组织法律法规体系的基础。但这些条文许多是原则性的,要能够在机制中更好地发挥作用,必须具体化,才能有更好的操作性。而随着社会实践的发展,公益事业归于大慈善概念之下,有关慈善的法律要补充慈善事业重视效率、重视专业人才的法律规定,同时要补充一些在重大公共卫生事件、自然灾害时有关慈善组织的法律规定,在捐赠物资分配中要贯彻公平与效率相结合的原则。其次,要很好地抓好法规的落实。有关慈善组织的内部架构,在法律规定上已经比较明确了,但在实际运行中,落实得还不够理想。要抓好调查研究,分析法治落实的实践"瓶颈",使法规在慈善组织治理中真正地发挥作用。再次,要采取更有效的激励机制吸引人才。慈善组织要实现自身的发展,必须吸引大批专业人才进行管理,而在法律上规定慈善组织中的优秀人才给予适当的激励是完全必要的,这其中包括物质激励和精神激励。当然,根据慈善组织的性质,应以精神激励为主,但物质激励也不能缺位。例如,青年人才加入慈善组织,做出了贡献,国家、社会在解决住房、户口等问题上应该给予一定的倾斜。

(二) 慈善组织监督机制中的法治

监督机制是慈善治理机制中的重要组成部分,也是当前中国搞好慈善治理的关键部分。因此,必须专题研究。

第一,信息公开透明制度是慈善组织监督机制的基础。国际上慈善组织监管机制的普遍做法是慈善组织运作全过程的信息公开和透明,当代中国慈善组织建设的实践研究充分证明了信息公开透明对于慈善组织健康发展的极端重要性。在公开透明的信息中,政府、社会和公众才能掌握事实,对慈善组织的情况作出客观正确的评价。有学者断言,《慈善法》中最具刚性约束和最核心的制度安排是信息公开。《慈善法》第八章从第六十九条到七十六条以整章的篇幅安排了"信息公开"的内容,后来民政部又根据《慈善法》,制定了二十六条"慈善组织信息公开办法",内容更为具体、翔实。法律规定了要在统一的信息平台上发布慈善组织信息,信息公开应当真实、完整、及时,对信息的时限做了明确的规定,同时涉及国家秘密、商业秘密、个人隐私的信息以及捐赠人、志愿者、受益人、慈善信托的委托人不同意公开的姓名、住所、通信方式等信息,不得公开。

随着《慈善法》和《慈善组织信息公开办法》等法律法规的推出,以入口审批为主的慈善组织监管体制转变为以信息公开为重点的全过程监管体制。这一转变推动了慈善组织的大发展,是推进国家治理体系和治理能力现代化的重要成果。中国社会组织提升信息公开水平已经获得了不少进展,但任务依然很艰巨。要坚定不移地落实信息公开透明制度,更好地发挥慈善监督机制的作用。

第二,多元主体协同监管慈善组织。慈善组织工作的实质是对"资金"或"资金过程"的管理,但是那里却存在"太多的诱惑、太多的机会、太多的漏洞,而人性又是那么的脆弱"。一些慈善组织迫于生存的压力和市场利益的驱动,在慈善名义下,谋求个人、小团体的不当利益,滥用、挪用各种形式的资助或侵吞慈善资金。缺乏外在的"硬约束",即健全的监督机制,是造成这种腐败的一个重要原因。必须由政府、社会、行业、慈善组织等主体协同监管慈善组织。

政府监管。政府应该通过制度设计,加强对慈善组织的管理和监督。《慈善法》第九十二条规定:"县级以上人民政府民政部门应当依法履行职责,对慈善活动进行监督检查,对慈善行业组织进行指导。"这就是说,民政部门是分管慈善组织的政府部门。民政部门代表政府,有权对一些涉嫌违法违规的慈善组织进行调查和处理,民政部门有责任建立慈善组织及其负责人信用记录制度,并向社会公布;有责任建立慈善组织评估制度,鼓励和支持第三方机构对慈善组织进行评估,并向社会公布评估结果。在政府监管慈善组织中,在税务、财务、审计监督方面,还需要其他相关部门共同参与。

社会监管。慈善组织第三方评估是社会监管的重要组成部分,对于提高慈善组织公信力意义深远。《慈善法》第九十五条规定:"民政部门应当建立慈善组织评估制度,鼓励和支持第三方机构对慈善组织进行评估,并向社会公布评估结果。"独立性是第三方监督的核心价值,正因为独立性,不受任何机构和个人的干涉,能够保证监督的公正性。专业性是第三方监督的固有价值,这种专业性要求第三方机构是专业机构,同时该专业机构的工作人员具有专业知识和专业技能。在对具体事务进行评估时,是内行监督内行,专业指导专业,评估的结果更有说服力。在国外,许多国家的慈善组织的第三方监督研究成为常态,但中国还起步不久。要推进慈善组织第三方评估的工作,必须健全相关制度,保障第三方监督的独立性不受干涉,明确第三方机构的职责。应尽的具体职责包括对慈善机构的财物进行全面审计,对接受捐赠物的管理和使用流程进行全程监控,对慈善机构接受及购买的捐赠物进行评估,对慈善机构重大事项的决策进行监督。另外,现代社会生活中,网络社交媒体的影响力越来越大,可以通过微信、微博、论坛等方式进行慈善社会监管。现在,许多慈善组织的问题是网上首先披露出来的,并且迅速传遍社会。青年人是网络社交的主力军,应该充分发挥他们在网上对慈善组织监督的作用。

行业自律。《慈善法》第九十六条规定:"慈善行业组织应当建立健全行业规范,加强行业自律。"行业自律组织可以通过相互之间约定的完整的、有效的自律条款来进行监管,假如有成员违反条款,可以予以处罚,甚至开除会员资格,以推动行业良性竞争局面的形成。

内部监管。内部监督体现了组织自治,能最灵活、最经济地实现自治。《慈善法》第十一条规定,慈善组织的章程,应当载明内部监督制度。这一内部监督是由监事会来实施的。慈善组织应充分赋予监事会独立的监督权和质询权,加强对组织日常管理、财务运作、项目执行的监管。

总之,慈善组织治理和监督机制主要内容,一是法律法规以及章程的规定是慈善组织内部治理的根据。要优化慈善组织治理机制,要完善慈善组织法律法规体系,抓好法规的落实。采取更有效的激励机制吸引人才。二是信息公开透明制度是慈善组织监督机制的基础,政府、社会、行业、慈善组织多元主体协同监管慈善组织。

毛泽东、中共中央与上海统一战线
——聚焦1949年上海工商界*

复旦大学历史学系　戴鞍钢

1949年初春,中国人民的解放正以摧枯拉朽之势向全国推进,作为中国经济中心城市的上海,即将迎来它的新生。能否顺利接管百废待兴的上海并及时恢复生产和保障民生,对全国的解放关系重大,也为世界所关注。毛泽东和中共中央对此给予高度重视和亲自部署指导,王尧山记述:"当年解放上海和接管上海是党中央、毛主席直接指挥的。许多重要情况和具体政策、措施要向党中央汇报、请示,以做好充分准备。"①其中一项重要内容,就是充分发挥中国共产党领导的统一战线的政治优势和巨大感召力,广泛团结上海工商界爱国进步人士,同心协力迅速实现上海经济形势的好转,有力地推进了全国的解放和中华人民共和国的屹立。②谨以此文庆祝中国共产党成立100周年,并深切缅怀为中华民族伟大复兴奋斗终生的领袖、前辈和先烈。

一

上海是中国经济中心城市,对维系国计民生举足轻重。1945年抗日战争胜利,饱尝战乱和日寇劫掠之苦的上海工商界无不希望从此可以得到较好的发展环境和机遇。但随之而来的严酷现实,很快就使他们的这种愿望化为泡影。首先使其蒙受沉重打击的是廉价美国货物的大量倾销,同时又受到国民

---

* 选自2021年《多学科视野:建党百年与百年上海学术研讨会论文集》。

① 中共上海市委党史研究室等编:《日月新天:上海解放亲历者说》,上海人民出版社2019年版,第233页。注:为行文简洁,本文直书人名,省略同志等称呼。

② 以往相关成果有尚同编著《毛泽东与上海民主人士》(中央文献出版社2004年版)等,详见上海市地方志编纂委员会编《上海市志中国共产党分志党史研究卷1978—2010》(上海人民出版社2018年版)。

党政府的无情压榨和摧残,上海解放前夕,上海工商界深陷奄奄一息的悲惨境地。直到上海解放,它们才迎来新旧历史的转机。

1949年3月5日至13日,为迎接新中国的成立,具有深远历史意义的中共七届二中全会在河北平山县西柏坡举行。毛泽东在会上做报告,其中指出在城市斗争中,我们必须全心全意地依靠工人阶级,团结其他劳动群众,争取知识分子,争取尽可能多的能够同我们合作的民族资产阶级及其代表人物站在我们方面,或者使他们保持中立,以便向帝国主义者、国民党、官僚资产阶级做坚决的斗争,一步一步地去战胜这些敌人。①

3月14日,中共中央决定邓小平为华东局第一书记,饶漱石为第二书记兼上海市委书记,陈毅为第三书记兼上海市长。4月7日,毛泽东为中共中央起草致邓小平、饶漱石、陈毅电,指出:"上海民主建国会主要负责人黄炎培、章乃器、盛丕华、包达三、张伯、施复亮等已到北平,表示向我们靠拢。他们是上海自由资产阶级的代表。我们认为,接收及管理上海如果没有自由资产阶级的帮助,可能发生很大的困难,很难对付帝国主义、官僚资本及国民党的强大的联合势力,很难使这些敌对势力处于孤立。这件事,你们现在就应开始注意。因此,请你们考虑,是否有必要在没有占领上海以前,即吸收他们参加某些工作。而在占领上海以后,则吸引更多的这类人物参加工作。"强调:"不但上海如此,整个京、沪、杭区域都应注意此点。"②4月20日,周恩来就上海军事管制委员会及下属机构的干部配备问题,为中共中央起草致饶漱石并华东局电,同意上海军管会以陈毅为主任、粟裕为副主任。军管会下设财经、文教、军政三个接管委员会。其中,财经接管委员会以曾山为主任,许涤新、刘少文为副主任,"但必须吸收一部分产业界民主人士及职工中有威望的领袖参加"③。5月6日,中央军委致电粟裕、张震等前线将领:"在占领奉化时,要告诫部队,不要破坏蒋介石的住宅、祠堂及其他建筑物。在占领绍兴、宁波等处时,要注意保护宁波帮大中小资本家的房屋财产,以利我们拉住这些资本家,在上海和我们合作,或者减少他们的捣乱行为。"④

---

① 中共中央文献研究室编:《毛泽东思想年谱(1921—1975)》,中央文献出版社2011年版,第640页。
② 上海市档案馆编:《上海解放》,中国文史出版社2017年版,第592页;中共中央文献研究室编:《毛泽东思想年谱(1921—1975)》,第648页。
③ 上海市档案馆编:《上海解放》,第594页。
④ 上海市档案馆编:《上海解放》,第83页;中共中央文献研究室编:《毛泽东思想年谱(1921—1975)》,第654页。

5月27日,上海解放。中共中央电贺:"中国和亚洲最大的城市,中国最重要的工商业中心上海,已于二十七日解放。"号召:"上海解放以后,上海的共产党员、工人和革命知识分子的首要任务,就是团结一致,与进步的产业界和一切爱国民主人士通力合作,克服困难,恢复生产,恢复城乡联系和内外贸易,并与反动势力的残余作继续斗争而取得胜利。"①胜利之师解放军秋毫无犯的风范令人折服,5月26日73岁的在沪甬商秦润卿在日记中记述:"上海全埠解放,秩序良好,各业纷纷开市,照常营业。"②亲历者忆述:"上海老百姓(包括作者)一觉醒来,走上街头,一切照常,水电供应没断,报刊通信畅通,公共交通照常行驶,商店酒家娱乐场所照常营业,上海好似没有经历过一场激烈的战争,这真是中外战争史上的最大奇迹。"③次日,中国民主建国会同仁关于上海解放的宣言要点发布:"上海的工商企业家们,新民主主义的政策是'发展生产,繁荣经济,公私兼顾,劳资两利',它将帮助你们在有利于国民经济发展的前提下,发展你们的事业,增进全民和你们的自由和幸福。因此,要求你们维持并恢复生产,协助人民解放的事业,并毫不迟疑的振奋起来,支援民主革命在全国的胜利。"④

6月2日,中共上海市委、市政府邀集工商界代表90余人在中国银行举行座谈会,饶漱石、陈毅在会上阐明保护民族工商业,实行发展生产、繁荣经济、公私兼顾、劳资两利的政策,提出政府愿与工商界共同协商,努力恢复和增加生产。⑤6月10日,中共上海市委向中央报告:"产业界、一般私人资本家,完全拥护我党之恢复生产、劳资两利的方针,认为我党政策贤明,他们的事业有前途,决定与我们靠拢。"⑥此时距上海解放不到半个月,足见中国共产党领导的统一战线的政治优势和巨大感召力。

二

开局良好,又再接再厉。6月21日,周恩来、陈云、李维汉在北平宴请即将赴沪的民主人士黄炎培、陈叔通等,建议他们动员上海资本家恢复生产,打通

---

① 上海市档案馆编:《上海解放》,第99页。
② 孙善根编著:《秦润卿年谱长编(1877—1966)》,宁波出版社2019年版,第547页。
③ 王敏整理:《史苑拓耕:唐培吉先生口述》,上海大学出版社2020年版,第125页。
④ 上海市档案馆编:《上海解放》,第146页。
⑤ 上海市档案馆编:《上海解放》,第595页。
⑥ 上海市档案馆编:《上海解放》,第234页。

航运,打击帝国主义分子的封锁和破坏活动。①6 月 25 日,中共中央发出《关于决定聘请黄炎培等十四人为上海市人民政府顾问给华东局电》,要求华东局、上海市委将黄炎培、陈叔通、盛丕华等 14 人聘为上海市府顾问。②同日,黄炎培、陈叔通、盛丕华等 70 余人到达上海,开始参加华东局统战会议,商讨粮食、劳资、就业、公用事业等问题,并积极贡献力量,为接管上海和发展生产出力。③聂凤智忆述:"上海是我国资产阶级最集中的城市。陈毅高瞻远瞩,战斗的炮声还没有停下来,他就提醒我们做好改造资产阶级的思想准备。到了 6 月,陈老总先后邀请上海的爱国资本家和知名人士座谈。他们对发展生产,疏浚河道,发展水利,恢复交通和如何学习改造,提出了很多可贵的意见。"④

7 月下旬,受中共中央委派,时任中央财政经济委员会主任陈云赴上海就解决恢复生产等全国财经问题进行调研。8 月 17 日,中共中央就关于邀集上海工商界代表座谈事,致电陈云及华东局:"据陈叔通来谈,你在上海并未公开有关财经问题,尚未与民族工商业家会谈,不知实情是否如此。请你考虑在动身前分出两三天时间,专门邀请上海工商界代表性人物分批座谈有关财经各项主要问题,并多多听取他们的意见,以便回平商决公债及其他有关问题,能得到更多的把握。在他们所提意见中,如有显而易见的对美幻想、畏惧封锁及反对土改等等,必须当场予以教育,批判其错误观点及错误想法,如确有好的或不完全好的建议及批评,我们应予以考虑,使他们敢于言,尽其言,并能得到应有的结果。"⑤

遵照中央指示,8 月 19—23 日,陈云与饶漱石、陈毅分头召开民主建国会负责人座谈会、上海产业界代表座谈会、上海机器工业代表座谈会、上海银钱业代表座谈会以及上海纺织业、卷烟业、化工业及西药业代表座谈会,如实通报财经困难状况,虚心征求对发行公债等对策的意见,号召大家团结起来共渡难关。⑥其间,陈云 8 月 20 日在中国银行大会场作报告,指出上海的困难虽大,但不应悲观,要看到市场的远景是空前广大的,对主要产业的主要部分,要公

---

① 中共中央文献研究室编:《陈云年谱 1905—1995》上卷,中央文献出版社 2000 年版,第 568—569 页。
② 尚同编著:《毛泽东与上海民主人士》,中央文献出版社 2004 年版,第 284 页。
③ 尚同编著:《毛泽东与上海民主人士》,第 220、226 页。
④ 中共上海市委党史研究室等编:《日月新天:上海解放亲历者说》,第 33 页。
⑤ 上海市档案馆编:《上海解放》,第 505 页。
⑥ 中共中央文献研究室编:《陈云传》,中央文献出版社 2005 年版,第 630 页。

私协力加以维持。①8月25日,陈云在上海拜访商务印书馆董事长张元济,向张元济介绍了中国共产党在新民主主义时期的经济政策。张元济深受感动,后来改变了不再从政的想法,应聘为华东军政委员会委员。②毛泽东充分肯定上述统战工作,9月3日他致电饶漱石,指示:"各级领导人多和党外各界人士接触,如像陈云此次找各界代表人物谈话,你找三个旧职员谈话那样,探听各界气候,将具体问题向他们请教及交换意见,而不是泛泛的交际性的接触。"③

在毛泽东和中共中央高度重视和亲自部署指导下,上海工商界的统一战线工作卓有成效。在工业领域,上海解放后的第五天,人民政府就开始对私营工厂进行收购产品和加工订货工作,使300多家私营工厂在解放后十天内,就从极度困难中逐步恢复了生产。为了帮助私营工业进一步摆脱困境,迅速恢复生产,人民政府当时还以低于成本的价格配售原料,如当时配售给丝织业的大量厂丝,其售价只及实际成本的1/4;配售给棉纺业的棉花(当时采用以棉易纱的办法)一般也比市价低廉。截至1949年底,在轻、纺工业方面,占全市2/3以上的纺织印染厂,1/3以上的绸厂,70%以上的面粉厂,以及一部分造纸、水泥、橡胶、肥皂、火柴、毛纺、内衣织造等工厂,都受到国家收购产品、加工订货和配售原料等不同方式的扶助。在机器工业中,不仅大型工厂得到加工订货,那些同大厂协作、为他们制造零部件的小厂也随之局面有了好转。在资金周转方面,从事正当经营的私营企业也得到国家的大力帮助。到1949年底,国家银行对上海私营企业的放款已占其全部放款总额的76.3%;在国家银行组织和推动下,上海整个金融业对私营企业的放款也占全市放款总额的一半以上。④

在中国共产党统一战线工作的开展和一系列措施的有力扶助下,上海民族工业很快摆脱了1949年前停厂倒闭、奄奄一息的境况,逐步恢复好转。据1949年12月对全市68个主要工业行业的调查,在10 078家私营工厂中,开工的已达61.7%,其中有些重要行业的工厂开工户数已占全业总户数的80%以上(如钢铁工业、机器制造工业、棉纺织工业等),有的甚至达到100%(如造

---

① 中共中央文献研究室编:《陈云年谱1905—1995》上卷,第576页。
② 中共中央文献研究室编:《陈云年谱1905—1995》上卷,第576—577页。
③ 中共中央文献研究室编:《陈云年谱1905—1995》上卷,第577页。
④ 上海社会科学院经济研究所:《上海资本主义工商业的社会主义改造》,上海人民出版社1980年版,第82页。

船、碾米、医疗器械工业等)。到1949年底,私营棉纺工业的纱锭运转率已达83%,产量较同年6月份增加34%。其他轻、纺工业的产量在同期内也都有增加,如毛纱产量增加59.5%,卷烟增加84.6%,火柴增加80.1%。水泥工业的产量,增加了将近17倍。全市工业用电量,如以1949年5月为100,到12月则已增至180.6。①短短半年时间,上海民族工业就发生了如此巨大的变化,令人惊叹,充分体现了中国共产党领导下的统一战线工作的伟大力量。作为亲身经历者的著名实业家刘鸿生由衷感佩:"我是从帝国主义、官僚资本主义统治双重压迫下挣扎过来的人。我的创业史,是一部经过迂回曲折、尝遍辛酸苦辣的历史。我的全部理想,只是为了发展民族工业。我总希望把我的企业从一个变成二个、三个,越多越好。可是在旧社会,我经常碰得头破血流,经常有关门停业的危险。现在共产党来了,把帝国主义、封建主义、官僚资本主义的反动统治一扫而光,一个独立的、自由的、工业化的、富强的国家就要在我们的面前出现,这正是爱国的民族资本家所向往的道路。"②

上述史实即充分发挥中国共产党领导的统一战线的政治优势和巨大感召力,广泛团结上海工商界爱国进步人士,同心协力迅速实现上海经济形势的好转,有力地推进了中华人民共和国的成立,足以彪炳史册,启迪后人。习近平在庆祝中国共产党成立100周年大会上的讲话强调:"以史为鉴、开创未来,必须加强中华儿女大团结。在百年奋斗历程中,中国共产党始终把统一战线摆在重要位置,不断巩固和发展最广泛的统一战线,团结一切可以团结的力量、调动一切可以调动的积极因素,最大限度凝聚起共同奋斗的力量。爱国统一战线是中国共产党团结海内外全体中华儿女实现中华民族伟大复兴的重要法宝。"③他曾指出,"上海是一座光荣的城市,是一个不断见证奇迹的地方",并勉励:"展望未来,我们完全有理由相信,在新时代中国发展的壮阔征程上,上海一定能创造出令世界刮目相看的新奇迹,一定能展现出建设社会主义现代化国家的新气象!"④在这项伟大事业中,中国共产党领导下的统一战线大有可为!

---

① 上海社会科学院经济研究所:《上海资本主义工商业的社会主义改造》,第82—83页。
② 刘念智:《实业家刘鸿生传略》,文史资料出版社1982年版,第125页。
③ 习近平:《在庆祝中国共产党成立一百周年大会上的讲话》,《求是》2021年第14期。
④ 习近平:《论中国共产党历史》,中央文献出版社2021年版,第313页。

"敢为人先"与"事必极致"
——以新时期上海民间文艺创新性发展为例*

复旦大学中文系 郑土有

"海纳百川,追求卓越,开明睿智,大气谦和"的上海城市精神是自上海开埠以来逐渐沉淀而成的一个整体,体现在上海文化的各个方面,其中在民间文艺领域也有突出表现,就是包容各种流派、善于吸收各家之长、勇于开风气之先。比如最早将 folklore 翻译为民间文学的就是在上海商务印书馆工作的胡愈之,在他担任主编的《妇女杂志》1921 年第七卷第一号上撰写了《论民间文学》的文章:"民间文学的意义,与英文的'folklore'大略相同,是指流行于民族中间的文学。"1924 年徐嘉瑞所著《中国文学概论》(上海亚东图书馆),首次把中国文学划分为民间文学和正统文学两部分。胡适称这部著作是"一部开先路的书"。1927 年徐蔚南著《民间文学》(上海世界书局),是中国第一本系统研究民间文学的理论著作,成为中国民间文学理论研究的开山之作。又如,20 世纪 30 年代前后,北新书局出版由林兰(李小峰)主编的民间故事系列丛书,分为"民间趣事""民间童话""民间传说"三个系列,每册选录故事 20 篇至 30、40 篇不等。这套故事丛书出版近 40 种,总数达千篇,被学界誉为中国近现代第一部民间故事集成,在中国民间文学、民俗学史上具有重要的地位。民国时期如此,1949 年新中国成立后,上海民间文艺界在创新性发展方面同样表现突出。

一、引领新故事创作之风气

新故事出现于 20 世纪 50 年代,首先发端于上海。一开始是为了宣传的需要,由工人文化宫组织,请善于讲故事的故事员根据书本上的故事用口头形

---

* 选自《新时代新征程与上海城市文脉——上海炎黄文化研究会 2022 年学术年会论文汇编》。

式宣讲,如《包身工》《刘胡兰》《白毛女》《高玉宝》《智斗小炉匠》《梁生宝买稻种》等,在图书馆、文化宫、工厂礼堂等场所讲述。由于书本上可供讲述的故事与日常生活有些脱节,结合身边现实生活的故事更能吸引人,于是逐渐出现由具有编创能力的故事员自己编创故事,这样就催生了新故事形式的出现。1955年,设立市群众艺术馆,三个业务部门之一的研究部,专门从事民间文艺业务,推动了新故事的编创。在抓故事创作的基础上,编印故事活页文选,每期两三个故事,每份收成本费1分,前后出40余期,为故事员提供了新故事的脚本。

1958年"大跃进"新民歌运动,引发了赛歌、赛诗、赛画等比赛,同时也推动了新故事的比赛会。如1959年上海群众艺术馆在松江县醉白池举办的赛事,其中就有一场市郊农村故事比赛会。12个故事参赛,其中8个是革命斗争故事,4个是新创作的新故事。此后,新故事的创作活动在各地蓬勃开展。到了20世纪60年代初,特别是1962年,宣传文化部门、共青团系统提出了以故事配合农村社会主义教育运动,用社会主义思想占领农村思想文化阵地,新故事活动迅速展开。政府系统的群艺馆、文化馆站,工会系统的文化宫,团系统的青年宫、少年宫等单位纷纷举办故事员培训班、新故事创作班。

据当时统计,市级机构举办的故事员培训班就达上万人次。郊区村村有故事员,号称万人故事员团队。因为参加市故事员培训班的人员都是区、县基层选拔的骨干,他们回去又举办各种类型的基层故事员训练班,成为班上的小先生,传授市里学到的知识。如此,雪球越滚越大,市郊万名故事员也非虚数。那时,很多中小学班班有故事员,街道每个里委有故事员,故事员还进入商店、大学和部队。上海《文汇报》在1964年1月底到8月20日不到7个月的时间,连续发表了7篇故事社论,《大力提倡革命故事》(1月30日)、《读〈卖烟叶〉有感——再论大力提倡讲革命故事》(2月11日)、《两种效果论——三论大力提倡讲革命故事》(3月9日)、《故事员风格赞——四论大力提倡讲革命故事》(3月29日)、《故事员队伍扩大也要巩固提高——五论大力提倡讲革命故事》(4月27日)、《需要更多更好的革命故事——六论大力提倡讲革命故事》(5月6日)、《文艺工作者要积极参加革命的群众文艺运动——七论大力提倡讲革命故事》(8月20日)。

在这股热潮中,上海涌现了一批优秀的故事员、新故事作者,创作了一批脍炙人口的新故事名篇。如宋仁康的《老队长迎亲》,张道余的《说嘴媒人》《种子迷》《范龙进队》,张玉林的《夜考红梅》等,分别发表在《解放日报》《文汇报》《萌芽》和《人民文学》上。徐道生、朱海根等创作的《一前一后》《姚素珍》《七妈妈小组》等八个故事,在《上海文学》上出了专辑,陈文彩的《两个稻穗头》由外文出版社译成英语出版,后又翻译成十多国文字,在国外广为流传。①

上海新故事创作活动到1966年由于众所周知的原因戛然而止,但"文化大革命"结束后,新故事又首先在上海复兴。首先是1980年1月19日中国民间文艺研究会上海分会(即上海民间文艺家协会的前身)创办了《采风报》,专门开辟了新故事版面,深受市民欢迎。继而《故事会》《上海故事》上都纷纷刊登新故事。为了提高新故事的质量,群众文化部门、各报刊纷纷举办新故事加工笔会、创作培训等,如上海群众艺术馆从1982年到1992年连续10年举办10届上海故事会串,1990年的故事会串向全国征稿,促进了本市与外省市的故事创作交流。该馆还与江苏、浙江两省的群众艺术馆联合举办"江、浙、沪故事大会串",与上海电视台联合举办"故事大王电视大赛",将故事讲演推上荧屏。故事报刊的发行量动辄上百,《采风报》发行量在20世纪80年代中期曾达到180万份,超过当时《新民晚报》的发行量,《故事会》的发行量达到惊人的700多万,成为全国刊物发行之最,甚至连一些文学类刊物也开辟故事专栏或副刊。

新故事创作的繁荣和影响力,在上海文化史上是较为罕见的,可以说上海的新故事创作及其活动,不仅在全国有极大的影响,而且推动全国新故事的创作活动。

二、持续至今的新民歌创作

1958年的新民歌运动是由国家发起的民歌创新活动。毛泽东在1958年3月成都会议上的一段讲话被认为是新民歌运动的开端:"印了一些诗,尽是些老古董。搞点民歌好不好?请各位同志负个责,回去搜集一点民歌。各个阶层都有许多民歌,搞几个试点,每人发三五张纸,写写民歌。劳动人民不能写的,找人代写。限期十天搜集,会搜集到大批民歌的,下次开会印一批出来。中国诗的出路,第一是民歌,第二是古典。在这个基础上,两者结婚产生出新

---

① 参见任嘉禾《上海新故事六十年概述》,载上海民间文艺家协会主编《上海新故事实践解读》,上海文艺出版社2018年版,第23—56页。

诗来,形式是民族的,内容应当是现实主义和浪漫主义的对立统一。太现实了,就不能写诗了。现在的新诗还不能成形,没有人读,我反正不读新诗,除非给一百块大洋。搜集民歌的工作,北京大学做了很多。我们来搞,可能找到几百万成千万首的民歌。这不费很多的劳力,比看杜甫、李白的诗舒服一些。"①在同年4月初的汉口会议上,毛泽东再次发出民歌搜集的号召:"各省搞民歌,下次开会,各省至少要搞一百多首。大中小学生,发动他们写,每人发三张纸,没有任务,军队也要写,从士兵中搜集。"②

  毛主席的号召很快就得到了响应。4月4日,《人民日报》刊发了云南组织收集民歌的消息,并于9日在第一版着重报道云南省委发出的通知:"由各地县委宣传部利用会议机会,向县、区、乡党的负责干部说明意义,然后动员水库工地、农业社、工矿的干部和群众,发给三五张纸,写和记录民歌。不能写的可找人代写,少数民族群众口述的民歌,都应加以记录和翻译。"③14日,《人民日报》刊登《大规模收集民歌》的社论,肯定民歌搜集活动是"一项极有价值的工作",并发出倡议:"我们需要用钻探机深入地挖掘诗歌的大地,使民谣、山歌、民间叙事诗等等像原油一样喷射出来"。④

  1958年4月26日,中国文联、作家协会与民间文艺研究会举行一次座谈会,在会上直接发出"采风大军总动员"的号召,轰轰烈烈的新民歌创作在全国开展。1959年,时任中央宣传部副部长周扬与文坛代表郭沫若联合署名,仿照《诗经》的样式,从当时搜集到的成千上万首新民歌中精选了三百首出版发行。在"编者的话"之中,周扬、郭沫若将这次民歌搜集活动称为"新的采风运动",并且直接将《红旗歌谣》定义为"社会主义新时代的新国风"⑤。新民歌被当作诗人和作家学习的样本和诗歌发展的方向:"历史将要证明,新民歌对新诗的发展会产生愈来愈大的影响。中国文艺发展史告诉我们,历次文学创作的高潮都和民间文学有深刻的渊源关系。楚辞同国风,建安文学同两汉乐府,唐代诗歌同六朝歌谣,元代杂剧同五代以来的词曲,明清小说同两宋以来的说唱,都存在这种关系。……我们的作家和诗人将从这里得到启示,只要我们紧紧

---

①② 陈晋:《文人毛泽东》,上海人民出版社2005年版,第488页。
③ 人民日报编辑部:《立即组织搜集民歌》,《人民日报》1958年4月9日。
④ 人民日报编辑部:《大规模收集民歌》,《人民日报》1958年4月14日。
⑤ 郭沫若、周扬编:《红旗歌谣》,红旗杂志社1959年版,第2页。

和劳动人民在一起,认真努力,就一定能够不断地产生出毋愧于时代的作品,把我们的文艺引向新的高峰。"①

在这个浪潮中,上海的工厂、农村、部队、学校也掀起一场新民歌的创作活动,出现一批新民歌诗人,如工人诗人谷亨利、郑成义、毛炳甫、李根宝、王森、黄亦波、史可展、张呈富、贝自强、居有松等,农民诗人松江县的戚永芳、宛世照,上海县的三毛哥、沈新民,南汇县的胡天麟、倪达,奉贤县的沈磊、王海,青浦县的沈尔立,嘉定县的陈镒康,金山县的张铁苏,北郊的蓝翔等。发表了一批在全国有影响的作品,如工人诗人李根宝的《烟囱》、王森的《听话要听党的话》,红遍大江南北。中共上海市委宣传部连续3年(1958—1960)从当年创作的新民歌作品中选编出版《上海民歌选》②。

难能可贵的是,"文化大革命"后上海一批在"大跃进新民歌运动"中成长起来的诗人,重新投身到新民歌的创作中。1986年春天,由中国民间文艺研究会上海分会创办生肖儿歌系列全国儿歌大赛,后来又增加新民歌大赛,两个赛事同时进行。这项赛事坚持二十多年,发表了一批优秀的作品,同时也培养了一批年轻的作者。在第一轮生肖儿歌大赛进行到第10年时曾出版《全国获奖儿歌集——生肖系列儿童大赛1986—1995》(上海古籍出版社1996年版),在全国产生了较大的影响。

三、金山农民画成为中国农民画的标准

农民画发端于20世纪50年代中期。1955年10月中共七届六中全会通过的《中共七届六中全会关于农业合作问题的决议》中指出:"加强政治工作和文化教育工作,提高社员的社会主义觉悟,发挥社员的积极性和创造性。提倡爱社和爱护公共财产的集体主义思想,逐渐地克服社员的个人主义,反对破坏劳动纪律的行为。领导的任务是必须尊重和启发群众的创造性和积极性,保护新生力量的生长。"③于是在社会主义教育运动中掀起一场群众美术活动。

---

① 郭沫若、周扬编:《红旗歌谣》,第3页。
② 中共上海市委宣传部编《上海民歌选(1958年)》、《上海民歌选(1959年)》、《上海民歌选(1960年)》,均由上海文艺出版社出版。
③ 中国人民解放军政治学院党史教研室编:《中国党史参考资料》第八册,人民出版社1980年版,第183页。

全国各省、市、自治区陆续设立地区群众艺术馆及县、区人民文化馆（后改称文化馆），担负起政治宣传、城乡扫盲及指导群众文艺活动等工作，重心放在农村，直接面向农民。以美术形式宣传党的方针政策、提高民众的社会主义觉悟，在这过程中逐渐出现农民画的形式。

由于当时乡村经济文化相对落后，农民中文盲多，用文字表达，起不到理想的宣传效果，于是在黑板报上加些插图，以强化宣传的传播力度，出现黑板报中漫画形式的农民画。江苏邳县陈楼乡张友荣创作于1955年的《老牛告状》，被认为是第一幅中国农民画作品。1958年，西安美专（西安美术学院前身）进行教学改革，要求美术教育"与社会需要对口"，"面向农村，面向基层"，美专老师到了户县，同户县文化馆美术辅导员一起，创建了"户县美专教学法"，强调农民画教学及创作的"生活化"导向，以解决户县农民作者因袭束鹿、邳县农民画的浪漫主义创作所造成的思维枯竭，提出"画现实、画记忆、画理想"的创作口号，形成写实风格的农民画。

1973年10月，由国务院文化组主办的"户县农民画展"在北京中国美术馆展出，其作品被报纸、杂志和各种媒体大量宣传，产生较大影响。自1973年12月25日到1974年7月31日在全国八大城市巡回展出，历时近8个月，参观总人数达200多万人次。金山农民画是在户县农民画的影响下发展起来的，最初也是按照户县模式进行农民画活动。1974年户县农民画到沪展览，掀起上海郊县的农民画创作热潮，从当年4月开始，金山县文化馆举办数期美术培训班，参加者为有一定文化、接受能力较强的青年农民和下乡知青，讲授内容以专业绘画基础训练为主，作品模仿户县写实主义的绘画风格。经过培训，这些青年在素描等技法上提高很快，但在创作方面缺乏生活气息和乡土味。

当时在文化馆主持群文美术工作的吴彤章发现此路不通，于是转向对农民审美趣味的挖掘。1978年2月24日，文化馆在枫泾林园场举办该年度第一期农民画创作学习班，擅长刺绣的农村妇女曹金英被动员来参加，她在学习班上的作品《喜庆丰收》得到吴彤章的肯定，并从中得到启发，认为"刺绣等民间艺术与绘画有着相通的艺术规律，但又不是相同的，将她们掌握的剪纸和刺绣技能作为绘画入门的途径。她们不知道绘画的一些陈规旧法，正便于发挥她们的艺术创造才能，而不是用划一的形式来束缚人们思想感情的表达"[1]。于

---

[1] 吴彤章：《金山农民画的艺术道路》，《美术杂志》1982年第8期。

是，金山农民画创作另辟蹊径，走向借鉴民间艺术的道路。

1980年4月27日至5月20日，由中国美术馆、上海美协联合举办的金山农民画展在中国美术馆展出，展出作品138幅，这是金山农民画首次在中国美术界权威展示平台亮相。这种"四不像"的作品得到中国美协主席江丰、书记处执行主席张仃等专家的肯定，其独特的艺术风格和创作辅导经验也受到文化部、美术界专家和全国农民画乡的推崇，于是在全国掀起学习金山农民画的高潮，金山农民画成了中国农民画艺术形式和艺术风格的标准。虽然经过30多年的发展，经历了非物质文化遗产保护工作对全国农民画发展的推动，但就艺术风格来说，金山农民画的标准时至今日仍然未能超越。

结　语

从上述三个案例中，我们可以发现在新中国民间文艺的创新性发展方面，上海一直走在全国的前面。

有的是"开风气之先"，始终引领全国的发展，如始于20世纪50年代的新故事讲述与创作活动，无论是活动的开展还是报刊的创办与影响，至今在全国仍占据举足轻重的地位。而且这种创新的势头一直不减，如进入21世纪以来，随着网络的普及和人们生活方式的改变，不仅口头讲故事的活动逐渐式微，而且连之前势头很旺的《故事会》《上海故事》的发行量也急剧下降，人们阅读纸质故事的兴趣在快速衰减，故事的传承面临着极大的危机。正当人们以为这种现状是无法逆转的时候，由上海民间文艺家协会和上海市群众艺术馆共同策划创办、《上海故事》杂志社承办的"上海故事汇"于2012年4月29日在群艺馆三楼大厅正式开讲。创办者的初衷：一是丰富市民的文化生活，二是让故事回归生活，三是通过故事寓教于乐的特点，为和谐社会建设服务。"故事汇"是一个故事讲述活动，10年来，从最初的上海市群艺馆一个会场，发展到"虹桥故事汇""枫林故事汇""山阳故事汇""曹路故事汇"等六七个分会场，从每月的两场，发展到每月七八场，受众从最初的中老年人，发展到中青年和儿童。至2022年10月2日已在固定场所表演223场，主题巡回表演120多场，讲述800多个故事，听众累计达10多万人次，显示出一定的稳定性、持续性，以及逐渐壮大扩散的趋势。

"故事汇"之所以能取得成功，一方面是基于口头讲故事是人类重要交流途径之一的事实,另一方面是组织者对讲故事形式的创新性发展。首先,它不再是传统的自娱自乐、自发性的讲故事活动,而是由上海民协、市群艺馆及相关合作方有组织的行为,且投入部分人力物力和财力予以支持;其次,它讲述的内容、形式更加适应当下受众的需求,内容方面以讲述新故事为主,以传统故事为辅,以情节曲折、"包袱"巧妙、贴近生活为特色,反映当今老百姓的家庭生活和社会现象,形式方面以上海话讲述为主,注重与听众面对面的互动性,注重舞台化效果和表演形式的多样化、丰富性。在现代都市生活中,由于信息技术的发达以及各种利益关系的束缚,人与人之间沟通交流的机会越来越少。当古老的讲故事方式回归生活之后,人们发现面对面的言说,仍然是一种方便有效的情感交流方式,在这个"故事场"中,虚虚实实,嬉笑怒骂,家长里短,惩恶扬善,可以尽情宣泄!正是因为如此,"故事汇"才吸引那么多人参与。10年的创新实践和探索,已初步证明"故事汇"的形式是新时期都市民间文学作品传播的一种新途径。

有的虽然不是上海首创,但能"事必极致",尽量做到最好,达到理想的高度。如新民歌创作,是一场自上而下的全国性运动,但绝大部分地区过了"大跃进"阶段就偃旗息鼓了。而上海的新民歌活动却在"文化大革命"结束之后迅速恢复,二三十位热心的作者一直坚持到今天,每月举行沙龙活动,同时在中小学培养一批年轻的作者,创作一批有影响的新民歌、新童谣。又如金山农民画是在学户县农民画的基础上发展起来的,但经过创新发展,形成以"民俗生活场"为表现内容、"感情色彩"的运用、"交感式"构图、"总括性"造型的类民间艺术风格和辅导员独特的"揭瓶盖"法辅导经验,从而奠定中国农民画作为一个单独画种的基础,成为各地农民画家学习的模板,影响至今。

分析其原因,跟上海的城市精神是有密切关系的。上海是个移民城市,"中西合璧,五方杂处"是其特点,正是这种特点形成眼界开阔,善于吸收各方之长,融会贯通凝聚自身文化个性的特征;这种特征往往不会故步自封,没有条条框框的束缚,呈现出很强的创新意识,同时追求高品位,力争把事情做到极致。新时期上海民间文艺的创新性发展,正是这种城市精神的驱动所致。反过来说,这种创新性发展中又蕴含上海的城市精神,成为上海城市精神的有机组成部分。

观"海"织天下　"祥"誉新时代
——上海城市文脉精神与恒源祥近百年创新发展*

恒源祥（集团）有限公司　陈忠伟

上海是一座从江海渔村演变成的国际化大都市。作为中国与世界联通的重要窗口之一，上海的发展历经数千年沧桑变迁，南宋成镇，元代设县，明代筑城。由于地理位置的优越，气候环境的适宜，再加之上海先民们的辛勤耕耘，从明清两代起，上海就被称为"江海通津、东南都会"。随着1843年开埠后，中西文化在这里交融荟萃，生生不息，尤其还孕育了中国共产党的红色文化。所以，在19世纪四五十年代，一批具有现代生产关系、现代经营方式、现代思想观念与现代文化意识的工厂、商店、学校等在上海诞生，到了20世纪初叶，形成了高潮，十里洋场，商号林立，许多各具文化传统和人文气息，各具经营特点和营销策略的商店和字号如雨后春笋，遍地开花，勃勃而有生机。这些商店和字号，如能经历世纪轮转、沧桑变化后依旧保留至今而屹立不倒的为数有限，恒源祥便是其中一家。

可见，江南文化、海派文化、红色文化的基因构建了上海城市文脉的重要内涵，江南文化是海派文化的底蕴，红色文化为海派文化注入了坚实的基石，融合西方先进文化和思想的精华，使得海派文化独有其魅力和价值，这种城市文脉孕育和彰显了"海纳百川、追求卓越、开明睿智、大气谦和"的城市精神和"开放、创新、包容"的城市品格，形成了以海派文化为主的上海城市文脉的核心精髓。正像城市学家芒福德在《城市文化》一书中所展示的，城市文化是包括通过城市所展示的人类物质文明、制度文明与精神文明在内的综合汇聚体："在城市这种地方，人类社会生活散射出来的一条条互不相同的光束，以及它

---

* 选自《新时代新征程与上海城市文脉——上海炎黄文化研究会2022年学术年会论文汇编》，原载《浦江纵横》2023年第2期。

所焕发出的光彩,都会在这里汇集聚焦,最终凝聚成人类社会的效能和实际意义。"恒源祥正是诞生于1927年的上海,一根绒线的起点恰如一道微微的星光,伴随着上海城市文脉的传承,缓缓汇聚成一片璀璨的星河。

一、上海城市文脉精神下诞生的恒源祥

"开放、创新、包容"的城市文化品格造就了民国时期上海十里洋场的大发展时期,上海这座城市成了很多有志之士追求梦想、实现梦想的新天地,恒源祥的创始人沈莱舟正是其中一位。当时的中国已经进入了全球商品与贸易的市场,随着传统自然经济的瓦解与生产技术的进步,西方的机器制品通过通商口岸涌入中国市场和内地。尤其是进出口贸易远远领先于其他中国城市的上海,成为中国对外贸易中心和转口贸易中心。国际贸易繁盛的上海给人们带来了新的生活方式,在日常生活中,西方的工业制品被称为"舶来品",包括羊绒羊毛制品在内的"舶来品"给中国人的生活带来了新的视觉、听觉、触觉、嗅觉和味觉,越来越多的中国人开始熟悉工业化带来的感官体验和生活体验,从刚开始的抵触转为接受。同时,新的经济组织带来新的生产和销售方式,恒源祥的创始人沈莱舟早先在上海的洋行中销售舶来品,又曾经在汇丰银行担任过高级经理,精通外语和国际贸易,这使得沈先生对于新兴的商业管理和消费趋势非常有市场敏锐度,这也是当时一代民族企业家,在上海这样一个海派文化传承的城市中培养起来的独具海派商业文化的素质和底蕴。当时,不仅纺织业是上海最大的工业部门,纺织品还是极重要的贸易商品。沈莱舟最初选择了纺织品中的人造丝市场,不久又在绒线店最集中的兴圣街找到了毛纺织品的市场入口。所以,具有开放创新精神和睿智果敢品格的海派文化企业家沈莱舟先生白手起家,于1927年创立了"恒源祥人造丝毛绒线号"。

"恒源祥"取意"恒罗百货,源发千祥"。在中国的传统文化中,"恒"即亘古长存,永恒不灭;"源"即自有活水源头来,源远流长;"祥"取意"吉祥如意"。从恒源祥的名字由来,我们也可以感知到,沈莱舟先生是一位颇具大气谦和格局观的企业家,这使得恒源祥从诞生起就带有海派文化和江南文化的基因。

二、海派文化视野下的恒源祥成为中国的绒线大王

作为商店的恒源祥,早期遇到了诸如洋商垄断货源、进口成本增加和商业竞争激烈等诸多困难。为了寻求突破,沈莱舟与人合资在1935年创办了第一家毛纺厂——裕民毛纺厂,生产"地球牌""双洋牌"粗细绒线,这不仅迎来了恒源祥发展历史中的第一次转型——从零售到制造,用今天的视角回顾当时的历史选择,恒源祥点燃了中国当年的国货之光,发扬和继承了上海的城市文脉精神,大力推动了近代上海乃至江浙沪地区毛纺行业和商业的发展,极具历史意义。这次转型使恒源祥从代销商店转变为产销合一的自主企业,标志着恒源祥作为民族资本从传统字号商业向商标经济的转型,其业务和资本规模得到了迅速拓展。

毛线和手工编织作为一种舶来品和从西方引入的生活方式,沈莱舟先生通过精妙高超的系列营销创新实践,在当时的上海滩掀起了一个个热点话题,编织了一道道美丽的风景线,比如,绒线编织的研究、宣传、推广,使更多的消费者学会编织绒线并成为编织能手,近40万—50万册的各类明星宣传画册与绒线编结书一起刊印散发,通过手编毛衣与沪上的知名艺术家和明星等共同演绎了沪上的时尚之美,邀请当时的编织大师冯秋萍坐堂教授编织,并将编织书籍普及印刷了近百万册,奠定和弘扬了海派编织文化的形成和发展,运用欧美先进的百货透明橱窗,让绒线店铺装饰一新,知名的海陆空有奖销售,受到沪上老百姓的追捧,从日本等绒线编织业先进发达的国家持续引进技术和工具等。沈莱舟先生不断"生出新意"的经营模式,正是上海城市文脉精神中不断创新超越的具体体现。

从20世纪30年代中期开始,"新商店"产生"时尚产业",绒线编结成为一种时尚和休闲的生活方式。新商品所带来的刺激,相当程度上改变了生活经验以及对生活质量的要求,"服装美""时尚美""身体美"成为一种生活追求。到1949年,恒源祥已经拥有了7家工厂、3家店铺,并在25个行业中参股,成为上海滩上赫赫有名的"绒线大王"。像恒源祥这样当时涌现出的很多民族品牌,都曾以实业救国的心胸和抱负成了今天的中国品牌,这都是上海城市文脉精神传承的重要载体。

三、计划经济下的恒源祥不负国家的担当和责任

新中国成立以后,上海城市经济结构、社会结构与城市功能均发生巨变,特别是在国际两大阵营冷战态势下,在高度计划经济体制下,上海与国际、国内的联系方式、流通渠道,上海城市发展的外部环境与动力机制,都发生了根本性变化,近代意义上的"海派"已失去了原先存在的土壤,"海派"的声音也归于沉寂。但是,这并不等于海派文化全然消逝了,而是以另一种形式继续存在。比如,计划经济时代,上海为国家做出的工业生产、科技创造、财政税收等方面的突出贡献,就体现了海派文化中的担当精神。

当时伴随着社会主义改造的进行和计划经济体制的逐渐建立,一般企业实行了生产上的加工订货制、交换上的统购统销制和财政上的统收统付制。原有私人工商业都必须加入国家加工订货的计划中。1956年1月1日,"恒源祥"绒线店与黄浦区绒线业商店都参加了公私合营,恒源祥算是首批积极响应国家经济发展政策的企业。国家公私合营的政策让恒源祥从私营企业转型为国有企业。在计划经济年代里,随着恒源祥的产权关系发生重大改变,恒源祥重新成为一家专营毛线的商店,业务平稳发展。这就是对国家和人民极具担当和责任感的历史体现。

四、恒源祥基于海派文化引领下的品牌经营模式和理念的创新与实践

改革开放后,国家实行社会主义市场经济,上海的开放传统逐渐恢复,海派文化被赋予新的定义,也有了新的内涵,国外成熟的专业化社会分工产业集群效应和优秀品牌的运营管理模式,再次奠定了海派商业文化的先进性,也激发了新一轮的创新与发展。恒源祥原本是商店的字号,1987年,恒源祥第二任掌门人刘瑞旗出任恒源祥绒线商店总经理。1989年,刘瑞旗依法注册了"恒源祥"和"小囡"牌商标。1991年1月8日,上海恒源祥绒线商店与恒源祥绒线一厂正式确立联合生产关系;3月1日,首批恒源祥牌280全毛高级粗绒线(盒装)隆重出产上市。这批恒源祥品牌的手编毛线质量一流,色泽鲜艳,手感极佳,进入市场后很快打开了局面。由此,恒源祥开始探索和创建海派文化下的

品牌特许战略联盟经营模式,率先走上了品牌发展之路,构建以品牌为核心纽带,带动上下游供应链等有形资产的品牌联合体模式,这在当时的中国是开创性的。直到第二年,中国才真正确立了市场经济体制的合法地位。市场经济的回归,尤其是依靠从商品经济向品牌经营的转移,恒源祥品牌得到迅速发展。1991年,恒源祥仅产销毛线75吨,而到1995年后,已猛增至7000吨,长了91倍,销售额达6亿元,1996年更是达到了创纪录的11000吨,国际羊毛局驻中国的代表常锦雄先生专程来到上海,宣布恒源祥为世界上最大的手编毛线生产企业。1996年,恒源祥获得国际羊毛局颁发的纯羊毛标志和ISO9002认证,这些都是开创行业之先河的第一实践。1997年联合体产销毛线突破一万吨,销售额超过8亿元。2001年9月19日,第1亿斤恒源祥牌纯羊绒手编毛线在恒源祥绒线一厂诞生。这些都恰恰体现了海派文化中持续追求卓越的精神。

在实施品牌经营模式的进一步发展中,随着消费模式和生活方式的发展,恒源祥持续思索与学习后领悟到,传统的品牌必须"进入更加多样化的市场,占领更大的市场先机",但是如何实施多元化呢?是选择单一品牌还是多品牌呢?1997年,恒源祥对当时市场上分别在单品牌和多品牌不同战略实施上的两家优秀企业进行了学习与研究,它们分别是飞利浦和宝洁。研究启示是:要打破绒线市场的格局和走出零售业的困局,向多角经营发展。借恒源祥的盛名缩短与消费者之间的距离,带动其他品牌向不同市场空间发展,以时间换取空间。所以1998年至今,恒源祥在原有绒线基础上,开拓了针织、服饰、家纺、日化、箱包、童装、鞋业的多产业,实现了从单品走向多品的纺织服装产业体系布局,由此开始了更加全面的现代企业品牌经营之路。

多品转型的意义不仅在于获取更大的市场份额,更在于促使恒源祥转向服务型企业,而服务型企业的转变更是因为恒源祥有远见地洞察和把握了社会和市场的发展大势,即体验经济时代的到来。2001年中国加入世界贸易组织,我国对外开放事业进入一个新的阶段,所以恒源祥开始了品牌新一轮经营理念的探索研究,在2001年推出了《恒源祥21世纪战略蓝图》,恒源祥总结出适合体验经济时代发展的十二字战略方针,即"核心专长、价值转移、共同演进",比如价值转移就包括了八个方面:从竞争到互补、从相同到不同、从商标特许权到经营特许权、从民羊变儒商、从产品创新到业务创新、从经营品牌到经营经验、从模糊到敏捷、从单向思维到多向思维。从价值转移的内容可以看出,我们重点强调用无形资源调动各类有形资源,进行品牌资源的组合创新与发展。恒源祥面对体验经济时代对品牌经营理念的持续探索,恰恰发扬了海纳百川、开明睿智的城市文脉精神,这也正是上海这座城市独有的海派商业文化带来的独特氛围和优势。

五、恒源祥基于海派文化引领下的文化品牌战略升级的布局与探索

2005年,恒源祥加快确立了"以服务为核心,培育无形资产"的品牌发展方式,提前进入"以文化为核心,引导生活方式"的战略方向,这开启了恒源祥文化和品牌内外双循环的新发展阶段,这包括品牌的全球化战略布局、品牌的数智化战略布局、品牌背后的文化研究、品牌美学经济的探索与实践等。

首先,2005年恒源祥成为北京2008年奥运会赞助商,开启了品牌全球化战略升级之路,是恒源祥品牌战略升级的重要内容。恒源祥作为世界纺织服装行业的唯一代表,这是奥运会历史上第一家非运动纺织服装类企业赞助商,至今恒源祥也是上海唯一的奥运会赞助商。2008年11月,恒源祥成为中国奥委会的合作伙伴。至今已先后成功地为北京、伦敦、里约三届奥运会中国体育代表团打造了礼仪服饰,为2020年东京奥运会提供了国际奥委会委员和工作人员的官方正装,以及东京奥运会难民代表团的正装。2022年,为北京2022冬奥会和冬残奥会提供了国际奥委会委员和工作人员的官方正装,为冬奥颁奖仪式提供了融入海派绒线编结非遗技艺的颁奖花束——"绒耀之花"和冬奥非遗文化体验区的绒线当代艺术作品《绒之百花·春之镜像》,也为北京2022冬奥村和冬残奥村提供了家用纺织品装备。

在过去的发展历程中,恒源祥已经在品牌建设中迈出了打造知名度的第一步,但我们还要向更高的目标迈进,即提高恒源祥品牌在全球消费者心目中的美誉度。如何用最短的时间提高恒源祥的品牌美誉度呢?我们选择赞助奥运。奥林匹克所创造的文化、精神、内涵和美誉度已在全球人民心中深深扎根,它所创造的公平、公正的竞技舞台,它所倡导的友谊、团结的理念,让所有热爱它的人都可以发挥其中。恒源祥赞助奥运就是要把奥林匹克的精神充分融入恒源祥品牌的内外生态体系中,这是品牌进一步从知名度向美誉度和全球布局跨越的前提。恒源祥作为海派文化下孕育的中国品牌,持续追求卓越

的理念和生生不息的精髓,激励着我们不断在实践中学会融合、勇于超越。

2006年,恒源祥全面启动"文化战略导入"工作,确立了品牌和文化是企业发展的两大核心工作。经过多年的品牌经营,恒源祥认识到品牌的背后是文化,便组建了以董事长为核心的研究团队,研究文化和品牌之间的关联,并将研究成果实际运用于集团的品牌经营过程中。2011—2012年,恒源祥与中国社会科学院先后开展了"国家品牌战略研究"和"国家品牌与国家文化软实力研究",被列入国家重大软科学研究计划,"品牌和文化建设应该成为国家工程""品牌构建了有形与无形的综合生态系统"等研究成果作为政策建议得到了国家关注。2012—2015年以来,针对组织和品牌不同的历史发展时间维度,从品牌管理的专业角度,明确了组织和品牌、集团和产业、文化和企业文化等关键事物的联系和区别,为迎接品牌百年发展的到来,重新规划了集团的文化体系架构,包括使命、精神、价值观、经营理念、管理风格、行为特质、社会责任、组织性质。在此基础上,从品牌化组织百年发展的战略管理视角,提出品牌背后的组织基因沉淀在于文化基因的挖掘和沉淀,未来的长久发展要用文化来经营品牌,由此拟定了文化和品牌研究的30年规划,组合了众多国内外顶尖一流的专家学者、组织/机构等进行深入研究,并搭建了全球资源平台。这些极具前沿价值的系列研究为恒源祥的长久发展奠定了坚实的根基,就像上海的城市文脉发展一样,有着深厚的历史和文化底蕴。

品牌的数智化战略布局是恒源祥推进品牌转型升级的重要战略。2012年,恒源祥正式启动电商;2013年,首个双十一突破8 000万;2014年,恒源祥羽绒服官方旗舰店成为恒源祥第一家全年销售亿元网店;2016年,恒源祥跃居老字号电商榜首,恒源祥首家服饰O2O体验店在浙江开业;2017年,恒源祥电商销售覆盖全球188个国家和地区;2018年,"天猫国潮老字号焕新记"中恒源祥有三项排名第一;2019年,恒源祥开始探索以品牌数字化社交为主的渠道数字化转型;2021年,恒源祥深化品牌融媒体时代的数字化转型;2022年,恒源祥成立元宇宙研究院。在品牌迭代创新中关于"数字化"与"新时代年轻人市场"的布局中,恒源祥连续三年以生活美学品牌"依旧爱旗"在中国国际数码互动娱乐展览会(ChinaJoy)上亮相。2022年,恒源祥以元宇宙"数字星球"的形式着陆ChinaJoy线上展的大型虚拟世界橙风趣游(MetaJoy),正式推出首位以海派文化背景设定的虚拟人"爱旗AIQI",并展示了恒源祥品牌12套虚拟数字旗袍,吸引了元宇宙大批"玩家"的围观。2022年,由阿里文旅产业指数实验室发布的《2022非物质文化遗产消费创新报告》中,恒源祥在575个天猫开设旗舰店的中华老字号品牌中,统计周期内销售额排名第一。在电商的老字号排名中,恒源祥连续几年名列前茅,也是全球范围内出海和跨境比例最高的一家老字号。现今已覆盖天猫、京东、拼多多、唯品会等综合类电商平台,近11年复合年均增长率为40％。2023年1月,《2022抖音电商国货发展年度报告》显示,老字号品牌引领新国潮,恒源祥品牌销量位列前五之中。

恒源祥的品牌美学经济探索与实践是通过品牌建设、产业升级和服务创新不断发展的,以提高消费者的消费生活品质、和谐消费和审美消费为最终目标。作为中国近百年的品牌,在中国式现代化发展与转变的进程中,恒源祥努力地将中国式现代化特色、中国文化的智慧和力量变成恒源祥品牌下一个百年发展实践的品牌宝库。2022年,恒源祥集团正式提出围绕"数字经济、美学经济、循环经济"三大方向的战略发展部署。

在数字经济方面,恒源祥将持续关注新的数字化消费场景的打造,将最新的数字科技和数字工具作为恒源祥品牌和恒源祥集团的发展基座,促进产业链升级、产品升级和服务升级,提升品牌运营效率,提高消费者品牌体验,开拓更多维的数字化应用为品牌发展想象力提供技术保障。2023年,恒源祥与浙江凌迪数字科技有限公司(Style3D)携手探索全新的数字化设计链路,通过建立产业上下游设计云平台,提高产业效率,减少服装设计过程中面料、物料等资源的浪费,降低设计生产对于自然环境的负担。

在美学经济方面,恒源祥正在建立和完善品牌美学框架体系,包括对产品、服务、设计、传播、营销、消费者行为、消费观念和消费方式的研究,追求的是为消费者提供有美感和精神愉悦的品牌体验。恒源祥品牌美学的实践范围是恒源祥通过品牌、产品、服务和场景不断进行创新,不断提高消费者的消费品质、和谐消费和审美消费。2020年,恒源祥联合中国艺术研究院、中国艺术人类学学会共同成立了中国艺术人类学学会生活样式设计专业委员会,旨在文化主导的当下,借助艺术的手段将文化转换为可以进入生活世界的当代美学,再以设计的形式创造出具体的生活样式,从而探索一种有深度的文化产业模式。这个模式是从文化到资源再到活历史,即以延续文化为目的的生活样式。所以2023年7月16日—9月17日,中国艺术人类学学会生活样式设计专委会"恒源祥线迹绒瓷"艺术工作坊项目成果——大型空间场景艺术作品《花的三重境》亮相中国工艺美术馆·中国非物质文化遗产馆,尝试了从文化到艺术的探索。恒源祥尝试重新定义了艺术设计和美学以及它们之间的关系，指出设计并不只是单一产品，而是一套完整生活样式的设计，也可以看作是一套完整的生活象征系统的设计。而贯穿其中的是一套美学编码，文化则是这个过程中不断循环的生活样式。同时在2023年9月26日—10月2日的世界设计之都大会期间，恒源祥时尚生活馆亮相其中，生活美学艺术装置《花的三重镜·繁光》吸引了众多关注，经典国民品牌展现了海派文化与传统底蕴的品牌之美，向全世界传达中国品牌的活力与新声，也借此探索了从艺术到生活和商业的转化。

恒源祥连续每年推出围绕生肖文创为主题的新年礼盒和概念创意，深受广大消费者和专家们的好评。尤其在2024年中法建交60周年之际，恰逢法国巴黎奥运会，恒源祥 X Bonjour Brand 携手法国新生代全能设计师 Cécile Vico 推出"恒源祥·炬龙成祥"生肖礼盒。礼盒不仅展现了独具法式风格的创新设计，更融入了精湛的中国传统工艺，中法共创了兼具东方神韵和西方风情的独特作品，让艺术设计与海派生活美学巧妙结合，将时尚提升至新的高度，连接中法情谊，传承古今之美。目前，"炬龙成祥"创意设计被广泛运用于品牌营销、宣传设计、产品开发等品牌运营体系中。

近几年，恒源祥和上海市美学学会、上海交通大学人文艺术研究院共同发起"恒源祥美学文选丛书暨中国当代美学文选系列"，以选载上海及中国当代最新美学研究论文成果为主，目前云集了中国当代美学研究领域的顶级专家30余位，力图反映中国当代美学研究的最新成果，促进中国美学研究事业的发展和国际交流，打造独一无二的美学品牌，夯实恒源祥美学经济战略的理论基础，提升恒源祥品牌的美学境界、文化美誉度、社会影响力。

恒源祥与中国电影频道核心品牌IP"星辰大海"的深度合作，也是提升品牌核心价值的有力背书。恒源祥与电影频道深度合作三年以来，双方共同推出"恒好星辰IP"，协同产业以低碳经济、数字经济、美学经济为导向，将"恒好星辰IP"进行产业转化及落地。"星辰大海之时尚计划"集合年度多场次多维度的电影节品牌宣传活动，2021年、2022年、2023年年度品牌全网传播量超200亿次。

恒源祥希望从品牌美学的理论溯源、艺术内涵、设计体系、产业产权、传播体系等综合体系构建和探索恒源祥的品牌美学经济。

在循环经济方面，恒源祥提出到2027年，要完成全产业体系的碳足迹和碳中和项目研究。恒源祥和多个国家科研机构、产业协会、相关大学携手，开展相关产业的可持续发展道路的探索，2022年恒源祥与中国毛纺织行业协会开启了"毛针织品碳排放项目研究"课题，2023年恒源祥集团启动的博士后工作站的课题是对产业的碳排放进行一次潜在性的研究，同时在2023年底推出了恒源祥可持续发展和环境友好型产品系列。

如今的上海，已经是中国面向全世界的一张名片，更在全世界的城市中独具特色和优势。在历史的长河中，在当今全球化的背景下，在未来的发展规划中，上海都不断在用实践证明，城市历史的文脉始终是鲜活、热烈而五彩斑斓的。海派文化如地域文化一样，自有其时代性，恒源祥的品牌基因和文化底蕴与上海的城市文脉是高度契合的。恒源祥即将迎来2027年的品牌百年诞辰，恒源祥希望持续不懈地铸造——"一个经典的品牌，一段悠久的历史，一个年轻的形象"，上海的城市文脉精神和基底深刻地赋予了恒源祥的内在精神气质。相信在上海不断激活"源头"、勇立"潮头"的时代前进步伐中，恒源祥作为诞生在上海的中国品牌代表之一，也有足够的信心和决心让品牌在传承中持续创新与发展，不断成就更加美好的未来！

中国共产党对上海城市主体性的重建[*]

复旦大学中国研究院 吴新文

上海这座城市对于中国共产党的意义是显而易见的。上海是中国共产党的诞生地、三次全国代表大会和其他重要会议的召开地、革命运动的发生地和革命事业的中转地、很多共产党员和革命烈士的牺牲地、党的领导人的培养地、党的重大方针政策的试验地和示范地、党的目标的先行实现地,在此意义上,上海是中国共产党的初心之地、光荣之城。而中国共产党对于上海的意义,在于领导上海人民,依靠全国人民的大力支持,经过革命、建设和改革的不同历史阶段,把一个光怪陆离、四分五裂的旧上海变成了一个生机勃勃、前景光明的新上海,实现了上海城市主体性的重建和上海的浴火重生。

一、上海的复杂性与城市主体性

在 20 世纪末持续至今的"上海热"中,学术界和传媒界对于 1949 年之前的近代上海的看法可谓众说纷纭、莫衷一是。有人对 20 世纪 20—30 年代上海的繁华、现代(摩登)、多元、开放、文明不吝赞美之辞,肯定上海在民国"黄金十年"中的发展成就,怀恋当时上海作为远东大都市的大师云集、文化发达和国际风范,有学者对近代上海的光怪陆离、声色犬马、黑帮横行、唯利是图、贫富分化进行了深刻地揭露和批判,也有学者全面深入地研究中国共产党在上海领导和发动工人运动、学生运动、市民运动、左翼文化运动和地下活动,揭示了近代上海的"红色"面相。

除了上述研究,还有学者提出对近代上海不能简单下断语,而应注意其复

---

* 选自 2021 年《多学科视野:建党百年与百年上海学术研讨会论文集》,原载《毛泽东邓小平理论研究》2021 年第 12 期。

杂性和丰富性。

然而，仅仅停留于或过分强调乃至夸大这种复杂性或丰富性，也容易让人局限于细枝末节而看不到主流、大端和大势，而失去对历史真相的把握。对上海进行全面深入的研究，需要透过其复杂性和丰富性，而看清上海这座城市在不同时期统一的主体性及其前后变化。

一座城市的主体性关系到城市的国家归属、领导力量、主导人群和制度特质，它要回答的是谁的城市、何种城市的问题。城市的主体性决定了城市的独特性和不可替代性，是城市特质的主要来源。

透过近代上海的城市复杂性和丰富性，比较上海的"两面"，人们仍然可以看出其主要方面和次要方面，进而把握近代上海的城市主体性。在19世纪末直至1949年的半个世纪里，上海与中国总体上呈现出了一种"若即若离"的关系，主宰上海的一直是洋人、富人、冒险家、帮会头目、士绅等，社会文化上则呈现出了"道高一尺，魔高一丈"的态势，所以上海曾被当时的洋人称为"魔都"，黑、黄、赌、毒、丑、骗、落后、反动、野蛮等因素四处充斥，而与其相反的积极、进步、文明因素则受到压抑。正因为如此，从晚清的陆士谔到民国的陈独秀、李大钊、瞿秋白，再到鲁迅茅盾郑振铎，都做过绘声绘色的"上海批判"[①]。

1921年中国共产党在上海成立，以及随后发动和领导革命活动，给江南文化和西方文化交汇而成的上海文化注入了红色革命文化的血脉。中国共产党的成立及其革命活动，不仅增加了上海的多元性、复杂性和丰富性。中国共产党与其他政党不同，是以改造国家、社会和世界，追求人类解放和自由发展为其宗旨和使命的，中国共产党的红色革命文化，并非和其他文化可以等量齐观的都市文化中的一种，而是具有改变都市文化乃至整个城市主体性的一种决定性的能动的文化力量。当中国共产党1949年接管上海时，蒋介石国民党集团并不相信共产党能治理好上海这个他们留下的"烂摊子"，西方帝国主义势力也在等着看共产党的笑话，就连苏联老大哥也对中国共产党能否应对城市建设和治理的挑战存在疑虑。在这种情况下，中国共产党在较短时间内稳定了上海局势，并展示出了较强的改变上海城市面貌并重建城市主体性的能力，让国内外各种势力对中国共产党刮目相看。

---

① 参见倪墨炎选编《浪淘沙——名人笔下的老上海》，北京出版社1999年版。

二、从"东方的巴黎""西方的纽约"到"中国的上海"

近代上海曾被称为"东方的巴黎""西方的纽约",表面上看来,这是赞叹上海的繁华、现代(摩登)、浪漫,但这也意味着,近代上海的形象主要是被西方人建构的,符合西方人或西化论者的趣味。事实上,洋人是近代上海的真正主人,而广大华人,包括资本家和地主士绅,则是受压迫和受奴役的。这也决定了近代上海与中国的某种"若即若离"的关系,它对于中国而言是"脱嵌"的,其繁荣是畸形的繁荣,是寄生在中国母体上的一个"怪胎"。

1843年上海开埠后,无论是早期的华洋分处还是后来的华洋杂处、共处,洋人的地位始终处于社会金字塔的顶端,享受超国民待遇。1845年租界设立后,中国政府对租界没有行政管辖权、税收权、司法权、教育权。租界与相关外国政府的关系虽然不是殖民地与外国宗主国的关系,但洋人的高人一等、高高在上是毋庸置疑的。1916年,公共租界的公家花园(现黄浦公园)颁布了五条规定,写在告示上,其中第二条说"狗和自行车不得入内",紧跟着的是第三条"华人不得入内",除"伺候白人的中国佣人"外①。这种带有明显歧视性和侮辱性的告示,不过是当时上海洋人与华人关系的一个缩影。

19世纪末20世纪初,上海逐渐沦为半殖民地半封建城市,外国官员、商人和传教士在上海肆意妄为、横行霸道。"深目隆鼻、金发碧眼的外国殖民者成了上海真正的太上皇。他们不仅通过强行建立的两块租界,掌握着上海主要部分的实际统治权,而且通过常年停泊在黄浦江上的新式军舰和驻扎在租界的正规军、万国商团的武力威胁,强迫中国的地方行政当局服从自己的旨意,或者与之互相勾结,狼狈为奸,共同镇压中国人民的反抗,维护上海殖民地、半殖民地半封建社会的基本秩序。"②这种状况,即使在1943年汪伪政府收回租界和1945年蒋介石国民党政府接收租界后,仍然未有根本改观。

上海解放后,中国共产党领导的人民政府废除了洋人在中国的一切特权,收回了洋人在中国开办学校、医院、教会的权力,没收了帝国主义在中国巧取

---

① 转引自[美]李欧梵《上海摩登——一种新都市文化在中国1930—1945》,毛尖译,北京大学出版社2001年版,第36页。也有学者指出该公园有六条规定,这两条是其中的第一条、第五条。参见熊月之《异质文化交织下的上海都市生活》,上海辞书出版社2008年版,第363页。
② 朱华、冯绍霆等:《上海一百年》,上海人民出版社1999年版,第31页。

豪夺的大量资产,并通过对文教系统的改造、调整、整合和重建以及大规模的群众教育运动、知识分子思想改造运动,清除帝国主义、殖民主义的思想影响。这种"统"和"收"的工作表面上看破坏了旧上海的多元和开放,其间也存在着一刀切、搞过头、扩大化等错误做法,但却是上海在中国化的过程中必不可少的环节。唯有如此,上海才能从帝国主义侵华的"桥头堡"、各国势力在华的"跑马场"、外国在华利益的"输出地",开始真正成为"中国的上海"。

"中国的上海"意味着改变上海与中国的脱嵌状态,使其在政治、经济、社会和文化上真正嵌入中国,成为中国的内在部分。1949年5月,中共中央华东局迁至上海,直接领导上海工作,开始建立党全面、集中、统一领导的体制。在行政上,1950年1月,上海被划归中央人民政府设立的华东军政委员会(1953年1月改为华东行政委员会)管理,1954年8月华东行政委员会撤销后,上海作为中央人民政府直辖市的地位,变得日益重要。

在经济上,"中国的上海"开始落到实处。上海是一座人口众多的超大型工商业城市,粮食、副食品、棉花等农产品,煤炭、石油等工业原材料,都有赖于进口。但解放初期的上海面临着美国的残酷封锁、蒋介石集团的狂轰滥炸、敌特的扰乱破坏和奸商的囤积居奇,城市生产和生活受到严重影响。为了扭转这种局面,中央迅速从全国调集物资,支援上海。"在周恩来总理的倡导下,当年有一个著名的口号,叫做'全国一盘棋,全国支援上海,上海支援全国'。"[①]这一举措,使上海的经济社会发展迅速得到改观,社会稳定,经济迅速恢复和发展,创造了让外国人惊叹的"上海奇迹"。

1953—1958年"一五"计划期间,上海由于地处东南沿海前哨,面对美国海上封锁和蒋介石国民党集团"反攻大陆"的图谋,从国防安全考虑,上海未列入重点建设地区,不建新厂,也不做重大改建、扩建。这在一定程度上限制了上海经济潜力的发挥。1956年后,中央指示要从长计议,毛泽东指示:"上海有前途,要发展。"[②]随后上海确定了"充分利用,合理发展"的工业建设方针,逐渐打破了原来的限制,陆续建起一批新的标志性企业,形成了较为完整的工业体系,培育了较强的工业生产能力。

为了拓宽上海的发展空间,1958年,经国务院批准,原属江苏省的上海、宝

[①] 中共上海市委党史研究室编:《周恩来在上海》,上海人民出版社1998年版,第231页。
[②] 中共上海市委党史研究室等编:《毛泽东在上海》,上海书店出版社2003年版,第65页。

山、嘉定、松江、川沙、南汇、奉贤、金山、青浦与崇明等10个县划入上海市,上海市域面积从600多平方公里一下子扩大到5 800多平方公里。①中国共产党领导下的跨区域的统筹协调,极大增强了上海发展的潜力。

全国支援上海,换来了上海支援全国、上海与全国各地相互促进的生动局面。"仅在第一个五年计划期间,上海经过国营商业部门调往全国的工业品总值,就达到200亿元左右。根据不完全统计,上海全市直接为鞍钢建设工程协作生产的就有30个工厂,78种产品;长春第一汽车厂需要的43种产品,西北油田需要的400多种机械配件,佛子岭水库、梅山水库、官厅水库等十余处水利工程的40套闸门和100余台启闭机,都是上海生产的。这个时期,上海还为各地发展纺织、造纸、印刷、橡胶、制药等工业以及日用工业品的生产,提供了大量设备。"②

20世纪50—60年代,上海不仅为全国各地提供产品、设备和技术资源,还提供人才支援。"上海支援兄弟省市的建设人才,在第一、第二个五年计划期间,达到50万人左右,当时调往各省市的技术工人约占全市技术工人的五分之一,技术人员约占全市技术人员的六分之一。当年所有重点工程的建设过程中,都有上海前去支援的职工挥洒的劳动汗水。60年代初,上海按照当时国家工业建设布局,约有1 000多家工厂全部或大部迁往西南、西北和中南等内地;1964年以后,迁厂数量就更多了,包括支援全国三线和安徽南部地区进行后方基地(小三线)的建设。上海许多具有特色的照相、理发、服装、饮食等商店,这个时期也陆续迁往内地,为兄弟省市的广大群众服务。"③新中国前30年,上海在科技创新和人才培养上都为国家做出了重要贡献,是除北京之外的另一个科技和教育中心。上海还为国家贡献了1/6的财政收入。上海作为"中国的上海",是当之无愧的。

20世纪80年代末90年代初,随着改革开放的深入推进,上海在中国的地位日益凸显。邓小平以一句"上海是中国的王牌"启动了以浦东开发开放为标志的第二波改革开放浪潮。与近代上海混乱无序的多元开放不同,90年代以后的上海改革开放是在中国共产党领导下的自主、有序、可控开放,是服务国家战略的"以我为主"的开放。1992年,党的十四大正式制定了"一个龙头、三

---

① 陈祖恩、叶斌、李天纲:《上海通史》第11卷,上海人民出版社1999年版,第172页。
②③ 中共上海市委党史研究室编:《周恩来在上海》,第233页。

个中心"的国家战略,即以上海浦东开发为龙头,进一步开放长江沿岸城市,尽快把上海建成国际经济、金融、贸易中心之一,带动长江三角洲和整个长江流域地区经济的腾飞。后来又根据形势发展,加了一个航运中心,变成"一个龙头,四个中心"战略。上海作为中国改革开放的窗口、现代化的示范城市、长江三角洲和长江经济带龙头城市的地位得到进一步加强。在云南、西藏、新疆的对口帮扶和脱贫攻坚中,上海也提供了重要的人才、资金、技术和市场支持。

党的十八大以来,上海被赋予"新时代全国改革开放排头兵,创新发展先行者"的国家定位,要在"一个龙头,四个中心"的基础上成为"具有全球影响力的社会主义国际大都市"。在服务国家战略,成为"中国的上海"基础上,上海将超越纽约和巴黎,成为"世界的上海",成为引领中国和世界的全球城市,这是中国共产党在新时代所描绘的"新上海"。

三、从"富人的天堂""穷人的地狱"到"人民城市"

近代上海素有"富人的天堂""冒险家的乐园""穷人的地狱""黑色染缸"之称。"上海社会是哪一种人最有势力?从表面上看来,政治的经济的大权不用说都在西洋人手里,但社会底层里面却不尽然。大部分工厂劳动者,全部搬运夫,大部分巡捕,全部包打听,这一大批活动力很强的市民都在青帮支配之下。"[①]由此可见黑社会在旧上海盘根错节之深之广。洋人横行霸道,黑社会无孔不入,黄赌毒泛滥成灾。在这种城市氛围中,广大中底层市民的生活即使不是水深火热,也是惶恐不安的。

中国共产党领导的人民解放军进入上海,给人耳目一新的印象。为了避免扰民,解放上海的部队甘愿睡在马路上,表现出了人民军队为人民的本色。后来的南京路上好八连能够做到一心为人民,"拒腐蚀,永不沾"。而全心全意为人民服务的民警马天民的形象,也成了新社会人民警察的典型。人民解放军、人民政府、人民法院、人民公安、人民银行、人民邮政,"人民"被放在很多国家机关、政府机构和事业单位名称的前面,说明中国共产党一进入城市,就是以"人民城市"的理念进行城市管理和建设的。

[①] 陈独秀:《四论上海社会》,载倪墨炎选编《浪淘沙——名人笔下的老上海》,北京出版社1999年版,第14页。

任何新政权的建立都要做除旧布新的工作。上海解放后,为了荡涤旧社会的污泥浊水,保证广大市民生活平安健康,党和政府迅速开展社会改造工作,通过打击和消弭帮会势力、禁毒禁赌禁娼、废除工厂工头(拿摩温)制度、取缔反动会道门等工作,让人民群众真正"出头""吐气",有得到解放的感觉。正如有学者所说的那样:解放初期上海的社会改造工作"加强了党和人民政府对基层社会的领导,净化了社会风俗。基层社会的纯净,党政干部的廉洁,蓬勃向上的社会风气,共同造就了令人难忘的'五十年代'"[1]。

为了改善市民的生活和工作环境,上海各级人民政府特别重视城市公共空间的建设。人民广场的前身"跑马厅"是英国人建的国际跑马场,原先只对洋人开放,后来也只对华人中的少数"上层人士"开放。1952年,跑马厅被改建成了人民广场和人民公园,跑马场的赛马赌博场和餐厅等建筑被改建成了图书馆。位于市区西郊的上海动物园也是由原先的高尔夫球场改建而成的。

上海解放后,大力进行公园和公共绿地建设,改善市民居住和休息环境。"到1957年,新建公园18个,面积达104.4公顷,发展街道绿地14.3公顷,开辟苗圃6处,面积达362公顷。这一数量,分别相当于解放前百余年中发展绿地面积总和的1.9倍、67.7倍和1.8倍。""到1965年,共扩建公园11个,面积达160公顷,开辟街道绿地37.6公顷。"[2]

上海解放前,很多市民生活在低矮破旧、冬冷夏热的"滚地龙"和简易房中;上海解放后,人民政府在城市建设百废待兴、工业化任务繁重的情况下,拨出专款兴建了若干工人新村等配套住宅区,改善了工人的居住条件。1955年2月至4月,丹麦画家赫尔鲁夫·比茨特鲁普对新中国进行了一次写生旅行,先后访问了北京、武汉、广州、杭州、上海、南京、天津、沈阳等城市,用自己熟悉的创作手法描绘了自己的所见所闻,真实记录了当时中国社会主义建设的发展状况。他对上海新建的一处工人新村的描述是:"新建的工人街区有足够三万居民住的房间。这里有宽阔的街道,有绿树,阳光充足,空气清新,还有正在建设的学校、幼儿园和保育所,孩子们正在安静的街道上玩耍。"[3]外国友人描绘的这一景象,是上海解放后很多新建工人新村的缩影。

---

[1] 陈祖恩、叶斌、李天纲:《上海通史》第11卷,第86页。
[2] 承载:《上海通史》第13卷,上海人民出版社1999年版,第125页。
[3] [丹麦]赫尔鲁夫·比茨特鲁普:《一个外国人眼中五十年前的中国》,王立刚、冯屏译,山东画报出版社2002年版,第109页。

人民是城市的主人,一个重要标志在于人民群众能广泛参与公共生活,及时表达自己的意见和要求,维护自身各项权益,解决自身面临的各种现实问题。为实现这一目标,党和政府在城市管理工作中实行了广泛的人民民主。1953年10月至1954年2月,上海进行了首次涵盖687万多选民的范围广泛的基层人民代表选举,选举出了4 613名区人民代表。这些代表既具有先进性,又具有广泛的代表性。"全市当选的代表中,工人(包括店员、机关工作者)占49.99%,农民、独立劳动者、职工家属等劳动人民占21.55%;中共党员占37.55%,团员占8.36%。市区代表中的工人比例更高一些,占57.27%。其中有许多底层的百姓——生产一线的普通工人、家庭妇女、各类实业者、小商小贩,还有保姆。"①通过包括选举、协商、监督、参与等人民民主的各项制度安排,上海很多基层市民改变了在旧社会受压迫、受奴役、受欺凌的命运,实现了当家做主。在70多年时间里,这种基层民主制度体现于街道居委会、小区业委会、工厂公司班组、行业协会、各种群众团体,形成了全过程人民民主制度化的有效网络。

　　90年代初,在中共中央的领导和支持下,上海从提高市民的生活质量、改善市民的生活和工作环境出发,加快道路、桥梁、隧道、地铁、供电供水供气管线等城市基础设施建设,加快市民公共活动场所如公园、博物馆、展览馆、体育场馆、艺术馆、大剧院的建设,并大规模建设城市公共绿地,实现了城市面貌"一年一个样,三年大变样"。2010年,上海举办了以"城市,让生活更美好"为主题的世界博览会,并以此为契机,利用互联网、大数据、网格化等手段,加快推进对城市的精细化管理改革,让广大市民有更多安全感、获得感、幸福感。

　　2019年11月,习近平总书记在上海考察时,提出了"人民城市人民建,人民城市为人民"的重要理念。这是对新中国成立后中国共产党领导的城市建设和治理工作经验的准确概括和提炼。落实人民城市的理念,不仅要保证人民城市人民建,也要保证人民城市人民管、人民居、人民享。2021年,在中国共产党建党百年之际,中共上海市委副书记、市长龚正在谈到上海"十四五"规划时提出:力争到2025年"人民城市建设迈出新步伐,谱写出新时代'城市,让生活更美好'的新篇章","把让人民宜居安居放在首位,把最好的资源留给人

---

① 张济顺:《远去的都市:1950年代的上海》,社会科学文献出版社2015年版,第107页。

民","让上海始终是人民群众的幸福乐园"。他还提出了人民城市建设的愿景:"人人都有人生出彩的机会,人人都能有序参与治理,人人都能享有品质生活,人人都能切实感受温度,人人都能拥有归属认同。"①这一宣示,把中国共产党关于人民城市的构想提升到了新的高度。

四、从半殖民地半封建的"上海特别市"到"社会主义现代化国际大都市"

1927年至1947年上海解放,上海被称为"上海特别市"。仔细考察上海的城市发展史,可以发现这一期间上海的"特别"之处,即上海是一座半殖民地半封建的城市,是一个帝国主义、封建主义、官僚资本主义的混合体。在这个光怪陆离的混合体中,各种资本力量在此竞逐、尔虞我诈、弱肉强食、唯利是图是城市生活的铁则,过度商业化、一切都可以买和卖,以至于连人的长相都被称为"卖相",形成了城市的底色。陈独秀发现,在上海,各种高级的观念都被和商品、交易联系在一起。"什么觉悟,爱国,利群,共和,解放,强国,卫生,改造,自由,新思潮,新文化等一切新流行的名词,一到上海便仅仅做了香烟公司,药房,书贾,彩票行底利器。"②

上海解放,推翻了压在人民头上的帝国主义、封建主义、官僚资本主义"三座大山",并逐步向社会主义过渡。从1953年至1956年,上海开始对农业、手工业和资本主义工商业进行大规模的社会主义改造并取得了显著成绩。"在这个巨大的经济制度转型中,由于党和政府领导有力,社会经济几乎没有出现任何明显的震荡。1956年全市工农业总产值比1955年增长35%,社会商品零售总额增长13.5%。"③社会主义改造不仅提高了经济发展速度和效益,而且改变了工人的精神面貌,激发了他们的生产热情。"工人阶级真正成了企业的主人,焕发出了巨大的生产积极性,大批工人热情学习先进经验,提出合理化建议,开展劳动竞赛。到1956年4月,全市已有80万工人参加了劳动竞赛,40万人参加了厂际竞赛,目标是提前和超额完成

---

① 《传承红色基因,推动高质量发展》,《解放日报》2021年4月23日。
② 陈独秀:《再论上海社会》,载倪墨炎选编《浪淘沙——名人笔下的老上海》,第11—12页。
③ 朱华、冯绍霆等:《上海一百年》,第332页。

1957年的生产任务。"①

对农业、手工业和资本主义工商业的社会主义改造基本完成后,1957年12月25日,柯庆施在中共上海市第一届代表大会第二次会议上做题为《乘风破浪,加速建设社会主义的新上海》的报告,报告结合上海实际,联系当时接近完成的整风和反右派斗争,分析了国内的主要矛盾,阐明了人民内部矛盾及其正确处理,说明了多快好省、勤俭建国的方针的正确性,剖析了党内干部的思想状况,提出了发扬革命朝气,打掉官气,实行劳动锻炼、深入基层、联系群众的制度,同时提出要培养又红又专的红色专家等一系列措施,为即将到来的上海社会主义建设高潮做出了思想理论论证。该报告得到了中央和毛主席的肯定,《人民日报》1958年1月25日予以全文转载,在全国引起了较大反响。"社会主义新上海",实际上确立了上海作为中国特色社会主义建设排头兵、先行者的地位。

1958年5月,党的八大二次会议确定了"鼓足干劲,力争上游,多快好省地建设社会主义"的总路线,随之开展了以在15年内在钢产量和主要工业品产量上赶超英国的"大跃进"运动。上海迅速响应中央号召,开展了"以钢为纲,全面跃进"的运动。在此过程中,虽然也存在不切实际的头脑发热、瞎指挥、胡夸风,经济发展出现曲折,但主流是好的,总体上取得了巨大成绩,特别是极大提高了上海的工业生产能力。上钢五厂、重型机器厂、彭浦机器厂、闵行发电厂、吴泾热电厂等大型企业都是这时兴建的,同时还扩建了上钢一厂、上钢三厂。一批工业区和卫星城镇拔地而起,其中有闵行的机电工业区、彭浦的重机工业区、吴淞的钢铁工业区、吴泾和桃浦的化工区以及嘉定的科技城等。②

与资本主义"人不为己,天诛地灭"的理性经济人思维、过分强调个人物质利益不同,社会主义强调社会和集体优先于个人,强调为了国家、社会和集体的牺牲奉献精神。这种精神在"大跃进"期间也有爆发性增长。"'大跃进'期间,全市人民的革命干劲和热情,是十分可贵的。群众对社会主义的热情,正是后来能够克服经济困难的根本源泉和力量。""为迅速改变祖国

---

① 朱华、冯绍霆等:《上海一百年》,第333页。
② 参见中共上海市委党史研究室编《中国共产党在上海(1921—1991)》,上海人民出版社1991年版,第482、491页。

'一穷二白'面貌,在党提出'十五年赶超英国'、'苦战三年改变面貌'、'破除迷信、解放思想、敢想、敢干'等口号鼓动下,上海广大职工和劳动群众的社会主义建设积极性和创造性空前高涨。他们把国家和集体利益放在首位,为实现社会主义理想而忘我劳动和工作。不计报酬、不讲条件,把困难留给自己,把方便让给别人,舍己为人,积极奉献,涌现出无数英雄人物,谱写了无数动人事迹。"①

社会主义制度的建立,也极大地激发了广大工人和知识分子的创新热情。"60年代初,上海已经能研制、发射探空火箭,运用刚刚问世的激光技术,自行设计制造万吨水压机和10万千瓦双水内冷汽轮发电机组,制造出20万倍电子显微镜和每秒运算20万次的电子计算机。到'文化大革命'前,上海已有70多项产品达到或接近世界先进水平,在许多方面令当时的香港、台湾望其项背。"②这种科技创新极大提高了上海的工业生产能力。"到1965年,上海工业生产水平已经有了很大的发展……已经初步建立如高温合金、稀有金属和半导体等新型金属材料,石油化工、合成树脂塑料和合成纤维等石化和高分子合成材料,以及激射光、高温陶瓷灯新兴无机非金属固体材料等一批新兴工业。"③上海在社会主义制度下培育的科技实力和工业体系、工业生产能力,为改革开放后上海发挥自身潜力,实现经济腾飞奠定了基础。

在1978年至今的40多年改革开放期间,上海一方面能够"大胆试,大胆创",学习世界上一切先进城市发展经验和管理理念,另一方面又坚持"以我为主",坚持走社会主义道路,不走"改旗易帜"的邪路。主要表现在:坚持党对改革开放和经济、金融工作的全面、集中、统一领导,重大经济决策由党委会通过再提交人大和政府讨论落实,国有企业主导城市经济命脉,坚持做大做强国有企业;坚持土地国有和集体所有的基本制度,坚持驾驭资本,防止和遏制资本无序扩张。

邓小平晚年非常关注上海城市发展和改革开放事业,在此过程中他也一直提醒上海领导要注意"两手抓",特别是要注意改革的社会主义方向问题。1992年2月12日,邓小平在参观上海闵行开发区时指出:"到本世纪末,上海浦东和深圳要回答一个问题,姓'社'不姓'资',两个地方都要做标兵。要回答

---

① 中共上海市委党史研究室编:《中国共产党在上海(1921—1991)》,第489页。
② 朱华、冯绍霆等:《上海一百年》,第66页。
③ 中共上海市委党史研究室编:《中国共产党在上海(1921—1991)》,第513页。

改革开放有利于社会主义,不利于资本主义。这是个大原则。"他还进一步强调:"要用上百上千的事实来回答改革开放姓'社'不姓'资',有利于社会主义,不利于资本主义。上海要回答这个问题,要靠大家努力。"①由此可见,邓小平对姓"社"姓"资"问题是非常在意的,绝不像有些人理解的那样,不问姓"社"姓"资"。目前,上海已经提出"社会主义国际大都市"的发展目标,"社会主义"四个字,绝不是可有可无的,它是上海城市主体性的重要方面。

强调新上海的社会主义城市特质,不是要把社会主义和资本主义做二元切割,使其成为有你无我、有我无你的关系。事实上,中国共产党多次强调,在社会主义条件下,可以利用资本主义,允许某些资本主义因素存在,只要这种资本主义不挑战社会主义的基本制度和主导地位。在中共七届二中全会上,毛泽东提出:在革命胜利后一个相当长的时期内,还需要尽可能地利用城乡私人资本主义的积极性,以利于国民经济的向前发展。新中国成立后,毛泽东曾亲自邀请上海的一批资本家谈话,态度非常坦白直爽,以解除他们的疑虑。毛泽东再三指出:"从新民主主义到社会主义之间的长期过程,我们必须与自由资产阶级合作,主动接近他们,使他们能够摸到我们的底。对于反美蒋,赞成土改,拥护我党领导的自由资产阶级,要明白告诉他们:你们不是我们的敌人,而是我们的朋友。"②后来他甚至提出:"可以消灭了资本主义,又搞资本主义。"③他的这些思想,对改革开放后的上海城市发展,是有启发意义的。

目前资本主义世界体系仍然处于主导地位,在这种情势下搞社会主义市场经济,建设社会主义国际大都市,必须以社会主义驾驭资本主义,通过中国共产党的领导、通过有为政府对经济的宏观调控来驾驭资本。在此过程中要做到宽严相济。所谓严,就是要坚持改革开放的中国特色社会主义方向,防止资本凌驾于政治和社会之上,操纵国计民生,对于资本利益集团违法乱纪并产生严重后果的,该查处的就要查处;所谓宽,要善于利用资本,激发资本活力,考虑经济发展大局、全局,在利国利民的前提下,对资本运作不求全责备,允许资本有充足的发展空间。

---

① 中共中央文献研究室编:《邓小平年谱(1975—1997)》,中央文献出版社2007年版,第1340页。另参见彭瑞高:《邓小平在上海过年》,文汇出版社2004年版,第153页。
② 中共上海市委党史研究室等编:《毛泽东在上海》,第55页。
③ 中共上海市委党史研究室等编:《毛泽东在上海》,第59页。

驾驭资本,宽严相济,在上海解放初期整顿资本家的"五反"运动中得到了较好贯彻。1952年2月底至3月,薄一波到上海指导并考察"五反"工作,根据当时的政策,把私人工商户和民族工商户的表现分为完全守法、基本守法、半违法、严重违法、完全违法五类,并处以不同对待。他回忆道:"荣毅仁先生家当时是上海最大的民族工商业户,在'五反'中也发现了一些问题,应该划到哪一类?我和陈毅同志反复商量过。陈毅同志说,还是定为基本守法户好。我同意他的意见,并报告了周总理,周总理又转报毛主席。毛主席说,何必那么小气!再大方一点,划成完全守法户。这个'标兵'一树,在上海以至全国各大城市产生了很大影响。许多人翘起大拇指,称赞共产党伟大卓识。"①这一做法,对推动落实中国共产党对民族资本家又团结又斗争以利于国民经济发展的政策,起到了较好的效果。

改革开放后,正是因为上海对外商资本、民族资本能够做到宽严相济,既守住了社会主义的底线和红线,又以"海纳百川,追求卓越,开明睿智,大气谦和"的城市精神主动驾驭并利用资本,上海才创造出了社会主义国际大都市的新辉煌。这种辉煌成就,即使在近代上海发展的所谓黄金时期,也是难以想象的。

五、改变上海:中国共产党为什么能?

在70多年时间内,中国共产党重建了上海的城市主体性,把上海从一个西化的中国"飞地"、一个由少数洋人、官僚、资本家和黑帮头目主宰的城市、一个半殖民地半封建的资本主义色彩浓厚的城市,变成了真正中国的城市、人民的城市、社会主义现代化国际大都市。随之而来的问题是:中国共产党为什么能够做得这么多,做得这么好?

极而言之,上述问题的答案就在于《中国共产党章程》总纲第一段:"中国共产党是中国工人阶级的先锋队,同时是中国人民和中华民族的先锋队,是中国特色社会主义事业的领导核心,代表中国先进生产力的发展要求,代表中国先进文化的前进方向,代表中国最广大人民的根本利益。党的最高理想和最终目标是实现共产主义。"这段话包含着中国共产党作为超级革命党、长期领

---

① 薄一波:《若干重大决策与事件的回顾》上卷,中共中央党校出版社1991年版,第173—174页。

导党、整体利益党和文明创新党的四重面相。

首先,中国共产党是中国工人阶级的先锋队,同时是中国人民和中华民族的先锋队,这种"三个先锋队"性质,再加上中国共产党追求实现共产主义的最高理想和最终目标,决定了中国共产党是一个列宁主义式的"超级革命党",具有坚定的革命意志,永葆蓬勃的革命精神,在具有强烈的中国认同和中华民族自豪感的前提下,能够不忘初心,牢记使命,永不懈怠,永不停滞,致力于改变中国、改变世界,为中华民族谋复兴,为人类谋大同。"超级革命党"的先进性也使中国共产党能够自觉认识到自身存在的问题、缺点和失误,不断进行自我革命,以适应形势发展的需要和人民的期待。

其次,中国共产党是中国特色社会主义事业的领导核心,再加上中国共产党是中国革命和建设事业的领导核心,意味着中国共产党不是西方意义上的与在野党或反对党相对的执政党,而是历史和人民选择的"长期领导党"。这种性质和地位决定了中国共产党可以避免西方两党或多党选举政治所带来的政党政治的短视思维、相互掣肘,而能够以宏阔的视野进行战略筹划,制定长期多阶段发展战略,并能够像"接力跑"那样一届接着一届干,同时在已有成就基础上调整战略部署、制定新的战略目标。另外,中国共产党作为长期领导党,经过革命、建设和改革历程的长期考验,做了很多好事和正确的事,同时敢于自我革命,在广大群众中有较高威望,这使得中国共产党跌倒了还有机会爬起来,犯了错误还有机会改正错误,放下包袱,轻装前进。

再次,中国共产党代表最广大人民的根本利益,决定了中国共产党没有任何自己特殊的利益,从来不代表任何利益集团、任何权势团体、任何特权阶层的利益,是与人民休戚与共、生死相依的"整体利益党"。这意味着中国共产党能够超越利益集团的狭隘算计,能够从中华民族乃至人类的整体利益出发协调各方面关系,防止并遏制某些阶层和利益集团的越界行为,追求国家和民族的永续发展和人类的不断进步。

最后,中国共产党代表中国先进生产力的发展要求,代表中国先进文化的前进方向,意味着中国共产党是自觉传承人类文明优秀成果并创造人类文明新形态的"创新文明党"。这一性质决定了中国共产党已经不是一般意义上的政党,而是具有宏大的文明抱负、以创新人类文明为使命的先进性团体。"创新文明党"不可能停留于无论是西方的还是中国传统的已有文明成果,而是追求不断学习,不断创造,不断前进,最终实现对时代和世界的引领。

中国共产党的上述四重面相及其特质,在党领导上海城市改造、建设、改革和管理的过程中得到了鲜明体现,这也是中国共产党能够在较短时间内超越前人成就,改变上海面貌,实现上海跨越式发展的奥秘所在。

新时代海派文化传承创新与城市软实力提升[*]

上海社会科学院文学研究所　郑崇选

十九届六中全会通过的《中共中央关于党的百年奋斗重大成就和历史经验的决议》指出"文化自信是更基础、更广泛、更深厚的自信",同时指出"优秀传统文化是中华民族的突出优势,是我们在世界文化激荡中站稳脚跟的根基,必须结合新的时代条件传承和弘扬好"。对于新时代的上海来说,自近代开埠以来诞生的海派文化已经成为当下和未来上海发展的文化传统。海派文化正是因为强大的融汇能力,在各种文化形态的激荡中,不断形塑新的文化传统,才能保持蓬勃的生长能力。如何在习近平新时代中国特色社会主义的新阶段不断传承创新,重塑新时代海派文化的时代特质,无论对于上海文化本身的繁荣发展,还是当前上海特别关注的城市软实力的提升,都具有非常重要的作用。

一、新时代海派文化是上海城市文化特质的核心表达

海派文化对于新起点新征程的上海发展具有内在的赋能力量。新时代以来,海派文化早已内化为城市精神和城市品格的重要体现,原有的争议和否定性的理解随着上海改革开放的伟大实践,逐渐失去了生存的历史语境。改革开放之后的上海经济社会发展为上海文化带来了全新的样貌和样态,置于百年未有之大变局,海派文化以其与时俱进的开放性品格,与红色文化、江南文化交相辉映,在世界文化交融激荡中绽放独特光彩,为上海全面建成社会主义国际大都市提供了强大的文化支撑和精神动力。

另外一个方面,从城市文化意象构建和城市文化形象传播的角度来看,海

---

[*] 选自《新时代新征程与上海城市文脉——上海炎黄文化研究会2022年学术年会论文汇编》。

派文化已经成为上海城市文化特质的核心表达,也就是"最上海"的城市文化意象和符号体系。不同于红色文化和江南文化覆盖区域的不确定和不唯一,海派文化与上海之间则形成指向明确的想象路径。如何丰富新时代海派文化的内涵和外延,在传承创新中更加彰显海派文化的传播力和影响力,对于上海城市软实力的提升具有至关重要的意义。

与以上重要意义不相匹配的是,从海派文化研究现状和实践推进来看,与江南文化和红色文化相比,海派文化还没有得到非常充分的重视。虽然上海学已经成为学术研究领域的显学,但上海学重点研究的对象依旧是近代上海的各种历史细节和历史肌理,对于当代以来,特别是新时代以来的传承和创新则较少涉及,其内在的文化精神还没有形成充分的价值认同,一定程度影响了上海文化特质、城市精神和城市品格的丰富和深化。

二、新时代海派文化的时空内涵

海派文化是一种发端于上海,但并不局限于上海区域的现代性城市文化类型,是中国近现代社会城市化、工业化、现代化转型过程中的产物。海派文化以近代上海开埠以后的城市发展为时代背景,在江南文化深厚积淀的基础上,积极吸收和融合各种中西新的文化滋养而形成。关于海派文化的内涵和价值,在不同时代、不同领域甚至不同语境下,各有不同的理解,不断损益、代谢、嬗变、拓展和深化,大致经历了一个发轫、争议、沉寂、新生、倡扬的发展脉络。

新时代海派文化是海派文化的现代表述,指在对历史概念海派文化扬弃焕新的基础上,以上海为核心承载区并形成明确想象路径,在改革开放以来上海伟大的创新实践中孕育生成,具有鲜明时代特征和未来发展的一种文化类型。

理解新时代海派文化的内涵以及之于上海的价值与意义,我们需要建立综合立体的时空维度。

一是历史的维度。新时代的海派文化虽然在城市文脉的传承上有很多近代海派文化的文化基因,比如城市空间、文艺形态、文化设施、名人名作等。但与近代海派文化有本质不同的是,新时代海派文化是中国特色社会主义文化的重要组成部分,无论是革命文化、传统文化,还是先进文化,新时代的海派文化都有丰富而具体的呈现,"创新、协调、绿色、开放、共享"的新发展理念也将为新时代海派文化提供最为鲜活的思想力量。新时代海派文化本质性内涵主要来源于改革开放之后上海经济社会的创新实践,来源于浦东开发开放以来所形成的新的上海现代城市格局,更来源于党的十八大以来上海排头兵的姿态和先行者的担当。

二是空间的维度。对于新时代海派文化当下实践与未来发展的研判,要放在世界、中国和长三角所构成的整体格局之中,上海在这三重空间中的方位和方向决定了新时代海派文化的样态和趋势。世界层面:面向2035年,上海提出要建设卓越的全球城市,不仅要构建具有全球影响力的城市功能,同时更要具备鲜明特质的城市文化,而海派文化就是体现上海全球城市卓越性的文化特质,立体展示着中国特色现代全球城市的独特文化魅力。中国层面:新时代的海派文化将对中西不同的文化形态进行充分的吸纳、聚集、融合,创新发展成为社会主义先进文化的重要组成部分,助力社会主义文化强国的全面建成。长三角层面:改革开放以来,海派文化从江南文化的土壤中汲取了丰富的营养,完成了从承继江南文化到熔铸江南文化再到引领江南文化的历程,从而推动了上海文化在整个江南文化格局中心地位的确立。在长三角一体化成为重要国家战略的背景之下,新时代的海派文化将引领江南文化的现代转化,构建长三角文化共同体,为高水平打造长三角世界级城市群提供强大的文化动力。

三、新时代海派文化的价值重塑

关于新时代海派文化时代特质和价值取向的当下阐释,以上海城市精神和城市品格为基本遵循和主要指引,具有内在联系且互为支撑的五个层面的特质和取向,包括人民本位的价值追求、开放引领的融合优势、创新发展的动力机制、包容共生的活力源泉和经世济用的实践路径。

人民本位。对于上海来说,人民性是社会主义国际大都市区别于资本主义国际大都市的本质性特点。人民本位既是对近代海派文化市民性的价值超越,更是新时代海派文化的核心要义,充分体现了海派文化与新时代中国特色社会主义思想的高度契合。为满足广大人民群众对美好生活的需要,上海把最好的资源留给人民,杨浦滨江从"工业锈带"转变为"生活秀带"的全国样本;

一江一河岸线贯通,彻底还江与民;一处处老建筑、老街区成为网红打卡地,多种类型的新兴城市空间被赋予浓浓的烟火之气,成就了广大市民的美好生活。

开放引领。在海派文化生成、演化并不断发展的各个历史阶段,开放都是其生成和发展的内在动力。自近代以来,上海就一直是中国观察和了解世界的窗口,中西文化最先在这里相遇、碰撞,许多新的思想和文化从这里孕育,然后再向全国传播。改革开放把上海推向"距离世界最近的地方",中国同世界共享机遇、共谋发展的阳光大道。1990年4月18日,开发开放的春雷唤醒了浦东大地和浦江两岸,"走开放路"铸就了海派文化的博大胸怀。如今,浦东正以高水平改革开放为目标,努力打造社会主义现代化建设引领区,更深层次、更宽领域、更大力度推进全方位高水平开放,更好向世界展示中国理念、中国精神和中国道路。历经改革开放40余年,上海不仅形成了与社会主义国际大都市相适应的思想观念和文化氛围,更为重要的成果是在多元融合的基础上逐步形成了丰硕的城市文明内涵。

创新发展。文化的生命力在创新。上海是一座有着光荣革命传统的城市,在中国近现代史特别是我们党的历史上具有重要地位,其根本原因就在于上海用自己的改革探索和创新实践不断给全国以启示,成为全世界看中国的一个窗口、一面旗帜,生动诠释了中国特色社会主义的优越性和生命力。先行者和排头兵一直是上海在全国发展格局中重要性的强调,翻开新世纪的篇章,创新发展的探索实践使上海成为"一直被模仿,但从未被超越"的先锋城市。"城市,让生活更美好"的世博会、吞吐能力世界领先的洋山深水港、打造"离世界最近的地方"的自贸区、与全球分享中国机会的进博会、成为一体化发展试验田的长三角示范区等,上海是一座光荣的城市,是一个不断见证奇迹、创造奇迹的地方。

包容共生。作为一种超越地域限制的文化类型,对多样性文化的包容心态、包容能力、包容空间和包容制度的健全使海派文化能够永葆活力并独具特色。正是因为具备了这种充分包容性的文化特质,海派文化才能够形成中西、雅俗、古今等多元文化和谐共生的良好生态,进而凝聚为广大市民所认同的城市精神和城市品格。改革开放以来,海派文化包容性则有了中国特色社会主义的全面保障,体现了充分的中华文化主体性,同时,社会主义核心价值观则为多元文化形态的繁荣共生提供了价值观层面的根本取向,彰显了新时代海派文化的制度优势。未来的上海要建设卓越的全球城市和社会主义国际文化大都市,在当前世界进入动荡变革期,不稳定性、不确定性显著上升的国际形势下,海派文化包容共生的价值取向必将为上海高水平的改革开放注入更多的文化动力。

经世济用。新时代海派文化的经世济用主要有两个指向,表现在对国家责任的自觉担当和对日常生活世界精致卓越的孜孜以求。改革开放以来,海派文化的市场和市民意识不断转型和升华,实用性之中的消极因素得以弱化和超越。海派文化中的精细和卓越在上海近年来的城市治理中有生动而具体的表现,上海提出要像绣花一样管理城市,努力解决好精细化管理超大城市的世界级难题。政务服务"一网通办"、城市运行"一网统管"双管齐下,提升管理效率,增强人民幸福感,成为上海城市治理的名片。两张网建设,不仅有智慧,更有温度,为善治城市打下了坚实的基础。上海希冀不断寻找超大城市的治理新路,成为现代城市治理的示范样板、城市治理能力和治理成效的全球典范,真正让上海成为在者舒心、来者倾心、未来者动心的魅力之城。

四、依托新时代海派文化的传承创新,进一步提升城市软实力的重点路径

(一)进一步提炼和明确新时代海派文化的内涵和特质

近代意义上的海派文化已经有了非常广泛的传播和接受,当我们谈论上海文化的时候,很多时候指代的是那个五方杂处、光怪陆离却又畸形繁荣的20世纪30年代的海派文化,无形之中的比较也会经常会被提及。关于新时代海派文化的核心特征和外在体现,至今仍然没有形成高度的共识,这直接影响了其软实力功能的充分发挥。当务之急,我们应该尽快理清海派文化的准确内涵和合理外延,深入挖掘海派文化与新发展理念和城市精神的内在契合,从改革开放以来的上海伟大实践和新时代的辉煌成就中升华提炼海派文化的时代特质,在既有海派文化优秀传统中更多融入新时代的文化基因。

当前,我们来重新审视海派文化的内在特质和价值取向,归根结底要思考的是,我们如何在习近平新时代中国特色社会主义的建设进程中带给中国和世界一个独特的文化上海,在经济社会发展达到现代化的基础上,同步实现文化层面的现代发展,从而为中国特色社会主义文化繁荣发展提供上海示范和

样板,为世界提供上海作为卓越全球城市的文化贡献。

(二)焕发海派文化肌理的时代新生,将历史文脉与当代生活有机融合

海派文化资源丰富多样,无论是物质形态还是非遗形态都有比较系统和完整的保存。在提升城市软实力和新时代海派文化的重构过程中,我们首先要面对和解决的问题就是,如何激活海派文化资源在国际大都市建设中应该发挥的内生动力,而不仅仅停留在景观展示和空间打造上,真正以文化内涵恢复城市生活世界中的场所精神,构建包括品牌、区域、场所、建筑、非遗、作品等在内的海派文化符号系统,将历史文脉延续伸展至现代生活。

上海在城市发展规划、实施城市创新转型战略和城市空间更新改造中特别强调历史文脉的传承,呈现丰富的历史记忆和文化底蕴,同时与当代生活全面融合,出现了很多城市街区改造、社区更新的优秀案例,同时以历史文化风貌保护区为主要路径的整体保护方式使城市文化的内在肌理得以有效传承。当前上海正在把城市数字转型与城市更新全方位融合,在海派文化传承创新上注入更多智慧因素。

近年来,在海派历史文脉传承过程中,上海已经有了很多创新的做法,"建筑可阅读""海派城市考古""城市微旅行""社区故事馆"等实践,对于历史文脉的当代传承,都产生了深入人心的良好效果。海派文化资源的系统梳理,不仅是要静态记录、考证城市物理空间下的文脉肌理与具体分布,更为重要的是要在日常生活烟火气息中重现海派文化资源的内在生命力,从而打造、提升、完善和赋能城市文化的功能和内涵。

2021年底,沪语电影《爱情生活》引发社会广泛的讨论和关注,独特的海派叙事带给我们的不仅是充满烟火气息的情感和生活世界,更为难能可贵的是,电影中各色人物的生活场景激活了城市文脉润泽人心的时代魅力,无论是街边小店、街巷里弄,还是城市地标、历史建筑,都为我们呈现了海派生活世界独有的那一份温暖质地。

(三)强化海派文化现代转化能力,向世界讲好海派文化新故事

上海故事汇聚了关于中国故事几乎所有的典型要素,比如近代以来的现代化进程、开放包容的精神、多元多样的文化形态、波澜壮阔的发展历程等,都提供了讲好中国故事的丰富内涵。我们要在讲好故事中提升海派文化的知晓度和影响力,采用贴近不同区域、不同受众的精准传播方式,推进新时代海派文化故事的全球化表达、区域化表达、分众化表达,增强海派文化传播的亲和力和实效性。如何进行传播话语的现代转化、传播形式的创新、传播主体的体制创新、传播内涵的重新阐释,进而打造上海故事的新叙事、新表述、新内涵,更加鲜明地彰显上海故事的思想力量和精神力量,是提升海派文化国际传播能力和上海城市软实力的重要任务。

在叙事能力的提升方面,上海具有独特而丰富的海派叙事资源优势,无论是传统文化还是现代文化,都有很充分的表现。在海派文化长期的发展历程中,形成和积淀了大量丰富的历史细节和时代印记,这些都是非常优质的叙事资源。特别是在近代以来中西交流碰撞融合过程中所发生的各种类型的上海故事,具有中西文化认同的良好基础,充分彰显了开放、包容、创新的城市品格。对于讲好新时代的海派故事,当前我们需要重点提升的是现代转化能力,是文化创意、创新、创造的能力。

(四)增强文艺原创能力,激活海派文化的源头活水

改革开放以来,上海一直走在文艺体制改革的时代前列,为社会主义文艺体制的形塑贡献了独特而富有创新价值的探索实践。上海的艺术创作在文化体制改革成果的内在推动之下,呈现出蓬勃的发展态势。从文化主体的丰富、媒体的整体转型融合发展、率先构建现代公共文化服务体系的整体布局,到基层文化设施的查漏补缺、文艺院团的"一团一策"、文化人才待遇的提升、文化社会组织的大力扶植、新兴文艺形态的培育等具体的工作领域,上海国际文化大都市建设在扎扎实实的工作推进中,已经构筑起坚实的根基,上海文艺创作的内在动力被空前激发。

党的十八大以来,上海文艺工作者坚持以人民为中心的创造理念,以火热的创作激情,做强码头、激活源头、勇立潮头,汲取历史与现实养分,创造出一批具有新的美术风格与时代特征的艺术作品,反应在美术、戏曲、舞蹈、音乐、公共艺术等各个领域,"上海出品"成为艺术品质保证的新标识。以戏曲为例,上海戏曲艺术中心的成立及其极具海派智慧的运行机制,使海派戏曲守住传统,突出原创,在"创新性发展,创造性转化"中积累一大批艺术精湛的新海派保留剧目。上海歌舞团推出的新海派舞剧《永不消逝的电波》,在城市各个年龄群体中成功"破圈",不著一字,尽显其意,产生了广泛的社会和文化影响,成为一张代表上海城市软实力的文化名片。

文化是一个城市的灵魂,是城市实现韧性发展的本质性力量。如今的上海,当我们随意漫步在一个个带着体温的街道,海派文化的韵味不经意间就会在你的心里弥漫、展开、充溢,这也许就是"人文之城"的最好注释。

中国式现代化必须以中华优秀传统文化为根基
——学习习近平有关"第二个结合"论述心得*

上海市建设工作委员会党校 刘惠恕

2023年6月2日,习近平总书记在北京出席文化传承发展座谈会上指出:"在五千多年中华文明深厚基础上开辟和发展中国特色社会主义,把马克思主义基本原理同中国具体实际、同中华优秀传统文化相结合是必由之路。"习近平特别强调:其中"'第二个结合',是我们党对马克思主义中国化时代化历史经验的深刻总结,是对中华文明发展规律的深刻把握,表明我们党对中国道路、理论、制度的认识达到了新高度,表明我们党的历史自信、文化自信达到了新高度,表明我们党在传承中华优秀传统文化中推进文化创新的自觉性达到了新高度"。

笔者认为:习近平所提出的"第二个结合"论断,是就如何建设与实现中国式现代化所提出的重大时代课题,回答了为什么实现中国式现代化必须以中华优秀传统文化为根基的重要理论问题。而掌握这一思想也是深入学习和理解习近平新时代中国特色社会主义思想体系的钥匙。以下本文仅结合习近平有关论述,谈七点认识。

第一,中国传统文化的内涵,即历史上形成的爱国主义,它具体体现为"讲仁爱、重民本、守诚信、崇正义、尚和合、求大同"的中华传统美德,这一价值观不仅具有历史意义,同时也富有时代精神。

习近平指出:在中华民族几千年绵延发展的历史长河中,爱国主义始终是激昂的主旋律,始终是激励各族人民"自强不息的强大力量"。[①]而这一精神的

---

* 选自《中国式现代化与传统根基——上海炎黄文化研究会2023年学术年会论文汇编》。
① 习近平:《在欧美同学会成立100周年庆祝大会上的讲话》,2013年10月21日。

内涵具体体现为"讲仁爱、重民本、守诚信、崇正义、尚和合、求大同"的"中华传统美德",其不仅具有历史价值,同时也富有时代精神。

第二,中国传统文化的重要作用,在于维护了历史上中华民族的统一,并且今天依然是推进改革开放和社会主义现代化建设的强大精神力量。

习近平指出:中华民族具有5 000多年连绵不断的文明历史,把我国56个民族、13亿多人紧紧凝聚在一起,"是我们共同培育的民族精神"。①"中华民族的宝贵精神品格,培育了中国人民的崇高价值追求。自强不息、厚德载物的思想,支撑着中华民族生生不息、薪火相传,今天依然是我们推进改革开放和社会主义现代化建设的强大精神力量。"

第三,中国传统文化是现今中华民族文化的基因,"去中国化"的做法是绝对错误的。

习近平指出:中国优秀传统思想文化体现着中华民族世世代代在生产生活中形成和传承的世界观、人生观、价值观、审美观等,其"最核心的内容已经成为中华民族最基本的文化基因,是中华民族和中国人民在修齐治平、尊时守位、知常达变、开物成务、建功立业过程中逐渐形成的有别于其他民族的独特标识"②,而"抛弃传统、丢掉根本,就等于割断了自己的精神命脉"③。2014年在上海教育界发生了中小学语文教科书中删除古诗文的影响恶劣的事件,同年9月9日习近平到北师大看望教师时指出:"我很不赞成把古代经典诗词和散文从课本中去掉,'去中国化'是很悲哀的。应该把这些经典嵌在学生脑子里,成为中华民族文化的基因。"

第四,中国传统文化是构建社会主义核心价值观的重要理论源泉。

习近平指出:"中华优秀传统文化是中华民族的精神命脉,是涵养社会主义核心价值观的重要源泉。""培育和弘扬社会主义核心价值观必须立足中华优秀传统文化。牢固的核心价值观,都有其固有的根本。抛弃传统、丢掉根本,就等于割断了自己的精神命脉。博大精深的中华优秀传统文化是我们在世界文化激荡中站稳脚跟的根基。不忘本来才能开辟未来,善于继承才能更

---

① 习近平:《在十二届全国人民代表大会第一次会议上的讲话》,载《习近平谈治国理政》,外文出版社2014年版,第39页。
② 《习近平在纪念孔子诞辰2565周年国际学术研讨会上的重要讲话》,人民网2014年9月24日。
③ 习近平:《培育和弘扬社会主义核心价值观》,载《习近平谈治国理政》,第164页。

好创新。"①

第五，中华传统文化所凝聚的核心价值观是中华民族文化的灵魂、国家得以发展的软实力，它是社会系统得以正常运转、社会秩序得以有效维护的重要途径，也是国家治理体系和治理能力得以完善的重要保障。

习近平指出："一个国家的文化软实力，从根本上说，取决于其核心价值观的生命力、凝聚力、感召力。培育和弘扬核心价值观，有效整合社会意识，是社会系统得以正常运转、社会秩序得以有效维护的重要途径，也是国家治理体系和治理能力的重要方面。历史和现实都表明，构建具有强大感召力的核心价值观，关系社会和谐稳定，关系国家长治久安。"②由此出发，习近平强调："提高国家文化软实力，要努力展示中华文化独特魅力。"③"要讲清楚中华优秀传统文化的历史渊源、发展脉络、基本走向，讲清楚中华文化的独特创造、价值理念、鲜明特色，增强文化自信和价值观自信。"④

第六，中华传统文化所凝聚的核心价值观的实质，即一个国家的民族文化特色，它是由该国家的历史传统、文化积淀、基本国情所决定的，而要改进和完善当代中国国家治理体系，就必须注重历史传承、文化传统和社会经济特点，以做到坚持制度自信。

习近平指出："宣传阐释中国特色，要讲清楚每个国家和民族的历史传统、文化积淀、基本国情不同，其发展道路必然有着自己的特色；讲清楚中华文化积淀着中华民族最深沉的精神追求，是中华民族生生不息、发展壮大的丰厚滋养。""独特的文化传统，独特的历史命运，独特的基本国情，注定了我们必然要走适合自己特点的发展道路。"⑤"一个国家选择什么样的治理体系，是由这个国家的历史传承、文化传统、经济社会发展水平决定的，是由这个国家的人民决定的。""没有坚定的制度自信就不可能有全面深化改革的勇气。"⑥

第七，要推进国家治理体系和治理能力现代化，必须大力培育和弘扬社会主义核心价值观，而要做到这一点，就必须繁荣民族文化事业，育人立德，大力

---

① ② ④ 习近平：《在中共中央政治局第十三次集体学习时的讲话》，2014年2月24日。
③ 习近平：《在中共中央政治局第十二次集体学习时的讲话》，2013年12月30日。
⑤ 习近平：《在全国宣传思想工作会议上的讲话》，2013年8月19日。
⑥ 《习近平在省部级主要领导干部全面深化改革专题研讨班开班式强调改进完善国家治理体系，我们有主张有定力》，《人民日报(海外版)》2014年2月18日。

发展中华民族的教育事业。

习近平指出:"推进国家治理体系和治理能力现代化,要大力培育和弘扬社会主义核心价值体系和核心价值观,加快构建充分反映中国特色、民族特性、时代特征的价值体系。坚守我们的价值体系,坚守我们的核心价值观,必须发挥文化的作用。民族文化是一个民族区别于其他民族的独特标识。"[1]

以上所述,是笔者所理解的习近平所提出的"第二个结合"论断的精神实质。这一思想是习近平在对马克思主义中国化时代化历史经验深刻总结的基础上提出来的,是在对中华文明发展规律的深刻研究基础上提出来的。其所强调的是:这"第二个结合"是建设与实现中国式现代化所需要走的必由之路。习近平之所以强调马克思主义基本原理必须与中华优秀传统文化相结合,是因为他认为要实现中国式现代化,就必须以中华优秀传统文化为根基。换一句话来说是:如果没有5 000年来中华民族生生不息的优秀传统美德的支持,以之为精神动力,中国式现代化的宏伟目标是无法实现的。

众所周知,相比于以往党和国家领导人,习近平就马克思主义理论为何要与中华优秀传统文化相结合问题上,发表了更多的经典论述,这些论述立足对中华优秀传统文化性质的认识上,构成了其思想的重要特色,这也是习近平新时代中国特色社会主义思想的重要组成部分。通过对这一思想的学习,能够提高中国民众对于中国道路、理论、制度的认识,增强对党的历史自信、文化自信的信念,以及党在传承中华优秀传统文化中推进文化创新的自觉性。因此正是在这一意义上,可以说习近平所提出的"第二个结合"论断,回答了如何建设与实现中国式现代化的重大时代课题。而深入掌握这一思想则是我们学习和理解习近平新时代中国特色社会主义思想体系的钥匙。

以下笔者仅就习近平所提出的"第二个结合"论断再做四点诠释:

第一,中华优秀传统文化的价值观与社会主义核心价值观二者的关系是什么?

习近平所理解的中华优秀传统文化的内涵是历史上所形成的"爱国主

---

[1] 习近平:《在省部级主要领导干部学习贯彻十八届三中全会精神全面深化改革专题研讨班开班式上的讲话》,2014年2月17日。

义",习近平所提出的"社会主义核心价值观"是"富强、民主、文明、和谐,自由、平等、公正、法治,爱国、敬业、诚信、友善"①。鉴于习近平认为中国当代爱国主义的来源是在历史上所形成的爱国主义,这也是当代中国之所以为国的历史因素。因此他强调:在中华民族几千年绵延发展的历史长河中,爱国主义始终是激昂的主旋律,始终是激励各族人民"自强不息的强大力量";"要认真汲取中华优秀传统文化的思想精华和道德精髓,大力弘扬以爱国主义为核心的民族精神和以改革创新为核心的时代精神,深入挖掘和阐发中华优秀传统文化讲仁爱、重民本、守诚信、崇正义、尚和合、求大同的时代价值,使中华优秀传统文化成为涵养社会主义核心价值观的重要源泉。"②

第二,如何才能弘扬中华优秀传统文化价值观?

习近平强调"育人立德",他说:"国无德不兴,人无德不立。必须加强全社会的思想道德建设,激发人们形成善良的道德意愿、道德情感,培育正确的道德判断和道德责任,提高道德实践能力尤其是自觉践行能力,引导人们向往和追求讲道德、尊道德、守道德的生活,形成向上的力量、向善的力量。只要中华民族一代接着一代追求美好崇高的道德境界,我们的民族就永远充满希望。"③

习近平此处所说的"德"字,是指"社会的思想道德",但自然也包括在历史上所形成的中华优秀传统文化价值观,因此他指出:"对中国人民和中华民族的优秀文化和光荣历史,要加大正面宣传力度,通过学校教育、理论研究、历史研究、影视作品、文学作品等多种方式,加强爱国主义、集体主义、社会主义教育,引导我国人民树立和坚持正确的历史观、民族观、国家观、文化观,增强做中国人的骨气和底气。"④

第三,弘扬中华优秀传统文化价值观的目的是什么?

习近平认为弘扬中华优秀传统文化价值观的目的,是改进和完善当代中国的国家治理体系,"坚定制度自信"。而要做到这一点,就必须注重历史传承、文化传统和经济社会发展水平。因此他指出:"一个国家选择什么样的治理体系,是由这个国家的历史传承、文化传统、经济社会发展水平决定的,是由

---

① 社会主义核心价值观24个字的完整提出,始见于中共十八大报告,根据有关解释,富强、民主、文明、和谐是国家层面的价值目标,自由、平等、公正、法治是社会层面的价值取向,爱国、敬业、诚信、友善是公民个人层面的价值准则,这24个字是社会主义核心价值观的基本内容。
② 习近平:《培育和弘扬社会主义核心价值观》,载《习近平谈治国理政》,第164页。
③ 习近平:《在山东考察时的讲话》,2013年11月26日。
④ 习近平:《在中共中央政治局第十二次集体学习时的讲话》,2013年12月30日。

这个国家的人民决定的。我国今天的国家治理体系,是在我国历史传承、文化传统、经济社会发展的基础上长期发展、渐进改进、内生性演化的结果。我国国家治理体系需要改进和完善,但怎么改、怎么完善,我们要有主张、有定力。中华民族是一个兼容并蓄、海纳百川的民族,在漫长历史进程中,不断学习他人的好东西,把他人的好东西化成我们自己的东西,这才形成我们的民族特色。没有坚定的制度自信就不可能有全面深化改革的勇气,同样,离开不断改革,制度自信也不可能彻底、不可能久远。我们全面深化改革,是要使中国特色社会主义制度更好;我们说坚定制度自信,不是要固步自封,而是要不断革除体制机制弊端,让我们的制度成熟而持久。"①

由注重中国传统文化历史传承、文化传统和经济社会发展水平的立论出发,习近平要求保护好中国的历史文化遗产。他指出:"历史文化是城市的灵魂,要像爱惜自己的生命一样保护好城市历史文化遗产。""让文物说话、把历史智慧告诉人们,激发我们的民族自豪感和自信心,坚定全体人民振兴中华、实现中国梦的信心和决心。"②习近平又强调要留住"乡愁"。他说:"必须记住乡愁。什么是乡愁?乡愁就是你离开后还很想念。"③

第四,如何改造中华传统文化?

尽管习近平对中国传统文化价值,给予了很高评价,但是他并非认为中华传统文化毫无缺点,而是主张用古为今用和洋为中用的手段打造新时代的中华民族文化。具体地说,习近平不赞同在新的历史时代原样照搬传统文化,而是主张创新性发展,推陈出新,古为今用,赋予其时代精神。同时,他也主张借鉴当代西方的先进文化,去其糟粕,取其精华,洋为中用,以奠定新时代的中华民族文化基础。习近平指出:"中华民族伟大复兴需要以中华文化发展繁荣为条件。对历史文化特别是先人传承下来的道德规范,要坚持古为今用、推陈出新,有鉴别地加以对待,有扬弃地予以继承。"④同样,对于外来的西方文化,习近平也不主张盲目排斥。他说:"要睁眼看世界,了解世界上不同民族的历史文化,去其糟粕,取其精华,从中获得启发,为我所用。"⑤

---

① 《习近平在省部级主要领导干部全面深化改革专题研讨班开班式强调改进完善国家治理体系,我们有主张有定力》,《人民日报(海外版)》2014 年 2 月 18 日。
② 习近平:《在北京市考察工作时的讲话》,2014 年 2 月 25 日。
③ 习近平:《留住青山绿水,必须记住乡愁》,人民网 2015 年 1 月 24 日。
④ 习近平:《在山东考察时的讲话》,2013 年 11 月 26 日。
⑤ 习近平:《在中央党校建校 80 周年庆祝大会暨 2013 年春季学期开学典礼上的讲话》,2013 年 3 月 7 日。

至于对中国古代文化和外来西方文化的具体取舍标准原则,习近平强调要"坚持马克思主义道德观、坚持社会主义道德观"与"中西合璧、融会贯通"两条标准。习近平指出:要继承和弘扬我国人民在长期实践中培育和形成的传统美德,坚持马克思主义道德观、坚持社会主义道德观,"在去粗取精、去伪存真的基础上,坚持古为今用、推陈出新,努力实现中华传统美德的创造性转化、创新性发展,引导人们向往和追求讲道德、尊道德、守道德的生活,让13亿人的每一分子都成为传播中华美德、中华文化的主体。"习近平又指出:"我们社会主义文艺要繁荣发展起来,必须认真学习借鉴世界各国人民创造的优秀文艺。只有坚持洋为中用、开拓创新,做到中西合璧、融会贯通,我国文艺才能更好发展繁荣起来。"①

而习近平之所以强调奠定新时代的中华民族文化基础,必须采用"古为今用"与"洋为中用"的两种手段,是因为他坚信人类的先进文化具有跨时空、跨国界的永恒特点。只有做到这一点,被打造出来的新时代中华民族文化,才能最终成为具有中国特色、民族特性与时代特征的综合价值体系,这也成为习近平强调打造新时代中华民族文化的目标所在。他具体指出:"要加强对中华优秀传统文化的挖掘和阐发,努力实现中华传统美德的创造性转化、创新性发展,把跨越时空、超越国度、富有永恒魅力、具有当代价值的文化精神弘扬起来,把继承优秀传统文化又弘扬时代精神、立足本国又面向世界的当代中国文化创新成果传播出去。只要中华民族一代接着一代追求美好崇高的道德境界,我们的民族就永远充满希望。"②

---

① 习近平:《中华优秀传统文化是中华民族的精神命脉》,《人民日报》2014年10月16日。
② 习近平:《在省部级主要领导干部学习贯彻十八届三中全会精神全面深化改革专题研讨班开班式上的讲话》,2014年2月17日。

"做中国伦理学":一种可能方案*

华东师范大学哲学系　付长珍

创建具有中国气派和世界影响力的中国特色哲学社会科学话语,已是时代的当务之急。作为一门古老而青春的学问,中国伦理学有着悠久丰厚的文化传统和话语资源,曾经支撑起"道德中国"的伦理大厦,建构了中国人独特的精神世界。在全球一体化和世界哲学的视域下,中国伦理学如何"再出场",不仅是一个学科学术问题,更是一个时代精神的灵魂之问。这是一个关涉中国伦理学转型与创新的全局性问题。既要凸显长时段的历史意识,又需要在中西伦理学的互参互鉴下展开,逻辑地关联着对以下问题的追问:什么是"中国伦理学"？如何再写中国伦理学？这就需要对中国伦理学的现代转型做出新的理解和定位,厘清核心问题意识,在同情地理解和批判性反思的基础上进行创造性重建。建构起面向未来的当代中国伦理话语体系,则需要在世界性百家争鸣的舞台上,从理论建构和方法论反省等层面做出系统检视与反思。

一、走向世界的中国伦理学

虽然中国是有着悠长道德文明与伦理智慧传统的国度,但像黑格尔等西方哲学家都曾否认存在"中国哲学"这一理论形态。20世纪的中国哲学家,则一直试图从世界哲学的视野中来思考中国哲学伦理学的现代转型。对此,可以从两位冯先生开始讲起。

第一位是冯友兰先生。他的一生创作了《中国哲学史》《中国哲学史新编》

---

* 选自2023年《多学科视野:中国式现代化与人类文明学术研讨会论文集》,参会题为"中国式现代化视域中的当代中国伦理学建构",原载《社会科学战线》2023年第10期。

等一系列具有标杆性的中国哲学史著作。冯友兰认为,走向世界的中国哲学,担负着"阐旧邦以辅新命"的重任。"第一阶段的精神领袖们基本上只有兴趣以旧释新,而我们现在则也有兴趣以新释旧;第二阶段的精神领袖们只有兴趣指出东西方的不同,而我们现在则有兴趣看出东西方的不同。"①冯友兰自觉考察古今之变和东西之别,在古今中西之争的比较视域内,开启现代中国哲学的世界化前景。

第二位则是冯契先生。早在1989年出版的《中国近代哲学的革命进程》一书的"小结"中,冯契就已提出:"我们正面临着世界性的百家争鸣。"②"中西文化、中西哲学在中国这块土地上已经汇合"③,而"如何使中国哲学能发扬其传统的民族特色,并会通中外而使之成为世界哲学的重要组成部分,作出无愧于先哲的贡献,这是当代海内外许多中国学者在共同考虑的重大问题"④。此外,冯先生在晚年还提出了另一个猜想"下一代人将是富于批判精神的",他对未来的走向曾做过这样的预判:"到世纪之交,时代意识的特点将是什么呢?大概还不能期望很高,能够像王充那样'疾虚妄',从多方面来作深入的自我批判,那就很好了,那就说明我们的民族是很有希望的。"⑤在冯契看来,只有经过系统的反思的时代,才可能是"真正达到'会通以求超胜'的时代"⑥。

冯契晚年的这两个猜想,如今在中国大地上正在成为现实。当代西方著名伦理学家迈克尔·斯洛特在《重启世界哲学的宣言:中国哲学的意义》一文中指出:中国在未来几十年的学术影响力,可能会有效地帮助我们成功地开启世界哲学的新方向。⑦自徐光启提出"欲求超胜,必先会通"至今已经400多年,

---

① 1934年,在第八届世界哲学会上,冯友兰做了《哲学在现代中国》的学术报告,这是在报告的结尾处发出的倡言。参见冯友兰《哲学在当代中国》,载《三松堂全集》第11卷,河南人民出版社2000年版,第269页。
②③ 冯契:《中国近代哲学的革命进程》,载《冯契文集》第7卷,华东师范大学出版社2016年版,第652页。
④ 冯契:《〈马克思恩格斯同时代的西方哲学——以问题为中心的断代哲学史〉序》,载《冯契文集》第8卷,华东师范大学出版社2016年版,第527页。
⑤⑥ 冯契:《中国近代哲学的革命进程》,载《冯契文集》第10卷,华东师范大学出版社2016年版,第318页。
⑦ [美]迈克尔·斯洛特:《重启世界哲学的宣言:中国哲学的意义》,刘建芳、刘梁剑译,《学术月刊》2015年第5期。

中西会通已经成为不争的事实,我们当前所面临的任务就是如何走出古今中西之争的藩篱,重建一个当代中国自主的伦理学。

二、何谓中国伦理学?

中国古代哲学中并没有"伦理学"这个语词,伦理学概念最早出现在中国,应该追溯到严复以《天演论》(Evolution and Ethics)为名翻译的赫胥黎著作。此后,中国思想界开始有意识地传译西方伦理学经典,以新知附益旧学,努力尝试建立中国伦理学的学科体系,即用现代伦理学的理论范式对中国自身的思想文化进行新的解读与诠释。

作为现代学科意义上的中国伦理学取得学科的身份认同,最早是以传统的修身教育为主。清末的新式学堂中已经开设了专门的伦理学课程,内容主要以教导"力行""修身"为主。1910年以后,伦理学开始以学理研究和知识建构为主旨,并逐渐形成一些共识。1906年,刘师培编著的《伦理学教科书》是中国历史上第一本体系化的伦理教科书,其中就明确指出中国传统伦理思想与哲学、政治学、教育学混在一起,学科的范围和特征并不明确,而且存在重实践而轻理论的问题。①蔡元培在《中国伦理学史》一书中更明确地区分了"修身书"和"伦理学"的关系,认为修身书主要是教人道德规范,而伦理学则以研究学理为鹄的,"盖伦理学者,知识之径涂;而修身书者,则行为之标准也",并指出"持修身书之见解以治伦理学,常足为学识进步之障碍"②。蔡元培强调伦理学学科应该关注学理,以建构知识为面向的主张,得到了近代伦理学研究者的普遍认同。关于伦理学的界说,江恒源折中群言,阐幽抉微地指出,"伦理学,是论究道德行为的根本原理,辨明道德判断的最高标准,定出至善之鹄,以期达到最圆满的做人目的"③。谢幼伟的《伦理学大纲》(1941)、汪少伦的《伦理学体系》(1944)、黄建中的《比较伦理学》(1945)等都对伦理学的性质、目的、研究对象等基本问题进行了探讨,由此初步确立起伦理学的学科框架。蔡元培的《中国伦理学史》是现代学术意义上中国伦理

---

① 刘师培:《经学教科书》,岳麓书社2013年版,第126页。
② 蔡元培:《中国伦理学史》,东方出版社1996年版,第1页。
③ 江恒源:《伦理学概论》,大东书局1935年版,第21页。

学的奠基之作。中国原生态的伦理思想和伦理文明,如何从逻各斯意义上"学"的层面获得真理性建构?为此蔡元培特别区分了伦理学与伦理学史,他认为,"伦理学以伦理之科条为纲,伦理学史以伦理学家之派别为叙"[①],并且伦理学是主观的,而伦理学史则是客观的。20世纪前半叶的伦理学家借用西方的伦理学理论与学科体系,尝试对中国古典伦理思想做出系统的梳理,可以说初步清理了传统伦理学的历史遗产,也为现代中国伦理学知识体系构筑了最初的框架。

厘清作为学科形态的中国伦理学,是建构中国伦理学学术体系的基础性工作。当代中国伦理学学术形态的建构[②],大致经历了从"述"(narrating)到"说"(talking)再到"做"(doing)这三种范式的转型。"述"与"说"主要还是古今中西伦理思想的梳理与比较,而"做"更多是有意识地超越比较,注重建构中国自身的伦理学。

到底有没有一个中国伦理学?如何再写中国伦理学?高兆明认为,"中国伦理学"是一文化特殊性概念,它立足中华民族的生活世界,以中华民族的运思和认知方式,用中华民族的语言概念,围绕普遍问题,提示普遍之理。[③]我们所探讨的中国伦理学,不仅是一种地方性、本土性的知识文明,而且具有世界性、共通性的人类价值意义。

所谓中国伦理学,首先是伦理学的中国故事、中国叙事,不能囿于模仿或回应西方伦理学的思想方式与问题关怀,而是重在诠释自己的伦理文化内涵,论述自己的历史文化经验,回应现实对伦理学提出的新问题、新挑战。中国伦理学要走向世界,需要与多元文明形态和思想传统对话,那种过于历史化的、民族性的论述,如何进一步提升为哲学化、理论化的形态,这就需要将中国伦理学中原有的范畴、概念进一步清晰化,原有的分析论证更加精细化。如何既能保持中国思想传统的特质,又能赋予它清晰的思想边界?由此,在前哲时贤创造性工作的基础上,本文尝试提出一种"做中国伦理学"的

---

① 蔡元培:《中国伦理学史》,第1页。
② 这里的中国伦理学,译成英文是 Chinese ethics,不同于 Ethics in China & Ethics of China,其中的差别类似于中国哲学、中国的哲学,或者道德的形上学和道德底形上学之间的区分。
③ 高兆明:《伦理学与话语体系——如何再写"中国伦理学"》,《华东师范大学学报(哲学社会科学版)》2018年第1期。

诠释进路。①

三、如何做中国伦理学?

做中国伦理学既要扎根中国的思想传统,又要扎根现代生活,这就要求打通观念世界和生活世界,才是促成中国伦理思想创发的"源头活水"。中国伦理学走向世界,需要用新的理论和问题框架对传统伦理话语进行新的理解和呈现,并在当代伦理学的理论光谱中对此加以新的阐发,就需要有方法论的自觉。如何打通观念世界与生活世界,历史世界与现实世界?检视以往的中国伦理学研究,一种倾向是执着于哲学史的叙事,而缺乏对理论建构的反省;另一种倾向是过于注重抽象的、观念的、思辨的建构,而脱离了具体的历史文化语境。这两种做法都不同程度地遮蔽了中国伦理思想的特质和现代生命力。近年来,深耕中国哲学的研究者们,借用西方伦理学理论,依托中国传统伦理的深厚资源,尝试进行了多种形态的范式构建,其中包括以儒家生生伦理学和"仁本体"为代表的生生范式、以体知为中心的身体范式、以情感儒学和情本体为代表的情感范式,等等。

20世纪下半叶,真正建立了原创性哲学体系的哲学家,如牟宗三、冯契、李泽厚都是以康德哲学为间架来重构中国现代伦理学的实践智慧形态,即牟宗三的重建道德形上学进路,冯契的扩展认识论进路,以及李泽厚的重建本体论进路。这三种典型的路向,实际上擘画了中国伦理学再出场的三种方式。

牟宗三志在接续中国文化生命,光大民族文化发展的慧命。"反省中华民族之生命,以重开中国哲学的途径"②,进而开掘中国哲学与儒学特质,展示生命之学面向,阐发主体性与道德性、本体与工夫融合的进路。冯契聚焦知识与

---

① 围绕中国伦理学的重建,早在 1990 年,万俊人就发表了《论中国伦理学之重建》(《北京大学学报(哲学社会科学版)》1990 年第 1 期),特别指出中国伦理学重建的全新视角至少包括 10 个方面。2019 年,樊浩在《中国伦理学研究如何迈入"不惑"之境》(《东南大学学报(社会科学版)》2019 年第 1 期)中,提出了三个前沿性的追问:"道德哲学"如何"成哲学"?"伦理学"如何"有伦理"?"中国伦理"如何"是中国"? 朱贻庭的《"伦理"与"道德"之辨——关于"再写中国伦理学"的一点思考》(《华东师范大学学报(哲学社会科学版)》2018 年第 1 期)一文,从伦理与道德的关系这一伦理学的元问题出发,是对如何讲清楚中国伦理学所做的方法论探索。

② 蔡仁厚:《孔子的生命境界——儒学的反思与开展》,吉林出版集团 2010 年版,第 180 页。

智慧的关系问题,提出了奠基于广义认识论的"智慧说"理论体系,将理想人格如何培养作为认识论问题进行考察,提出了一个具有本体论意义的自由个性,是真善美与知情意统一的全面发展的人格。

李泽厚不仅对中国传统伦理学有独到思考,而且提出了富有启发性和前瞻性的新思路。李泽厚所讲的情本体进路,是一种世界眼光、人类的视角,而不是一种单纯的中国视角,但他又是不离开中国传统来看世界。他接着康德的哲学三问,提出"人是什么？人活着,如何活,为什么活,活着怎样？"的问题。康德哲学是其伦理思想的重要参照,他特别强调理性是主力、情感是助力,并希望能够找到一个更加紧密的情理结构,这种情理结构也是李泽厚建构中国伦理学的支点所在。"在我所有的思想和文章中,尽管不一定都直接说出,实际占据核心地位的,大概是所谓'转换性创造'的问题。这也就是有关中国如何以能走出一条自己的现代化道路的问题,在经济上,在政治上,也在文化上。以中国如此庞大的国家和如此庞大的人口,如果真能走出一条既非过去的社会主义也非今日的资本主义的发展新路,其价值和意义将无可估量,将是对人类的最大贡献。……中国人文领域内的某些知识分子应该有责任想这个问题。"①李泽厚在这里所呼唤的就是一种既具有中国特色又具有世界普遍意义的中国伦理学。冯友兰、金岳霖、冯契着力探讨的是一种走向世界的中国哲学范式,李泽厚所要追问的是能否有一个中国伦理学。他们的核心关注都是"中国能否走出自己的现代化道路",可以说是从学理上对中国式现代化的一种哲学解释。

李泽厚所探究的中国伦理学出场方式,强调"中国传统的优长待传和缺失待补,以及如何传、如何补,正是'转化性创造'的关键"②。与"创造性转化"不同,李泽厚特别强调的是"转化性创造"。在他看来,"中国哲学是'生存的智慧'(如'度'的艺术),西方哲学是'思辨的智慧'(如being的追寻)。中西哲学各有优长和缺失,十多亿人口和五千年未断的历史是前者的见证,迅猛发展的高科技和现代自由生活是后者的见证,各有优长和缺失"③。中国伦理学的再出场,需要容纳中国的生存智慧和西方的思辨智慧。如何"优长待传"和"缺失待补",李泽厚的论述具有方法论的指引意义。在《伦理学纲要》中强调,要"以

---

① 李泽厚:《伦理学纲要续篇》,生活·读书·新知三联书店2017年版,第144页。
②③ 李泽厚:《伦理学纲要》,载《人类学历史本体论》,青岛出版社2016年版,第17页。

孔子来消化康德,马克思和海德格尔,并希望这个方向对人类未来有所献益。作为中国传统哲学主干的伦理学,应予此有所贡献"①,点明了中国伦理学的发展前景。李泽厚的中国伦理学建构方案,正是建立在以情本论为基础的人类学历史本体论之上,并做了以下展开:第一,对伦理与道德做出明确区分;第二,将道德划分为宗教性道德和社会性道德;第三,提出道德结构三要素说,即意志、情感、观念。以"和谐高于正义"作为中国伦理学的建设目标,进而提出中华民族的生存智慧才是今日哲学最重要的依据。如何基于中华民族的生存智慧和当代社会生活,重建当代中国伦理学的学术形态、理论形态和观念形态,需要在世界哲学的视域下,引入新的思想资源和理论参照。近年来,斯洛特对中国古老的阴阳概念进行了创造性解读,将阴阳结构运用于西方认识论、伦理学、认知科学与心灵哲学,为沟通中西伦理传统提供了一个可资借鉴的范例。斯洛特指出,重启世界哲学之键,需要格外重视中国哲学的意义,重视对中国哲学中"心"概念的创造性抉发。②基于对西方启蒙理性的反思,斯洛特批评现代性启蒙过度张扬了人的自主性和理性控制性,严重忽视了启蒙价值的接应性(receptivity)维度,重视接应性即阴阳和谐的价值结构,恰恰是中国哲学对世界哲学和人类文明的独特贡献。

建构面向未来的中国伦理学,需要理论形态的反省、方法论的自觉以及对时代的回应。唯有此才能使中国伦理学的建构兼具哲学性、中国性以及人类普遍意义。如果沿着开掘儒家伦理学中情感资源的路向,情感主义德性知识论将是一个富有前景的前沿领域。当代知识论的德性转向与美德伦理学的知识转向相生相成,借此路向来讨论未来中国伦理学的再出场问题,不仅可以更好地容纳历史的、理论的、实践的诉求,而且可以更好地面向未来,尤其是面对新兴科技对伦理学提出的挑战。

面向未来的中国伦理学构想,事实上提出了一种做中国伦理学的可能性,需要建立在对当下中国伦理学的整体判断与反省之上。面向未来的中国伦理学,大致上有三个方面的诉求:第一,穿越历史丛林,摆脱述而不作的哲学史叙事。哲学史梳理是推陈出新的必要环节,但不能陷于其中的繁缛末节,丧失了哲学的批判反省意识。第二,超越现代道德哲学,避免过度理论化的陷阱。关

---

① 李泽厚:《伦理学纲要》,载《人类学历史本体论》,第17页。
② [美]迈克尔·斯洛特:《重启世界哲学的宣言:中国哲学的意义》,刘建芳、刘梁剑译,《学术月刊》2015年第5期。

于如何超越现代道德哲学的局限,安斯康姆、麦金泰尔和威廉姆斯已有深刻洞察。"眼下的道德哲学,尤其是(但不仅仅是)在英文世界,已经给道德性以某种过于狭窄的关注。……这种道德哲学倾向于把注意力集中到怎样做是正确的而不是怎样生存是善的,集中到界定责任的内容而不是善良生活的本性上。"①现代道德哲学关注"如何行动是正确的"而越来越远离了对良善生活的追寻。也正是在这个意义上,威廉斯批评说道德是一种奇特的建制②。第三,真正可行的未来伦理学的建构方式,就是要基于历史性、地域性的伦理知识向普遍化、哲学性的伦理学的提升。伦理学要回应现代社会的高度不确定性和高风险性,需要构建一种新的伦理知识范型,回归伦理学的实践智慧之道。儒家伦理学蕴藏着丰厚的伦理知识资源,正是中华民族对人类文明的独特贡献。因此,不能仅仅在二级学科的意义上来理解伦理学的本质属性,应该重新扩展伦理学的定义和使命,走向一种扎根中国大地的伦理学。我们要建构一种打通伦理学知识和生活世界的关联、回归伦理学的实践智慧之道,重建中国伦理学的知识体系,从而真正证成可以有一个中国伦理学。

伦理学在当今已成显学,来自社会生活的现实挑战与理论诉求,使其天然具有跨学科乃至超学科的面向。当代中国伦理学的转型创新,需要不断超越古今中西之争的藩篱,以时代和问题为导向,面向生活世界和人类未来。《人类简史》的作者历史学家尤瓦尔·赫拉利曾指出,我们不仅仅在经历技术上的危机,我们也在经历哲学的危机。现代世界是建立在17—18世纪的关于人类能动性和个人自由意志等理念上的,但这些概念正在面临前所未有的挑战,意味着原有的伦理学框架需要做出颠覆性调整。第四次工业革命和信息文明带给我们空前的机遇与遭遇,应用伦理学的勃兴是伦理学范式转型的革命性变迁,伦理学不应是困在书斋里的学问,在回应新的时代问题以及人类新际遇带来的新挑战时,伦理学研究需要多向度地开掘中国传统伦理智慧。

未来的中国伦理学,必须从自身固有的问题意识出发,实现自我更新和自我转化。"本立而道生",只有从自身思想传统中"长"出来,中国伦理学的主体性才不会迷失。重思中国伦理学如何再出场的问题,就是自觉反思中国伦理学的话语建构,如何既回应人类生存的新际遇,又扎根中国自身伦理传统,更

---

① [加拿大]泰勒:《自我的根源》,韩震等译,译林出版社2012年版,第9页。
② [英]B.威廉斯:《伦理学与哲学的限度》,陈嘉映译,商务印书馆2018年版,第209页。

好地服务于中国式现代化和人类文明新形态建构。中西伦理传统的深度互动,给我们提出了一个新问题——如何在全球一体化的世界哲学中,更好地挺立中国伦理学的主体性,重建中国人的生活世界和精神家园。一致百虑,殊途同归,中国伦理学与世界哲学相互融通,共生共荣。

四、书写扎根中国大地的伦理学

创建扎根中国大地、具有中国气派和世界影响力的伦理学话语体系,已成为新时代的大问题。伦理学在秉承民族性、地域性、本土性的同时,又追问伦理道德判断的客观性、普遍性、科学性,它是集真、善、美为一体的可普遍化的知识价值学。在科学技术强势推进的当下,应用性学科如日中天,"伦理学何为"再度受到人们的质疑,伦理学的学科身份认同再次陷入了危机。同时,又在一定程度上存在着伦理秩序失衡,伦理知识体系支离,道德话语软弱无力,对社会现实缺少必要的解释力、感召力和回应能力。面对新时代、新问题,当代伦理学应该基于现实生活实践对善与正当进行重新解说。时代迫切需要实现伦理学话语体系的转型创新,从而以其深沉的实践智慧诠释人类文明进步的方向。伦理学话语体系的重建,关涉当代中国伦理学的转型与创新,是推进伦理学学科体系、学术体系、话语体系建设的重要组成部分。

自古以来,伦理学为人类的生存与发展提供善恶判断、伦理关怀和精神慰藉,具有不可替代的独特价值。首先,伦理学与我们的生活紧密相关。尽管伦理学作为一门学科是近代学术分化的产物,但是自人类产生之始,就有伦理观念,如先秦的人伦之理、宋明的格物之理,西方的人为之理、规范之理等。从出生到死亡、从个体快乐到普遍幸福等人生无法回避的命题,伦理学都给出了其独特的诠释方式。其次,伦理学可以帮助我们思考生活(生命)的意义。自苏格拉底提出"未经反思的生活是不值得过的"[①],到密尔提出"宁愿做一个痛苦的苏格拉底,也不愿意做一只快乐的猪"[②],人类对生活的意义与价值的探寻从未停止。正如休谟所言,意义与价值关涉主体的需要与满足,而不仅限于器物的改良与革新。由此,伦理学比器物之学更加有助于人类明晰并获取生活的

---

① [古希腊]柏拉图:《柏拉图对话集》,王太庆译,商务印书馆2019年版,第52页。
② [英]约翰·穆勒:《功利主义》,徐大建译,商务印书馆2019年版,第12页。

意义感。再次，伦理学是用于维护人类命运共同体发展的"保养剂"。早在古希腊时期，柏拉图就提出我们对伦理的需求重于法律。法律是用来治病的，当一个人侵犯了他者，法律作为一剂"良药"会登场参与该行为者的生活中。但是，无论是对于个人，还是对于国家，仅有法律是不够的。一方面，法律的制定与改良具有滞后性，另一方面，法律不能参与人类每一处日常生活与行为。从人的生命机体角度看，我们也深知"保养剂"重于"良药"，保养得当就不必去看病。中国传统哲学凝聚着深厚的生生伦理智慧，崇尚"协和万邦""和而不同"理念，主张通过合作对话，增进民族互信；"视天下无一物非我"的仁者情怀和大心境界，可以有效减少地球"生病"的可能与频率，守护人类文明健康发展之道。

纵观西方伦理学主流学派的核心论争，由于西方二元论学说的根深蒂固的影响，致使其对伦理学知识体系的诠释中，对整全人的身体与灵魂、理性与情感做出了分离式理解，对整全生活进行了碎片化诠释，这就导致了当代西方伦理学陷入了困境。当代西方著名伦理学家帕菲特、斯坎伦等人虽然力图进行一种融合式的尝试，但仍然是伦理理性主义的进路，未来伦理学的发展需要在对中国传统资源进行新的诠释之后来推动伦理学的国际化发展。伦理学出于生活也应该回归生活世界，因为伦理学本身就是关于我们如何过一种好的生活、如何做人做事的实践的研究。

伦理学建构发展的根本动力在于如何更好地回应时代需求、回归生活世界。新的时代呼唤新的建构，既要尊重伦理道德观念的地域性、本土性、民族性，又要注意时代普遍性与共识性。伦理学话语体系面向时代的重建，还可以理解为对某些既往伦理学的偏颇性做出修正。这是一种基于现实生活、世界发展需求的理论超越，而不是简单的否定以往的知识体系。既要关注作为知识形态之建构的普遍性，也要注重面向时代的具体化。伦理学知识体系除了要回答伦理学的基本问题，更重要的是它还必须能具体地回答时代的问题、应对时代的挑战，在对时代问题的具体回应中，建构具有鲜明时代特征的伦理学知识体系。经过改革开放40余年的发展，中国特色社会主义建设已经进入了新时代。中国社会的主要矛盾已经从人民日益增长的物质文化需要同落后的社会生产之间的矛盾转化为人民日益增长的美好生活需要和不平衡不充分的发展之间的矛盾，这就要求中国伦理学必须回答美好生活以及不平衡不充分发展背后的伦理问题；新时代是朝着中华民族伟大复兴前进的新跨越，要有道路自信、理论自信、制度自信、文化自信,来共建人类命运共同体,这都要求伦理学知识体系的当代中国重建,真正体现中国特色社会主义建设的时代特色,体现中华民族的文化特色,能够参与国际社会的文明对话,为建构具有世界共识性和普遍性的伦理学知识体系贡献出中国智慧。

新时代伦理学话语体系建构要立足于中国特色社会主义伟大实践之"原",此重建并不是完全的从头再来的理论重塑,更多的是在继承之前理论基础上进行新的创造、新的突破。

其一,历史的突破。首要的就是要清楚认识五四运动以来百年中国伦理学以及中国社会伦理精神、伦理观念的变迁,虽然改革开放以来,中国伦理学知识体系建设已经取得了较大的进步,但是总体上还存在着时代滞后性和鲜明的同质化,当代中国伦理学知识体系的重建首先就是对中国近现代以来伦理学知识体系已有建构的突破。其次就是准确把握中国传统伦理的精神,中国传统伦理的精神是中国伦理学根本的特色之所在,当代对中国传统伦理学的研究已经取得了十分丰硕的成果,对中国传统伦理学的研究范式、研究视域都亟待更新,中国传统伦理学参与世界伦理学对话、回应时代问题的能力依然有待强化。

其二,理论的突破。改革开放以来,中国伦理学发展迅速,但对伦理学基础理论的原创性贡献还显不足,未能真正凸显中国伦理学的理论潜力。此外,中国学界对伦理学的研究虽然不再局限于道德规范层面,但对价值论、人性论、制度伦理的研究还有待进一步深入;对应用伦理的研究还存在着把它看成是一般伦理学理论在具体领域内的运用,真正深入具体领域内部去建构具体学科内的伦理学应用理论还有待加强。

当代中国伦理话语的转型与创新,是彰显中国文明价值的重要标识。中国伦理学有着悠久丰厚的文化传统,曾经支撑起"道德中国"的伦理大厦,建构了中国人独特的精神世界。思考当今中国伦理学知识体系如何重建,首要工作是重构中国伦理学书写和研究的理论范式,其重构根基就在于对中国伦理学的思想原点、元问题、元概念的认知和分析。中国伦理学的思想原点,不仅在于儒家以"学以成人"为中心的人格理想,而且内蕴于道家深沉的生存伦理智慧。我们需要厘清中国伦理学的元问题,如"道德与伦理之辨""群己之辨""义利之辨""理欲之辨""性情之辨"等一系列论题、概念、范畴。中国伦理学对这些问题的回答不是一种完全概念式的表达,需要在概念的互参中获得新的理解和呈现,需要运用概念史的方法,通过思想史的还原来解读相关术语、语词链、观念簇及其证成方式。当代中国伦理话语的创建,需要深刻理解中国传统伦理话语的精神特质。中国传统伦理话语有其独特的学说内涵,独特的运思方式、认知方式和叙事方式,有其自身特有的一套概念、范畴的话语符号系统。伦理学知识体系的当代中国重建,重在发掘中华民族的伦理思想传统,揭示中国新型伦理话语建构的历史成因和文化资源;梳理百年来伦理思想家的经验,探讨中国伦理话语建设路径,切实创建富有中国气象的伦理话语;考察中国伦理关键术语的创建和话语形态创新,阐述中国新型伦理学知识体系的内涵特质;引入实践智慧这一新的视角来研究中国伦理学知识体系建构,进一步拓展伦理学建设的理论空间和可能前景。这些都有助于弘扬中华伦理精神,更好地推进对中国伦理文化观念的认同与接受。

当代中国伦理学的建构,不仅是一个紧迫而重大的学术命题,而且是"中国现代性"中最紧要的现实问题之一,具有重大的应用价值和社会意义。活的伦理话语应该扎根于当代社会生活,打通观念世界与生活世界,才是创建中国伦理学知识体系的"源头活水"。从观念世界的层面看,伦理关涉"为何知""何为知""如何知"的实践智慧之知;从生活世界的层面,伦理关涉"为何行""何为行""如何行"的实践智慧之行。如何基于实践智慧将知行内化为一体,尤其是在当今面对个体善与公共善、个体权利与公共义务相分离甚至相对立的时代,伦理学要将观念世界和生活世界统一起来,在社会实践中发挥价值引领作用。伦理学属于实践哲学,是旨在为建构良好的人伦秩序和社会公共秩序提供价值原则和基本规范的学问。伦理学知识的核心,即善或正当概念的日用意义,是从人们关于善的生活的观念和关于有德性的活动的观念中逐步地、历史地分离出来,并在日常意识中沉淀下来的。而且每一个时代都有特定时代的主要矛盾和中心问题,伦理学要直面生活世界,更好地回应生活世界,回应时代的核心议题,就应该致力于解决时代的主要矛盾和中心问题的挑战。尤其是面对这样一个日益多元化的社会,技术、经济、环境等领域暴露出的伦理问题越来越多,而旧的伦理框架已难以适应新领域诉求,无力解释实践提出的新问题,无法提供合理价值理念的引领,这都要求伦理学知识体系及时做出发展更新。面对当代人工智能与生命科技的挑战,在"机器向人生成"与"人向机器生成"的双重境遇中,回应人类和类人类(AI)如何相处以及如何持守人的价值与尊严问题,都需要重构和创新当代中国的伦理学知识体系。

建构中国伦理话语,更好地参与世界伦理对话。习近平总书记在哲学社会科学工作座谈会上的讲话指出:"发挥我国哲学社会科学作用,要注意加强话语体系建设。在解读中国实践、构建中国理论上,……要善于提炼标识性概念,打造易于为国际社会所理解和接受的新概念、新范畴、新表述,引导国际学术界展开研究和讨论。"[①]伦理学知识体系的当代中国重建,需要结合新的时代特点,诠释中国伦理精神特质,彰显中国伦理话语的主体地位。在当今世界学术格局中,中国伦理话语尚未充分呈现出自身的特点和魅力,没有发挥出应有的作用和影响力。在日益复杂的全球化背景下,如何更好地不忘本来、学习外来,书写有时代感和生命力的当代中国伦理学,让中国伦理学更好地参与世界文明的伦理对话,是一项重要而紧迫的现实任务。

当今世界正经历百年未有之大变局,中华民族迈入了伟大复兴的新时代。中国式现代化与人类文明新形态建构,需要探索具有现实解释力和价值规约力的新伦理学范型。在人类文明的新起点上,以马克思主义基本原理为指导,推进中国伦理传统的创造性转化和创新性发展,深刻阐发中华民族现代文明的伦理精神,会通古今,熔铸中西,才能形塑面向生活世界、植根人类命运共同体和当代中国实践的伦理学话语体系。

[①] 习近平:《在哲学社会科学工作座谈会上的讲话》,人民出版社2016年版,第24页。

作为一种新的文化生命体的中华民族现代文明:生成的视角*

华东师范大学中国现代思想文化研究所暨哲学系　刘梁剑

习近平总书记在文化传承发展座谈会上强调,我们需要担负起新的文化使命,那就是努力建设中华民族现代文明。从历史的尺度来看,自19世纪中叶以降,中国开始了一场现代文明集体学习活动,并逐步形成独特的中国近现代传统。中华民族现代文明是这一场现代文明集体学习活动所取得的重要创获。它既是中国式现代化的文化形态,又是中华民族贡献于世的人类文明新形态,代表了人类历史上一种崭新的文化生命体。它的"新",在于中国马克思主义对孔夫子和马克思的有机统一,在于"古今中西"大结构中的新体生成,在于现代文明集体学习活动所展示的世界性百家争鸣的宏阔气象。

一、马克思主义中国化与中国马克思主义的生发

马克思主义传入中国是中国历史上的一件大事。自马克思主义传入中国以来,如何正确处理孔夫子和马克思的关系,便成为时代的重大课题。当然,这里的"孔夫子"不限于孔子本人,"马克思"不限于马克思本人,而是分别指代中国传统思想文化和马克思主义。

在马克思主义传入中国的初期,中国思想家就敏锐地意识到马克思主义中国化的必要性。早在1919年,李大钊就明确主张:"一个社会主义者,为使他的主义在世界上发生一些影响,必须要研究怎么可以把他的理想尽量应用于环绕着他的实境。"①相形之下,文化传承发展座谈会强调马克思主义和中华

---

* 选自2023年《多学科视野:中国式现代化与人类文明学术研讨会论文集》,参会题为"中华民族现代文明之为新的文化生命体",原载《宁夏社会科学》2023年第5期。
① 李大钊:《再论问题与主义》,载《李大钊全集》第3卷,人民出版社2013年版,第51页。

优秀传统文化的相互成就,无疑将我们对孔夫子和马克思的关系的理解提升到了新的高度。为了方便说明,我们不妨区分"马克思主义中国化"与"中国马克思主义的生发"。(在类似的意义上,我们可以区分"佛教中国化"与"中国佛教的生发"。)马克思主义中国化,其焦点在马克思主义,着眼于马克思主义在中国语境中的发展,用文化传承发展座谈会上的讲法来说,则是中华优秀传统文化如何成就马克思主义,让马克思主义成为中国的。相形之下,中国马克思主义的生发,其焦点在中国文化,着眼于中华传统文化在马克思主义影响下的现代开展,用文化传承发展座谈会上的讲法来说,则是马克思主义如何成就中华优秀传统文化,让中华优秀传统文化成为现代的。易言之,中国马克思主义是中国传统思想文化在现代的赓续与发展。马克思主义和中华优秀传统文化的相互成就,意味着马克思主义中国化与中国马克思主义的生发相辅相成,共同造就一个"有机统一的新的文化生命体"。这里的"有机统一",首先是马克思主义和中华优秀传统文化的有机统一,或者说,孔夫子和马克思的有机统一。

值得注意的是,孔夫子和马克思的有机统一形成新的文化生命体,而生命体之"新",实际上意味着,我们不是简单地接受孔夫子,而是对它有所继承与发展;也不是简单地接受马克思,而是对它有所继承与发展。在此,我们看到了连续性与创新性的有机统一。非创新无以连续,非连续亦无以创新。习近平总书记指出:"对历史最好的继承,就是创造新的历史;对人类文明最大的礼敬,就是创造人类文明新形态。"[①]这正是《中庸》所讲的文化传承开新意义上的孝道:"夫孝者,善继人之志,善述人之事者也。"

一种文明的生发,离不开扎根于本而溯流于源。本者,社会生活实践是也;源者,文明传承是也。中华民族现代文明的本,乃是中国当下的具体实际和建设实践;中华民族现代文明的源,则是五千多年的中华文明传统,既包括从先秦开始的古代传统,也包括自19世纪中叶以后逐步形成的近现代传统。扎根于本而溯流于源,从中国马克思主义生发的角度来看,正相应于"两个结合":马克思主义基本原理和中国具体实际相结合、马克思主义同中华优秀传统文化相结合。习近平总书记指出,中国特色社会主义取得成功的最大法宝,乃是在五千多年中华文明深厚基础上开辟和发展中国特色社会主义,把马克

---

① 习近平:《在文化传承发展座谈会上的讲话》,《求是》2023年第17期。

思主义基本原理同中国具体实际、同中华优秀传统文化相结合是必由之路。习近平总书记在文化传承发展座谈会上对"第二个结合"做了深入阐发。他强调,"第二个结合"是又一次的思想解放,让我们能够在更广阔的文化空间中,充分运用中华优秀传统文化的宝贵资源,探索面向未来的理论和制度创新。面向未来,我们将通过"结合",让马克思主义和中华优秀传统文化相互成就,让马克思主义成为中国的,中华优秀传统文化成为现代的,从而造就一个有机统一的新的文化生命体,造就中国式现代化的文化形态,造就中华民族现代文明。

二、在"古今中西"的大结构中生成新体

马克思主义如何成就中华优秀传统文化?其中重要的一点,便是将中华优秀传统文化带入西方现代文明的语境,由此促成中华民族现代文明的生发。自然,在更广的意义上,西方现代文明不限于马克思主义。前面提到,"孔夫子"代表中国传统思想文化,而"马克思"代表马克思主义。在更一般的意义上,我们不妨用"马克思"代表近现代以来传入中国的西方文化。孔夫子与马克思相遇,在更一般的意义上,则是东西文明的相遇。孔夫子与马克思的关系,在更一般的意义,则是中国与西方、传统与现代的关系,或者说,"古今中西"的关系。

上文提到,围绕现代文明展开的集体学习活动始于19世纪中叶。这场集体学习活动要处理的一个中心问题,便是"中国向何处去?"(以及与之相随、逐渐由隐之显的"世界向何处去?"与此相应,马克思主义传入中国不仅是中国历史上的一件大事,而且也是世界文明史上的一件大事。)这个时代的中心问题在思想政治领域表现为"古今中西"之争,即如何处理中国与西方、传统与现代的关系。在不同的历史时期,不同的思想家"古""今""中""西"的内涵及相互关系有不同的理解,同时呈现出不同的思维方式。

19世纪中叶,以魏源为代表的先知先觉最先开眼看世界。他们打破以天朝上国自居的夜郎自大心态,看到了西方的船坚炮利,主张"师夷之长技以制夷"。不过,他们似乎把坚船理解为孤零零的独立实体。之后,张之洞等主张"中学为体,西学为用",兴办江南造船厂等现代工业。这时,坚船已被理解为现代工业体系中的一个要素。不过,他们还只看到西方文明中的器物层面。

在他们看来,中国的"道",即伦理政治制度与思想观念是用不着变的,需要应时而变的只是技术。甲午海战之后,严复批判"中体西用",强调一种文化(无论中西)的有机性,以及由此呈现出不同的整体风格:"中之人好古而忽今,西之人力今以胜古。"①严复对西方文明之体系性的理解无疑更全面了:不仅有见于器物,而且有见于与之相关联的制度与思想文化。不过,严复对文明体系的理解还是僵化的。他执着于中西的截然二分,断然否定二者之合的可能性:"中学有中学之体用,西学有西学之体用。分之则并立,合之则两亡。"他的理由是:"体用者,即一物而言之也。有牛之体则有负重之用,有马之体则有致远之用,未闻以牛为体以马为用者也。"②五四新文化运动时期,胡适、梁漱溟等人的思想虽有倾向与重点之不同,但又呈现出鲜明的共同特征:一方面,对西方现代文明的理解更加深入,标举其根本面向科学与民主;另一方面,开始反思西方现代文明的不足之处,认真思考中国传统文明的当下价值,并明确提出世界新文明的设想。

胡适自然是提倡"科学"与"民主"的。不过,值得注意的是,还在1919年11月1日,胡适便写了一篇长文《新思潮的意义》,认为当时评价"五四"的诸种说法都未免太笼统、太普通了。按照他的观察,"新思潮的根本意义只是一种新态度,这种新态度或许可以叫作'评判的态度'"③。我们要用这种态度来评判传统的制度和风俗,评判古圣先哲,也用来评判外来的学理,避免对外来学理作教条化的理解。以评判的态度对待中西之学,最终将形成中西互动的新学。胡适关于世界哲学的构想便体现了这一思路。人们无不承认胡适的半部《中国哲学史大纲》(1919年)开风气之先,然而却长期忽视其中所蕴含的世界哲学识度。胡适说:"世界上的哲学大概可以分为东西两支。东支又分印度、中国两系。西支也分希腊、犹太两系。初起的时候,这两系都可算作独立发生的。到了汉以后,犹太系加入希腊系,成了欧洲中古的哲学。印度系加入中国系,成了中国中古的哲学。到了近代,印度系的势力渐衰,儒家复起,遂产生了中国近世的哲学,历宋元明清,直到于今。欧洲的思想,渐渐脱离了犹太系的势力,遂产生欧洲的近世哲学。到了今日,这两大支的哲学互相接触、互相影

---

① 严复:《论世变之亟》,载《严复全集》第7卷,福建教育出版社2014年版,第11页。
② 严复:《与〈外交报〉主人》,载《严复全集》第8卷,福建教育出版社2014年版,第201页。
③ 胡适:《新思潮的意义》,载欧阳哲生主编《胡适文集》第2册,北京大学出版社2013年版,第498—499页。

响。五十年后,一百年后,或竟能发生一种世界的哲学,也未可知。"①中国哲学运思的意义与使命,不在于创建一个试图接近于西方现代哲学又"走样"的东西,而是要在人类文明规模宏大的"思想实验"运动中,开辟有别于西方现代及中国古代的"当代"世界哲学。作为文明一部分的哲学是如此,作为整体的文明亦是如此。

胡适嫌"民主""科学"的提法浮泛,要深入到态度的层面。梁漱溟则说,胡适的看法还是太浮浅:"新派所倡导的总不外乎陈仲甫先生所谓'塞恩斯'与'德谟克拉西'和胡适之先生所谓'批评的精神';……这我们都赞成。但我觉得若只这样都没给人以根本人生态度;无根的水不能成河,枝节的做法,未免不切。"②对于民主与科学,我们应当全盘承受而根本改过,在态度上把孔子"刚"的精神重新端出来。梁漱溟也讲"态度",但他要从意欲方向讲态度,认为非如此不足以探本。梁漱溟主张在意欲方向上实现中西的深度融合,从而产生一种新的意欲方向。他认为,东西文明的差异在于生活态度及意欲方向的不同,西方文明意欲向前,印度文明意欲向后,中国文明则取意欲调和的中道;而在今日,从世界文明演化的大势来看,人类处于从西方文明向中国文明发展的过渡阶段;因此,我们的使命,便是在意欲方向上实现中西的含融,生发出一种新的意欲方向。这一意欲方向,梁漱溟虽然称它是孔子的"刚"的精神,但它实际上并非历史上曾经有过的旧物,而是前所未有的新东西。梁漱溟试图通过调和"中体"与"西体"来创造出新的"体",让它兼有中西文化所原有的好的用,既有"普洛米修斯—浮士德"式的奋发精神,又克服了攫取外物的毛病。

梁漱溟思路的突破之处在于,通过调和"中体"与"西体"来创造出新的"体"。依此理解,文明体系不再是僵化的,而是生成的。不妨和严复的思路做一番比较。严复诚然有见于机械之"合"不可行,然未见于"和实生物"的可能性:两物因"和"而生成新的一物,此新物自有其新体与新用,新体固非旧体,新用亦非旧用。严复以马牛为喻,容易见出"合"之不可行。为阐明"和"之可能,不妨另设新喻:调酒师将两种酒倒在一起,调出新酒。

---

① 胡适:《中国古代哲学史》,载欧阳哲生主编《胡适文集》第6册,北京大学出版社2013年版,第149页。
② 梁漱溟:《东西文化及其哲学》,载《梁漱溟全集》第1卷,山东人民出版社2005年版,第531页。

文明体系是生成的。只有这样理解，我们才真正跃入"古今中西"各种要素氤氲化醇的大结构。大结构不是现成的僵化的体系，而是不断生成中的体系。日生而日成，日成而日生。古今中西，和生新体，即由旧体之和而生出新体。"新体"是生之成，"和"是生之道。实际上，我们正是在类似的意义上主张，马克思主义和中华优秀传统文化相互成就，最终造就一个"有机统一的新的文化生命体"，即中华民族现代文明。这里的"有机统一"，既是这个新的文化生命体内部器物、制度、思想文化等不同层面的有机统一，也是这个新的文化生命体内部来自东西文明的不同要素之间的有机统一。"中华民族现代文明"理念代表了中国现代化集体学习的最新成果。

前面提到，中华民族现代文明的源，既包括从先秦开始的古代传统，也包括自19世纪中叶以降逐步形成的近现代传统。冯契先生已提醒我们注意中国近现代传统的重要性："现在人们一谈到传统，往往专指古代传统。我们有五千年民族文化传统，这是足以自豪和需要批判地加以继承的，但是，构成当代人直接精神背景的，却不是原封不动的古代传统。古代文化中那些在当代仍然有生命力的东西，大多是经过近代历史的筛选，并发生了不同程度变形的东西。所以，批判继承民族文化传统的问题，首先应该注意的是自1840年以来一百余年间（主要是20世纪）形成的近代传统。"[①]研究中国近现代传统，可以帮助我们了解中华民族现代文明发生与发展的历史，学习经验，吸取教训，更好地推动当下的中华民族现代文明建设。

三、在世界性百家争鸣中开展集体学习

1923年，中国学界发生了一场影响深远的"科学与人生观论战"，或曰"科玄论战"。这场论战是对现代文明进行批判性集体学习的一次具有典范意义的尝试，在百年之后的今天仍值得我们不断向之回溯，因为中华民族现代文明的生成离不开这样的批判性的集体学习。

此次论战由张君劢、丁文江发动。张氏时为北京大学教授，研习哲学和社会科学。丁氏则为地质学家，1922年还和胡适创办了《努力周报》。此前，丁、张二人的一个重要交集是在1918年参加梁启超组织的欧洲考察团。二人私

[①] 冯契：《智慧的探索》，载《冯契文集》（增订版）第8卷，华东师范大学出版社2016年版，第493页。

交甚笃,而这并不妨碍他们在一些时代大问题上见解不一。1923 年 2 月 14 日,张君劢在清华园演讲《人生观》(后刊于《清华周刊》),主张科学不能支配人生观。丁文江旋即发表长文《玄学与科学——评张君劢的〈人生观〉》,指责张说实为玄学鬼附身而发的谬论:"玄学的鬼附在张君劢身上,我们学科学的不能不去打他。"①二人随后往复辩难,诸多名流随即加入,形成声势浩大的思想争鸣。论战结束之后不久,上海亚东图书馆便将二十五万字争鸣文字编辑出版,题曰《科学与人生观》。陈独秀、胡适分别作序,两人的序言第一句都以"科学与人生观"概括争鸣文字的主题,而胡适在行文中也称之为"这一次'科学与人生观'的大论战"。

参与争鸣的思想家对于这场论战的意义有明确的自觉。胡适在《科学与人生观》序言中称"这一次'科学与人生观'的大论战"为"空前的思想界大笔战"②。梁启超在论战之始便指出:科学与玄学的关系问题是"这个问题是宇宙间最大的问题,这种论战是我国未曾有过的论战。学术界中忽生此壮阔波澜,是极可庆幸的现象"③。科玄论战的重要意义在于,它是一场围绕现代文明而展开的集体学习活动。

科玄论战的论辩的过程同时也是中国现代学人学习如何论辩的过程。玄学派的梁启超、孙伏园、范寿康提醒论辩双方"理"上往来,对事不对人,而在运思方法上则要做到论题集中、核心概念边界清晰;科学派的唐钺更是从六个方面系统反思了"理"上往来有效展开的条件:辩论者对于对方应取的态度,辩论者对于读者应有的关顾,辩论者对于题目应负的责任,辩论所用名词应下定义,谁配说话,以及发表辩论的机关。④合理的论辩离不开说理的精神和说理的能力。在科玄论战中,思想家们各抒己见,往复辩难,相互启发,逐渐明晰"科学""人生观"等核心概念,逐渐聚焦科学是否支配人生观这一核心议题;与此同时,一些重要的现代性议题也在论辩过程中逐一浮现并得到初步探讨,如斯诺所谓"两种文化"(自然科学与人文学科)的分合、事实与价值的分合、自由意志与因果决定论的冲突,如此等等。

科玄论战无疑是思想争鸣的典范。《庄子·天道》以文字为古人之糟粕,

---

① 张君劢等:《科学与人生观》,辽宁教育出版社 1998 年版,第 38 页。
② 张君劢等:《科学与人生观》,第 8 页。
③ 张君劢等:《科学与人生观》,第 111 页。
④ 张君劢等:《科学与人生观》,第 241—246 页。

"古之人与其不可传也死矣"。然而,百年之后,翻阅《科学与人生观》,当年活泼泼的自由气息依然透过文字扑面而来。文明生发期所特有的盎然生意令人心驰神往。论战者依其基本立场分为玄学派与科学派,前者以丁文江为主将,成员包括胡适、任叔永、章演存、朱经农、唐钺、王星拱、吴稚晖等;后者以张君劢为主将,成员包括梁启超、林宰平、孙伏园、张东荪、范寿康等。两派之间,私谊与公议,并行不悖而两不相害。包容的雅量,不仅体现为论辩者的私德,更呈现为社会的风气。以清华大学为代表的学院,以《努力周报》《晨报》《时事新报》为代表的媒体,以上海亚东图书馆和上海泰东图书馆为代表的出版界,共同搭建了自由发表不同观点的开放性平台。而且,参与论辩的各家具有不同的中西学术背景,如张君劢、梁启超信奉德法唯意志论与宋明心性之学,而丁文江、胡适则服膺实证主义(实用主义)与乾嘉汉学。因此,这个开放性平台虽在中国,却俨然已是世界性百家争鸣的大平台。自近现代以来,"中西方的文化,中西方的哲学在中国的土地上已开始趋于合流,有待于进一步推进,这也是一件具有世界意义的大事。"[1]具有独立思考精神的论辩者在此百家争鸣的平台之上展开论辩,"以仁心说,以学心听,以公心辨"(《荀子·正名》),自然会形成一个探究学习共同体。

此次论战深入现代性的基本问题,即如何合理理解科学的问题。张君劢提出人生观不受科学方法支配的主张,依其夫子自道,其意之所在,乃是破除时人"迷信科学之毒",在科学万能的空气中阐明"科学能力有一定界限"。[2]张君劢自许的科学反思在"夙以拥护科学为职志"的丁文江读来,却是万万不能接受的反科学论调。从张氏立场反观,丁氏的观点则是万万不能接受的唯科学论、科学主义或科学万能论。张氏从人生观切入,强调科学不能解决人生问题,由此彰显科学之限度。对科学限度的思考(无论所得结论是科学有限度还是科学无限度),实际上都是从"外部"观科学,从而是一种科学观。因科学观之不同,科学派指控玄学派反科学,而玄学派则认为科学派唯科学。

在澄清科学观的过程中,玄学派与科学派诸家对于科学分类的理解不尽相同。张君劢区分物质科学与精神科学,将哲学归入精神科学(或社会科学),

---

[1] 冯契:《中国近代哲学的革命进程》,载《冯契文集》(增订版)第 7 卷,华东师范大学出版社 2016 年版,第 653 页。
[2] 张君劢等:《科学与人生观》,第 57 页。

而人生观又在物质科学、精神科学之外。①范寿康区分说明科学与规范科学,而"如伦理学、美学,乃至研究人生的当然的法则的伦理学等等都是规范科学"②。林宰平将自然科学、精神科学归入经验的实质科学,而数学则构成纯粹形式的科学。③科学派的王星拱区分狭义的科学与广义的科学,虽然狭义的科学只包括数学、物理学、化学、生物学、地质学等,但因为科学方法可以应用于人生问题,因而可以有"科学的人生观",而科学的人生观可归入广义的科学④。各家的观点虽不尽精当,但这些讨论还是触及了"两种文化"(自然科学与人文学科)的分合这一现代性议题。

此次论战从人生观入手,以人生问题反显科学的限度或能力。既然如此,不同的科学观便关联着不同的人生观、人生论或伦理学。有些论者从科学精神的角度讨论科学与人生观的关系,如笔名为"穆"者概括了三条科学家的人生观,即尊重事实、平等观、条理密察。⑤有些论者在较弱的意义上讨论科学对于人生观的影响,如科学派主将丁文江把论战重要问题表述为"科学方法是否有益于人生观"⑥,强调科学有助于养成破除成见、爱真理的诚心及"活泼泼地"心境⑦。但是,这些角度实则偏离了论争的核心问题,即科学是否支配人生观。对于后者来说,最核心的问题则是自由意志与因果决定论的关系问题。玄学派强调自由意志对于人之为人的重要性,因而否定因果决定论可以应用于意志;科学派则或明确由因果决定论的普遍适用性否定自由意志(如王星拱)⑧,或通过将因果决定论弱化为有因说,从而退一步,认为自由意志与有因说并行不悖(如唐钺)⑨。

在讨论过程中,偶有论者如唐钺还提到事实判断(existential judgment)有别于价值判断(spiritual judgment,Werturteil)⑩。事实与价值的关系是现代性要面对的一个基本问题。一个很有影响力的观点出自休谟,即事实推不出

---

① 张君劢等:《科学与人生观》,第30—35页。
② 张君劢等:《科学与人生观》,第292页。
③ 张君劢等:《科学与人生观》,第146页。
④ 张君劢等:《科学与人生观》,第253—254页。
⑤ 张君劢等:《科学与人生观》,第268—270页。
⑥ 张君劢等:《科学与人生观》,第236页。
⑦ 张君劢等:《科学与人生观》,第49—50页。
⑧ 张君劢等:《科学与人生观》,第259—261页。
⑨ 张君劢等:《科学与人生观》,第202页。
⑩ 张君劢等:《科学与人生观》,第200页。

价值。科玄论战虽然没有深入探讨事实与价值的关系问题,但从他们的立场不难推出在此问题上的看法。科学派主张科学支配人生观,与之相应,价值可以化约为事实,或事实可决定价值。相形之下,玄学派主张人生观非科学所能决定,与之相应,价值不能化约为事实,或价值具有独立于事实的要素。

再者,特定的科学观又总是关联着一种特定的形上学(论战中所谓的"玄学")及更一般的哲学(包括形上学、伦理学、知识论等不同的部类)。因此,科学观之争同时也是形上学之争、哲学之争。当时参与笔战的张东荪已有见于此。他评论说,丁文江"只是采取与自己性质相近的一种哲学学说而攻击与自己性质相远的那种哲学学说"①。这是一个非常有意思的论断:丁文江坚持科学万能而反对形上学,但吊诡的是,反对形上学也是一种特定的玄学,即实证主义的反形上学立场。如果说,这还是一种消极的玄学立场的话,那么,思想的内在逻辑必然要求进一步走向一种积极的玄学立场:科学既然万能,就不能止步于本体(包括作为人生观基点的"我"及宇宙本体)不可知,而是必须为人生观提供形上学基础。实际上,在论战的最后,科学派的吴稚晖老先生宁冒"玄学鬼"的恶名,也要将他所主张的人生观建立在"漆黑一团"的宇宙观之上。胡适对此大加赞赏,在作序的时候也积极提出一套"自然主义的人生观"。胡适的生花妙笔如此写道:"我们带着这种科学的态度,不妨冲进那不可知的区域里,正如姜子牙展开了杏黄旗,也不妨冲进十绝阵里去试试。"②胡适的"自然主义的人生观"是一整套囊括宇宙论(天道观)和伦理学(人道观,心性论,或狭义上的"人生观")在内的学说,括天道与人道而一理之。

作为历史意识敏锐的思想家,胡适自觉地在历史脉络中思考科玄论战的意义,认为张君劢乃是替梁启超推波助澜,宣扬后者在《欧游心影录》所讲的欧洲文化破产论和科学破产论。胡适认为,中国当时的问题,不是科学带来灾难,而是科学远远不够昌明。因此,张君劢的主张乃是不合时宜的有害之论。丁文江也批评说,张君劢妄图抬出中国古老的精神文明来补救西方现代物质文明,完全是行不通的。但是,换个角度看,科玄论战实际上将新文化运动的思路继续往前推进了一大步。一方面,通过论战,对科学的理解更加明晰细致;另一方面,对科学及西方现代文明之盲点的批判性考察前所未有,并由此

---

① 张君劢等:《科学与人生观》,第211页。
② 张君劢等:《科学与人生观》,第15页。

拓展了接纳中国传统思想的必要空间。

然而,抉发中国传统思想的现代价值,需要避免简单的比附。如张君劢在论战中指出:"适之推崇清代经学大师尤至,称为合于西方科学方法。"①与胡适观点相近的丁文江则直接主张:"许多中国人不知道科学方法和近三百年经学大师治学的方法是一样的。"②对此,张东荪不无戏谑地批评说,丁文江"把科学投入汉学,做一个同样的借尸还魂"③。言外之意,与其说是玄学鬼附在张君劢身上,倒不如说是汉学鬼附在科学的身上。张东荪敏锐地指出科学与乾嘉考据之别:"科学重在实验,考据不过在故纸堆中寻生活。"④依张东荪之见,丁文江、胡适将科学与乾嘉汉学相比附,并不能抉发乾嘉汉学的现代价值,同时也有害于大众对科学的恰当理解。比附以求同为导向,超越比附,首先需要同中见异,从而进至更为全面的比较,进而,还需要从比较进至要求更高的融会或会通,通过比较,见同见异,对中西之学有客观的了解,由此涵养出自家见地,进而消化会通中西之学,生发出新的学问。张君劢有见于西学内部英国传统与德国传统之间的差别,主张"其能融会而贯通,以期超于英德之上而自成一家言者"⑤。对于中西之学亦当取"融会"的态度与方法。诚如熊十力所言:"融会者,非于二者之中择其可类比之语句以相附会之谓也,附会则是拉杂,无可言学术。融会之业,必自有宗主,而遍征百氏,集思广益,取人所长,违人所短,以恢宏大道而无碍通途者也。譬如具有生命的人体,常吸收动植等养料而变化之,以创新其生命力,是为融会;非自身本无生命,而东取一块石,西拾一木头,两相堆集成垃圾桶可以谓之融会也。"⑥

概而言之,科玄论战提示了思想争鸣之于文明生成的重要性。海纳百川,有容乃大;百家争鸣,新思乃长。一般而言,集体学习活动要产生富有成效的思想争鸣,就要求参与者具有独立自主的精神品格,同时也要求我们创造有利于参与者充分发挥独立自主精神的思想环境。就前者言,学习者应不唯书,不唯上,唯实是求,唯理是问。就后者言,我们应倡导百家争鸣的风气,建立保障自由探索的制度。习近平总书记在哲学社会科学工作座谈会上便指出:"百花

---

① 张君劢等:《科学与人生观》,第106页。
② 张君劢等:《科学与人生观》,第53页。
③ 张君劢等:《科学与人生观》,第219页。
④ 张君劢等:《科学与人生观》,第218页。
⑤ 张君劢等:《科学与人生观》,第85页。
⑥ 熊十力:《十力语要初续》,载《熊十力全集》第5卷,湖北教育出版社2001年版,第115页。

齐放、百家争鸣,是繁荣发展我国哲学社会科学的重要方针。"冯契先生从认识论的角度出发论证百家争鸣之必要性:"只有通过不同意见的讨论、不同观点的争论(当然要用逻辑论证、实践检验),才能明辨是非,达到一致的正确结论,获得真理性认识。所以,要发展真理,就要贯彻百花齐放、百家争鸣的方针。"①

不唯如此,科玄论战提示了世界性百家争鸣的重要性。"世界性"者,一是争鸣所调用的思想资源是世界性的,二者争鸣所指向的目标是建立世界新文明。丁文江批评张君劢的玄学是柏格森的玄学加上宋明心性学,故而"玄之又玄"。②不过,积极地看,张君劢的立场包含了深刻的洞见:一方面,我们应该跳出西方现代性的框框,从而为中国传统思想资源的创造性转化提供必要的空间;另一方面,对于西方现代性也不是一味否定,而是批判性地吸收其长处。张君劢明确说道:"吾有吾之文化,西洋有西洋之文化。西洋之有益者如何采之,有害者如何革除之;凡此取舍之间,皆决之于观点。"③有意思的是,虽然张君劢和胡适分别是玄学派和科学派的重要人物,但张君劢的上述观点却和胡适所主张的"评判的态度"不谋而合:以评判的态度对待中西之学,最终将形成中西互动的新学。

更有意思的是,同时代的梁漱溟、熊十力虽然在思想立场上偏于文化守成主义而与张君劢、胡适不同,但他们也倡导世界性的新学。梁漱溟的《东西文化及其哲学》分疏中、西、印三种文化,显然已在世界层面运思,而全书的归宿,亦是世界文化的未来。熊十力也主张,调和中、西、印三种文化以成就一种世界新文化。他说,为全人类幸福计,实现"异生皆适于性海,人类各足于分愿"的美好愿景,"其必有待中、印、西洋三方思想之调和,而为未来世界新文化植其根"④。不惟如此,同时代的马克思主义先行者瞿秋白也持类似的见解。瞿秋白盼望在中西文化的交流中孕育出"人类新文化的胚胎",而"新文化的基础,本当联合历史上相对峙的而现今时代之初又相补助的两种文化:东方与西方"⑤。参与世界性百家争鸣,需要一种评判的态度与创新的态度。自19世纪中叶以来,"中国向何处去""世界向何处去"成为时代问题,中国学人开始了延

---

① 冯契:《智慧的探索》,载《冯契文集》(增订版)第8卷,第283页。
② 张君劢等:《科学与人生观》,第38页。
③ 张君劢等:《科学与人生观》,第36页。
④ 熊十力:《佛家名相通释》,载《熊十力全集》第2卷,湖北教育出版社2001年版,第347页。
⑤ 瞿秋白:《赤都心史》,载《瞿秋白文集·文学编》第1卷,人民文学出版社1985年版,第213页。

续至今的现代文明集体学习活动。在今天,我们比较清楚地看到,中国问题的解决有待于世界问题的解决,世界问题的解决有待于人类新文明的生成,人类新文明的生成,有待于我们对不同的文明传统,包括中国传统与西方传统,进行批判性省察和创新性发展。用当代哲学家萧萐父先生的话来说,要实现"两化",即"中国传统文化的现代化和西方先进文化的中国化"。"只有把'寻根意识'和'全球意识'结合起来,通过'两化',实现中国文化的解构重构,推陈出新,做出新的综合创新,才能有充分准备地去参与世界性的'百家争鸣',与世界学术文化多方面接轨、多渠道对话,从而对人类文化的新整合和新发展做出应有的贡献。"①

结语:"生成"的突显

在上文的论述中,我们不变地碰到"生成":中华民族现代文明代表了人类历史上一种崭新的文化生命体,它在孔夫子和马克思的有机统一中生成,在"古今中西"会通中生成了,在世界性百家争鸣中对现代文明开展批判性的集体学习的过程中生成。

人类正面临数千年未有之大变局。从根本上看,当下的大变局之"大",在于它涉及一种"代际跃迁"。这里的"代际跃迁",不是从上一代人跳到下一代人,而是像之前人类社会从"古代"跳入"现代"、从前轴心时代跳入轴心时代那样,从"现代"跳入"新时代"。"新时代"不仅是一个时间概念,更是标识一种有别于古代及现代的时代精神气质。至于精神气质上的新时代究竟为何,以及对它"究竟为何"的追问本身是否合法,尚有待深究。但是,种种迹象表明,"生成"正在突显为新时代的思想基本词。时代召唤我们,跃入"古今中西"各种要素氤氲化醇的大结构,促成人类新文明的生成。

---

① 萧萐父:《吹沙三集》,巴蜀书社1999年版,第8页。

毛泽东与中国式现代化[*]

上海师范大学人文学院　邵　雍

一、现代化是人类社会发展进步方向和我们党的历史使命

中国共产党的初心和使命是为中华民族谋复兴、为中国人民谋幸福,不仅善于打破一个旧世界,同样善于建设一个新世界。在抗日战争时期,中国共产党领导人毛泽东就注意到现代化是人类社会发展进步的主要方向。1944年8月23日,毛泽东在会见美军观察组谢伟思时,就论及中国工业化即现代化问题,"战后中国的工业化,只有通过兴办自由企业和得到外资的援助才能做到"。[①]1945年3月13日,毛泽东在会见谢伟思时又指出,中国必须实行土地改革和民主,中国共产党的政策将给中国带来民主和坚实的工业化的手段。[②]同年,毛泽东在党的七大上所做《论联合政府》的报告中提出:"中国工人阶级的任务,不但是为着建立新民主主义的国家而斗争,而且是为着中国的工业化和农业近代化而斗争。"[③]1949年2月,毛泽东与苏共中央政治局委员米高扬会谈时再次提及"现代化",说未来的国家"要建设崭新的、现代化的、强大的国民经济"。在1949年3月召开的党的七届二中全会上,毛泽东再次指出:我们已经"取得了或者即将取得使我们的农业和手工业逐步地向着现代化发展的可能性"。[④]这表明我们党在即将领导完成国家独立、民族解放的历史任务之时,就开始关注实现现代化的历史使命。

---

[*] 选自《中国式现代化与传统根基——上海炎黄文化研究会2023年学术年会论文汇编》,原载《毛泽东邓小平理论研究》2023年第7期。
[①] 汪熙主编:《中美关系论丛》,复旦大学出版社1985年版,第362页。
[②] 中共中央文献研究室编:《毛泽东年谱(1893—1949)》中卷,中央文献出版社2013年版,第586页。
[③] 《毛泽东选集》第3卷,人民出版社1991年版,第1081页。
[④] 《毛泽东选集》第4卷,人民出版社1991年版,第1430页。

中华人民共和国成立后,毛泽东在全国人大一届一次会议上初步提出实现"四个现代化"战略构想,发出"将我们现在这样一个经济上文化上落后的国家,建设成为一个工业化的具有高度现代文化程度的伟大的国家"的号召。①1957年2月,毛泽东进一步提出要"将我国建设成为一个具有现代工业、现代农业和现代科学文化的社会主义国家"的目标。②1959年底到1960年初,毛泽东在读苏联《政治经济学教科书》时又强调:"建设社会主义,原来要求是工业现代化,农业现代化,科学文化现代化,现在要加上国防现代化。"③这是党和国家领导人对"四个现代化"战略目标的一次完整表述。1960年3月18日,毛泽东在同尼泊尔首相谈话时宣布我国要实现"四个现代化"的奋斗目标:"要安下心来,使我们可以建设我们国家现代化的工业、现代化的农业、现代化的科学文化和现代化的国防。"④

1964年,周恩来在全国人大三届一次会议上,提出"把我国建设成为一个具有现代农业、现代工业、现代国防和现代科学技术的社会主义强国",并确定了两步走计划。⑤在1975年1月召开的全国人大四届一次会议上,周恩来根据毛泽东的指示重申:"在本世纪内,全面实现农业、工业、国防和科学技术的现代化,使我国国民经济走在世界的前列。"⑥

二、中国式现代化五大特征初显与社会主义建设成就

党的二十大报告指出,中国式现代化是社会主义现代化,既有各国现代化的共同特征,更有基于自己国情的中国特色。而中国式现代化的特征在毛泽东时代就已初显,可以概括为以下五方面内容。

(一)人口规模巨大的现代化

1949年9月21日毛泽东在新政协上宣布:"占人类总数四分之一的中国

---

① 《毛泽东文集》第6卷,人民出版社1999年版,第350页。
② 《毛泽东文集》第7卷,人民出版社1999年版,第207页。
③ 中共中央文献研究室编:《毛泽东年谱(1949—1976)》第4卷,中央文献出版社2013年版,第270页。
④ 《毛泽东外交文选》,中央文献出版社、世界知识出版社1994年版,第113页。
⑤ 中共中央文献研究室编:《周恩来年谱(1949—1976)》中卷,中央文献出版社1997年版,第696页。
⑥ 《周恩来选集》下卷,人民出版社1984年版,第479页。

人从此站立起来了。"①在党的集中统一领导下,数量众多的中国人民不再是一盘散沙。从旧中国百年"人民五亿不团圆"到新中国"六亿神州尽舜尧",人民群众发挥了高度的社会主义积极性和创造精神,在生产建设中取得了许多成果。1958年4月毛泽东在《介绍一个合作社》一文中指出:我国在工农业生产方面赶上资本主义大国,"除了党的领导之外,六亿人口是一个决定的因素,人多议论多,热气高,干劲大""中国六亿人口的显著特点是一穷二白",但"一张白纸,没有负担,好写最新最美的文字,好画最新最美的画图"。②1955年,毛泽东强调:"人民群众有无限的创造力。他们可以组织起来,向一切可以发挥自己力量的地方和部门进军,向生产的深度和广度进军,替自己创造日益增多的福利事业。"③1955年10月29日,毛泽东提出:"美国只有一亿多人口,我国有六亿多人口,我们应该赶上美国。……哪一天赶上美国,超过美国,我们才吐一口气。现在我们不像样子嘛,要受人欺负。"④1958年,毛泽东又指出:"只有经过十年至十五年的社会生产力的比较充分的发展,……社会主义社会才算从根本上建成了",以后的任务"则是进一步发展生产力"。⑤1956年,毛泽东在纪念孙中山诞辰90周年时预言,到21世纪时"中国将变为一个强大的社会主义工业国。……中国是一个具有九百六十万平方公里土地和六万万人口的国家,中国应当对于人类有较大的贡献"。⑥

超大人口规模与超大国土空间、超大经济体量、超大规模市场确实蕴藏着澎湃的发展动能。人口规模巨大是优势与红利,但也是挑战与压力。1957年,毛泽东在党的全国宣传工作会议上指出:"要使几亿人口的中国人生活得好""这是一个很艰巨的任务。"⑦1962年1月毛泽东重新估计了中国社会主义建设的长期性与艰巨性,在中央工作会议上强调:"中国的人口多、底子薄,经济落后,要使生产力很大地发展起来,要赶上和超过世界上最先进的资本主义国

---

① 《毛泽东外交文选》,第113页。
② 中共中央文献研究室编:《毛泽东年谱(1949—1976)》第3卷,中央文献出版社2013年版,第337—338页。
③ 《毛泽东文集》第6卷,第457页。
④ 《毛泽东文集》第6卷,第500页。
⑤ 中共中央文献研究室编:《建国以来毛泽东文稿》第6册,中央文献出版社1992版,第548—550页。
⑥ 《毛泽东文集》第7卷,第156—157页。
⑦ 《毛泽东文集》第7卷,第275页。

家,没有一百多年的时间,我看是不行的。"①

(二) 全体人民共同富裕的现代化

由毛泽东审定,第一届政协会议全体通过的"共同纲领",规定了中国共产党"为中国的独立、民主、和平、统一和富强而奋斗"②的任务。毛泽东看到土地改革后分到土地的农民"土地还是很少,生活还是很困难,唯一的出路就是组织起来,搞社会主义"。③为充分激发他们的主体能动性,最初的途径是搞集体所有制的合作社,把个体农民变成集体的农民。1953年12月,党中央在发布《中共中央关于发展农业生产合作社的决议》时,提出了"共同富裕"命题。1955年7月31日,毛泽东在《关于农业合作化问题》中提出:"逐步地实现对于整个农业的社会主义的改造,即实行合作化,在农村中消灭富农经济制度和个体经济制度,使全体农村人民共同富裕起来。"④1955年10月29日,毛泽东对共同富裕做了清晰阐述:"现在我们实行这么一种制度,这么一种计划,是可以一年一年走向更富更强的,一年一年可以看到更富更强些。而这个富,是共同的富,这个强,是共同的强,大家都有份。"⑤

农业合作化取得了明显成效,统计资料表明,80%以上的合作社都增产增收,而且一般都是互助组优于单干,合作社又优于互助组。在毛泽东大力倡导下,至1956年底,全国基本实现了农业合作化。1957年,毛泽东在党的全国宣传工作会议上指出:"要使几亿人口的中国人生活得好。"⑥毛泽东提倡共同富裕,坚决反对两极分化,这是他大力倡导农业合作化的动因之一。在农业合作化实行之前,他看到"农村中存在的是富农的资本主义所有制和像汪洋大海一样的个体农民的所有制。……资本主义自发势力一天一天地在发展,新富农已经到处出现,……许多贫农,则因为生产资料不足,仍然处于贫困地位,有些人欠了债,有些人出卖土地,或者出租土地。这种情况如果让它发展下去,农村中向两极分化的现象必然一天一天地严重起来"。⑦毛泽东倡导的共同富裕

---

① 《毛泽东文集》第8卷,人民出版社1999年版,第302页。
② 中央档案馆编:《中共中央文件选集》第十八册,中共中央党校出版社1992年版,第585页。
③ 中共中央文献研究室编:《毛泽东年谱(1949—1976)》第3卷,第335页。
④ 《毛泽东文集》第6卷,第437页。
⑤ 《毛泽东文集》第6卷,第495页。
⑥ 《毛泽东文集》第7卷,第275页。
⑦ 《毛泽东文集》第6卷,第437页。

充分彰显了社会主义制度的优越性,但共同富裕不是分配上的平均主义,对此表现的一平二调的"共产风",毛泽东有所警觉,并努力加以纠正。

(三)物质文明和精神文明协调发展的现代化

新中国成立初期全党的精神面貌是比较好的,人民群众精神振奋、斗志昂扬、意气风发、热火朝天地投入社会主义建设。毛泽东根据革命战争年代的历史经验,非常重视发扬革命精神在社会主义建设中的积极作用。1957年3月,毛泽东号召全体党员干部要保持革命战争时期"那么一股劲,那么一股革命热情,那么一种拼命精神,把革命工作做到底"。[1]

着眼于物的现代化与人的现代化的辩证统一,毛泽东也十分注意物质生活水平和精神生活水平同时逐步提高,推动社会全面进步,从而实现了现代化理论与实践的新发展。1963年3月5日,毛泽东发出"向雷锋同志学习"的号召。雷锋是沈阳军区工程兵某部汽车运输连班长,他的思想、品格和先进的事迹,既体现了中国共产党和人民解放军的先进思想与品德,也展示了中华民族的先进文化与美德。1963年8月1日,毛泽东提出要学习"南京路上好八连","为人民,几十年。拒腐蚀,永不沾",号召"全军民,要自立。不怕压,不怕迫。不怕刀,不怕戟。不怕鬼,不怕魅。不怕帝,不怕贼。……军民团结如一人,试看天下谁能敌"。[2]该连队自1949年6月进驻上海市繁华的南京路后,始终发扬艰苦朴素的优良传统,保持人民军队和劳动人民本色,身居闹市,一尘不染,热心为人民服务,深受广大市民称赞,1963年4月25日被国防部授予"南京路上好八连"荣誉称号。学习雷锋和"好八连"等先进典型活动,对当时和后来全社会树立团结互助、无私奉献的良好道德风尚都发挥了重要作用。

1959年地质勘探部门在东北松辽盆地找到了石油,以"铁人"王进喜为代表的石油工人在1960年初开始的"大庆油田会战"中发扬"有条件要上,没条件创造条件也要上""宁肯少活二十年,拼命也要拿下大油田"的英雄气概,在三年多的时间里创造辉煌业绩,铸就了"大庆精神"。1964年,毛泽东向全国人民发出了"工业学大庆"的号召。同年2月9日,中共中央发出《关于传达石油工业部〈关于大庆石油会战情况的报告〉的通知》,指出大庆是一个"多快好省"

---

[1] 《毛泽东文集》第7卷,第285页。
[2] 《毛泽东诗词选》,人民文学出版社1986年版,第158—159页。

的典型。大庆的一些主要经验不仅在工业部门中适用,而且在交通、财贸、文教各部门和党、政、军、群众团体的各级机关中也都适用。此后,全国工业交通战线掀起学习大庆经验的运动。周恩来在全国人大三届一次会议的《政府工作报告》中总结大庆油田的典型经验,指出成绩是突出的,主要经验是值得学习的。

此外,新中国成立以来,"一不怕苦、二不怕死"的精神和人民战争的战略战术,也是以弱胜强、赢得反侵略战争胜利的重要保证。

(四)人与自然和谐共生的现代化

1950年,安徽、河南连降大雨,淮北地区灾情严重,百年不遇。毛泽东连续批转三份灾情报告,指示水利部限日作出导淮计划,秋起即组织大规模导淮工程。①在毛泽东的关怀下,首期治淮工程赶在1951年洪水到来之前完成,初步发挥了抗洪和灌溉功能,淮河流域农业获得空前丰收。对此,毛泽东欣然题词"一定要把淮河修好"。②以往水灾频繁的沂河、沭河地区得到治理,获得多年未有的丰收,通过大兴水利,长江、黄河等大江大河的一般洪水灾害也得到初步控制。1955年12月,毛泽东在为党中央起草的《征询对农业十七条的意见》中提出,"兴修小型水利",防止水土流失和旱涝灾害的发生,并"在十二年内,基本上消灭荒地荒山",绿化祖国。③1958年4月,毛泽东进一步提出绿化要落在实处,"真正绿化,要在飞机上看见一片绿。粮食到手,树木到眼,才能算数"。④1959年起,河北省塞罕坝林场建设者们听从党和毛主席的召唤,发扬"牢记使命,艰苦创业,绿色发展"精神,创造了荒原变林海的人间奇迹。他们营造的百万亩林海有效阻滞了浑善达克沙地南侵,每年为滦河、辽河下游地区涵养水源、净化淡水2.84亿立方米,防止土壤流失量为每年513.55万吨,每年可固定二氧化碳86.03万吨,释放氧气59.84万吨。联合国环境规划署授予塞罕坝林场建设者"地球卫士奖"。

1955年1月,中央书记处会议讨论了发展原子能事业的问题并作出决策。1955年3月31日,毛泽东在中国共产党全国代表会议上说:我们现在"开始要

---

① 《毛泽东文集》第6卷,第85页。
② 汪熙主编:《中美关系论丛》,第333页。
③ 《毛泽东文集》第6卷,第509页。
④ 中共中央文献研究室编:《毛泽东年谱(1949—1976)》第3卷,第333页。

钻原子能"。①1970年我国第一座核电站——秦山核电站开始建设,迈开了和平利用核技术的新步伐。毛泽东还指示要推广沼气。1965年,中共中央、国务院发布了《关于解决农村烧柴问题的指示》,根据中央精神在各地大力推进沼气建设。直到2000年之前,中国生物质能的开发利用都以沼气为主。1973年8月,在毛泽东的关心下,首次全国环境保护会议在北京召开。1974年10月,我国首个环境保护的综合性文件出台。②

(五)走和平发展道路的现代化

1949年"共同纲领"宣布:新中国"站在国际和平民主阵营方面,共同反对帝国主义侵略,以保障世界的持久和平"。③在社会主义所有制改造完成后,毛泽东指出人民民主专政的目的"是为了保卫全体人民进行和平劳动,将我国建设成为一个具有现代工业、现代农业和现代科学文化的社会主义国家"。④在台湾问题上,经过1958年金门炮战,毛泽东产生了和平统一的设想,因此,他请人在1960年5月给台湾领导人带话:只要蒋氏父子能抵制美国,我们可以同他合作;台、澎、金、马要整个回来,可以照原有方式生活,军队可以保存,继续搞"三民主义"。⑤

新中国成立之初,面对美帝国主义侵略朝鲜,入侵台湾海峡,把战火烧到中国边境的严峻局势,毛泽东果断做出了抗美援朝保家卫国的战略决策,派遣中国人民志愿军入朝。中国人民志愿军与朝鲜人民军一道,经过两年多苦战,打败了以美国为首的"联合国军",签订了停战协定。1954年和1955年,在中国政府代表团的努力下,日内瓦会议、万隆会议相继取得重要会谈成果。所有这些都促进了国际局势的缓和,为我国社会主义建设争取到了有力的国际和平环境。

1953年底,中国政府在与印度政府谈判时提出了和平共处五项原则,不久,和平共处五项原则先后写入中印、中缅双边文件。1954年10月至12月,

---

① 中共中央文献研究室编:《毛泽东年谱(1949—1976)》第2卷,中央文献出版社2013年版,第360页。
② 本书编写组:《中华人民共和国简史》,人民出版社、当代中国出版社2021年版,第122页。
③ 中央档案馆编:《中共中央文件选集》第十八册,第586页。
④ 《毛泽东文集》第7卷,第207页。
⑤ 中共中央文献研究室编:《周恩来年谱(1949—1976)》中卷,第320—321页。

毛泽东多次表示，和平共处五项原则是一个长期方针，应推广到所有国家关系中去。①1956年11月，我国政府发表声明，明确指出"和平共处五项原则应该成为世界各国建立和发展相互关系的准则"，社会主义国家的相互关系"更应该建立在五项原则基础上"。

1961年，毛泽东对来访的英国元帅蒙哥马利说："我们的国家是社会主义国家，不是资本主义国家，因此，一百年，一万年，我们也不会侵略别人。"②1962年10月，中国边防部队在中印边境进行自卫反击战，收复了1959年8月后被印军侵占的中国领土。为表示和平解决边界问题的诚意，中国政府主动宣布全线停火，自1959年12月1日起，从实际控制线单方面后撤20公里，遣返被俘印军官兵，交还缴获物资。

总之，1949到1976年间，毛泽东所领导的新中国从未主动挑起一场战争，从未侵占别国一寸土地，从未发动过一场代理人战争，从未参加过任何一个军事集团。中国以负责任的大国形象与反帝反霸的担当巍然屹立在世界的东方。

在一个经济文化相对落后的东方大国进行社会主义现代化建设，既无先例可循，又无现成的理论参考。新中国成立后，毛泽东对此展开了艰辛的探索。他带领全党、领导全国人民艰苦奋斗，建立起独立的比较完整的工业体系和国民经济体系，为中国社会主义事业的发展建立了不可磨灭的功勋。我国现在赖以进行现代化建设的物质技术和经验基础，有很大一部分是在新中国成立后到改革开放前建设起来的。毛泽东对中国社会主义建设的探索是中国式现代化的本和源、根和魂，无论是关照历史情境、现实语境，还是憧憬未来，都是一份宝贵的财富，值得珍视和认真研究。

---

① 《毛泽东外交文选》，第163—196页。
② 《毛泽东文集》第8卷，第301页。

本卷编后记

在上海市社联的指导与支持下,上海炎黄文化研究会坚持主办年度性学术年会,同时携手沪上兄弟学会,坚持主办"多学科视野"学术研讨会,这两项活动成为本会学术研究的重头戏。除此之外,本会各专委会还组办儒商论坛、青年论坛及各种小型学术研讨活动,大大推进了研究会的学术研究工作,也扩大了上海炎黄文化研究会的社会声誉和学术影响。

为了总结上海炎黄文化研究会三十年的工作,展现其学术成就,我们选编了这卷学术论文集,遴选近十年本会学术年会和"多学科视野"学术研讨会的论文。编入该卷的内容基本以发表的论文为准,不少发表的论文是在会议论文基础上做了修改和完善的,有的发表时更改了题目,我们在选入该论文集时,每篇论文首页都加以注释说明。论文集基本按照年代顺序和研讨会内容编目。入选论文集的作者集中了沪上诸多知名学者,也有学界的新秀,他们的论文发表在《中国社会科学》《复旦学报》《中共党史研究》等重要学术刊物上,可见该卷内容的学术含量与质量。

近十年来,上海炎黄文化研究会的学术活动得到了上海市社联一如既往的指导与支持,得到了研究会往届领导与现任会长的关心与指教,前会长杨益萍先生、现会长汪澜女士多次在研讨会上做了热情洋溢、切合主题的致辞,由于编入该论文集的均为学术论文,因此只能将两位会长的致辞割爱了。我们的学术研讨会还得到了沪上不少学术名家的支持,由于本卷选编的大多是已见刊的论文,有些名家的发言未见诸刊物,因此本卷也只能忍痛割爱。"多学科视野"学术研讨会的策划和命名源于沈国明、杨益萍、潘为民三位的商定,本研究会顾问熊月之先生给予了大力支持。值得称道的是研究会前副会长陈卫平教授,他对于本会学术年会和"多学科视野"学术研讨会的主题的策划、学者的接洽、会议的安排等方面,做了诸多深入细致的工作。本会前秘书长潘为民先生、现秘书长马军先生在各项会议的安排、人员的联系等方面,都能事无巨细,精心安排。上海炎黄文化研究会每次汇总的学术会议论文,都是经过司徒伟智先生认真把关审定的。还有,参与"多学科视野"研讨会的各家学术机构:上海市历史学会、上海市哲学学会、上海市伦理学会、上海市民俗文化学会、上海市文史馆、上海东方研究院等,它们不仅推荐了颇有学术质量的学术论文,还提供了部分会议经费。其中一些会议还分别得到中共上海市黄浦区委宣传部、上海市静安区文化局、政协上海市徐汇区委、《世纪》杂志社、上海蔡元培故居陈列馆等单位的承办或支持,在此一并致谢。

上海炎黄文化研究会分别策划了每次学术年会的主题:诸子百家与核心价值观(2014年),家庭伦理与中华传统思想道德教化(2015年),创新:上海文化的历史与未来(2016年),让优秀传统文化融入生活(2017年),改革开放与文化传承(2018年),新上海70年与文化建设(2019年),传统精神文化与夺取双胜利(2020年),建党百年与弘扬优秀传统文化(2021年),新时代新征程与上海城市文脉(2022年),中国式现代化与传统根基(2023年)。本会也分别策划了"多学科视野"学术研讨会的主题:中华文化传统与社会主义核心价值观(2014年),新文化运动与传统文化(2015年),从传统到现代:纪念孙中山先生诞辰150周年(2016年),商务印书馆与中华文化自信(2017年),蔡元培与中华民族伟大复兴——纪念蔡元培先生诞辰150周年(2018年),新中国70年与上海品格(2019年),治国理政的中国智慧(2020年),建党百年与百年上海(2021年),语言艺术的审美特征及其历史解读(2022年),中国式现代化与人类文明(2023年)。上海炎黄文化研究会拟定的研讨会学术论题,基本按照"炎黄特色、时代特征、上海特点"的主旨,在与时俱进中策划论题,在理论联系实际中探究学术。我们真诚感谢参与本会各类学术研讨会的专家学者、会议组织者和承办者,我们真诚感谢学者们允诺将论文收入本卷论文集。

选编本卷论文时,我们总处于一种兴奋与遗憾中,既为发现论文的精彩而击节赞叹,又为选文过长而剔除怀有深深的憾意。在这其中,我们将选编的论文统一了版式,将尾注或不规范的注释,都统一成脚注,删去了一般的论文摘要。本卷论文编目的排序基本按照会议举办的先后排定,同时在每篇论文的题目处作注说明该论文选编自哪次会议,并注明发表的刊物。

中华文化博大精深,复兴中华任重道远。上海炎黄文化研究会已至而立之年,我们深刻铭记为本会做出贡献的各届领导和会员,也深深感谢提供学术论文入本卷的朋友们。我们将在总结建会三十周年工作的基础上,团结一致,再接再厉,励精图治,创新发展,以更优异的成果奉献给新时代。

编者

2024 年 5 月 20 日

图书在版编目(CIP)数据

而立回眸：上海炎黄文化研究会三十年 / 上海炎黄文化研究会主编. -- 上海 : 上海社会科学院出版社, 2024. -- ISBN 978-7-5520-4601-4

Ⅰ. K203

中国国家版本馆 CIP 数据核字第 2024DB6041 号

而立回眸：上海炎黄文化研究会三十年

主　　编：上海炎黄文化研究会
书名题签：张　森
责任编辑：陈如江　邱爱园
封面设计：周清华
出版发行：上海社会科学院出版社
　　　　　上海顺昌路 622 号　邮编 200025
　　　　　电话总机 021 - 63315947　销售热线 021 - 53063735
　　　　　https://cbs.sass.org.cn　E-mail:sassp@sassp.cn
照　　排：南京理工出版信息技术有限公司
印　　刷：上海万卷印刷股份有限公司
开　　本：720 毫米×1000 毫米　1/16
印　　张：108
插　　页：16
字　　数：1757 千
版　　次：2024 年 12 月第 1 版　2024 年 12 月第 1 次印刷

ISBN 978 - 7 - 5520 - 4601 - 4/K・741　　　　　　　定价:398.00 元

版权所有　翻印必究